谨将此书献给铜仁学院大健康学院和井冈山大学体育学院，此书的出版离不开两所大学在项目研究中提供的方便、良好写作环境及科研经费支持，在此祝愿两所大学越办越好！同时向给予我关心、帮助和支持的领导、师长、家人、朋友和同事表达深深的谢意，祝福各位身体健康，生活美满！

教育部人文社会科学研究青年基金项目（项目批准号：15YJC890021）成果

铜仁学院博士科研启动基金项目（项目编号：trxyDH1817）成果

【学者文库】

中国百年体育教师
教育政策之研究

刘洪涛　冯建平◎著

中国社会出版社

国家一级出版社·全国百佳图书出版单位

图书在版编目（CIP）数据

中国百年体育教师教育政策之研究 / 刘洪涛，冯建平著 . -- 北京：中国社会出版社，2020. 12

ISBN 978 - 7 - 5087 - 6458 - 0

Ⅰ. ①中… Ⅱ. ①刘…②冯… Ⅲ. ①体育教育—教育政策—教育史—研究—中国 Ⅳ. ①G812. 5

中国版本图书馆 CIP 数据核字（2020）第 235043 号

书　　名：中国百年体育教师教育政策之研究
著　　者：刘洪涛　冯建平

出 版 人：浦善新
终 审 人：尤永弘
责任编辑：陈贵红

出版发行：中国社会出版社　　　　　邮政编码：100032
通联方式：北京市西城区二龙路甲 33 号
电　　话：编辑部：（010）58124828
　　　　　邮购部：（010）58124848
　　　　　销售部：（010）58124845
　　　　　传　真：（010）58124856
网　　址：www. shcbs. com. cm
　　　　　shcbs. mca. gov. cn

中国社会出版社天猫旗舰店

经　　销：各地新华书店

印刷装订：三河市华东印刷有限公司
开　　本：170mm×240mm　　1/16
印　　张：21. 5
字　　数：401 千字
版　　次：2020 年 12 月第 1 版
印　　次：2020 年 12 月第 1 次印刷
定　　价：99. 00 元

中国社会出版社微信公众号

目 录
CONTENTS

第一章

绪　论

第一节　体育教师教育政策研究背景

一、时代背景

当前中国进入了一个最接近实现民族复兴的伟大中国梦时代，这是历年来中国仁人志士的不懈追求。中华人民共和国成立70年来，特别是从1978年改革开放至今的40余年时间，虽然这在人类的历史长河和中国历史进程中只是短暂的"一瞬间"，但中国却发生了千年未有之大变局，我国社会主义经济建设、政治建设、文化建设、社会建设以及生态文明建设和党的建设都取得了举世瞩目的辉煌成就，已经提前实现了邓小平同志提出的"三步走战略"中的前两步战略。现代中国的迅速崛起已经成为不可逆转的历史趋势，中国的崛起将会给世界带来难以估计的发展机会并将对世界发展作出越来越重要的贡献。我国经济总量上了一个大台阶，2010年我国已经成为世界第二大经济体，综合国力大幅度提升，人民生活得到全面改善，中国的面貌发生了历史性的变化，谱写了中华民族发展历史上的壮丽篇章。党的十八大以来，我国以习近平同志为核心的党中央提出了创新、协调、绿色、开放、共享的治国理政新理念，出台实施了稳定促进经济社会发展的一系列改革措施，经济保持中高速增长，经济总量稳居世界第二，主要经济社会总量指标在世界中的分量继续提高，人均国民总收入大幅增加，人均收入已接近中等偏上国家平均水平，国际地位显著提高，国际影响力不断扩大，国际竞争力和创新能力持续增强。2016年我国"十三五"顺利实施，并且实现了开门红。国家发展和人民生活一年更比一年好，各领域的改革主体框架已经基本确立，供给侧结构性改革进一步深化。外交全方位展开，为我国全面发展创造了良好外部环境。"一带一路"倡议得以顺利开展，举办了首届"一带一路"国际合作高峰论坛，创办亚洲基础设施投资银行，二十国集团领导人第 11 次杭州峰会向世界贡献中国智慧，展示了中国风采。我国改革开放和社会主义现代化建设取得历史性突破，国际影响力、感召力、塑造力进一步提高，为世界和平与发展作出新的重大贡献。2017 年，中国共产党召开了第十九次全国代表大会，在全面建成小康社会、全面深化改革、全面依法治国、全面从严治党方面继续发力，使中国距离"两个一百年"的宏伟目标越来越近，推动中华民族伟大复兴的中国梦早日实现。十九大报告作出了两个重大的战略判断：一是中国特色社会主义进入新时代。"新时代"是中华民族从站起来、富起来到强起来，中华民族面貌发生前所未有变化并走向民族复兴的伟大时代；是中国特色社会主义道路自信、理论自信、制度自信、文化自信不断增强走向成熟的伟大时代；是中国国际影响力、感召力、塑造力不断提高，为解决人类问题贡献中国智慧和中国方案的伟大时代。二是我国社会的主要矛盾发生了新的变化。我国社会主要矛盾已经转化为人民日益增长的美好生活需要和不平衡不充分的发展之间的矛盾。人民美好生活需要日益广泛，不仅对物质生活提出了更高要求，而且在民主、法治、教育、安全、环境等方面的要求日益增长。基于时代主题和世界格局变化，提出和国际社会一道共建人类命运共同体，促进全球治理体系变革的伟大理想。我国确定了决胜全面建成小康社会、开启全面建设社会主义现代化强国新征程的目标。

二、教育背景

新时代的国家战略，尤其是科教兴国战略和人才强国战略，与教育的关系尤为密切，都需要教育的支持，建设教育强国是中华民族伟大复兴的基础工程，教育必须优先发展，先行先导。在我国主要矛盾发生变化的新时代，我国的教育形势也发生了新的深刻变化：我国教育发展的条件有了历史性的改善，教育改革全面深化，教育质量明显提高，教育总体水平达到了中等收入国家水平，整体上已经进入世界中上行列，教育的国际影响力明显增强。我国教育发展面临的基本问题是人民群众对现代化教育的强烈需求与优质教育资源供给的不足和不平衡之间的矛盾，人民群众对高质量的教育需求更加迫切。党的十九大将高等教育的地位提高到了前所未有的新高度，提出建设教育强国，优先发展教育，深化教育改革，加快教育现代化，以人民为中心，办好人民满意的教育，才能面向新时代、赢得新时代、领跑新时代。2016 年 12 月，习近平总书记在全国高校思想政治工作会议上指出："我们对高等教育的需要比以往任何时候都更加迫切，对科学知识和卓越人才的渴求比以往任何时候都更加强烈。"目前，我国高等教育已经从后大众化阶段转向了普及化阶段，正向世界高等教育第一方阵迈进，已经走上了世界舞台。中国高等教育已与国际高等教育发展理念、发展标准等最新发展的潮流融为一体，世界高等教育亦开始认真倾听中国声音并融入中国元素，我国高等教育正走出国门，参与国际竞争和国际高等教育治理，实现高校治理体系和治理能力现代化。高等教育由基础支撑作用向引领作用转变。高等教育发展是我国经济社会发展保持中高速度、迈向中高端可持续发展的最大红利。高等教育在国家现代化进程中的基础性、先导性、全局性地位和作用更加凸显，我们必须加快推进教育现代化，率先实现教育现代化，支撑国家现代化建设。教育的新任务就是立足于社会主要矛盾的新变化，满足于人民群众对更高质量教育的迫切需求，这就更需要我们坚定教育自信，扎根中国大地，办好中国特色、世界水平的高等教育。目前，我国现代教育在一个多世纪赶超西方发达国家的不懈努力之后，掀起了一流大学和一流学科的"双一流"建设教育热潮，旨在推动一批高校和学科进入国际前列，引领我国高等教育实力的整体提升，增强我国高等教育的国际竞争力、影响力和塑造力。

三、体育背景

当代体育在发达国家已经成长为集政治影响力、经济生产力、文化传播力和社会亲和力于一体的综合的社会价值实现平台，体育开始全方位地融入国家竞争战略、城市竞争战略。我国体育事业在祖国繁荣昌盛的背景下同样取得了举世瞩目的伟大成就。中华人民共和国成立以来，党和政府十分重视体育事业的发展，关心人民的身心健康，群众体育进步巨大，竞技体育更是成就非凡，在2008年北京奥运会上中国所获金牌首次超越美国，站在了世界之巅，令世人震惊。2008年9月29日，胡锦涛在北京奥运会、残奥会总结表彰大会上发表重要讲话，向世界宣布，我国已经大踏步迈入世界体育大国行列，开始由体育大国向体育强国迈进。我国体育事业以成功举办2008年北京奥运会、残奥会以及2014年南京青奥会为标志，在各个行业当中，率先完成了建设世界体育大国的光荣任务，实现了历史性突破，成为体育事业发展的一个重要里程碑，进入了建设体育强国的历史新阶段；率先踏上探索实现中华民族伟大复兴之路，为实现国家第三步战略目标开拓前进的历史使命。在我国和平崛起、繁荣富强的社会主义建设中，由体育大国向体育强国迈进，已成为我国体育事业发展的长远目标。责任重大，任务光荣，在国家发展中具有重大的战略意义。既承载着党和国家的重托，各族人民的厚望，也是时代赋予我们体育工作者光荣而艰巨的历史使命。

自我国首次组团参加1984年第23届洛杉矶奥运会以来，直至2016年第31

届里约奥运会，从奥运会金牌数"零"的突破到最近三届奥运会金牌数名列前三的发展历程标志着我国已大踏步迈入世界体育大国行列。中国竞技体育在国际体坛上可谓是一路高歌猛进，金牌战略战果辉煌。特别是在 2008 年的北京奥运会上，我国体育代表团以无与伦比的表现，创造了 51 枚金牌（取消 3 枚）和总数 100 枚奖牌（现已取消 3 枚，补发 1 枚银牌，补发 2 枚铜牌）的辉煌。2012 年伦敦奥运会上，我国体育代表团创造了 38 枚金牌、27 枚银牌、22 枚铜牌共 87 枚奖牌，成就了海外参加奥运会的最好成绩纪录。2014 年我国南京成功举办第二届青年奥运会，并获得金牌和奖牌第一的佳绩。2015 年 7 月 31 日北京、张家口成功获得 2022 年冬奥会、冬残奥会的主办权。我国成为第一个实现先后举办奥运会、残奥会、青奥会、冬奥会、冬残奥会的奥运"全满贯"国家。

2008 年北京奥运会之后，广大人民群众的金牌意识逐渐淡化，对休闲、健康、娱乐的追求不断增加，群众的科学健身需求日渐旺盛，体育的人文精神成为体育的主调。因而，无论是学术界还是普通民众都对发展群众体育的呼声强烈。特别是《全民健身计划（2016—2020 年）》的实施，使全民健身进入了黄金发展期。[①] 全民健身国家战略、5 万亿体育产业目标、"健康中国"国家战略、三亿冰雪运动人口目标，以及全面建成小康社会的提出，人们对群众体育多元功能和价值的渴求也愈加强烈，进一步推动了全民健身的加速发展。在观念上，受"健康中国"理念的影响，人们对健康含义的理解更加全面深入，在促进自身健康的实践中，越来越多的人意识到体育在促进健康、治疗和预防疾病、延长寿命方面发挥着日益重要的作用。人们体育观念的改变和体育需求的不断提升为今后我国体育尤其是群众体育的发展注入了新动力，全民健身运动出现井喷式的增长。[②]

四、教师教育背景

"教师承担着传播知识、传播思想、传播真理的历史使命，肩负着塑造灵魂、塑造生命、塑造人的时代重任，是教育发展的第一资源，是国家富强、民族振兴、人民幸福的重要基石。"[③] 教师是教育发展的关键因素，是实现民族振

---

① 于永慧. 健康中国：全民健身工作的评价指标体系研究 ［J］. 体育与科学，2016，37（4）：71 – 76.

② 刘洪涛. 新中国体育科技政策变迁的历史考察与思考 ［M］. 南昌：江西人民出版社，2017：105 – 106.

③ 中共中央国务院. 中共中央国务院关于全面深化新时代教师队伍建设改革的意见 ［A/OL］. 中华人民共和国人民政府网，2018 – 01 – 31.

兴、赢得国际竞争主动的战略资源，而教师教育是一切教育的本源。培养高素质教师队伍，倡导全社会尊师重教之风是立足我国基本国情，发展具有中国特色、世界水平的现代教育之根本。教师教育是培养教师的摇篮，优秀教师的培养依托于高质量的教师教育，而教师教育质量高低直接关系着国家教育发展的成败，影响着国家的前途和命运。教师教育质量的高低取决于是否有良好的教师教育政策，教师教育政策对教师教育发展具有举足轻重的作用。改革开放以来，作为教育事业工作母机的教师教育所取得新的突破与进展，在很大程度上得益于教师教育政策的制定、实施与推动。教师教育是实施创新驱动发展战略和创新型国家建设的重要支持力量和活力源泉，正在成为学校改革乃至教育可持续发展的关键。教师教育作为高等教育的一个重要组成部分，毫无疑问，追求世界一流理应是教师教育的一个重要目标。构建世界一流的、有中国特色的教师教育体系，已经是国家政策、师范院校深化改革提升质量的攻坚点。在此，世界一流的优秀教师被赋予极为关键的地位和高度，教师教育在我国高等教育体系的特殊地位不可动摇。建设世界一流的教师教育体系，带动教育的深度变革，已经引起我国教育界的极大重视。倘若从1897年南洋公学师范馆算起，我国的教师教育已经跨越了120余年的曲折历程，经过多年努力探索和积累，自20世纪90年代以来，为了适应市场经济对教师数量和质量的要求，我国封闭定向的师范培养体系开始瓦解，并逐步走向开放，从而形成了我国自己的教师教育模式，但迄今为止，开放的教师教育体系仍然存在着培养机构庞杂、生源质量偏低、培养质量不高等弊端，使教师教育事业长期徘徊在较低水平上。我国社会主要矛盾的变化促使对高质量的教师需求更为迫切，中国教师教育需要从以数量扩张为主的外延式发展方式向以提高质量为中心的内涵式发展阶段转化。目前，我国的教师教育距离一流大学仍有相当的距离，能够进入"双一流"建设的教师教育院校和教育学科寥若晨星，尚未形成世界一流教师教育的主流政策话语。在走向世界舞台中央的新时代，我国的教师教育模式是世界学校变革与发展的一个重要坐标，应该勇于引领教育改革的全球大潮和助力联合国2030年可持续发展的教育目标。对于我国而言，教师教育是全面实现中国梦的基础，可以满足我国深化改革、素质教育、健康中国建设和为"一带一路"进行人才储备等多方面需求，体现着我国拥抱全球化的硬要求和软实力。为此，2010年以来，国家连续出台教师教育的相关政策。比如，2011年10月和2012年2月，教育部先后颁布了《教师教育课程标准（试行）》和《教师专业标准（试行）》，我国教师教育改革正式深入到课程的层面；2012年教育部颁布的《关于深化教师教育改革的意见》指出："要推进教师教育内涵式发展，全面提高教师教育质量，培养造就高素质专业化教师队伍。"2013 年 8 月，教育部又颁布了《中小学教师资格考试暂行办法》和《中小学教师资格定期注册暂行办法》，对教师资格认定作出具体规定。2014 年 8 月，教育部颁布的《关于实施卓越教师培养计划的意见》指出："大力提高教师培养质量成为我国教师教育改革发展最核心最紧迫的任务。"① 2017 年 10 月 26 日，教育部印发了《普通高等学校师范类专业认证实施办法（暂行）》，开启了师范类专业认证的新征程。2018 年 1 月 20 日，中共中央国务院出台《关于全面深化新时代教师队伍建设改革的意见》。2018 年 1 月 30 日，教育部首次颁布《普通高等学校本科专业类教学质量国家标准》（简称《标准》），并将该《标准》与"一流本科、一流专业、一流人才"建设紧密结合起来；2018 年 2 月，教育部、国家发展改革委、财政部、人力资源社会保障部和中央编办五部门联合出台《教师教育振兴行动计划（2018—2022 年）》。因此，为了实现世界一流的教师教育这个目标，努力造就潜心教书育人的高质量教师队伍，我们必须加强教师教育研究，建立健全教师教学能力提升机制，推动实施教师教学能力培训，我们需要建立一流的多元教师教育体系，既保留师范院校体系，又有教师教育的制度创新，使我国的教师教育早日成为真正的世界一流。②③

五、体育教师教育背景

在民族国家之中，体育是关乎国民体质、生命质量、精神风貌和文明程度的社会事业，是生命之脉、家国之基，是激发创造、塑造未来的重要力量。体育教育在推动我国由体育大国向体育强国迈进的进程中，要坚持以增强人民体质、提高全民族身体素质和生活质量为目标，高度重视并充分发挥体育在促进人的全面发展、促进经济社会发展中的重要作用。应充分发挥文化引领功能，弘扬崇高的体育精神，将其转化为立德树人和推进体育事业发展的宝贵资源和精神动力，使体育不仅成为身体运动的一种手段，而且担负起教化育人、移风易俗、启迪人心、砥砺精神的功能，使其成为人与自然、社会和自我关系的缓冲剂、减压阀，在全面建设小康社会和中国崛起的进程中发挥越来越重要的作用。在体育事业发展新的历史起点上，要实现新发展、新跨越，必须依靠教育的力量，充分发挥教育的作用。在世界范围内，各体育强国的形成过程同时也

---

① 闫建璋，郭赟嘉. 从开放走向新封闭：精英化教师教育体系的构建［J］. 河南师范大学学报（哲学社会科学版），2017，44（5）：152 – 155.

② 李军. 中国探索：独立建制保障教师教育专业性［N］. 光明日报，2017 – 6 – 27.

③ 朱旭东. 中国教师教育距世界一流有多远［N］. 光明日报，2017 – 6 – 27.

是体育进入学校教育，更是高等体育教育兴起的过程，高等体育教育的发展对一个国家体育事业的兴旺发达具有根本性的推动作用。高等体育教育通过培养体育专业人才、体育科学研究、传承创新体育文化以及对国家体育国际影响力的提升作用，体现其对体育强国建设的推动作用，其发达程度是国家体育软硬实力的重要标志。要成为真正的体育强国，就要形成竞技体育、群众体育和学校体育三大支柱的互惠共赢机制，重视体育教育的中坚力量。我国人力资源强国、体育强国、高等教育强国建设目标的提出，既是我国高等体育教育加强和发展的重要机遇，又是我国高等体育教育由数量、规模层面向质量层面转变的关键时期。体育教育是建设体育强国的核心与关键，体育教育依赖于一流的体育教师，而一流的体育教师无疑离不开一流的体育教师教育。

在 21 世纪全球性教育改革的浪潮中，各国教育界取得一致认识：教师在改革中发挥着极其重要的作用，一切教育改革的成败都离不开"教师"这一关键因素，改革焦点由"课程"转向"教师"。加强对教师问题的研究，重视教师教育，提高教师质量是提高教育质量的前提条件，这一点已成为大家的共识。世界各国皆为发展高质量的教师教育，不断推出新的教师教育政策。2000 年我国启动了基础教育课程改革，随后中国教育迎来了新中国成立以来最大的基础教育课程改革，诸多全新的教育理念和众多的课程目标得以全面实施，对新时期教师提出了更高的要求。在这次教育改革浪潮中，体育教育改革也如火如荼地展开，体育教育改革政策接连颁布并实施。自教育部 2001 年《义务教育体育与健康课程标准（实验稿）》和 2003 年《高中体育与健康课程标准（实验稿）》颁布实施后，教育部分别于 2011 年和 2017 年颁布修订后的《义务教育体育与健康课程标准》和《普通高中体育与健康课程标准（2017 年版）》；其他体育教育的主要政策还有 2007 年的《中共中央国务院关于加强青少年体育增强青少年体质的意见》、2012 年的教育部、发展改革委、财政部和国家体育总局等部门联合下发的《关于进一步加强学校体育工作的若干意见》、2014 年教育部和国家体育总局修订的《国家学生体质健康标准》和 2016 年国务院办公厅颁布的《关于强化学校体育促进学生身心健康全面发展的意见》。

体育教师教育政策是国家政府对体育教师教育的整体规划与设计，是推动体育教师发展的制度保障，21 世纪近 20 年的体育教育改革实践所取得的成效离不开体育教师教育政策的保驾护航。但学校体育教育并未达到理想状态，这与体育教师自身素质不高有着密切关系，没有体育教师的发展，就没有学校体育的顺利开展。当前，青少年的体质健康问题受到世界各国的普遍关注，青少年体质下降、慢性疾病的年轻化、肥胖等问题正由美国等经济发达国家向发展中国家蔓延，严重威胁着人类的健康和生活质量。在我国，社会各界将青少年体质健康下降归咎于学校体育教育的不力和体育教师质量不高。这样问责虽不完全正确，但多年的学校体育教育对青少年体质健康效果不佳却是显而易见的。可以说，体育与健康课程在实施过程中出现的各种问题，导致无法达成预期目标，大多与体育教师的质量有关。"有意义的教育改革包括观念的改革、教学风格的改革和教学材料的改革，这些只有通过在一定社会背景下的个人的发展来实现。"① 教育教学改革实践也证明，任何教育改革最终都依赖于教师作用的发挥。体育教师作为学校体育教学和体育活动的组织者和引导者，是学生体育学习的帮助者、指导者、合作者，其责任重大。因此，体育教师的质量关系着我国体育教育成败。在西方国家的体育教育领域，体育教师教育是一个成熟的专业。而我国的体育教师教育在绝大部分高校并非一个稳定的研究方向，充分说明我国体育教师教育发展并不成熟。② 在政府主导性的教育改革背景下，我国体育教师教育政策是体育教师教育的指挥棒，对体育教师教育具有保障、导向、协调、制约与激励功能，引领着体育教师教育改革和发展的方向，体育教育的每一步前行，都无法脱离体育教育政策。体育教师教育政策总是以不同方式和强度左右着体育教师教育的步伐和走向。因此，体育教师教育政策在体育教师教育中发挥着事关全局和方向的关键作用，体育教师教育政策必须不断进行调整和创新以适应新时代的要求。如何从我国体育教育发展的现实出发，不断调整与完善中国体育教师教育的改革与发展政策，逐步建立起一流的体育教师教育新体系，已成为具有重大理论价值和现实意义的课题。

第二节　体育教师教育政策文献综述

一、体育教师教育政策文献回顾③

百年大计，教育为本；教育大计，教师为本。20 世纪 80 年代以来，世界范围内掀起了一场规模宏大的教育改革浪潮。教师的质量决定着教育的质量，教

---

① 〔加拿大〕迈克·富兰. 变革的力量——透视教育改革［M］. 中央教育科学研究所，加拿大多伦多国际学院，译. 北京：教育科学出版社，2000：56.
② 尹志华. 中国体育教师专业标准体系的探索性研究［D］. 上海：华东师范大学，2014.
③ 刘洪涛. 我国体育教师教育研究回顾与展望［J］. 吉林体育学院学报，2016（4）：70－73.

师教育问题随即成为这场改革当中备受关注的核心焦点问题之一。作为教师教育的一个重要组成部分的体育教师教育问题也随之成为体育教育领域中的研究热点。经过对相关文献的查阅分析，我们发现除了大量的从体育教师教学技能微观角度研究外，和本研究主题相关的主要有体育教师教育发展史的研究、体育教师教育现状研究、体育教师教育过程研究、体育教师教育专业化研究、体育教师教育途径与模式的研究和体育教师教育相关政策的研究，下面分别予以综述。

（一）体育教师教育历史研究

对体育教师教育发展历史的研究是研究体育教师教育发展的基础，亦可为当今体育教师教育提供借鉴，因此，有不少体育学者从不同角度对体育教师教育的历史进行了研究。龚正伟、李丽英对近百年中国体育教师教育发展历程进行回顾，审视现状，并以此为依据探讨其发展前景。①陈雁飞从新中国体育教师队伍培养、培训、教师资格制度改革、体育教师专业发展、体育教师发展走向等六方面全面而系统地梳理了新中国体育教师队伍建设发展之路。② 王崇喜、周珂、周艳丽总结了新中国的体育教师教育不同阶段性特征，认为发展中的体育教师教育凸显了体育教师在教育实践中的主体地位，日常化教育实践是体育教师教育的未来走向。③ 黄爱峰回顾了我国近百年体育教师培养课程和体育教师教育的发展，指出中国体育教师教育的发展所具有的依附性在不断褪去，具有中国特色的体育教师教育在逐步形成。④⑤

（二）体育教师教育现状研究

对于体育教师教育现状研究主要是对我国体育教师教育的现状和特点进行描述及中外体育教师教育的比较。

从体育教师类型上看，主要是对高校体育教师教育、中小学体育教师教育以及特殊教育的体育教师教育现状进行研究。对高校体育教师教育进行的研究

---

① 龚正伟，李丽英．中国体育教师教育的历史、挑战与未来［J］．北京体育大学学报，2009，32（3）：77-81.

② 陈雁飞．新中国体育教师队伍建设与发展之路［M］．北京：北京体育大学出版社，2009：12-39.

③ 王崇喜，周珂，周艳丽．新中国体育教师教育的演进与未来走向［J］．体育学刊，2012，19（4）：60-65.

④ 黄爱峰．从模仿到依附：中国体育教师培养课程改革反思［J］．西安体育学院学报，2001，18（1）：86-89.

⑤ 黄爱峰．依附与自主：中国体育教师教育百年省思［J］．山东体育学院学报，2003，19（4）：6-8.

一般是通过对某省（市）高校体育教师的调查来反映其专业发展现状，并提出若干对策，但是研究不够深入且重复较多。比如，对北京、湖南、上海和江苏等地区普通高校体育教师专业发展的现状分析研究。①②③④ 对中小学体育教师教育现状研究成果丰富，多是通过对不同地区的中小学体育教师按照城市和农村分类进行现状调查，提出对策。比如，对上海市、抚州市、北京市等城市和对福建、河南、上海等农村中学体育教师现状的调查研究。⑤⑥⑦⑧⑨⑩ 在特殊教育体育教师的研究方面，宋强对全国特殊教育体育教师专业发展现状进行了调查，对其影响因素进行概括。⑪ 从教师教育的时间序列上看，主要将体育教师教育划分为职前培养和职后教育两个阶段，并分别对其现状进行研究。黄汉升等对 21 世纪初期我国普通高校体育教育本科专业人才培养体系进行了研究。⑫ 瞿惠芳、蒋荣在分析高校骨干体育教师培养模式现状的基础上，提出高校骨干体育教师培养的方式以及实施要求。⑬ 苏红梅对大连市农村小学体育教师的培养进行了调查，并结合"体育与健康课程标准"，提出通过改革师范院校的课程设

① 李超．北京普通高校体育教师专业发展的现状分析研究［D］．北京：首都体育学院，2009.

② 李儒新，冯明丽，李超红．湖南省高校体育教师专业发展的现状分析［J］．湘南学院学报，2010，31（5）：93–96.

③ 朱慧芳．上海市普通高校中青年体育教师专业发展的现状及其策略研究［D］．上海：上海交通大学，2007.

④ 于华．苏北地区普通高校体育教师专业发展现状及其适应力的研究［D］．苏州：苏州大学，2011.

⑤ 沈华斌．终身教育理念下的上海市中学体育教师教育现状研究［D］．上海：上海师范大学，2006.

⑥ 周爱凤．抚州市区中学体育教师专业化现状调查与分析［D］．南昌：江西师范大学，2010.

⑦ 叶冬晓．北京市城区中学体育教师专业发展的现状调查与研究［D］．北京：北京体育大学，2005.

⑧ 卓存杭．福建农村中学体育教师专业发展现状调查与研究［D］．福州：福建师范大学，2006.

⑨ 白志忠．河南省中学体育教师专业发展现状与对策研究［D］．上海：华东师范大学，2012.

⑩ 朱春辉．上海市郊区初中体育教师专业发展现状及对策研究［D］．上海：上海师范大学，2013.

⑪ 宋强．我国特殊教育体育教师专业化发展研究［D］．沈阳：辽宁师范大学，2014.

⑫ 黄汉升，季克异，林顺英．中国体育教师教育改革的理论与实践［M］．北京：高等教育出版社，2004：40–65.

⑬ 瞿惠芳，蒋荣．高校骨干体育教师培养模式现状反思［J］．成都体育学院学报，2011，37（9）：81–84.

置、加强学生体育理论的学习并改革师范院校的体育教学方法，提高师范生的体育教学能力。① 郭敏对我国高校体育教师职后教育现状进行了考察，总结了高校体育教师职后教育发展特点和存在的主要问题，提出进一步推进我国高校体育教师职后教育发展的建议。② 曾华、苗玉龙、林顺英和黄汉升则对中小学体育教师继续教育的现状进行了调查。③④⑤ 欧美教育发达国家对体育教师教育进行了深入研究。其研究已突破教育教学、学习培训、职业特点等表层问题，深入到个人信仰、人格特质、理论模型建构、学制合理性、国家间合作等深层次的问题。⑥ 李芳等对国内外体育教育研究后认为，国际上的研究热点主要集中在体育教师的培养手段与文化素养，体育教师专业标准，适宜的教育模式和策略，学生体育教师的社会化，体育教学的内容、方法及模式的选择和体育教师职业标准上；更关注体育教师根据青少年身心发展特征进行有效教学是体育教师教育的热点和难点问题，问题导向性突出，注重从心理学等多学科多视角对体育教师教育问题进行微观应用层面和实证研究，着重培养学生的实践性知识，关注教师的实践能力；国内则注重宏观理论研究，实证研究缺乏，对实践指导的针对性不强；国内外对教师教育是提升体育教师能力的关键手段达成共识，但国外更注重通过实践知识积累和社会化培养体育教师。⑦⑧

（三）体育教师教育过程研究

对于体育教师教育的过程目前已经达成共识，认为包括职前教育、入职教育和职后教育三个阶段。这方面的研究主要有体育教师的职前教育研究和职后教育研究，更多的是将三部分联系起来，认为体育教师教育是三者的一体化。许月云等在总结我国中小学体育教师继续教育主要特征的基础上，提出构建中

---

① 苏红梅. 大连市农村小学体育教师培养初探 [D]. 沈阳：辽宁师范大学，2008.
② 郭敏. 基于教师专业发展视域的高校体育教师职后教育研究 [D]. 武汉：华中师范大学，2012.
③ 曾华. 对甘肃省中小学体育教师继续教育现状调查 [D]. 兰州：西北师范大学，2006.
④ 苗玉龙. 我国中小学体育教师继续教育的现状调查与对策分析 [D]. 北京：首都体育学院，2014.
⑤ 林顺英，黄汉升. 我国中学体育教师职后培训的调查与分析 [J]. 中国体育科技，2005，41（1）：112–114.
⑥ 程传银. 欧美国家体育教师教育研究的动态与进展 [J]. 南京体育学院学报，2013，27（2）：8–11.
⑦ 李芳，尹龙，司虎克. 国际上体育教师教育研究的热点与前沿分析 [J]. 体育学刊，2015，22（2）：97–102.
⑧ 李芳，司虎克，等. 中外体育教师教育研究前沿与热点对比分析 [J]. 首都体育学院学报，2015，27（4）：327–335.

小学体育教师教育的一体化。机构和师资队伍是提高中小学体育教师继续教育质量的组织保证。① 韩春利提出了体育教师职前培养、入职教育和职后培训一体化，校本培训与院校培训一体化，师范院校、综合性大学与其他非师范类高校培训的一体化。培养培训一体化的理论和该理论的实现途径：统筹考虑教育资源配置，实现体育教师职前培训、入职教育和职后培训一体化；建立激励约束机制，实现校本培训与院校培训相结合；开放师范教育体系，实现体育教师定向和非定向培养相结合。② 张建等通过对体育教师教育体系的比较研究，从我国体育教师教育体系的实际出发，提出体育教师职前培养、入职教育和在职培训一体化构建理论。③ 杨波等在回顾我国目前体育教师教育历程的基础上，提出从机构、职能、课程、队伍四个方面进行构建。④ 林顺英以亚洲、欧洲、美洲、大洋洲等14个国家的体育教师教育作为研究对象，我国体育教师教育的发展正逐步与世界先进发展水平接轨，对21世纪初我国中学体育教师职前培养和职后培训一体化体系进行研究。国外体育教师教育"一体化"体系比较完善先进。我国体育教师教育起步较晚，存在着注重职前培养，忽视职后培训，职前职后相分离的状况，体育教师教育一体化体系还未完全形成。借鉴国际经验旨在为21世纪初我国普通高校体育教育专业课程体系的深化改革研究提供理论与实践依据，也为我国体育教师教育一体化体系的形成提供借鉴和参考的价值。⑤

（四）体育教师教育专业化研究

有学者对高校体育教师专业化进行了富有价值的理论研究。主要研究内容包括：专业发展的内涵、必要性、主要内容、影响因素、专业课程设置等。

张华江等阐述了体育教师专业化的内涵、必要性与可行性，指出体育教师

---

① 许月云，许红峰，陈霞明，等．我国中小学体育教师继续教育的优化与整合［J］．成都体育学院学报，2004，30（6）：90－93.
② 韩春利．体育教师培养培训一体化理论研究［J］．上海体育学院学报，2005，29（6）：66－69.
③ 张建，党晓云，张晓亮．体育教师教育体系及一体化构建［J］．河南师范大学学报，2009，37（4）：142－144.
④ 杨波，韩冰，孙玉宁．对我国体育教师教育一体化构建的研究［J］．沈阳体育学院学报，2004，23（2）：206－207.
⑤ 林顺英．体育教师教育：国际比较——中学体育教师职前培养和职后培训一体化探究［D］．福州：福建师范大学，2003.

教育专业化是实现体育教师专业化的途径。①② 杜治华对有关我国高校体育教师专业化发展研究的成果进行了梳理、归纳与整合，发现高校体育教师专业化发展研究的成果少与全面推进素质教育和教师专业化发展的大环境不相称，理论研究明显滞后。③ 张丽丽等认为高校体育教师个人主观因素、高校职称评审制度和岗位聘任制度是影响高校体育教师专业发展的主要因素，"反思性实践"使反思自主性成为影响高校体育教师专业发展的另一关键因素。④⑤ 韩连花提出了北京普通高校体育教师专业发展体系的理论构建的设想。⑥

潘凌云、王健（2011）指出了体育教师专业发展的本质、动力和源泉，基础和前提，路径和机制。⑦ 方曙光等（2013）对体育教师教育范式转型的规律与趋向进行了探讨。⑧ 宋会君以教师专业社会化的理论为视角，对中国体育教师培养的理念、专业成长的特征和体育教师专业化的模式等基本理论问题进行了研究。⑨ 黄爱峰对体育教师职前教育中"体育教育类课程"和"术科课程"等典型问题以及职后教育进行系统分析，指出了"运动技术"专业化取向的误区，认为体育教师专业化的关键是"学会教学"，提出了建立一种着眼教学智慧的体育教师专业化主张。⑩ 在亚洲，日本和韩国在体育教师专业化理论和实践方面处于前沿水平。如林陶（2011）对日本体育教师教育的研究。港澳台地区的体育学者对体育教师专业化问题的研究也取得了一定成果。如刘国安（2011）对香港体育教师教育的研究。

① 张华江，周红萍，张娟. 高校体育教师专业化的发展策略研究 [J]. 襄樊学院学报，2010，31（2）：85-89.
② 蒋晓丽. 体育教师专业化与体育教师教育专业化研究 [J]. 体育科技，2006，27（2）：9-12.
③ 杜治华. 我国高校体育教师专业化发展研究 [J]. 山西师大体育学院学报，2010，25（2）：87-89.
④ 张丽丽，马志和，等. 高校体育教师专业发展的影响因素及对策研究 [J]. 浙江体育科学，2009，31（5）：44-47.
⑤ 张丽丽. "反思性实践"理论对高校体育教师专业发展的促进研究 [J]. 浙江体育科学，2012，34（1）：58-60.
⑥ 韩连花. 北京普通高校体育教师专业发展体系的理论构建 [D]. 北京：首都体育学院，2009.
⑦ 潘凌云，王健. 主体性视阈下体育教师专业发展的真实意蕴 [J]. 武汉体育学院学报，2011，45（6）：96-100.
⑧ 方曙光，潘凌云，等. 体育教师教育的实践品性：困境与出路 [J]. 天津体育学院学报，2013，28（6）：461-467.
⑨ 宋会君. 体育教师专业化之研究 [D]. 北京：北京体育大学，2005.
⑩ 黄爱峰. 体育教师教育的专业化研究 [D]. 南京：南京师范大学，2005.

（五）体育教师教育途径与模式研究

随着我国的教育改革，体育教师教育途径和模式的相关研究逐渐成为体育界的研究热点问题。余静对武汉市中学体育教师专业发展途径的调查，指出外出培训、校本教研、师徒结对和自学提高的多元路径结合是中学体育教师专业发展的有效途径。① 有学者提出通过博客群学习共同体、网络学习共同体、在线学习共同体、专业学习共同体等不同的教师共同体的构建促进体育教师专业发展。②③④⑤⑥ 关于体育教师教育模式的研究是众多学者关注的焦点。有学者提出了不同的体育教师教育模式促进体育教师教育专业发展。董翠香、霍军根据对新型体育教师培养模式的内涵以及传统培养模式存在的弊端的分析讨论，认为新型体育教师培养模式应围绕着培养目标、培养教师、教育实习、培养形式、培养途径等进行构建。⑦ 学者们提出的体育教师教育模式主要有复合型体育教师培养模式、反思型体育教师培养模式和一体化模式。⑧⑨⑩⑪

（六）体育教师教育相关政策的研究

对于体育教师教育政策的研究主要涉及体育教师教育政策的理论、具体政策和体育教师教育标准等三个方面的研究。第一是对体育教师教育政策的理论

---

① 余静. 中学体育教师专业发展途径研究——武汉市中学体育教师调查 ［D］. 武汉：华中师范大学，2011.

② 张世威，等. 创建博客群学习共同体——城乡体育教师专业发展新途径 ［J］. 四川体育科学，2011（1）：146－150.

③ 史叶军. 打造网络体育学习共同体　促进教师自主专业成长 ［J］. 运动，2011（8）：123－124.

④ 刘凯. 构建"专业学习共同体"，促进体育教师专业发展 ［J］. 教育探索，2010，233（11）：112－113.

⑤ 杜小伟. 体育教师在线学习共同体研究 ［J］. 佛山科学技术学院学报，2011，29（5）：90－93.

⑥ 潘凌云，王健. 构建教师专业共同体促进体育教师专业发展 ［J］. 武汉体育学院学报，2009，43（5）：91－95.

⑦ 董翠香，霍军. 21世纪新型体育教师培养模式的重建与设计 ［J］. 河南教育学院学报2006，25（5）：67－70.

⑧ 华军，李金珠，李诺. 复合型体育教师培养模式的构建 ［J］. 教学与管理，2009（12）：29－30.

⑨ 曹强. 基于课堂"反思—反馈"体育教师专业发展研修模式的实践探索 ［J］. 中国学校体育，2009（S1）：26－28.

⑩ 林顺英. 体育教师教育国际比较：中学体育教师职前培养职后培训一体化探究 ［D］. 福州：福建师范大学，2003.

⑪ 张建，党晓云，等. 体育教师教育体系及一体化构建 ［J］. 河南师范大学学报，2009，37（4）：142－144.

研究。如张卫平对体育教师教育政策制度中体育教师的法律地位、权利和责任进行分析。① 曹晓明对我国体育教师教育制度100余年的沿革进行了梳理,提出建立多元开放型的体育教师教育制度。② 张萍指出应通过完善教师准入制度、教师培训制度以及发展性评价制度来引导体育院校教师的持续发展。③ 李文静对中小学体育教师培养政策中职前培养与职后培训政策进行了分析。④ 刘洪涛等对中国体育教师教育政策的演变历程、特征和政策体系进行了初步研究。⑤⑥ 第二是对某项具体政策的研究。林顺英、黄汉升对改革开放以来我国普通高校体育教育专业教学计划进行的研究。⑦ 许瑞勋、张建、段金霞对我国体育教师培养课程制度进行了研究。⑧ 何敏学和宋强对我国实施特殊教育体育教师资格准入制度和特殊教育体育教师专业化发展的政策导向进行了研究。⑨⑩ 乔泽波对普通高校体育教师评聘制度进行研究。⑪ 李正花等对韩国《体育教师职前资格考试制度》和《中学体育教师聘用资格制度》进行了研究。⑫⑬ 王钰雅对日本培养保健体育科教师的法律制度、培养机构、培养课程改革、保健体育科教师资格认证更新

① 张卫平. 体育教师教育政策法规探析 [J]. 普洱学院学报, 2014, 30 (3): 77 – 80.
② 曹晓明. 对我国体育教师教育制度沿革与发展的研究 [D]. 济南: 山东师范大学, 2010.
③ 张萍. 促进体育院校教师可持续发展的制度研究 [J]. 体育研究与教育, 2013, 28 (4): 76 – 79.
④ 李文静. 中小学体育教师政策的内容分析 [D]. 沈阳: 沈阳师范大学, 2012.
⑤ 刘洪涛, 毛丽红, 王文莉, 等. 我国体育教师教育政策的演变历程及特征研究 [J]. 吉林体育学院学报, 2017, 33 (2): 8 – 11, 33.
⑥ 刘洪涛, 毛丽红, 等. 关于构建我国体育教师教育政策体系的思考 [J]. 运动, 2016 (18): 1 – 3.
⑦ 林顺英, 黄汉升. 我国普通高校体育教育专业本科教学计划执行分析 [J]. 上海体育学院学报, 2003, 27 (5): 87 – 90.
⑧ 许瑞勋, 张建, 等. 现行教育体制下体育教师培养的课程制度 [J]. 广州体育学院学报, 2007, 27 (5): 121 – 124.
⑨ 何敏学, 宋强. 我国特殊教育体育教师资格准入制度初探 [J]. 体育学刊, 2011, 18 (5): 82 – 85.
⑩ 宋强. 特殊教育体育教师专业化发展的教育政策导向研究 [J]. 体育世界, 2014, (8): 26 – 27, 21.
⑪ 乔泽波. 普通高校体育教师评聘制度的存在问题及解决建议 [J]. 体育学刊, 2008, 15 (7): 42 – 45.
⑫ 李正花, 赵舜默. 韩国体育教师职前资格考试制度考察与借鉴 [J]. 外国中小学教育, 2011 (12): 60 – 62, 59.
⑬ 李正花, 姜允哲, 等. 韩国中学体育教师聘用资格制度特点及启示 [J]. 山东体院学报, 2013, 29 (2): 116 – 118.

制度和录用评价制度进行的研究。① 第三是关于体育教师相关专业标准的研究。主要是对国外的标准进行介绍和分析。国外体育教师专业标准的研究集中于美国和日本。比如，王健、董国永、王涛等分析了美国高阶体育教师专业标准的特征，认为美国体育教师专业标准在具体实践过程中出现违背诸如体育教师"小我"意识的丧失、体育教师专业培养的窄化、女性体育教师的职业发展障碍和体育教师专业地位的"边缘化"之类的现象。结合我国体育教师职业现状，提出借鉴西方经验，在构建我国体育教师专业标准过程中彰显人文主义精神的策略。②咸东进、董伦红、赵珊等对美国初级、高级体育教师认证标准进行分析研究，结合我国实际情况，提出我国体育教师教育发展应深化体育教育人才培养模式，注重体育教师专业化队伍建设，注重体育教师职前、职后差异性。③张玉宝、詹建国认为美国 2008 版初级体育教师教育标准是以标准本位为理念，建立在建构主义学习理论基础上，并兼有行为主义的特点。标准以教育教学理论为引领，以体育教师教育教学能力的形成为主线，以专业知识、专业道德、专业训练、专业自主、专业发展、专业组织等教师专业化的标准为依据进行设计的；标准有效融合了体育教师应具备的知识、技能、能力和素质。建议我国树立体育教师专业发展的理念，确定体育教师教育标准维度，尽快制定适合中国国情的体育教师教育标准。④林陶研究了日本体育教师教职课程标准。⑤ 体育教师专业标准也逐渐成为国内研究的关注点。尹志华对制定中国的体育教师专业标准做了初步探索性研究。⑥ 国内外研究成果表明体育教师专业标准的作用得到充分认可。这些研究为我国教师标准的设计提供了国外经验借鉴，但对标准设计理念、如何设计、标准中的教育思想以及对标准问题等问题的研究不够深入。

二、体育教师教育政策研究述评

文献资料表明：目前在国际上以科技和人才为核心的综合国力竞争中，各国普遍重视教育改革，形成了国际性的教育改革浪潮，各国都出台了许多卓有

① 王钰雅. 日本保健体育科教师培养制度研究 [D]. 北京：首都师范大学，2013.
② 王健，董国永，等. 人文主义视野中的美国体育教师专业标准研究 [J]. 北京体育大学学报，2013，36（7）：93 – 98.
③ 咸东进，董伦红，赵珊等. 美国体育教师认证标准研究 [J]. 体育文化导刊，2014（4）：148 – 151.
④ 张玉宝，詹建国. 美国体育教师教育标准：结构·特点·启示 [J]. 北京体育大学学报，2014，37（8）：118 – 123.
⑤ 林陶. 日本体育教师培养的教职课程标准研究 [J]. 日本研究，2011（4）：124 – 128.
⑥ 尹志华. 中国体育教师专业标准体系的探索性研究 [D]. 上海：华东师范大学，2014.

成效的教育改革政策，都把作为教育母机的教师教育置于优先发展的位置。国内外教育领域的专家学者从多方面对教师教育进行了大量研究，研究成果相当丰富，大大推动了各国教师教育的发展。近几年来，由于教师教育政策对于教师质量起着关键性的作用，教师教育政策受到各国的普遍重视，教师教育政策研究成为国内外学者关注的焦点。随着教师教育政策研究的不断深入，针对某一特定学科的教师教育政策的研究受到特定学科学者的关注，相关文献呈现出几何级增长的趋势，成为不同学科教育研究的热点问题。

目前以体育学科作为切入点，学者们对体育教师教育也进行了大量的研究。从研究内容上分析，主要涉及以下六个方面的研究：第一，体育教师教育的发展历史研究。主要从历时性的角度，对我国体育教师教育的发展历程进行梳理，并进行了阶段划分，总结了其不同发展的特征、经验和教训，指出了未来的发展方向。第二，体育教师教育的现状研究。从研究对象的地域上看，研究范畴广阔，我国的东、中、西部都有相应的研究成果，从农村到城市都有涉及，研究范畴还扩展到港澳台以及欧美国家。从研究对象的层次上看，主要是中小学体育教师和高校体育教师。从研究内容上看，主要有体育教师职前教育课程设置与方案、体育教师职后培训、体育教师教育价值取向、体育教师教育整体现状等方面的研究。从成果表现形式上看，主要是期刊论文和硕士学位论文。从研究方法上看，绝大多数以调查法和文献资料法为主。对体育教师教育的现状的研究较全面地描述了我国体育教师教育的现状和存在的问题，并提出了相应的解决对策。但现状描述多处于表面化，缺乏深入分析，提出的对策大都处于操作性层面。第三，关于体育教师教育过程的研究。体育教师教育过程主要包括职前教育、入职教育和职后教育三个部分，目前普遍将教师教育视为职前、入职和职后相联结的一体化过程。关于体育教师教育过程的研究有分别从职前教育、入职教育和职后教育三个部分单独入手的研究，也有把三者联结起来进行一体化的研究，对体育教师教育的过程进行了全面研究。第四，关于体育教师教育途径与模式的研究。为了提高体育教师教育质量，众多体育教育学者从多方面提出了不同的解决方案。主要内容涉及高校青年体育教师和中小学体育教师的培养目标、内容、方法、课程方案和培养模式的构建，不少学者指出构建体育教师专业共同体是促进体育教师发展的重要途径，也有学者对美、英、法、德、日、俄等发达国家的体育教师培养模式进行了研究，其中体育教师的职后教育模式是一个研究重点。第五，关于体育教师教育专业化及其改革的研究。在世界范围内教师专业化改革潮流的推动下，我国体育教育界对体育教师教育专业化问题予以了极大关注，成为一个研究热点问题。从研究内容上看，涉及中外体育教师专业发展状况的描述和对比、专业发展体系的理论探讨和实践对策、从微观到宏观对我国体育教师教育专业发展进行了全方位研究。从研究成果形式上看，有期刊论文、硕博论文和学术专著。这些研究在不同程度上明晰了体育教师教育专业的理论问题，并提出了相应的对策。第六，关于体育教师教育的相关政策研究。作为教师教育政策的重要组成部分的体育教师教育政策的研究相对比较匮乏，教师教育政策的研究成果则相当丰富，研究视角多样，研究内容全面广泛而且深入。尽管体育教师教育政策的研究相对比较匮乏，但教师教育政策的研究为其研究提供了重要参考与借鉴。

经过深入研读体育教师教育政策相关研究文献发现，关于体育教师教育政策的相关研究大体分为三类：一是体育教师教育标准的研究。这类研究的内容主要有对国外尤其是美国的体育教师教育标准的介绍、评价与借鉴，提出我国构建体育教师教育标准的必要性和意义，也有研究对我国如何建构体育教师教育标准进行了探索。这类研究的核心思想是先进国家已经建立了体育教师教育标准，我们必须跟着学习，与国际接轨。而对于体育教师教育标准带来的负面代价研究不足，缺乏结合体育教育现实的具有我国特色的体育教师教育标准的研究，应该说这是体育教师教育标准的一大缺陷。二是对体育教师教育中的具体制度或政策进行的微观研究。这类研究成果并不多见，目前仅有的少数研究基本上都是专门就我国体育教师职前培养、入职培训、职后培训或过程一体化等体育教师教育的某一阶段的体制、某一个历史阶段的体育教师教育政策或就某一具体制度、国外体育教师教育政策进行针对性的研究，所研究的政策具体而微观。而从宏观政策和政策分析角度对我国的体育教师教育政策进行综合、系统的研究成果尚未看到。三是对日本、韩国和美国等国家体育教师教育政策的介绍及其比较研究，提出对我国的借鉴意义。

体育教育对一个国家体育文化发展所具有的传承、选择、创造、引领的独特作用和对一国体育国际影响力不可替代的提升作用，为体育强国建设提供有力支撑。体育教师的发展关系到我国人才培养和体育教育事业的兴衰，引起了全社会的高度重视。体育教师的质量、数量、层次、专业结构和其他综合要素，能否适应我国体育教育的新要求，能否真正肩负起培养高素质创新人才的神圣使命，体育教师教育政策起到关键作用。相对于体育教师教育其他方面的研究，关于体育教师教育政策研究的薄弱，特别是宏观整体研究的匮乏，对目前体育教师教育的政策改革缺乏指导，成为我国体育教师教育政策科学性欠缺，实施效率不高的重要因素。同时，这给本研究留下了充足的空间。根据诺斯的制度决定论观点，教育政策决定着教育的发展方向、规模和速度。我国著名教育政策专家袁振国教授也强调"没有研究的教育政策不可能成为好的政策，不关心教育政策的研究难以成为有价值的研究"。① 而且基于中国国情，我国的教育改革是自上而下推动的，政府的教师教育政策在统筹和调配社会资源上，具有无可比拟的巨大优势和高效率，可长期稳定地培养高素质教师，这种由政府提倡和规划的教师教育政策能够有力地推动我国教师教育的发展。因此，教师教育政策所起的作用更是不容忽视，教师教育的改革与发展必须依据政府教育政策的扶持与推动。体育教师教育政策作为教师教育政策的重要组成部分，无疑是一种导向机制，同时又是一种行为规范，对体育教师教育具有保障、导向、协调、制约与激励功能，对于体育教师质量起着关键的导向和保障作用。所以，从多学科视角对我国的体育教师教育政策进行全面系统的研究有着极其重要的意义。首先，可以清晰认识我国的体育教师教育政策。通过对我国体育教师教育政策的发展历程回顾，力图探寻我国教师教育政策发展演变的历史轨迹，总结教师教育政策演变背后的主要因素和变迁路径，深入把握其发展的整体特点，清晰呈现我国教师教育政策的来龙去脉及其现状概貌。其次，可以增强对教师教育改革的解释力和指导性，为教师教育改革和发展提供决策咨询，有助于政府设计出科学高效的政策规划程序和制度，开发多元化的教师培养模式，完善教师教育的理论体系。通过进行系统全面的研究，对我国体育教师教育政策的理念与目标、政策内容与措施、实施过程与成效、问题与不足等进行探析，明确并吸取教师教育政策的经验教训，弥补和修正其中的不足与问题，以促进我国体育教师教育政策体系走向完善，充分发挥其功能，为体育教师教育的健康有序发展提供更加科学、规范的政策支持与保障。最后，大力推动体育教师教育发展。作为顶层设计的体育教师教育政策，是体育教师教育的航向，事关体育教师教育发展的方向，其改革成败直接关系到我国体育教师教育能否顺利高效地开展，能否造就高素质的体育教师，加强对体育教师教育政策的研究有助于推动体育教师教育的健康发展，也可以为体育教师教育和体育教师发展创造外部环境和条件，为体育教师发展提供完备的保障运作体系。

---

① 袁振国. 教育政策分析与当前教育政策热点问题［J］. 复旦教育论坛，2003，1（1）：29 – 32.

第三节　体育教师教育政策相关核心概念

一、教师与体育教师

教师虽然是一种古老的职业，但作为一种专门的职业的历史并不悠久。在人类社会发展的漫长历史进程中，社会对进行教育活动的人员并无特别要求，或长者或识字或稍有文化即可为师，即便在形成体制的古代教育中，教师仍然是能者为师、官员为师、僧侣为师或学者为师，无须专门训练。在近现代社会生产力不断发展的推动下，社会分工不断加强，教育活动从生产劳动中分离出来，成为专门的社会活动。此时，教师才成为一项专门的职业，"教师"概念在不同时期被赋予不同的内涵，对教师的专门要求也随着社会的发展不断提高。1966年，国际劳工组织和联合国教科文组织在《关于教师地位的建议》中指出，教师需要通过专门的训练与学习获得并维持专业知识及专门技能，教师是一种专门化职业。到20世纪中后期，西方绝大多数发达国家都把教师作为专门职业。20世纪80年代开始，我国所编撰的教育辞典和学者的研究中也将教师视为从事教育工作的专业人员。1993年，我国第一部大型综合性百科全书《中国大百科全书·教育卷》中认为，"教师"是专业技术人员，是在学校中对受教育者进行文化知识和技能的传授与思想品德教育，并使受教育者成为一定社会需要的人才的工作人员。我国1994年实施的《中华人民共和国教师法》对教师的定义是"履行教育教学职责的专业人员"。目前，将教师定位于于"专门职业"和"专业人员"已经是世界各国教育界的普遍共识。一般来讲，目前被广为接受的"教师"概念是指掌握一定科学文化知识并具备深厚的人文素养，拥有丰富的教育学知识和技能，了解学生发展规律，能把握社会对人才的需求动态，具备在某领域的专业知识，受过专门的教育与训练的德行良好的专业教学人员。

在现代教育当中，存在众多的学科，其性质各不相同。因此，不同教师的工作特点和分工要求存在着不同的差异。根据教师所任教的学科不同，可以分为不同的学科教师。体育教师是众多学科教师队伍中的重要一员，这在1990年的《学校体育工作条例》（中华人民共和国国家教育委员会令第8号）和1993年的《中华人民共和国教师法》中得以明确，体育教师和其他学科教师一样是专业教学人员。根据体育学科的性质和体育教师的工作任务的特殊性，体育教师是我国教师队伍中一个特殊的重要组成部分，其工作与其他学科教师相比，具有脑力劳动与体力劳动相结合、教学活动空间大、教学情景复杂、社会活动性较强、工作任务繁重与复杂等特点。本研究将体育教师界定为：体育教师是学校中从事着向学生传授运动知识、技能和科学锻炼身体方法，增强学生体质，促进学生身心健康发展，培养学生终身体育意识的体育教育教学工作专门教学人员；不仅是学校体育教育教学的研究者、组织者和引导者，而且是社会精神文明的教育者和传播者，与其他学科教师一起共同承担着促进学生德、智、体、美、劳全面发展，并把学生培养成为能适应社会发展和社会所需要的专门人才的任务。根据教育序列的不同，体育教师可以分为高校体育教师、中小学体育教师以及幼儿体育教师。本研究中的"体育教师"主要指的是在中小学中从事体育教学工作的教师以及尚在高校中接受体育教育专业（师范类）学习的学生（职前教师）。

二、教师专业化与教师专业发展

教师专业化和教师专业发展是现代教师教育改革中的两个密切相关的重要概念，虽然众多学者对这两个概念的内涵进行了深入研究，但仍然没有获得统一的认识。对于教师专业化而言，在说法上众说纷纭，有从静态视角的理解，亦有从动态角度来谈教师专业化，同时还有从教师个体或教师群体的层面解释教师专业化，但都表达出了教师职业专门化的意义、教师专门化的社会功能以及对教师作为专门性工作人员的发展状态提出的要求，强调教师专业化需要的是一个持续不断发展的历程。综合分析不同学者关于教师专业化内涵的理解，可以看出教师专业化包括以下含义：第一，教师专业具有双专业性，既包括学科专业性（如体育、语文、物理、数学、历史等学科），也包括教育专业性，即国家对教师任职既有学历标准要求的规定，也有必要的教育知识、教育能力和教师职业道德要求；第二，国家对于教师培养有专门的教师教育机构、教育内容和措施；第三，国家对教师资格和教师教育机构的认定和管理有专门的制度；第四，教师专业发展是一个持续不断的深化过程，教师专业化也是一个发展的概念，既是一种状态，教师在从教之前所接受的师范教育只是教师专业成长的一个重要环节。① 根据上述理解，认可郭敏的教师专业化概念，即教师专业化是以教师个体专业化作为基础，其根本意义在于强调教师的成长和发展历程，既

---

① 王健，黄爱峰，吴旭东. 体育教师教育课程改革 [M]. 北京：人民体育出版社，2006：61-62.

可以理解为一种状态，也可以认为是一个逐步深化的过程；教师专业化是教师职业具有自己特征的职业要求与条件，是教师群体专业化的发展水平与社会认可状态，并具有社会认可的专门培养制度与管理制度。①

关于对教师专业发展的理解，中外学者没有一个完全统一的认识。在国外，较早研究教师专业发展内涵的是哈格里夫斯和富兰（Hargreaves & Fullan，1992），他们认为教师专业发展的核心内容是知识与技能的发展、自我理解和生态改变。哈格里夫斯于 1995 年进一步提出教师专业发展的理解应该从知识、技能等技术性维度和思想道德、情感等思想维度两个层面展开。Day（1999）主要从学习经验和活动方面来描述教师专业发展，他指出教师专业发展包括教学经验的积累和有意识的各种活动组织，这些经验和活动对于学生、教师和学校都是有益的，最终能够有效地提高教学质量。②

在国内，也有不少学者对教师专业发展的概念进行了定义。叶澜教授认为："教师专业发展就是教师的专业成长或教师内在专业结构不断更新、演进和丰富的过程。"③宋广文和魏淑华强调教师专业发展对教师人生价值和人格价值的实现、自我价值实现的重要性和教师主体在教师专业发展中的重要角色与价值，认为教师专业结构中的专业知识、专业技能、专业信念、专业动机态度、专业情感、专业期望、专业发展意识等各方面是有机统一的，应共同发展。④ 教育部师范教育司（已于 2012 年更名为教育部教师工作司）给教师专业化下的定义认为：教师专业发展的本质是其专业不断进行发展的历程，是教师通过不断学习，不断增加自身能力、提高专业水平的过程，从而促使教师达到专业成熟的境界。郭敏认为："教师专业发展是从事教师这个专门职业的教师个体在适应和符合不断变化的'教育教学'要求中，持续不断地学习和更新知识、不断提高从事'教育教学'所需的各种能力与水平，使自身能够在从事'教育教学'所需的知识、技能与情感等方面的专门素质不断提

① 郭敏. 基于教师专业发展视域的高校体育教师职后教育研究［D］. 武汉：华中师范大学，2012.

② Day, C. Developing teachers：the challenges of lifelong learning［M］. London：The Falmer Press, 1999：4.

③ 叶澜，白益民，等. 教师角色与教师专业发展新探［M］. 北京：教育科学出版社，2001.

④ 宋广文，魏淑华. 教师自我在教师专业发展中的主体价值［J］. 教育研究，2005（7）：9.

高并接近理想的境界，是一个持续不断的发展过程。"① 周凰认为，教师专业发展即教师专业成长，是指教师在整个专业生涯中，依托专业组织、专门培养制度和管理制度，通过持续的专业教育，习得教育教学专业技能，形成专业理想、专业道德和专业能力，实现专业自主的过程，包括教师群体的专业发展和教师个体的专业发展两个方面。②

在对教师专业发展理解的差异中，我们还是能看到对教师专业发展理解的共通性：第一，教师专业发展是一个动态的过程；第二，强调教师专业发展包括专业知识、能力等专业素质和思想道德、专业情感、专业理想等思想层面的提高，更强调的是专业思想层面从不成熟转向成熟的转变；第三，强调教师的个体努力以及外在的帮助共同推动教师成长，最终指向是成熟的教师。③ 据此，本研究认为教师专业发展是指教师在教学专业工作的不同阶段所具有的专业知识、专业技能、专业素养以及专业伦理的不断增长与提高，这种增长与提高没有终点。教师专业发展的过程就是教师由非专业到半专业，再到专业的过程，教师每一阶段的发展就是教师向更高专业化迈进的一个环节，教师专业化是教师专业发展的结果。

教师专业化与教师专业发展的关系。邵林海在其博士论文中通过对国内外学者关于"教师专业化"和"教师专业发展"概念的梳理，提出两个概念的关系主要存在三种观点：第一，教师的专业发展和教师的专业化是等同的；第二，教师专业发展从属于教师专业化，是其子体；第三，教师的专业化和教师的专业发展是不同的。④ 在结合这三种观点，并根据不同学者对两个概念的理解，本研究认为"教师专业化"与"教师专业发展"概念之间的关系十分密切，交叠甚多，但其侧重亦有不同。一方面，"教师专业化"与"教师专业发展"是相通的，都强调教师的专业性及其发展，具有动态性特征；另一方面，"教师专业化"是从教师职业或专业出发，较多地从社会角度强调教师群体的发展及发展的状态，更趋向于专业制度的建设、外部社会环境的探讨，趋向于"职业"和"制度"，常被理解为"教师职业的专业化"，强调教师专业地位的提升和职业声望的提高。而"教师专业发展"是较多地从教师自身角度出发，强调教师个

① 郭敏. 基于教师专业发展视域的高校体育教师职后教育研究［D］. 武汉：华中师范大学，2012.

② 周凰. 学校课程领导视域下中学体育教师专业发展的叙事研究［D］. 北京：北京体育大学，2019.

③ 周凰. 学校课程领导视域下中学体育教师专业发展的叙事研究［D］. 北京：北京体育大学，2019.

④ 邵林海. 地方高校体育教师专业发展研究［D］. 沈阳：东北师范大学，2016.

体通过自身主动学习，不断更新专业知识、增强专业能力的自主性发展过程，具有不断向前的趋势。两个概念既可以是由非教师专业状态转变，逐步达到"教师专业化"程度，也可以是在已有的"教师专业化"程度上的不断提高，向理想的境界不断迈进的"教师专业发展"。总之，教师作为专业人员在教师职业生涯中要经历一个由准教师状态的非专业性人员，通过专业训练使其专业水平与专业能力以及相关专业素质上由相对不成熟逐渐成长达到成熟的过程。而成熟永远是相对的，教师专业化和教师专业发展面对未来职业要求与社会发展需求没有止境，永远在路上。教师专业化离不开教师个体的专业发展，而教师专业化程度的提高又是教师个体专业发展的基础。①②

三、教师教育与体育教师教育

作为专门职业的教师培养，出现过两个基本概念，一是"师范教育"，二是"教师教育"。20世纪60年代，随着科技的进步和教育的普及，以及终身教育思想和教师专业化理念的确立，欧美各国对教师的素质提出了更高的要求，教师培养出现了职前培养和在职进修并举的态势，"教师教育"的概念随之产生。1985年的《国际教育百科辞典》将教师教育解释为："教师教育或者说教师发展，可以从养成、新任研修、在职研修三个方面进行认识，这三个方面是连续的各部分。"在亚洲，日本于1972年最早使用"教师教育"取代"师范教育"，20世纪80年代成为日本教育界的正式用语。日本1993年出版的《新社会学辞典》将"教师教育"概念解释为："教师教育是为了学习作为教师所必备的知识、技术和价值观，而且适应对教师角色期待的变化，而不断提高教师的专业能力的教育。"在我国近代教育史上一直使用"师范教育"指称"培养师资的专业教育"，到20世纪末，教师教育的概念才开始在我国出现。2001年，在《国务院关于基础教育改革与发展的决定》中正式以"教师教育"概念取代"师范教育"一词。"教师教育"是指在终身教育的思想指导下，按照教师专业发展的不同阶段，对教师的培养和培训通盘考虑，以专业化的标准和方法培养和培训教师的所有教育形态的统称。③"教师教育"是对教师职前培养与职后培训的统称，是在终身教育思想的指导下，按照教师专业发展的不同阶段，对教

---

① 郭敏. 基于教师专业发展视域的高校体育教师职后教育研究 [D]. 武汉：华中师范大学，2012.

② 卓存杭. 福建农村中学体育教师专业发展现状调查与研究 [D]. 福州：福建师范大学，2006.

③ 陆道坤. 制度的输入与体制的构建 [D]. 上海：华东师范大学，2009.

师的职前培养和职后培训的总体考虑和整体设计，体现出教师教育是连续的、可发展的、一体化的思想。可以说，教师教育是传统的师范教育与教师的入职、在职培训的融合和延伸。[①]

在欧美国家，关于教师教育的概论也不完全统一。比如，在《国际教学与教师教育百科全书》（*The International Encyclopedia of Teaching and Teacher Education*）中认为教师教育，又可以称为教师发展（teacher development），可以从职前（pre - service）、入职（induction）以及在职（in - service）三个阶段进行考虑，并将三个阶段视为一个连续过程中的不同部分。[②]《美国教育者百科全书》（*American Educators' Encyclopedia*）则是从职前与在职两个阶段给教师教育作出界定：为成为一名教师或改善已经参加工作教师的专业技能而设计的那些正式和非正式的经验（experiences）。[③]而教师教育在《美国教育百科全书》（*Encyclopedia of American Education*）中则只从职前层次进行定义：进入教学专业所需的正式和非正式的教学（instruction）及训练（training）。[④]尽管目前在学界关于教师教育的概念并不完全统一，但总的来讲，在世界范围内，"师范教育"的概念基本被"教师教育"的概念所替代。一般认为"教师教育"能够将职前、入职与在职贯通起来，是对"师范教育"概念的整合与延伸，"教师教育"概念的使用是教师培养与培训进入更高阶段的标志，教师教育是师范教育发展的一个高级阶段。

体育教师的培养也随着师范教育向教师教育的转轨，转变到体育教师教育上来，作为学科教师之一，成为教师教育的重要组成部分。目前关于体育教师教育的研究也越来越多，而将体育教师教育作为一个独立的概念进行界定的却并不多见，现就仅有的几个定义进行分析，以试图在此基础上提出适应本研究的体育教师教育政策的定义。黄汉升、季克异和林顺英等认为，体育教师教育从属于教师教育，它是教师教育的一个重要组成部分，"体育教师教育"是对体育教师培养和培训的统称，即在终身教育思想指导下，按照体育教师专业发展的不同阶段，对体育教师的职前培养、入职培训和在职研修通盘考虑，整体设

---

① 杜晓利．教师政策［M］．上海：上海教育出版社，2012：133.

② De Landsheeere G. Concepts of Teacher Education［M］//DUNKIN J. The International Encyclopedia of Teaching and Teacher Education. New York：Pergamon Press，1987：77.

③ Kapel D E，Clifford C S，Kapel M B. American Educators' Encyclopedia（Revised Edition）［M］．Rev. ed. Westport，CT：Greenwood Press，1991：563.

④ Unger H G. Encyclopedia of American Education［M］．New York：Facts On File Inc.，1996：965.

计，体现了对体育教师的教育是连续的，可发展的，一体化的。①②李秋菊等亦将体育教师教育看作是体育教师培养和培训的统称，并按照体育教师专业发展的时间历程将其划分为职前培养阶段、入职教育阶段和在职研修阶段三个阶段，分别称之为体育教师的职前教育、入职教育和职后教育。③

四、教师教育制度与教师教育体制

目前教育制度的概念并无统一界定。陆道坤在对关于教育制度的不同界定归纳的基础上指出，不同的教育制度的界定存在两种倾向，一是宏观上的界定，以"规则"来界定制度，将教育制度纳入规则体系，该规则体系具有相对的稳定性。二是微观上的界定，以规则为核心，将教育制度视为一个实体，即各种符合规则的机构和设施的体系。④ 师范教育制度和教师教育制度是教育制度的下位概念。顾明远将师范教育制度界定为"师范教育目的、方针、体系、设施和机构的总称"⑤。杨天平认为："教师教育制度是以职前职后一体化的教师教育与教师资格认证为基础，以促进教师职业专业化为核心的关于教师教育的政策、法规、程序、标准、原则、模式、体制和机制等的统一体。"⑥ 李尚卫等认为："教师教育制度是指在一定的社会历史条件下，国家对教师培养和培训体系、结构模式的基本规定，主要是对教师教育的内涵、性质、功能、结构、基本内容、课程、考核、模式、过程、机构等的规定。"⑦ 霍东娇认为，教师教育制度是一系列被制定出来的规则、守法程序和行为的道德伦理规范，其目的是对教师行为进行引导与规范，增加对教师教育行为的预期，最终达成教师教育的效用最大化。⑧ 作为教育体制下位概念的教师教育体制，不同的学者也有不同的理解。陆道坤认为，关于教育体制概念主要有三种具有代表性的观点：一是教育体制是国家关于教育运行秩序的总设计，是机构设置与制度建设的总和；二是教育

① 林顺英. 体育教师教育国际比较——中学体育教师职前培养和在职培训一体化探究 [D]. 福州：福建师范大学，2003.
② 黄汉升，季克异，林顺英. 中国体育教师教育改革的理论与实践 [M]. 北京：高等教育出版社，2004：15.
③ 李秋菊，李天明，李春芳. 督导视角下的云南省体育教师教育问题及策略研究 [J]. 中国学校体育，2018，5（9）：31-34.
④ 陆道坤. 制度的输入与体制的构建 [D]. 上海：华东师范大学，2009.
⑤ 顾明远. 教育大辞典 [M]. 上海：上海教育出版社，1990：68.
⑥ 杨天平. 当前我国教师教育制度改革的几个问题 [J]. 中国教师，2008（75）：18-20.
⑦ 李尚卫，袁桂林. 我国农村教师教育制度反思 [J]. 教师教育研究，2009，21（3）：34-38.
⑧ 霍东娇. 中国百年师范教育制度变迁研究 [D]. 沈阳：东北师范大学，2018.

体制是教育事业的机构设置和权限划分的制度；三是教育体制包括教育管理体制、教育结构及贯彻其中的教育思想、教育内容和教育方法，并将教育体制的概念界定为：教育体制是教育制度体系与教育组织实体的统一体。① 今津孝次郎将教师教育体制定义为：有关国家各级教师教育机构设置、隶属关系、职责划分、权限规定以及与各种规章制度相结合的组织结构形式和工作制度总称。其内涵有两个层面：第一，教师教育体制属于教育的范畴。教师教育虽涉及高等教育、中等教育、继续教育和职业教育等领域，但必须根据教育发展规律进行活动，以协助完成教师教育为目的。第二，教师教育体制属于教育管理范畴，教师教育体制的发展与改革必须要顺应国家政治体制的改革。②黄崴将教师教育体制定义为：教师教育的基本制度和管理制度的综合。教师教育的基本制度是对教师教育的体系、结构和模式的基本规定，是对整个教师教育的定位；管理制度主要包括教师教育的行政体制、学校内部管理体制和教师教育课程制度等。③ 郭朝红等认为，教师教育体制的目的是加强对教师教育的管理和引导。政府为了加强对教师教育的控制，往往采用控制教师教育资源、改革教师教育行政组织机制、拓展教师教育行政职能以及加强教师教育立法等手段，强化教师教育行政权力的作用，从立法、计划、监督等手段实施控制。这个管理过程中所形成的各种制度、法规等的构成状态和作用方式称为教师教育体制。④

五、体育教师专业化与体育教师专业发展

在教师专业化运动的过程中，体育教师作为教师群体中的一个类别，其专业化也备受体育教育界的关注，对于体育教师专业化和体育教师专业发展的理解是建立在教师专业化和教师专业发展的基础上的。宋会君认为体育教师专业化是体育教师在整个体育教师职业生涯过程中，依托体育教师培养机构、体育教师发展学校和体育教师教育学院等体育教师的专业组织，通过长期的、系统的、专门化的专业训练，习得体育教师的专业知识和技能，实现体育教师专业自主，表现体育教师的专业道德，并逐步提高自身的专业素质，成为一个良好的体育教育专业工作者的专业成长过程，即一个"普通人"变成"体育教育工作者"的专业发展过程。体育教师专业化强调的是体育教师职业的社会化，包

---

① 陆道坤. 制度的输入与体制的构建 [D]. 上海：华东师范大学，2009.
② 〔日〕今津孝次郎. 变动社会之教师教育 [M]. 日本：名古屋大学出版会，1996：5.
③ 黄崴. 教师教育体制：国际比较研究 [M]. 广州：广东高等教育出版社，2003：11.
④ 郭朝红，王彬. 国家与教师教育 [J]. 教育理论与实践，2004，24 (3)：31 - 34.

括体育教师群体和个体的社会化。① 因此，体育教师专业化又称体育教师专业社会化。张慧珍认为，体育教师专业化是教师专业化在体育学科上的一种特殊职业表现，是指在整个体育教育教学生涯中，体育教师经过体育教育专业训练，获得体育教育专业的体育知识、技能和素养，能够实施专业自主，表现体育专业伦理，并逐步提高自身教学素养，成为合格的体育教师的专业成长过程。② 赵进提出，体育教师专业化是体育教师从职业状态转变为专业状态的过程和程度，这种转变是建立在体育教师职业的独特性即体育教师专业性基础上的，旨在明确体育教师职业的不可替代性，保障体育教师的专业水平，实现体育教师素质及其工作质量的全面优化，提高体育教师职业的社会地位。③董国永将体育教师专业化理解为体育教师这一职业群体通过体育教育专业的系统学习和职后继续教育及培训，收获体育教学工作所需的专业知识、专业技能，进而逐渐使得体育教学这一行为成为一种专门性的职业并获得社会舆论认可，取得应有社会地位的一个过程。④

体育教师专业发展是与体育教师专业化紧密相关的一个概念，对于它的理解主要可分为两类。一类主要把体育教师专业发展理解成为新手体育教师经过自身和外界组织双重影响下，体育专业知识、专业技能和专业道德不断提升，逐步成长为成熟的专业体育教师的过程。比如，宋会君认为，体育教师专业发展是指体育教师在整个体育教学生涯中，通过不断的体育教育专业训练和学习，获得体育专业知识、体育技能和体育素质，并不断提高自身从教素养，成为一名良好的体育教育工作者的成长过程。⑤ 尹志华等认为，体育教师专业发展是指体育教师在整个职业生涯中，通过专门训练和终身学习，逐步习得体育教育的专业知识与运动技能，并在教学实践中不断提高自身的教学艺术水平，从而成为一名优秀的体育教育专业工作者的整个过程。⑥ 张丽丽认为，体育教师专业发展是一个促进体育教师专业素质的养成，完善体育教师个体发展的过程。⑦ 体育教师专业发展是体育教师专业知识和专业技能持续不断增长与发展的过程。⑧黄

---

① 宋会君. 体育教师专业化之研究 [D]. 北京：北京体育大学，2005.
② 张慧珍. 我国中小学体育教师专业化发展研究 [D]. 兰州：西北师范大学，2006.
③ 赵进. 体育教师合格专业标准研究 [D]. 武汉：华中师范大学，2011.
④ 董国永. 我国体育教师专业标准构建研究 [D]. 武汉：华中师范大学，2014.
⑤ 宋会君. 体育教师专业化之研究 [D]. 北京：北京体育大学，2005.
⑥ 汪晓赞. 农村中小学体育教师专业化的现实困境与路径重构：基于社会学的视角 [J]. 南京体育学院学报（社会科学版），2009，23（4）：116 – 120.
⑦ 张丽丽. 高校体育教师的专业发展机制研究 [J]. 山东体育科技，2007，29（4）：69 – 70.
⑧ 赵进. 体育教师合格专业标准研究 [D]. 武汉：华中师范大学，2011.

琦指出，体育教师专业发展是体育教师在从事本专业过程中体现出来的体育专业知识、专业能力及专业素养等方面的循序渐进的提升，这个过程促使体育教师的专业水平和专业地位不断得到完善。① 徐悦认为，体育教师的专业理念、专业能力和专业知识由不成熟向成熟方向演变的过程即为体育教师专业发展。② 舒宗礼等指出，体育教师专业发展是指体育教师在自身以及外界专业组织双重机制的作用下提升其专业知识、专业技能、专业能力和专业道德的过程。③ 这些学者对体育老师专业发展的界定虽然在说法上有所不同，其实质是却是相同的。另一类将体育教师专业发展区分为两种意义，分别主要针对的是体育教师群体和体育教师个体。比如，陈志丹根据汉语的构词法，将"体育教师专业发展"区分为"体育教师的专业发展"和"体育教师专业的发展"。前者指的是体育教师群体的、外在专业性提升的过程，是体育教师向专业化方向发展的问题；后者指体育教师在拥有专业素质的前提下，如何更好地促进其发展的问题，主要强调体育教师个体的、内在的专业性提高。两者相互辩证统一，体育教师专业化是体育教师个体专业发展的基础，体育教师个体专业发展是体育教师专业化的保证。④ 左蜀荣也认为，体育教师专业发展的内涵大致有两种理解：一种是指体育教师专业群体的发展，这主要是指作为整体的体育教师在专业能力方面的提高；另一种指的是体育教师个人专业能力的提高。⑤

　　通过上述对（体育）教师专业化和（体育）教师专业发展概念的梳理，我们发现学界对这两个概念的认识并不统一，两者既存在着诸多交叉，也有些许区别，对两者的关系也难以辨清，在此亦无须作出清楚说明。不容否认的是，体育教师作为一种专业无论是在教育界还是政府的政策上，在世界范围内都是广为认可的。体育教师专业化运动的目的是提高体育教师质量和社会地位，这就需要教师个体和群体的共同发展，最终目的都是为了提高教师的专业化水平，从而进行更有效的教学。因此，研究体育教师专业化不仅要研究体育教师群体的专业发展，而且要研究体育教师个体的专业发展。体育教师专业化在本质上强调的是体育教师职业成长和发展的历程，这个过程是

① 黄琦. 初中体育教师专业发展的现状研究 [D]. 海口：海南师范大学，2017.
② 徐悦. 社会支持视角下乡村小学体育教师专业发展研究 [D]. 南京：南京体育学院，2018.
③ 舒宗礼，王华倬. 教育生命视阈下的体育教师专业发展的现实状态及未来愿景 [J]. 北京体育大学学报，2018，41（12）：91-99.
④ 陈志丹. 体育教师专业发展的实然分析与应然研究 [D]. 南昌：江西师范大学，2004.
⑤ 左蜀荣. 社会分层视角下中小学体育教师专业发展研究 [D]. 济南：山东师范大学，2015.

一个由不成熟到相对成熟的专业人员的发展历程，具有长期性和发展性。长期性是指体育教师个体发展、成长过程需要持续不断进行，贯穿于体育教师个人整个职业生涯；发展性是指体育教师的专业化发展具有积累性，是在原有基础上的不断提升和发展。这一过程没有终点，是无限的，因为成熟只是相对的，而发展是绝对的。①

六、教师教育政策与体育教师教育政策

政策、教育政策、教师教育政策和体育教师教育政策四个概念由大及小，内涵逐渐缩小，由上位概念逐步向下，体育教师教育政策属于下位概念。由于政策有动态和静态两种理解，学界教师教育政策概念的界定也主要分为两类：首先，早期学界通常从静态上理解教师教育政策，将其视作一种"文本"，即一种或多种行动依据、准则或措施，突出政策的强制性。如今，仍然有不少学者从静态角度界定教师教育政策。比如，刘福才认为："教师教育政策是一国政府对教师教育的整体规划与设计，教师教育的发展及教师专业化水平的提高直接受制于教师教育政策的制定与实施状况。"② 崔红洁指出："教师教育政策是指党和国家在一定时期内，为实现特定的教师教育发展计划与目标，解决教师教育发展中存在的问题，从而制定的行动依据和准则，包括有关教师职前培养、入职教育、职后培训方面所颁布和认定的所有法律法规、方针政策、意见通知、会议纪要、重要领导人讲话等文本的总和。"③ 冯宁认为："教师教育政策即在一定的历史和社会背景下，党和国家为解决教师教育发展过程中的问题，实现一定的教师教育发展目标进而达成教育发展任务，而制定的对各地方政府及教育机构产生约束和影响的行为准则。"④ 周国霞认为："教师教育政策是教育政策的重要范畴，属于教育政策的有机组成部分，是国家根据教育基本政策，为解决教师教育问题而制定的政策法规。"⑤ 其次，桑德拉·泰勒等认为，政策的内涵远远超越了单纯的政策文本，它还包括政策文本的制定过程、政策的实施过程，以及在具体运行过程中的实际行动和对目标期望的修正。教师教育政策

① 唐炎，宋会君.体育教师教育论［M］.重庆：西南师范大学出版社，2006：142-145.
② 刘福才，刘复兴.教师教育政策顶层设计之省思［J］.济南大学学报，2013，23（3）：86-92.
③ 崔红洁.改革开放以来我国教师教育政策研究［D］.沈阳：东北师范大学，2014.
④ 冯宁.21世纪以来美国教师教育政策研究［D］.昆明：云南师范大学，2015.
⑤ 周国霞.联合国教科文组织教师教育政策发展研究［D］.上海：上海师范大学，2015.

认识由此从静态层面扩展到动态层面的理解上来。① 比如，于兴国提出："教师教育政策是由中国政府制定的，为中国教育事业服务的，关于教师培养、培训和资格认定的法律、法规等的文本以及这些文本制定、实施和评估的过程。"② 蔡首生将其定义为："党和国家在一定时期内，为实现一定的教师教育目标、解决教师教育中存在的问题而制定的行动准则。主要包括有关教师培养、培训和认定的所有法律、法规、条例、方针、纲要、规定、规划、准则、方案、措施、细则等文本及其制定、实施和评估的过程。"③ 颜晓娟提出："教师教育政策是由政府或教师教育机构颁布的、服务于国家教师教育发展的、涉及教师职前、入职和职后全程的政策、方案、措施、计划、项目、规定、准则、纲要等文本的总和以及这些文本制定、实施和评估。"④ 借鉴学者们对教师教育政策从动静两个角度对教师教育政策的理解和政策科学中的政策定义，本研究认为，教师教育政策是指国家机关、政党及政治团体在特定历史时期，为实现教师教育发展目标和任务以及解决教师教育发展中存在的问题等，依据党和国家在一定历史时期的基本任务、基本方针以及教育基本政策而制定的关于教师培养、教师入职教育、教师培训等发展的行动准则（包括对教师素质和教师选拔、任用、考核、培训等相关制度的规定以及在工资、职称、奖惩及其他福利待遇等方面的要求）以及这些文本的制定、施行及评估。教师教育政策的具体表现形式多样，主要有法律、法规、条例、方针、纲要、规定、规划、准则、计划、方案、措施、细则及重要领导人的讲话等。

虽然在教师教育领域，对教师教育政策概念的界定并不少见，而对作为教师教育中的一个学科的体育教师教育的政策界定却极为鲜见。结合笔者在以前的研究中对体育教师教育政策概念的界定，本研究认为其政策含义与教师教育政策是一致的，所不同的是体育教师教育政策体育的学科属性，即它是针对"体育教师"教育的政策，而非一般意义上的或抽象化了的"教师"教育。在此尝试将体育教师教育政策界定为：一个国家政府、执政党以及体育教师教育机构等在特定历史时期，为解决体育教师教育发展过程中存在的问题，促进体育教师专业发展和专业化水平的提高，实现体育教师教育目标，达成体育教师教育发展任务，对体育教师教育进行整体规划与设计，对政府教育管理部门、

① 程灵. 论高等教育政策的国际迁移［J］. 福建师范大学学报（哲学社会科学版），2008（5）：127.
② 于兴国. 转型期中国教师教育政策研究［D］. 沈阳：东北师范大学，2002.
③ 蔡首生. 我国改革开放以来教师教育政策的反思［D］. 长沙：湖南师范大学，2012.
④ 颜晓娟. 21 世纪澳大利亚教师教育改革研究［D］. 开封：河南大学，2014.

体育教育机构以及体育教师施加影响的行为准则及采取的行动。体育教师教育政策是教师教育政策的重要组成部分，是属于教师教育政策中的学科教师教育政策。从内容上看，主要包括体育教师的招生培养政策、资格认定政策、入职任用政策、职称工资政策、在职培训政策以及考核奖惩等政策；从层级上看，体育教师教育政策可以分为中央政策、地方政策和教师教育机构的政策三个层次；从教育的层次看，主要包括中等教育和高等教育两类体育教师教育政策；从作用顺序上看，涉及教师职前、入职和职后三个阶段的教育政策；从持续时间看又可分为长期政策、中期政策和短期政策。体育教师教育政策并不仅仅是一个国家对其体育教师教育体系以及结构模式的基本规定，还包括为促进体育教师发展所采取的一系列行动，它对于保障和规范体育教师教育行为起着十分重要的作用。①

　　自 1903 年《奏定学堂章程》要求各级学堂都要开设"体操科"以来，百余年间有关体育教师的政策文件大量涌现，政策内容十分丰富，主要涉及宏观设计、管理制度、地位待遇、业务水平、师德建设等各个方面，已然形成了体育教师队伍建设政策体系。鉴于我国体育教师教育政策内容庞杂和研究时间的限制，依据研究任务，本研究对政策的选择原则如下：首先是公开性原则，即主要指政府公开颁布的涉及体育教师教育的政策、工作文件与工作要点等；其次是权威性原则，即主要指中央、教育部等权威机构发布的政策。由此，在政策层级上，主要针对中共中央、全国人大、国务院、教育部、国家体育总局等相关部委或单独或联合制定颁布的国家层面的正式文件。地方政府教育部门制定的政策主要是对中央政策执行，故不作为研究的重点政策。在政策内容上，主要研究和体育教师教育业务水平提高紧密相关的政策。在时间跨度上，搜集从我国体育教育制度正式确立到当前一百余年历史中的政策。在地域范围上，仅限于搜集我国大陆地区的体育教师教育政策。

第四节　体育教师教育政策研究价值

一、研究理论价值

国之兴盛，系于教育；教育之发展，系于教师；教师之质量，系于教师教

---

① 刘洪涛，毛丽红，王文莉，等. 我国体育教师教育政策的演变历程及特征研究［J］. 吉林体育学院学报，2017，33（2）：8－11，33.

育。《国家中长期教育改革和发展规划纲要（2010—2020 年）》强调："教育大计，教师为本。有好的教师，才有好的教育。保障教师地位，维护教师权益，提高教师待遇，使教师成为受人尊重的职业。严格教师资质，提升教师素质，努力造就一支师德高尚、业务精湛、结构合理、充满活力的高素质专业化教师队伍。"2001 年我国教师教育正式取代师范教育，预示着我国教师教育将发生深刻变革。建设高素质教师队伍已经成为教育强国建设时代赋予教师教育的历史使命，加强师资队伍建设成为教育改革与发展的头等大事。教师教育政策是教师教育改革与发展的航标和方向盘。世界经合组织（OECD）曾指出国民教育最重要的因素是教师素质，教师教育在振兴教育事业的先导性、基础性作用已经为世界各国所共识。为应对未来快速变化的国际局势，各国皆有教育改革之政策。近年来，我国关于教师教育的重大政策密集出台，诸如，2012 年的《国务院关于加强教师队伍建设的意见》（国发〔2012〕41 号）、2017 年的《关于深化教育体制机制改革的意见》、2018 年中共中央国务院出台的《关于全面深化新时代教师队伍建设改革的意见》和教育部等五部门联合出台的《教师教育振兴行动计划（2018—2022 年）》（教师〔2018〕2 号）。这表明我国从战略和全局高度充分认识教师在教育强国建设和民族复兴中的重要意义，把教师教育振兴作为一项重大政治任务和根本性民生工程。"没有研究的教育政策不可能成为好的政策"，开展教师教育政策研究有助于国家教育行政部门决策的科学化，增强社会公众对国家教师教育政策的理解，深化教师教育改革的理论支撑，有利于完善教师教育政策体系。

中国体育教师教育历经一个多世纪的漫长岁月，对于决定体育教师教育发展的方向、速度、规模和质量的体育教师教育政策在这期间发生了怎样的演变，有何经验、教训和历史镜鉴，需要广大体育教育工作者和相关学者进行理论总结和探究，探索体育教师教育政策的演变规律，指导当代中国的体育教师教育。从比较视角，把中国体育教师教育政策放在国际视野中进行横向比较，对发达国家的体育教师教育理论进行借鉴。在教师教育政策的研究中，对体育教师教育政策的研究十分薄弱，尤其是从政策学视角和宏观视角对体育教师教育政策的整体研究尚属空白，对体育教师教育政策进行深入研究是体育教师教育理论发展的必然要求，因此本研究将以史为鉴、观照现实、参照国外、指引未来为宏观研究宗旨以期达到以下理论方面的研究目的：一是拓展教师教育政策的研究领域，有助于丰富和完善教师教育政策的学科理论；二是以史为鉴，对中国体育教师教育政策百余年的演变进行梳理，厘清其发展脉络，揭示其演变规律，为国家体育教师教育政策决策提供历史依据；三是观照现实，对我国体育教师教育政策的理论问题进行深入分析，将为国家体育教师教育政策决策提供理论依据；四是参照国外，在把握国际教师教育改革与发展现状、体育教育发展动向的基础上，提供他国经验，为探索教师教育改革的新途径提供借鉴；五是指引未来，初步尝试为我国体育教师教育的繁荣与可持续发展建构一个科学的体育教师教育政策体系。

二、研究实际价值

体育教师教育政策的研究不仅具有重要的理论意义而且具有重要的实践价值，可以保障体育教师教育沿着正确的道路前进。具体而言，可以概括为以下四个方面：一是体育教师教育政策研究可以为探索教师教育改革的新途径提供可能，为相关部门提供政策咨询，有利于政策的调整、完善和优化，有效提高体育教师教育政策的质量，推动体育教师教育的发展。二是体育教师教育政策研究有利于提高体育教师的地位，保护体育教师的受教育权利，调动服务教育的自觉性、积极性和有效性，有利于推动体育教师教学质量的提高。三是我国是"体育教育大国"，体育师资队伍庞大，有近 60 万之多；学生数量众多，在校大中小学生约 2.7 亿；体育课作为必修课从幼儿园一直开到大学，开课时间长、课时多。而青少年体质健康危机，在一定程度上说明体育课低效费时。体育教师教育政策研究能为体育教师的专业发展提供政策支持和实践上的帮助，有利于提升体育教师素质，保障教学质量，促进青少年体质健康发展。四是体育教育是体育强国战略中不可或缺的重要内容和基础保障。中国要由体育大国向体育强国迈进，从根本上要依靠体育教师来培养大量体育人才，为全民健身服务，增强公民身体素质和健康，这就给体育教师教育赋予了重大的历史使命与责任。因此，体育教师教育政策可以为体育强国建设提供强有力的人才支撑。

第五节　体育教师教育政策研究思路与方法

一、研究思路

一是从辨析教师专业化、专业发展、教师教育、体育教师教育政策的概念入手，对体育教师教育政策体系包括的政策类别进行划分。二是主要从体育教师职业要求政策、体育教师培养政策、体育教师入职政策、体育教师培训政策四方面梳理我国体育教师教育政策演变的历史，探讨体育教师教育政策变迁的发生机制、动力机制、演进路径以及演进规律。三是对我国现行体育教师教育进行分析，总结政策成效、存在的问题和原因。从政策学角度对政策制定、执行和评价进行分析。对体育教师教育政策的内容进行反思。四是对发达国家的体育教师教育进行考察，分析其现状、经验和趋势，为我国体育教师教育的改革提供理论经验和实践依据。五是参照历史经验、现实政策分析和国外体育教师教育的成功实践，对我国体育教师教育政策完善进行建言。为体育教师教育的健康有序发展提供更加科学化、规范化、制度化的政策支持与保障。

二、研究方法

（一）文献研究法

本研究主要采用图书报刊、谷歌学术引擎、中国知网、各大图书馆等对文献进行检索，资料包括：国家以及教育行政主管部门颁布的有关体育教师教育政策的法律、法规、政策、条例、通知、指示等文件；国内外专家、教师、学者关于体育教育问题的研究论文和学术专著；相关网站、报纸、杂志的即时信息。通过文献搜集、加工和研究试图达到以下目的：了解我国体育教师教育政策发展的走向；分析我国不同阶段体育教师教育政策的出台背景及相关内容；借鉴国外尤其是发达国家教师教育政策制定的经验，以提高我国教师教育决策水平。

（二）历史研究法

历史研究法是通过对某一现象的发生、发展和演变的过程和历史事实进行梳理，加以系统客观地分析，从而揭示其发展规律的一种研究方法。本研究要系统阐述我国体育教师职业产生以来，体育教师教育政策动态演变的历史过程，描述体育教师教育政策在各个发展时期的历史本真，阐述与当时的社会政治、经济、文化、教育等背景之间的关系，揭示体育教师教育政策在特定的历史时期所呈现的基本规律。运用历史研究法对体育教师教育政策的演变具有较强的适切性。

（三）访谈法

为了更好地了解我国体育教师教育的历史、现状及其制度建设状况，设计访谈提纲，对我国部分体育界和教育学方面的专家、学者、各级教育部门的教师培训人员以及教育行政部门的领导进行访谈，总结归纳我国体育教师教育历史发展进程中的经验教训，了解当前体育教师教育的开展情况以及发展与改革的趋势等。

（四）比较研究法

比较研究法是根据一定的标准，对不同现象或事务进行比较研究，找出其特殊规律和普遍规律，以探求事物本质的方法。本研究在横向上将我国与美国、英国、法国、日本等国家的体育教师教育政策进行比较分析，通过比较研究，总结其他国家的经验教训，揭示教师教育的普遍规律及特殊表现，为制定出符合我国特殊国情的体育教师教育政策提供借鉴；在纵向上，对我国不同时期教师教育政策进行比较研究，以动态的观点分析政策的演进路径规律。通过纵横向上的比较，为体育教师教育政策决策建言献策。

（五）内容分析法

通过认真研读与分析教师教育政策文本的第一手资料，透过现象看本质，运用定性分析的方法对体育教师教育政策文本背后隐藏的价值取向进行挖掘与梳理，使得对教师教育政策价值取向变迁的分析更为直观、具体、深刻。

（六）制度分析方法

制度分析方法的核心是一种制度必然产生相应的政策。我国的政治制度结构、权力结构、决策程序等变迁都会对体育教师教育政策演进产生直接影响。体育教师教育政策体系中各项政策事物相互依存，其中某一政策变化后，其他条件也会随着变化，最终会使整个体育教师教育政策朝着某种方向变化。制度分析法是客观研究体育教师教育政策的重要方法。

三、研究目标

体育教师教育政策在教师教育政策乃至整个教育政策体系中居于举足轻重的位置。研究体育教师教育政策，厘清政策发展的历史脉络，寻找政策决策和制定的历史原因，总结政策颁布及实施过程中的经验和教训，为教师教育政策建设、改革和完善提供政策咨询和保障。

目的之一，全面梳理百年来我国体育教师教育政策，明晰历史脉络。在不同的历史时期，对体育教师教育都有一定的要求和规定，没有专门的文件或法律予以阐述，而是零散表述于其他的文件或法律法规中，反映体育教师教育政策的独立性、专门性与重要性的欠缺。因此，需要对体育教师教育政策进行全面系统的梳理，呈现出明晰的体育教师教育政策演变脉络，加深对体育教师教育政策的认识。

目的之二，探讨体育教师教育政策演变的历史过程，总结发展中的基本规律。把政策研究置身于历史和时代的背景中，分析其与社会政治、经济、文化、环境、人口甚至教育自身的关系，分析体育教师教育政策自身发展的连续性、系统性、规范性和内容的规定性，从中发现并归纳其发展规律。

目的之三，对体育教师教育政策发展中存在的问题进行分析和反思，提出政策制定的建议。

目的之四，试图对各国体育教师教育政策加以梳理，把握其发展脉络、抓住教师专业发展的核心并总结其教师专业发展的实现途径，进而提炼出对我国具有借鉴意义的经验。

第二章

史海钩沉：体育教师教育政策的百年变迁①

第一节　体育教师教育政策变迁的阶段划分

要清晰地梳理我国体育教师教育政策发展的历史脉络，历史分期是一个不容回避的重要问题。"分期"是历史学界在划分不同社会形态时所使用的专门术语。"时期"一般表示两者质的区别，而"阶段"则具有比较明显的过渡性，一般指的是同一性质内容处在不同的过程之中。在史学研究中，按照社会历史客观过程表现出的不同特征，将历史划分为不同的时期，这是划分历史时期的基本原则。我国古代的历史学家历来就是根据统治者的更替来进行历史划分的。马克思主义史学也以"社会形态"作为划分历史时期的标准。② 因此，在划分体育教师教育政策历史的问题时，使用"时期"和"阶段"两个说法似乎更具有适切性。

作为体育教师教育政策，是建立在不同的经济形态基础之上的，必然和社会政治制度、社会意识形态有着密切的联系。政治在中国社会发展中长期占据支配地位，特别是在 19 世纪后半叶和 20 世纪上半叶政治成为中国社会的主题，中国体育的近代化是在中国社会局势动荡的政治旋涡中逐步发展起来的。而体育教师教育政策在本质上，也可以说是一种政治措施，它是社会政治和教育活动的形式和结果。因此，中国体育教师教育政策百年发展，首先可以以社会形态更替变化为标准，划分为晚清、中华民国和中华人民共和国三大历史时期。再根据体育教师教育政策在每段时期内所呈现出的基本形态、主要目标和主要特征，并结合体育教师教育领域的重大事件，将国家层面的体育教师教育划分为不同的时间阶段。即第一时期为 1840—1911 年清朝灭亡的晚清时期，这一时

---

① 该部分主要内容以阶段成果《中国体育教师教育政策发展简史》于 2020 年 6 月在江西人民出版社出版。

② 肖冲. 中国近代体育史分期论略 [J]. 成都体育学院学报，1986（2）：17–22.

期体育教师教育政策初具雏形；第二时期为 1912—1949 年的中华民国时期，该时期又可分为北洋政府时期体育教育政策形成阶段（1912—1927 年）、南京政府前期的体育教育政策发展阶段（1927—1937 年）和南京政府后期体育教育政策艰难发展阶段（1937—1949 年）；第三时期为从 1949 年至今的中华人民共和国时期，该时期又分为新体育教师教育政策的开创（1949—1965 年）、挫折（1966—1976 年）、恢复发展（1977—1999 年）和深化改革（2000—今）四个阶段。

第二节 晚清时期的体育教师教育政策

一、体育教师教育政策的背景

（一）晚清的时代大背景

到 19 世纪后半叶，西方主要国家的资本主义经济进入快速发展时期，也在世界范围内确立了资本主义经济的主导地位，经济与技术取得了巨大的进步。以英国为首的西方列强，为了寻找商品销售地，获取工业生产原料，吸收大量廉价劳动力以及拓展投资市场，开始向世界各地全面扩张，发动了一系列的侵略战争。此时的中国，正处于由强盛转向衰败的清朝后期，统治日益衰落，政治腐败，经济落后，军队腐化，战斗力低下，社会矛盾突出。然而，清政府统治者仍然夜郎自大，闭目塞听，自视为"天朝上国"。作为自古以来的农业大国，自给自足的自然经济与西方先进的工业经济之间的差距越拉越大，而且中国地域辽阔，人口众多，成为他们扩大海外市场的理想的主要目标。随着 1840 年第一次鸦片战争的爆发，英国的隆隆炮声，打破了闭关自守的、与文明世界隔绝的清政府的封建统治，惊醒了清朝"天朝帝国万世长存"的美梦。之后，在第二次鸦片战争、中法战争、中日甲午战争以及八国联军侵华等一系列战争的严重打击下，中国在西方侵略者的船坚炮利之下，被迫签订了一系列的丧权辱国的不平等条约，国门被迫打开，主权遭受到严重破坏，封建制度逐步解体，民族危机空前加深，中华民族处于"亡国灭种"的边缘。帝国主义在军事、政治、经济、文化上穷凶极恶地压迫、剥削和奴役中国人民，使中国逐渐沦为半殖民地半封建社会，给中国人民套上了沉重的锁链。在外部强行输入和内部被动学习的基础上，中国被动地开始了缓慢的近代化进程。

面对外有西方列强的军事入侵和经济侵略，内有太平天国运动和义和团的冲击，各种社会矛盾激化，社会结构发生巨大变化，清朝处于风雨飘摇之中，清朝政府为了挽救岌岌可危的统治，进行了全方位的改革，主要可概括为三次新政：洋务新政、戊戌新政和庚子新政。首先是洋务新政。两次鸦片战争的爆发极大地震撼了中国知识分子和官僚的心灵，以 1861 年总理各国事务衙门（总理衙门）的建立为起点，洋务派开始了一场以"自强""求富"为目的的洋务运动。洋务新政以"中学为体，西学为用"作为指导思想，提出了"师夷长技以制夷"的方针，主要从经济、政治、军事和文教等方面向西方学习，希望以西方的长技来抵制西方的侵略，使中国走上强盛的道路，以从根本上维护清朝的封建统治。经济上，以"求富"为旗号，创办民用企业；政治上，洋务新政设立总理衙门，作为清政府办洋务及外交事务而特设的中央机构；军事上，洋务派以"自强"为旗号，采用西方先进技术创办军事工业，兴办北洋、南洋和福建三支近代海军；文化教育上，洋务新政重视教育，创办新式学堂，1862 年清政府开办京师同文馆，这是最早创办的一所新式洋务学堂，随之全国各地相继开办了新式学堂，是一种有针对性的应洋务急需的专门教育，是中国教育从传统走向近代的第一步，并于 1872 年开始逐步分批向美国、英国、德国、法国和日本等国派遣留学生，学习西方技术。由于列强的控制，清政府的腐败，洋务新政进行 30 多年，并没有使中国强盛起来，但洋务新政引进了西方先进的科学技术，使中国出现了第一批近代企业，在客观上为中国民族资本主义的产生和发展起到了促进作用，传播了新知识，为中国的近代化开辟了道路。其次是戊戌新政。1894 年中日甲午战争失败后，中国民族危机加深，民族资本主义发展，在康有为、梁启超为代表的维新派的推动下，光绪帝为维护清朝统治，实行戊戌新政。在政治上，改革旧制度和政府机构，撤销多余的衙门和冗官，重用维新派；在经济上，保护农、工、商业发展，鼓励私人兴办工矿企业；在文化上，提倡科学，创办报刊，传播西方思想，改革教育制度，创办京师大学堂，设立中小学堂，兴办新式学堂；在军事上，实行征兵制，采用西方方法训练新式陆军和海军；戊戌新政中维新派把一切问题归结到教育上，把改良教育当作救亡图存的主要出路。戊戌新政是中国近代史上一次重要的政治改革，也是一次思想启蒙运动，传播了西方文化，促进了思想解放，对社会进步、思想文化的发展和促进中国近代社会的进步起了重要的推动作用。最后是庚子新政。《辛丑条约》签订后，民族危机加剧，国内革命运动兴起，为了缓和阶级矛盾，阻止革命形势发展，清政府实行新政。这次新政改革的主要内容：经济上，设立商部，倡导商业，奖励实业，修建铁路，并颁布了一系列工商业规章制度和奖励实业办法；政治上，改革官制，撤销总理各国事务衙门，改设外务部；军事上，停止武科科举考试，编练新军，筹建武备学堂，改兵部为陆军部；在文教上，先后颁布《钦定学堂章程》和《奏定学堂章程》，实行教育改革，建立了一套自成系统、相对完整的学校制度，废除科举制，大量开办学堂，派遣留学生并鼓励自费留学。清末新政改革，没有使清政府摆脱内外困境，反而由于新政增加捐税，激化了阶级矛盾，促使革命形势发展。但在客观上，对社会政治、经济、军事、文化教育等方面都产生了积极的效果，在中国社会的近代化过程中占有重要地位。

清末实行了一系列所谓的"新政"，所做的最重要的事是发展实业、充实武备、教育改革以及办学堂等，并未从根本上进行政治改革，试图单单靠西方的先进技术维护封建统治，这是其新政失败的根本原因。另外，其新政中的政策调整都是在半殖民地化过程中被迫进行的，缺乏主动性，行动迟缓，再加上清政府内部的腐败，也是新政失败的重要原因。清政府所主持的"新政"只是在世界现代化浪潮下的被动行为，最终结果归于失败不可避免，但客观上刺激了中国民族资本主义的产生和发展，对于中国教育、科技、军事、体育等的近代化进程都起了一定的推动作用，唱响了一曲走向近代化的悲歌。

（二）晚清师范教育的发展

在清末三大新政运动中，西学东渐之风盛行，一大批开明的官僚和先进的知识分子清醒地认识到中国的教育体制已经难以适应时代发展的需要，不约而同地将目光聚焦到教育改革上来，教育被赋予救国和强国的时代重任。清末教育的近代化发展表现在以下几个方面：

首先是对师范教育认识的突破。一批出访欧洲和日本的官员和知识分子积极向国外学习，出版发行了一系列图书，对西方文化和教育进行了介绍，其中不乏对国外师范教育的赞赏和羡慕。比如，黄遵宪在其著述的《日本杂事诗》（1879 年初刊，1898 年增损改订重刊）中就日本师范的办学目标和制度进行了详细介绍。[①] 甲午战争中，泱泱中华败于日本蕞尔小国，促使国人深刻认识到教育的重要性，意识到师范教育在社会发展中的重要地位。维新派的康有为、梁启超曾大声疾呼"欲革旧习，兴智学，必以立师范学堂为第一义"，并明确提出效仿日本设立师范学堂，培养师资。梁启超专门撰文《论师范》，论证师范教育对民族复兴的重要意义。康梁的师范教育思想也得到了部分开明封建官僚的支持和响应。对西方的教育思想和师范教育的介绍和引进，以及对师范教育的倡

---

① 黄遵宪. 日本杂事诗（广注）［M］//钟叔河. 日本日记·甲午以前日本游记五种·扶桑日记·日本杂事诗（广注）（走向世界丛书）. 长沙：岳麓书社，1985：561 - 794.

导，无疑加深了人们对教育的认识，对当时中国教育改革和师范教育制度的确立播下了希望。

其次是近代教育体制的建立。面对内外交困的时代局面，清政府为了适应"三千年未有之大变局"，掀起了新教育改革的高潮，以建立近代新教育制度。清政府的教育改革运动促使传统教育体制的瓦解和近代教育制度的逐步建立。为了加大对教育领域管理的力度，清政府颁布了一系列教育政策法规，并采取多项举措。1902 年，张百熙被任命为管学大臣，经理学堂事宜。同年 8 月颁布由张百熙领衔制定的《钦定学堂章程》（即《壬寅学制》），虽因条件不成熟、章程本身存在的弊病以及清政府内部权力的争斗未及实施，却为《奏定学堂章程》的制定奠定了基础。1904 年 1 月 13 日在《钦定学堂章程》的基础上，以日本学制为蓝本，修订并颁布《奏定学堂章程》（即《癸卯学制》），详细规定了普通学堂、专业教育、师范学堂和实业学堂等各级各类学堂的章程及管理体制，在学制上自成系统，建立起一套完整的学校制度，并以法令的形式要求在全国推行。《奏定学堂章程》成为清末教育体制改革的纲领性文件。1905 年 9 月 2 日，光绪皇帝下令"立停科举以广学校"，在中国历史上延续了 1300 多年的科举制度自此退出历史舞台，科举取士与学校教育实现了彻底的脱钩。1905 年 12 月，清政府正式建立学部，作为教育最高行政机关统管全国教育，学部将教育政策实施作为当时的中心工作，中国近代教育制度随之建立起来。在近代教育制度中，师范教育体系占据着重要地位。早在 1902 年颁布的《钦定学堂章程》当中，就对师范教育的设置、招生、学习年限诸方面作出了粗略规定。在《钦定学堂章程》基础上，《奏定学堂章程》中关于师范教育的内容共单列四个部分：《初级师范学堂章程》《优级师范学堂章程》《实习教员讲习所章程》和《任用教员资格》。另外，在《各学堂管理通则》和《各学堂奖励章程》中也对师范教育有相应的规定。这些章程，突出了师范教育的重要地位，将师范教育分为初级师范学堂和优级师范学堂两级，规定师范生不缴纳学费，并单独建立了纵有阶段、横有类别、独立设置的近代中国师范教育体系，构建了中国较为完整的师范教育框架与基本格局。《奏定学堂章程》的推行，对于清末师范教育的确立和发展起到了举足轻重的作用，吸引了许多贫寒家庭的子弟就读师范，为各级各类学校培养了相应的师资。据相关资料统计，至 1907 年科举制度废除两年的时间内，全国各地共有 36974 名教师，而其中从师范学堂毕业的就有 13728 人，超过总数的 1/3，说明清政府师范教育的成效是十分显著的。①

---

① 李刚. 清末新式学堂的产生与教师培养研究［J］. 兰台世界，2015（13）：53－54.

最后是在各级各类教育中师范教育备受重视。在《钦定学堂章程》和《奏定学堂章程》之前，一批先进的知识分子和开明官僚已经认识到教育和师范教育对于国家富强和独立的重要意义，在全社会形成了一股强烈的教育救国思潮。一些省份开始创办各类学堂，其中师范教育备受重视，各地率先创办师范学堂，并逐渐在全国形成发展师范教育的热潮。尽管师范教育在发展中遇到诸多困难，无论如何还是在困难中艰难起步并曲折前行。1895 年，由清政府大理寺少卿盛宣怀在天津设立的中西学堂是近代第一所含有普通和专门两级制的学堂，具备了近代学校的雏形，是中国近代第一所大学。1897 年春，盛宣怀在上海创办南洋公学，含有大、中、小三级学堂，外加师范院的师范教育，成为最早的专门培养教师的机构，以"明体达用，勤学善诲为旨归"，开创我国专门培养教师的先河，是为我国教师教育之肇始。1898 年创办的京师大学堂，是中国历史上第一所新式国立大学，完全是模仿资本主义国家大学的结果。京师大学堂的设立标志着以太学、国子监为核心的封建高等教育的解体和近代国立高等教育的开端。在筹建京师大学堂之时就曾拟设师范斋，"以培养教育之材"，但因故未能开办，直到 1902 年才正式设立师范馆，这是我国高等教师教育的开端。《奏定学堂章程》颁行前后大量的师范学堂创办（具体见表 2－1）。到 1907 年全国共设置各类师范学堂 541 所，1908 年增至 581 所。所设置的这些师范学校，培养了一大批新式学堂教师。

表 2－1　《奏定学堂章程》颁行前后全国主要师范学堂一览表

创办的师范学堂名称	创办地	创办年份
南洋公学师范学堂	上海	1897
山东大学堂初等师范学堂	山东	1901
直隶师范学堂（1903 年加大扩充，1904 年设为两级师范学堂）	直隶	1902
京师大学堂师范馆（1904 年改为京师大学堂优级师范科）	京兆	1902
山东师范馆（1903 年改为山东省城师范学堂）	山东	1902
东莞师范馆（1904 年改为东莞初级师范馆）	广东	1902
惠嘉潮师范学堂	广东	1902
成都府师范学堂（由成都锦江书院改成）	四川	1902
湖南师范馆（停办后所有资源被湖南全省师范学堂接用）	湖南	1903

续表

创办的师范学堂名称	创办地	创办年份
湖南全省师范学堂（由长沙城南书院改办)①	湖南	1903
两湖师范学堂	湖北	1903
四川高等学堂附设速成、优级师范两科	四川	1903
三江师范学堂（1906 年改为两江师范学堂）	江苏	1903
全闽师范学堂	福建	1903
天津初级师范学堂	直隶	1904
保定初级师范学堂	直隶	1904
两广速成师范馆	广东	1904
两广初级师范馆	广东	1904
湖南衡山初级师范学堂	湖南	1904
四川简易师范学堂	四川	1904
直隶天河师范学堂	直隶	1905
山东省城官立自费师范学堂	山东	1905
广东公立教忠初级师范学堂	广东	1905
龙门初级师范学堂	江苏	1905
松江府云间初级师范学堂	河南	1905
海城县简易师范学堂	奉天	1905
省城简易师范学堂	奉天	1905
两湖总师范学堂	湖北	1906

（三）晚清近代体育的传入

从 19 世纪 40 年代开始，国人为寻找救亡图存和振兴中华之道，努力向西方文化学习，形成了强烈的"西学东渐"之风。这种以救国救民、挽救民族危亡为目标的爱国主义精神，为西方近代体育的传播与发展奠定了坚实牢固的精神基础。腐朽的清政府面临内外交困和自身统治的危机，也进行了诸如"自强求富"的洋务运动、"要维新、学外国"的维新变法和庚子新政等政治、经济、军事、教育、文化上的一系列改革，企图挽救处于末路的自身统治。西方近代

---

① 湖南第一师范校史编写组．湖南第一师范校史（1903—1949）［M］．上海：上海教育出版社，1983：4.

体育伴随着这种改革开始传入中国。到 20 世纪初，近代体育在当时的中国得到了较大的发展，逐渐取代传统体育而成为我国体育的主流，是我国体育史上的一个发展高潮。

1. 西方近代体育思想的引进与传播

近代体育思想的传播，催生了近代体育，也促使它随着社会的发展和时局的变化不断地进行改变与调整，遵循着一条由被动到主动、由被迫到自觉的探索路径。19 世纪中叶，随着"西学东渐"之风在中国的兴起，西方的思想开始全方位逐步进入中国，体育思想也伴随着这股浪潮进入近代中国，西方体育随之而来，鉴于当时的军国民体育思想，西洋兵操引入军队训练，提出了自强必先练兵的近代体育思想，以近代体操来统一编练新兵。随之进行的维新变法虽然失败了，却拆散了清政府的统治框架，各种思想应运而生，维新派提出废科举、办学堂、倡西学，是近代中国的一次思想解放运动，形成德、智、体三育并重的教育思想，提出三育并重才是国家自强之本。兵操体育思想、军国民体育思想、自然主义体育思想都应时代的要求在近代中国社会产生，形成了中国近代体育思想，从孕育、产生到军营实践都是建立在体育救国强国的思想之上。①

2. 军事改革对西方近代体育的引进与传播

清末时期盛行的军国民教育思想是新式体育传入新军的思想基础。洋务派在"自强求富"和"师夷制夷"的旗帜下，开设各种技术和军事学堂，采用西法，引进西洋兵操、聘用洋教官，使国内有机会接触西方文化和科学技术，社会风气为之渐开，这为近代体育的引进创造了客观条件。清末的军事改革对西方体育的引进与传播主要表现在以下三个方面：首先，引入西方体育训练方式增强新军的战斗力。清政府军事改革是要打造一支具有强大战斗力，以挽救处于灭亡边缘的统治的军队。洋务运动时期洋务派就引入了西方军事训练科目，将兵操作为训练的主要科目之一，对湘军进行训练。新政实施后，编练新军是军事改革的重点，新式体育成为新军训练的必备项目，各地军队都在训练中加入了兵操、布阵操、骑射等项目或直接聘请西洋教习专门教授西式体育训练方法，不断提高新军的身体素质。各省都先后成立了北洋新军督练处，督促北洋新军器械体操、兵式体操、活用体操、摔跤、踢球、拉绳、球类活动等西式体育科目训练。新式体育得到高度重视并广泛推广，开启了近代军事体育的变革。其次，军事学堂引入西方体育培养军事人才。洋务运动时期，洋务派创办各类

---

① 张兆才. 中国近代体育思想产生的时代特征 [J]. 体育科学，2005，25（5）：73－75.

军事学堂，在学堂中引进西洋兵操，聘请洋教习，训练新兵。1881 年由李鸿章创办的北洋水师学堂是洋务派创办最早的一所著名的军事学堂。在学习西方先进的自然科学知识的同时，各种操练之法也是学习的重要科目。课堂上对兵式体操和各种战船训练操非常重视，兵操主要来自德国和英国，课外活动以丰富多彩的西式运动项目为主，还有校际运动会。湖北武备学堂也非常重视体操，其课程分为"讲堂"类的理论学习和"操场"类的实际训练，理论和实践相结合紧密，体操是其重要的实训课程，体操的教育功用也得以发挥。到庚子新政时期，在洋务运动时期创办军事学堂的基础上，清政府继续创办新的军事学堂，并引入了西方的体操、足球、跳高、跳远、竞走等项目训练新式军人。为了保障体育课程质量，各军事学堂专门修建了操场，配置了立高桅、单杠、双杠等配套场地与器材设备，并规定学员体能达不到标准不给予毕业。清末新政时期的军事学堂还十分注重体育训练理论课程与实践课程的结合，即"学"与"术"两类课程的结合。系统体育课程支撑之下的军事学堂毕业生，或被各地的新军聘为体操教习，或被普通学校聘为教习。据资料显示，1907 年，山西省学校专任的体操教习有 1/3 来自军事学堂。清末新政军事学堂的设立为我国培养了一大批军事体育人才。最后，开展军队运动会营造尚武风气。1904 年清政府练兵处制定了全国陆军学堂体制，颁行了《陆军学堂办法》提倡在新军中举办运动会，以营造尚武氛围。1904 年湖北新军在武昌举办了运动会，比赛项目中引进了摔跤、打靶、跳兵、自行车、竞走、马术等许多新式体育项目。1905 年湖南新军亦举行一次运动会，并决定每年的 2 月和 8 月各举行一次军队运动会。这些运动会的举办也促进了新式体育在军队中的推广。①

3. 普通学堂对于西方近代体育的引进与传播

清末创办新教育被视为造就新人才国家救亡图强的要策，激起国人的一致共鸣。19 世纪下半叶在中国大地上开始陆续诞生了一大批以西方教育制度为模式的新式学堂，这些新式学堂的兴起，突破了中国传统教育以仁、义、忠、孝等儒家思想一统天下的局面，改变了中国主要以私塾教学为核心的教育结构，不仅在教学内容、教学方式、教学目的等方面的转换，对中国传统教育产生了严重冲击，而且有力地促进了中国人知识结构的更新，思想观念的进步，乃至推动了整个社会形态的近代化转型。洋务派提倡新式教育，1862 年洋务派首创新式学堂——京师同文馆。徐寿、傅兰雅于 1876 年在上海创办的格致书院，是传播和教授西方自然科学技术较早的一所新式学堂。1878 年，在上海，士绅张

---

① 任莉．论清末新政下新式体育在新军中的推广［J］．兰台世界，2015（28）：95－96.

焕纶和徐基德、沈成浩等人参照西方办学之方式，创办正蒙书院，正式开设体操课，引进西方体育项目和游戏活动，这是我国近代第一次在普通学堂中开设体育课。康有办在开办万木草堂期间，以"激励气节，发扬精神，广求智慧"为办学宗旨，继承了古代的"六艺"教育思想，主要讲授中国历史政治，兼具西方国家政治历史，同时也注重体育和音乐，除规定上体育课之外，将体育与习礼结合起来，寓体育于礼仪音乐之中，注重举行兵操和射击练习。张之洞于1893 年在武汉创办自强学堂，将体育列为课程之一。1896 年由清朝官僚盛宣怀创办的南洋公学外院正式设置了体育课程。据统计，1862—1895 年，依据晚清政府运作和社会发展的需要，洋务派主要创办了语言类学堂、军事类学堂和技术类学堂等三种类型的学堂，学校数量达到 25 所之多。除了军事学堂引进西方兵操作为军事训练手段外，其他两类普通的新式学堂也在引进近代科学技术进课堂的同时引进了西方近代体育。在普通学堂中，体育教育在内容上主要是以兵式体操、普通体操和运动游戏为主，亦有少量的田径、球类、游泳等运动项目，有些学堂还购置了一些秋千、球类等体育用品。在校学生开始接触西方近代体育活动，体育活动如同星星之火从学校逐渐蔓延开来，基本形成了中国近代学校体育课程的雏形。① 1901 年清政府颁布了后来被称为"兴学诏"的上谕，要求在全国范围内兴办各种新式学堂，"兴新学"迎来了又一次全国性办学高潮，新式学堂犹如雨后春笋般大量涌现。在 1902 年颁布的《钦定学堂章程》和1904 年颁布的《奏定学堂章程》中，都以政府文件的形式，正式规定各级各类学堂一律开设体操科。体操课所占学时也和其他各门学科相当，普通中小学体操课课程的教学内容主要以兵式体操和普通体操为主，兼备一些游戏，同时教学内容也会随着学生年龄的不同而有所变化，从基本的站立姿势、整齐队形到柔体操再到器具操和兵式体操。对学校体操课的规定相当具体，从蒙养院、小学堂到中学堂，体操课程始终是必修课。体育第一次被政府确立为一门法定课程，确立了体操学科课程的地位，陆续在各地新式学堂推广开设，近代学校体育在全国范围内开展起来。学制中关于普通中小学开设体操课规定，标志着体育在中国近代普通中小学正式产生，也标志着中国近代学校体育制度的建立。这一教学内容的变化反映了政府部门在制定学制体系的时候已经认识到了体育对于青少年儿童身心健康发展的重要性，也肯定了体育和德育、智育相同的教育地位，政府部门已经注意到了青少年儿童发展必须是德、智、体诸方面的全

---

① 孙国业. 洋务运动时期新式学堂的历史分析［J］. 沈阳大学学报（社会科学版），2012，14（5）：46－50.

面发展。总之，新式体育搭载着新式教育的便车而来，各类学堂的创办，对于西方体育在中国的引进与传播起到了重要的推动作用。

4. 留学生对西方近代体育的引进与传播

鸦片战争失败后，清朝的有识之士不得不正视东西方的差距，开始放眼世界。同时也有了向西方学习，捍卫国土与民族危亡的强烈冲动。1848 年容闳、黄宽和黄胜三人首先走出国门前往美国留学，开创了国人留学先例，揭开了中国人到西方留学的序幕。容闳等人的留学，使容闳成为亲身感受西方体育的第一人，推动了晚清时期留学教育的发展和西方体育的引进。在晚清时期的留学教育运动中，影响最大的主要是派往美国、日本和欧洲的三次留学运动。虽然派往不同国别留学的具体目的有所不同，在引进和传播西方体育中所起的作用亦不同。但不容置疑的是，他们是中国近代体育的一个重要源泉，对西方体育的引进和在中国的传播起到了重要作用，归国留学生成为中国近代体育史上的一个既重要又特殊的一个群体，其影响力和作用力都是巨大的。

（1）留美学生对西方近代体育的引进与传播

清末官方向国外派遣留学生始于 19 世纪 70 年代。洋务派在开办新式学堂的同时，又一重要举措是派遣留学生。1870 年冬，洋务派上奏的《奏选派幼童赴美肄业章程折》获批，标志着中国近代史上官派留学运动的开始。1872 年，清政府以培养外交和企业人才为目的，先后向美国派遣留学生 120 余人，留学生在学习西学之余，学会了很多西式运动项目，积极进行丰富多彩的体育活动，参与多个项目比赛。留美学生钟文耀任耶鲁大学校划船队长，分别于 1880 年和 1881 年两次击败哈佛大学划船队，获取两届冠军，为耶鲁大学争得荣誉。1887 年，留学生组建的中华棒球队击败高傲的奥克兰棒球队，净赢其 10 分，使其溃不成军。

（2）留日学生对西方近代体育的引进与传播

1896 年晚清政府正式向日本派遣出大量留学生，全社会形成了研究、学习日本教育制度的潮流，留学日本呈现出繁荣景象。留学日本区别于赴欧、赴美留学的最大特点是规模大，自费比例高。因此，赴日留学生不必受清朝政府的限制，可以自由选择就读专业，出现不少专门选修体育专业的学生。留日归国学生特别是体育专修生将"体育"概念引入中国，也将日本学校体育制度介绍到了国内。

特别值得提出的是，留学美日的体育专业留学生，相对于其他留学生而言，为中国近代体育作出了更为突出的贡献。他们的贡献主要体现在以下几个方面：一是在回国后直接或间接地向其社交圈内的人展示西方体育，开体育新风，著书立说，传播了军国民体育思想、实用主义体育思想和自然主义体育思想，具有一定思想启蒙的效用；二是积极参与体育实践活动，充任体育教师，体育留学生回国后，运用所学知识，参照国外的办学模式较早地开办了一批体育学堂或体育系科，主要培养体育师资。据统计，体育留学生开办的体育学堂或体育系科 20 所有余，培养了许多高质量的专业体育教师；三是在创办体育运动社团、参与体育的管理，组织国内外体育运动竞赛、参与国际运动竞赛等方面作出不懈努力，成为中国近代体育赛事活动中的中坚力量，为近代中国运动竞赛摆脱外国人的控制、走向自主化和专业化，并逐步形成地区、全国、国际三级运动竞赛体制作出重要贡献，体育留学生是中国运动竞赛发展的先驱①；四是许多人还在综合性学校担任体育系科主任、副院长和院长，直接领导和管理所在学校的体育工作。留学毕业生运用外语专长，翻译了部分外国体育教材，对我国引进西方体育教学内容、体育教学改革、丰富体育教学手段起了积极的作用，推动了中国体育教育的发展。归国体育留学生所作出的积极努力，为近代中国体育走向科学化、自主化作出了不可磨灭的贡献；② 五是在美日的体育专业留学生中还出现了女体育留学生，她们能够挑战世俗偏见，引领时代风气。她们毕业归国后亦能担任体育教职，创办体育学堂或系科，为中国体育近代化作出特殊贡献。

（3）留欧学生对西方近代体育的引进与传播

第二次鸦片战争后，清政府为了加强军事力量开始筹建海军，向欧洲英法两国派遣留学生主要是为培养军事人才。赴欧留学生很快就融入西方的教育体系，也在学习之余，学习掌握了多种西方体育项目，积极参加体育锻炼，展示了国人在体育方面的天赋和潜力。他们不仅能够在西方的体育运动项目中取得好成绩，而且还带来了先进的体育理念和体育运动精神，日后为体育在中国的传播作出了一定的贡献。1885 年，留英学生严复就是一个典型代表，他回国后在担任北洋水师学堂总教习期间，就非常重视体育，学校开展有田径、足球、游泳、拳击等多项近代西方体育活动，不仅组织校内各种形式的体育比赛，还积极组织参加校际间的体育比赛。另外，留学德国的毕业生较早接触并学习当时在德国流行的林氏体操，学成归国后，开始在军营传播林氏体操。1907 年，留学过欧美的张伯苓最早把奥林匹克列入学校教育，赴欧归来后给学生宣传第

---

① 张宝强. 体育专业留学生与中国近代运动竞赛体制的形成 [J]. 首都体育学院学报，2014，26（3）：234－238.

② 张宝强. 体育专业留学生与中国近代学校体育发展研究 [J]. 南京体育学院学报（自然科学版），2013，12（5）：134－137.

四届奥运会，提出我国要参加奥运会的愿望，是我国奥运会的最早倡导者，被誉为"中国奥运第一人"。①

5. 驻华洋人对西方近代体育的引进与传播

鸦片战争之后，许多外国人依据当时签订的不平等条约取得在华进行政治、经济、军事和文化教育活动的自由权利。外国人可以在其居住地自由设立学校，进行教育和传教之类的文化侵蚀和政治侵略活动，同时也成为西方文化、教育和体育的直接传递者和传播者。在此过程中，西方近代体育也得到不断传播，逐步在中国社会生根、发芽，并迅速发展起来，给处于危机之中的中国体育提供了向近代化转变的契机。驻华洋人对西方体育的引进与传播主要通过教会学校、基督青年会和外国人本身的体育活动三种方式进行。首先是教会学校对西方体育的直接引进与传播。1839 年，英国人温施娣和美国传教士布朗在澳门创办了第一所教会学校——马礼逊学堂。1840 年以后，全国的教会学校数量不断增加至 1875 年左右，教会中小学总数约 800 所。教会学校是在中国最早提倡体育运动的新式学校。教会学堂以培养德、智、体全面发展"完整的人"为宗旨，体育必不可少，学堂将体操、游艺和游戏作为其重要的教学内容。②教会小学一般并没有专门的体育课，一般都在课外时间广泛推行强制型体育活动，作为课间休息和娱乐，保证每个学生都有接受体育教育的机会。教会学校开展的体育活动，基本都是西方的田径、球类项目。

19 世纪末，教会小学正式把体育列入课程。教会中学教育草创于 19 世纪上半叶，到 20 世纪初已经有了较大发展，相关资料显示，到 1914 年，在中国建设的基督教会中学达 184 所，教会中学课程设置完善，教授方法新颖，教育和体育结合紧密，体育的教育作用凸显，逐渐受到中国国民的认可。在教会中学中，体育课正式出现在学校的课程里，并能够正常开展，体育设备完善，更多的运动项目在课堂内外开展起来。虽然教会学校打着不同的旗号向各地派驻体育干事，宣传西方文化和体育，力图扩大其在华影响，控制中国体育的发展，但不容否定的是，教会学校开设了体育课，组织了丰富的体育活动，西式体育运动在学校中广泛开展，引进和传播了近代西方体育，为体育在中国近代普通学校中发生、发展奠定了基础。其次是基督教青年会对西方近代体育的直接引进与传播。从 1876—1912 年我国共有 25 个城市相继建立了基督教青年会，青年会的

---

① 罗时铭. 近代中国留学生与近代中国体育 [J]. 体育科学, 2006, 26 (10): 38 – 42.

② 陈晴. 清末民初新式体育的传入与嬗变 [D]. 武汉: 华中师范大学, 2007.

干事既是西方现代体育的传播者，又是当时体育教师的主要来源之一。① 基督教青年会以"德、智、体、群"四育为宗旨，设有体育部。基督教青年会不但对中国近代社会影响很大，而且在中国近代体育史上的地位也很突出。具体表现在以下四个方面：第一，引进西方体育运动项目。西方体育运动在中国的开展，首先是体操，然后才是田径、游泳和球类运动。中国基督教青年会自成立以来就"自觉"或"不自觉"推广着足球、篮球、排球、网球等新式体育项目。第二，介绍西方体育思想。青年会中的体育人士通过出版刊物、发行图书以及学术演讲等活动宣传西方体育思想、体育理论与方法，促进了中国近代体育理论体系的建设。第三，举办运动会。我国近代体育发展的早期，所举办的各种运动会基本上都由基督教青年会组织。第四，青年会举办培训班和组织赴美留学等多种方式培养体育专业人才和体育教师。总之，在客观上为中国早期的体育发展作出了重要贡献。最后是外国人本身的体育娱乐活动对近代西方体育的传播。鸦片战争后，中国国门被强行打开，沿海城市开埠通商后，进入中国城市的洋人越来越多，逐渐聚集成一个特殊的"西方世界"——租界。西方人在租界内建立起一个属于自己世界的西方文化天地，将他们的物质文明、价值取向、生活方式等统统带到中国大地。洋人诸如赛马、赛船、竞技体育、戏剧表演等生活方式，让城市市民看到了一个丰富多彩的新奇世界。原本在中国传统体育活动中不存在而盛行于西方人生活中的体育娱乐活动，如室内保龄球、体操、田径、足球、网球、棒球、越野、拳击、划船、赛马、板球、游泳、高尔夫球、帆船等运动项目，可以说，当时欧美社会流行的大多数体育活动都已在中国沿海城市陆续出现。输入了竞赛和规则，成立了诸如跑马总会、划船总会、板球总会、草地滚球会、棒球总会、游泳总会、网球联合会、足球联合会等之类的体育组织，组织了划船比赛、板球比赛、游泳比赛、足球比赛、万国竞走赛和第一届万国越野赛等竞赛，还建设了相当完善的运动场所，驻华洋人把体育作为其生活的一部分。虽然这些体育活动和比赛，大多情况下只有洋人参加，具有自娱自乐的消遣性质，华人只是作为"看客"，但却对中国近代体育运动的发生具有一定意义。总之，教会学校和基督教青年会成为近代学校体育得以发展的外部推力。教会学校确是开了中国近代学校体育的先河，推动了西方体育在学校的传播；青年会在中国开展各种体育活动，号召广大民众参与，组织举办了全国性的甚至远东运动会，促进了中国近代社会体育的发展；驻华洋人的体

---

① 刘洪涛，毛丽红，王文莉等. 我国体育教师教育政策的演变历程及特征研究［J］. 吉林体育学院学报，2017，33（2）：8-11.

育生活方式对中国近代体育运动的发生、发展具有一定的引领作用；对中国体育传入后，在增强国民体质、振奋民族精神、启发民族意识方面都起到了催化和升华作用。①

二、主要的体育教师教育政策

处于危亡边缘的清政府认识到旧有的教育体系已经不适应社会发展形势，再也无法培养出国家和社会需要的人才，被迫设立京师大学堂，对以国子监为国家最高学府的官学体系进行改革，成立学部，任命重臣张百熙为掌管大臣，主持全国的教育改革。在这场声势浩大的教育改革中，清政府采取了颁布新学制、废除旧科举、兴办新学堂等一系列重大举措，取得了突破性的进展。在这一系列重大举措当中，不乏体育教师教育的相关政策，推动了专业体育师资建设的发展。

（一）制定体育教师教育总政策

据高晓峰统计，在1902—1911年间，清政府共颁布体育教育相关政策文本共计26项，其中以清政府下发的法律条文16项，以中央主管教育部门下发通知8项，会议决议案2项。②

1.《钦定学堂章程》

1902年，清政府制定并颁布《钦定学堂章程》（即《壬寅学制》）。该章程虽然因制定过于急促，本身的不足及清政府内部的权力争斗，并未得到真正实行，旋即就被废除，但是它对中国现代学校教育制度的发展起到了承上启下的作用，向现代学校教育制度迈出重要的第一步，是清政府建立新的官学教育体系的一次重要实践。在《钦定学堂章程》中，对师范教育也作出了相应的规定。《钦定学堂章程》将师范教育附设于普通教育机关，分为师范馆、师范学堂两级，完全由政府统一管制，规定了比较明确的教育宗旨，在课程设置、教学方法、训育方面与普通学堂并无二致，只是多设一门教育课程而已。1903年，管学大臣要求各省亟办师范学堂，"高等学堂、中学堂均设师范"③。于是，各省一面派遣人员到日本考察速成师范，一面积极筹办高等学堂附设师范馆、中学

---

① 吴文华. 中国近代普通学校体育研究（1878—1922）［D］. 上海：华东师范大学，2010.

② 高晓峰，王华倬. 清末学校体育政策变迁研究（1902—1911）［J］. 中国学校体育，2018，5（2）：11－16.

③ 管学大臣. 管学大臣咨各省应履办师范学堂文［J］. 四川学报，乙巳第4册（光绪三十一年三月）.

堂附设师范学堂。据资料显示，从 1902—1903 年，京师、江西、四川、湖南、甘肃、山东等大学堂师范馆先后相继开设，三江、天津、直隶、四川、山东、江苏、福建、贵州等师范学堂相继开办，各省府县中小学堂附设师范也不断出现。《钦定学堂章程》虽然没有得到实施，但在形式上构建了当时比较完备的学校系统，规定各级各类学堂必须开设体操课，体操课成为必修课之一，在我国体育史上具有重要地位。第一，就立法而言，它是中国有史以来第一个由国家正式颁布的学制，是中国近代史上最早的由国家颁布的体育教学大纲的雏形。第二，体操作为一门学校的正式课程，以政府文件的形式确立，奠定了体育课程在学校课程中的地位。第三，学校开设体操课，每周至少两个学时，蒙学堂第一、二年和寻常小学堂三年的体操课课时多达每天一小时，这对长期"重文轻武"的中国传统教育是一个重大突破，自此结束了中国学校教育不设体育的历史。

2.《奏定学堂章程》

《钦定学堂章程》被废除后，1903 年清廷命张百熙、张之洞和荣庆重订学制。1904 年《奏定学堂章程》（即《癸卯学制》）公布并实施，这一新学制中，师范教育分为优级师范学堂和初级师范学堂两类，涉及师范教育的主要有《学务纲要》《优级师范学堂章程》《初级师范学堂章程》《任用教员章程》和《各学堂奖励章程》五个部分。清政府的谕令称："现在兴学，第一苦乏教员，故师范学堂最宜先办"①；《学务纲要》强调："师范学堂，意在使全国中小学堂各有师资，此为各项学堂之本源，兴学入手之第一义"，要求各省"宜首先急办师范学堂"，"各省城应即按照现定初级师范学堂、优级师范学堂及简易师范科、师范传习所各章程办法，迅速举行"②，这表明了当时清政府急于发展师范教育的意向。《奏定学堂章程》将师范教育从普通教育中单列出来，使之成为一个纵有阶段、横有类别的独立系统。在横向上，将师范教育机关划分为优级师范学堂、初级师范学堂、师范传习所和实业教员养成所等四种类别。《奏定学堂章程》分别对四类师范教育机关的设置地点、设置数量、招生对象、课程设置、修业年限、培养目标以及毕业生义务等都作出了详尽而明确规定，四类师范生均实行免费教育，所有费用由官方提供。《奏定学堂章程》颁布施行后，各省积极响应并开始筹办优级师范学堂、初级师范学堂和师范传习所。比如，京师大学堂师范馆重新迁址独立出来，改为优级师范科，直隶师范学堂开设优级师范科，甘

---

① 朱寿朋. 光绪朝东华录（五）［M］. 北京：中华书局，1958：5273.

② 张之洞，等. 奏定学堂章程（第 1 册）［M］. 湖北学务处铅印本，1904：1－4.

肃、两广、天津、保定、湖南、四川等省优级师范学堂、初级师范学堂先后设立，各地因陋就简地开办了大量的师范传习所等短期培训机构。《奏定学堂章程》是近代中国第一部具有教育早期现代化意蕴并落到实处的法定学制，成为新政时期各省兴学的范本，标志着中国近代高等教育制度和师范教育制度独立设置的正式确立。《奏定学堂章程》继承了《钦定学堂章程》关于体育课程的规定，在各地新学堂迅猛发展过程中，从小学堂到高等学堂均设体操课，体操课分普通体操和兵式体操两种。《奏定学堂章程》作为中国历史上第一个由国家以法律形式颁布并得到具体实施的学制，促使体操课从书面规定变成各级各类学校的教学实践，体操课真正落到实处。

3. 《奏定女学堂章程》

《奏定学堂章程》为儿童早期教育设计了蒙养院，规定招聘女教师和保姆教养，这为清末女子教育发展以及女子师范教育兴起提供了条件。[①] 当时的教师教育体系中，女子师范是没有地位的。1904—1906 年间，虽然上海、奉天、福建、浙江、南京、四川、湖北、直隶等地女子师范学堂开办，各地官民甚至争送女子出洋留学师范，但因女子师范学校未取得合法地位而难以发展。由于女子学堂的发展实践、开明官僚的呼吁以及清政府希望将女子教育控制在"母教强国"的范围内，1907 年，学部终于颁布了《奏定女学堂章程》，该章程包括《女子小学堂章程》和《女子师范学堂章程》两部分，规定"女子小学堂以养成女子之德操与必须之知识技能，并留意使身体发育为宗旨"[②]。体操锻炼为女子初等、高等小学堂以及女子师范学堂的一门必修课，每周亦均设体操两小时，"要旨在使身体各部发育均齐，四肢动作机敏，咸知守规律、尚协同之公义。其教课程度，在女子初等小学堂，初则授以后适宜之游戏，时或与音乐结合授之，渐进授普通体操；在女子高等小学堂则授普通体操或游戏"[③]。正式承认女子学堂为国家教育体系的一部分，将女子师范学堂正式纳入学制系统。《女子师范学堂章程》规定："女子师范学堂是为女子小学和蒙养院培养教师和保姆，以推行儿童早期教育和母教强国，每府县设立一所，允许私立，官办者由政府出资，招收有一定基础，品行端正者入学，免收学费"；第四条规定："女子必身强体健，凡司女子教育者须常使留意卫生，勉习体操，以强固其精力。"[④] 《女子师

---

① 丛小平. 从母亲到国民教师——清末民族国家建设与公立女子师范教育 [J]. 清史研究，2003（1）：87 – 97.

② 舒新城. 中国近代教育史资料（下）[M]. 北京：人民教育出版社，1961：800.

③ 舒新城. 中国近代教育史资料（下）[M]. 北京：人民教育出版社，1961：805.

④ 吴文忠. 中国体育发展史 [M]. 台北：三民书局股份有限公司，1981：68.

范学堂章程》具有推崇中国传统女德、重视实用技能训练、强调女子体育与卫生、贯穿男女有别教育方针等四个方面的特征。《女子师范学堂章程》颁布后不久，学部加强了女子师范教育的督导与管理，连续要求各省的省城、府城从速设立女子师范学堂。① 随后，湖北、京师、江西、江苏、浙江、四川、陕西、湖南、甘肃等各省官办女子师范学堂先后相继开设。《女子师范学堂章程》的颁布、学制的确立以及学堂的开办，为女子接受师范教育，寻求教师职业提供了途径，推动了女性师资的培养。此后，女子师范教育才逐渐发展起来。其中值得注意的是，出现了专为解决女子教育体育师资缺乏而建立起来的一批培养女子体操教员的机构，比如，上海务本女塾暑假体操传习会、苏州长元吴劝学所夏期女子体操游戏讲习会和中国女子体操学校等体育专门学校和短期体育训练班。

4. 学部关于体育师范教育的政策

1905 年 12 月，清政府颁布上谕，设立学部，废除科举制度。中国历史上第一个专门管理全国教育事务的中央行政机构正式诞生了。此时，师范是教育之母和教育普及的前提条件，为更多国人所接受。1906 年，学部要求各省"请以全力注重师范"，"迅将省城师范名额尽力推广"，至少设一年毕业的初级简易科、二年毕业的优级选科、五个月毕业的体操专修科，以养成小学堂、中等学堂教员及小学体操教员②。1906 年 5 月到 6 月，各省相继制定《优级师范选科简章》，分别对优级师范选科的设置类别、设立数量、招生对象、教育宗旨和毕业服务年限作出明确规定。在学部的规划、要求及各级官绅的支持下，各省师范教育迅速发展起来。从 1905 年清政府学部成立至 1908 年，各省初级师范和师范讲习所的学生数达到最高点，优级师范学生数 1909 年达到最高点，再加上出国留学和各省高等师范学堂毕业生增多，出现师范教育发展过快，各类简易师范和留日速成师范的毕业生质量不高，社会对教师质量不满的问题。清政府学部开始整顿调整师范教育，要求各省缩小留日速成师范生规模，限制选科与简易师范的设立，通令各省提高师范教育办学层次，从优奖励师范毕业生和从事教育事业的教员。第一，留学国外的毕业生对教育理论有研究者，可担任中学堂教员，并对出洋学习完全师范者给予奖励。第二，停办优级师范选科、初级师范简易科和师范传习所，开办优级、初级师范完全科并附设补习班，加授单

① 学部.学部奏议覆设立女子师范学堂折［J］.四川官报，戊申第 21 册（光绪三十四年八月）.

② 学部总务司.学部奏咨辑要［M］//沈云龙.近代中国史料丛刊三编：第 10 辑 96.台北：文海出版社，1985：21.

级教授法、二部教授法。第三，注重女子师范之品学。通过引导和整顿，全国师范学堂的学校数和人数有所减少，师范教育的质量与层次有所提高。但同时，由于师范教育难以应小学教育之急需，1911 年，学部两次下令各省扩充师范教育，初级师范加习单级教授与二部教授法，并要求各省在初级师范学堂内设临时小学教员养成所，新一轮的师范教育扩充行动开始了，初级师范学堂和学生的数量都有所增加，临时小学教员养成所、单级教法传习所相继开办。① 《奏定学堂章程》把体育列为小学堂、中学堂、高等学堂等新式学堂的必修课，在新式学堂数量剧增而当时国内又没有培养体育教师机构的情况下，体育教师极度缺乏。此时，虽然各级各类学校体育师资的来源出现多元化现象，其一，聘用回国的留学生，其中以留日和留美毕业生为主；其二，直接聘用洋人；其三，聘用军人或武备学校的毕业生；其四，早期体育专门学校的毕业生。仍无法满足需求。1906 年 3 月，清政府学部颁布《通令各省扩广师范生名额电》，要求各省于省城师范学堂"设五个月毕业之体操专修科，授以体操、游戏、教育、生理、教法等，以养成小学体操教习"。在此前后，一批东渡日本学习体育的青年毕业归国后，在各地创设了一批短期体操专修科，以培养中小学体育师资为主要目的，其毕业生大部分进入各级各类学校担任体育教师，我国体育师资培养体系开始形成，并逐渐发展。开创了以专门机构培养体育师资的先河，为中国近代体育师资的培养打下了基础，缓解了体操师资的供需矛盾。由于清末新学制模仿日本学制制定，故受日本体操师资培养模式影响很大，具有深刻的"日化"烙印，表现在以兵式及普通体操为体操课的主要内容。从清末体操师资培养机构课程设置的情况看，课程内容已分为学科和术科两类，也有师范学堂所设的教育学、心理学等教育类课程，与当时日本师范教育课程保持一致。

（二）确立体育教师教育宗旨

教育宗旨是指国家官方对教育工作发展的总方向、总要求。清末《奏定学堂章程》明确地规定了教育宗旨。"至于立学宗旨，无论何等学堂，均以忠孝为本，以中国经史之学为基。俾学生心术壹归于纯正，而后以西学瀹其知识，练其艺能，务期他日成材，各适实用，以仰副国家造就通才、慎防流弊之意。"② 这是中国近代教育史中第一次明确规定的教育宗旨。《奏定学务纲要》中则对此教育宗旨作了进一步强化，"此次遵旨修改各学堂章程，以忠孝为敷教之本，以

————————————

① 凌兴珍. 试探清末师范教育发展历史分期 [J]. 历史教学，2009，577（12）：31 – 37.

② 舒新城. 中国近代教育史资料（上册）[M]. 北京：人民教育出版社，1985：197.

礼法为训俗之方，以练习艺能为致用治生之具"①。由此可见，清末新政时期的教育改革和新学制建设是"中学为体、西学为用"思想的具体体现，根本目的仍然是为了维护清朝摇摇欲坠的封建统治。②1906 年 3 月，经过几年的探索和争论，清政府学部在《奏陈教育宗旨折》中正式明确提出了"忠君""尊孔""尚公""尚武""尚实"的十字教育宗旨，清末学堂的教育宗旨由此最终确定下来。就"尚武"的教育宗旨而言，特别提出"体操一科，幼稚者以游戏体操发育其身体，稍长者以兵式体操严整其纪律"。具体而言，在初等小学堂以"调护儿童身体，令其发育为宗旨"，通过体操课程教学达成"使儿童身体活动，发育均齐，矫正其恶习，流动其气血，鼓舞其精神，兼养成其群居不乱、行立有礼之习；并当导以有益之游戏及运动，以舒展其心思"的目标。在高等小学堂以"强壮国民之气体"为教育宗旨，通过体操课程教学达成"使身体各部均齐发育，四肢动作敏捷，精神畅快，志气勇壮，兼养成其乐群和众动遵纪律之习，宜以兵式体操为主"的目标。③

在各级师范类学堂的教育宗旨中对中学堂体操教习在课程中的教法提出要求，"中学堂体操宜讲实用，其普通体操先教以准备法、矫正法、哑铃等体操，再进则教以球竿、棍棒等体操。其兵式体操先教单人教练、柔软体操、小队教练及器械体操，再进则更教中队教练、枪剑术、野外演习及兵学大意。""凡教体操者，务使规律肃静、体势整齐、意气充实、运动灵活；并可视地方之情形，若系水乡，应使练习水泳。"④

（三）设置培养体育师资机构

清政府 1904 年颁布实施《奏定学堂章程》要求尽快设立师范学堂，以培养各类学堂的教师，这为体育教师培养机构的出现提供了政策支持。在兴办新学的浪潮推动下，各级各类学校都将体操列为一门必修课程，催生了体育教师专门职业的出现和各级学校对体育教师的需求，急需大批受过专门训练的体操教员，培养培训体育师资成为兴办新学的一项急务。这为体育教师培养机构的创办提出了现实要求。1906 年清政府学部通令开设体育专修科，要求各省城师范学堂设置体操专修科，专为解决体操教师急缺的矛盾，以培养体操教师为宗旨。

---

① 璩鑫圭，等. 中国近代教育史料汇编（学制演变分册）［M］. 上海：上海教育出版社，2007：492.

② 江晓. 清末新政时期教育法规的建设［D］. 青岛：青岛大学，2010.

③ 奏定高等小学堂章程［M］//舒新城. 中国近代教育史资料（上册）. 北京：人民教育出版社，1961：427－439.

④ 高晓峰，王华倬. 清末学校体育政策变迁研究（1902—1911）［J］. 中国学校体育，2018，5（2）：11－16.

这是官方首次在我国新式教育开展以来对体育教师的培养问题作出政策规定。在此前后创建了一批以培养体操教师为主要目的的短期体操专修科，培养了一批体育教师，在很大程度上改变了当时体育教师主要由下级军官和士兵充当的局面。1904年，培训体操教员的短期训练班开始萌生，肇始者当属湖南办的体操研究所。1905年后，以培养体育师资为目的的专门学校和体育专业大批出现。这些学校按其性质，大致可以分为官办、革命党办和民办三种类型（具体见表2-2）。虽然三类学校的办学性质不同，办学目的也不尽相同，但这些学校均为我国体育教师培养的发展作出了重要贡献，起到了奠基作用，尤其民办学校的作用更不可低估。总体来看，清末体育师资培养机构多数办学时间不长，学习年限较短，带有速成性质，培养质量总体水平不高。

一为官办体育学堂。官办学堂目的是解决各级各类学堂中体操教习的缺乏问题，以进一步落实《奏定学堂章程》的规定。提倡在优级师范学堂附设体操专修科，以培养体育教师，应急各级各类学堂中体操科教学所需。[①] 该类学堂主要附设于省级师范学堂。如江苏两级师范体操专修科、浙江两级师范体操专修科、四川体育专门学堂等。当时这类省级高等学堂，多为留日归国学生担任体操教员。江苏两级师范学堂体操科科主任为日本体育会体操学校毕业生高田仪太郎。四川体育专门学堂是官立体育办学中具有代表性的一个，其在1906年的招生"告示"中说："方今川省学校次第扩充，惟体操教员，尚乏高程度为学生身教之资。考东西各国均有体育学校，养成体操教员，以振尚武精神。本司因此特立体育专科学校，以造就完美教员，而期比偶于德日诸国之练习养成所……其学科则有修身、教育、国文、算学、心理、音乐、生理、卫生、体育学、兵学、社会学、管理法及瑞典体操、普通体操、兵式体操、兵式教练、游泳教练、游戏体操、射击、随意科等。"代表了这一时期官立体育学校办学的宗旨，就是造就中小学的体育教员，以解决由于新学制颁布和践行国家"尚武"教育宗旨带来的体操课普及引起的师资奇缺问题。其学期则分为四期：第一期卒业可任初等小学教员，二期卒业可任高等小学教员，三期卒业可任中学堂教员，四期卒业可任高等学堂教员。浙江两级师范学堂体操专修科设有体操、游戏、教育学、生理学、教授法、算学、音乐等课。至1911年毕业生共约440名。[②]

二为民主革命党人兴办的体育学堂。这一时期，资产阶级革命派提出"驱

---

① 张玉宝. 晚清癸卯学制时期体育教师培养培训机构特征研究 [J]. 北京体育大学学报，2018，41（12）：99-106.

② 学部为邓莹诗呈请设立体操学堂剳 [J]. 四川学报，光绪三十三年（1907），第一册.

逐鞑虏，恢复中华，创立民国，平均地权"的革命纲领，掀起了以推翻清朝专制统治为目的的民主革命运动。体育也成为他们向封建势力斗争的重要手段。当时许多著名的革命党人都非常重视提倡"尚武"精神，推行军国民体育教育，创办体育学校。革命团体利用清政府鼓励办学堂，特别是办体操学堂的命令，开办了一些体操学堂。所办的大多学校借清政府鼓励士民办学之机会，名为清政府培养体育教员，实则通过学习兵式、器械体操等内容来增强革命党人的体质，并传授军事知识、传播革命思想，以培养革命骨干力量，用武力推翻清朝的封建统治，建立资产阶级的民主国家。这批体操学校培养了一批革命干部，也培养了许多体操教师。

三为某些团体或个人兴办的民办体育学校。在这一时期，许多青年认识到体育是强国强民的重要手段，怀着"立志兴中华，学武走东瀛"的爱国之心东渡日本学习体育，为的是拯救中国，振兴中华。他们学成归国后，在各地创设了一批短期体操专修科。因此民办体育学校多由留日学体育专业的人开办，一般单独设立，办学者通常有"体育理想"，主要是"培养理想的体育师资"，所培养的学生多数成了真正的"体育人"，其毕业生大部分进入各级各类学校担任体育教师。其中办学时间较长、影响较大的有中国体操学校和中国女子体操学校。中国体操学校于1904年在上海创办，创办人徐傅霖，是日本体操学校第三届毕业生，后由徐一冰接办。尽管这些留日归国人员深受日本体育的影响，在课程上军事体操占有很大的比重，但他们传播近代体育的初衷是值得肯定和推崇的，对近代体育的传播起到了重要作用。

表2-2　体育教师教育政策初建时期创立的体育师资培养学校

学校名称	时间（年）	创建人（校长）	学校性质	创建地址
皖江师范学校体育科	1902	不详	官办	安徽
江苏优级师范学堂体操科	1903	杨勤圭、徐乃昌、李瑞清	官办	苏州护龙街
湖南体操研究所	1904	湖南省抚宪衙门学务处	官办	湖南长沙
大通师范学堂（仅设体操科）	1905	徐锡麟、陶成章	光复会	浙江绍兴
松江府娄县劝学会体操传习所	1905	何东	民办	上海娄县
上海体操游戏传习所	1905	徐傅霖	民办	上海

学校名称	时间（年）	创建人（校长）	学校性质	创建地址
江苏两级师范体操专修科	1906	罗振玉	官办	江苏苏州
云南体操专修科	1906	不详	官办	云南昆明
四川体育专门学堂	1906	邓莹诗	官办	四川成都
四川王氏树人学堂体操科	1907	王树人	民办	四川富顺
浙江台州跃梓体育学堂	1907	杨镇毅、项霈、洪士俊等	光复会	浙江临海
河南体操专修学堂	1907	胡祥林	官办	河南开封
松口体育学堂	1907	谢逸桥、温靖候	同盟会	广东梅州
奉天师范学堂体操科	1907	张鹤龄	官办	奉天大南关
浙江两级师范学堂体操科	1907	张曾歇	官办	浙江杭州
重庆体育学堂	1908	杨沧白	同盟会	重庆武库
中国体操学校	1908	徐一冰、徐傅霖	民办	上海华兴坊
中国女子体操学校	1908	汤剑娥	民办	上海
浙江处州府中学堂体操专修科	1908	汤鼎、赵濂、谭献	官办	浙江丽水
山东优级师范学堂体操专修科	1911	不详	官办	山东济南

（四）体育专修科的课程设置

清廷在要求各省开设体育专修科的同时，也对其学科课程设置进行了规定，体育师资教育的课程结构整体上主要分为学科课程和术科课程。学科课程由两类课程构成，一类是通习课程，主要是修身、伦理学、教育学、算数、图画等课程，另一类是与体操有关的课程，诸如体育原理、生理学、救急法等；术科课程主要是兵式体操、器械体操、瑞典体操、游戏、拳术等（各学校课程设置具体见表2-3）。总体来看，清末体育师资培养机构的课程设置不够规范，尚缺乏系统性，师资培养质量也难以得到保证。

表2-3　体育教师教育政策初建时期部分体育师资培养学校课程设置情况

学校名称	课程设置（包括学科课程、术科课程、随意科课程）
江苏优级师范学堂体操科	连续体操（即旧式德国体操，包括哑铃、球竿、木环、棍棒、豆囊等），各式体操（旧式瑞典体操、兵式操、器械操）、田径、游戏、舞蹈等
大通师范学堂（仅设体操科）	学科：国文、英文、日文、舆地、历史、教育、伦理、算数、博物、图画、琴歌等；术科：兵式体操、器械体操（包括天桥、木马、秋千、铁环、溜木、平台、跳远等）
四川体育专门学堂	学科：国文、数学、生理卫生、修身、音乐等；术科：瑞典体操、普通体操、木棒、哑铃、球竿、单杠、双杠、木马、舞蹈、足球、兵式操等
成体体育学校	学科：修身、教育、生理卫生、心理、国文、兵学、体育学、算学、图画、社会学；术科：瑞典体操、普通体操、兵式体操、游戏体操、射击、刺刀、拳击术、器械术
重庆体育学堂	学科：修身、算学、国文、生理、卫生、救急疗法、测绘、体育原理、教育学、普通体操学科、兵式体操学科、音乐学等；术科：美容术、徒手体操、哑铃、球竿、木棒、木环、各式游戏、瑞典体操、兵式体操、兵式器械、音乐、唱歌；随意科：游泳术、英文、拳勇刺刀术
中国体操学校	学科：伦理学、生理学、教育学、救急法、体育学、兵学、国文、音乐；术科：兵式教练、器械教练、瑞典式体操、普通连续徒手、哑铃、球竿、棍棒、木环、豆囊、应用操、游技、教授法、射击术、拳术、武器

资料来源：

[1] 学校体育大辞典编委会. 学校体育大辞典 [M]. 武汉：武汉工业大学出版社，1994.

[2] 吴文忠. 中国体育发展史 [M]. 台北：三民书局，1982.

[3] 成都体育学院体育史研究所. 中国近代体育史资料 [M]. 成都：四川教育出版社，1992.

三、体育教师教育政策的特征

19世纪中叶以后，清政府对传统教育进行改革，引进西学，在兴办学校的过程中，人们已经开始认识到师范教育作为教育之母的重要性，"莫不公认师范为当今唯一之急务"，引发了师范教育的诞生，正式的体育教师教育也伴随着师范教育的出现而获得发展。在晚清特定的社会背景下，体育教师教育政策呈现出明显的时代特征。

（一）体育教育政策首次正式出现

在儒家思想的深刻影响下，中国两千多年的封建传统教育历来重文轻武，尽管隋唐以后有武举制的存在，也丝毫不影响体育被称之为"技末之学"，在传统教育制度中是不存在体育教育的。反抗侵略的连续溃败，西方文化的传入，西方体育在校园的开展，面对国内外形势的巨变，清政府在西方先进的教育制度和陈腐的封建传统教育制度的对比中，决心以日本和德国军国主义教育改革为榜样，推行"尚武"教育。在军事改革和教育新政中将体育教育制度化，清末最重要的两部教育立法《钦定学堂章程》和《奏定学堂章程》中都将体操列为必修课，将体育与德育和智育并列，确立了体育在学校课程中的地位。1906年清政府学部要求各省设置体操专修科培养体操教师，解决体育教育师资缺乏问题。这是官方首次在我国新式教育开展以来对体育教师的培养问题作出政策规定，从此我国有了正式的体育教师教育政策。

（二）体育教育政策日化烙印突出

晚清时期是中国全面向日本学习的时期，清末教育改革基本上是学习西方特别是日本教育制度的结果。首先，《钦定学堂章程》和《奏定学堂章程》是清末派遣官员到日本考察学务的结果，两部学制都以日本学制为模板，在学校运转、课程设置、教学内容、教学程度等方面直接受到日本的影响。就体育教育而言，在中国的传统教育中，没有体育的位置，因而毫无经验可言，不得不模仿日本体育教育，体操课程的课程目标、体育教材教法、教学时数、场地设施等无不对日本体育教育模式进行模仿和抄袭。其次，大量去往日本的留学生，特别是专门学习体育的留学生深受其体育教育影响，归国后部分人员在国内按照日本模式创办了一批体育专门学校培养体育教师，这些体育专门学校基本上仿效日本"大森"和"振武"学堂创办；另一部分人员大多充任体育教习，按照日本体育教育理念和方法进行体育教学。最后，苦于大量新办学堂体育教习严重匮乏，国内一时又难以培养出来相应的体育师资，只有直接招聘日本人来华充当顾问或者体育教习。总之，这一时期我国的体育教师教育政策体现了突出的拿来主义倾向。

（三）体育教师教育政策初具雏形

从政策结构上看，体育教师教育政策显然应该是一个纵横交错的政策体系。在横向上，体育教师政策基本应该包含着体育教师教育质量政策、体育教师教育体制和体育教师教育经费政策等相互平行政策；在纵向上，体育教师政策基本应该先后包含职前教育政策、入职教育政策和职后教育政策等政策；在层次上，体育教师政策应该包含总政策、基本政策和具体政策三个层面；在层级上，体育教师政策应该包含中央政策、地方政策和基层执行政策三个部分。显然，在清末制定的体育教师教育政策并非是一个完整的体系。我们从前述的体育教师教育政策中看到，《钦定学堂章程》和《奏定学堂章程》可以视为体育教师教育的总政策；《奏陈教育宗旨折》提出的"忠君""尊孔""尚公""尚武""尚实"教育宗旨，"尚武"则可视为体育教育的宗旨；1906 年作为清政府中央教育管理机关的学部制定了开设"五个月毕业的体操专修科，以养成小学堂、中等学堂教员及小学体操教员"的体育师资培养政策，并对体操专修科的课程设置作出了规定，可以看作是体育教师教育的目标政策和课程政策。而在横向上，对体育教师教育质量政策、体育教师教育体制和体育教师教育经费保障政策尚无明确；在纵向上，也没有体育教师的入职教育和职后教育政策。虽然有这些缺陷的存在，但也是受制于当时的时代和教育发展，没有必要求全责备。因此，我们仍然可以说体育教师教育政策已经初具雏形，为此后民国的体育教师教育政策发展奠定了基础，也影响着民国初期体育教师教育的发展。

（四）体育教育政策政治色彩深厚

面临亡国亡种的民族灾难，"体育救国"思想在当时的中华大地上成为各派接受的响亮话语。于是，体育成为挽救民族危亡的工具和手段，被赋予救国的政治重任。社会各界围绕着如何通过体育御侮图存，挽救民族危亡展开行动。洋务运动在军事学堂中开设兵操课，为了提高学员的格斗技能，侧重于强兵。洋务派对体操的引进实际上就是为政治和军事服务的。维新派致力于变革传统思想，将国家的衰亡与武备不修联系起来，认为体育不仅可以强兵，更能够强国强种，兴办学堂，倡导体操课程，增加体育训练的项目和强度。庚子新政中，改革旧教育，建立新学制的过程中将体操规定为各级各类学堂的必修科目，"小学堂每星期安排 3 个钟点，中学堂每星期安排 2 个钟点，高等学堂每星期安排 3 个钟点的体操课"。把兵式体操作为学校体操的教学内容，实行军国民主义教育，把培养"尚武"精神作为学校体育的宗旨，教育的改革明显带有清王朝自我挽救的意味，服务于当时明确的政治目的。革命党人以培养体育师资为名所办的培养体育人才的专门学堂，加强兵式体操、器械体操等军事体育课程，亦是侧重于为革命培养后备力量。由此可见，清末近代体育受到政治的严重渗透。在国家政治力量的主导，先进知识分子的主动参与下，将强兵、强种、强国的国家意识高悬置于体育之上，体育的政治意蕴不断得到加强和发展，尚武政策能将受苦受难的中国人民从水深火热之中解救出来成为共识。在当时的国家形势下，体育不得不屈从于现实的政治选择，沦为挽救政治命运、助推社会发展的工具。

在体育政治化的背景下，体育教师教育政策难免具有深厚的政治色彩，从清政府的教育宗旨、体操专修科的设置以及对体操专修科的课程的规定上都明显地体现出这一特征。1906年清政府学部明确提出"忠君""尊孔""尚公""尚武""尚实"的教育宗旨。"尚武"要求对幼稚者以体操游戏为主，起到发育其身体的作用，对稍长者以兵式体操为主，起到严整其纪律的作用。在此教育宗旨指导下，清政府学部通令各省开设体育专修科，培养体操教师。清政府在要求各省开设体育专修科的同时，也对其学科课程设置作出了明确的规定，体育师资教育的课程结构整体上主要分为学科课程和术科课程，在术科课程中都包含兵式体操、射击、刺刀、拳击术、器械术等军事训练的内容，可以看到军国民体育思想的深刻影响。

（五）体育教育政策突显师范特色

清末所创办的体育师资培养学堂主要有三类：官办体育学堂、民主革命党人兴办的体育学堂和民办体育学校。除了革命党人所办的体育学堂名为培养体育师资实为培养革命后备力量外，其他两类体育学堂都以解决当时体育师资严重匮乏为办学宗旨。因此，革命党人所办体育学堂不太重视对教育科学理论的教学，而另外两类体育学堂都特别重视突出师范特色，我们可以从前文表2-3体育专修科的课程设置中明显看出来，在这两类体育学堂中基本都设有教育学和心理学的课程，也开设了教授法这样的课程，要求所培养的体操教员不但要掌握教育理论，而且还要掌握体操的具体教授方法。

（六）重视体育师资道德品质培养

清末的《奏定初级师范学堂章程》对师范生的道德品质作出了具体规定，指出师范教育最为重要的任务就是要"变化学生气质，激发学生精神，砥砺学生志操"，"养成其良善高明之性情"，使师范生"敦品养德，奉礼守法，言动威仪足为楷模"。体操专修科同样以此要求道德品质培养目标，对体操教员进行培养。我们可以看到这一时期所设置的体操专修科的课程安排中专设一门修身课，另外也有学校设置有伦理学这样的课程，以提高学生的道德修养水平。

（七）体育教师培养的低层次性

体育教师教育放在中等教育层次，甚至是低层次教育中，体操专修科学制最长两年，多是一年或者半年，甚至是一个月的培训班。在高等教育中没有体育专业。

第三节　中华民国时期的体育教师教育政策

20 世纪前半叶，整个中国社会处于剧烈的动荡混乱之中，清王朝覆灭，政党宗派林立，军阀割据混战，各自为政，列强环伺，强敌入侵，中西文化碰撞激烈，传统文化与反传统文化彼此争斗，民怨鼎沸。社会形态结构急剧转型是中国的一个最显著特征，其表现有四方面：第一，政治结构发生巨大变化。辛亥革命推翻了清王朝的统治，创建了民主共和政体；旋即胜利成果被袁世凯窃取，建立起北洋军阀政府；1919 年爆发的五四爱国运动促成了中国共产党的诞生，1924 年实现国共第一次合作，北伐取得胜利，建立起形式上统一的国民党政权；1927 年国共合作破裂，国民大革命失败。1937 年抗日战争全面爆发，1945 年抗战胜利，后经过三年解放战争，国民党政权溃退台湾，1949 年中华人民共和国成立。第二，我国传统的自给自足的自然经济结构遭到了前所未有的破坏，资本主义经济得到了一定程度的发展。第三，思想文化形态也发生了深刻变化，从传统儒家文化占据统治地位，到西方先进文化思想广泛接受，民主与科学深入人心，对民主与科学的崇尚，成为民国文化思想的时代之魂。第四，在民主与科学文化思潮的带动下，诸如军国民教育思想、职业教育思想、实用主义教育思想、平民教育思想、美感教育思想、科学教育思想、国家主义教育思想、马克思主义教育思想等各种教育思想纷至沓来，此起彼伏，教育界思想空前活跃，西方的教育制度、教育模式和教育方法大量进入中国，激发着教育界探索中国教育发展方向的热情。此后的教育改革中逐渐强调办教育的平民性和民主性，要求尊重人格，突出人的价值和个性，注重教育的科学性和实用性，提倡启发式教学，反对教育与生活脱离。这些教育观念上的转变推动了中国近代教育思想和实践的持续发展。在教育进行一系列适应资产阶级需要的改革过程中，包括体育教师教育在内的师范教育的发展也受到了空前的重视，我们把中华民国时期的体育教师教育划分为北洋政府时期（1912—1927 年）、南京政府前期（1927—1937 年）和南京政府后期（1937—1949 年）三个阶段。

一、北洋政府阶段（1912—1927 年）

（一）体育教师教育政策的背景

1. 北洋政府阶段的社会背景

20 世纪的最初 10 年，中国社会正处在剧烈动荡之中，中国人民生活在帝国主义和封建主义双重统治压迫的水深火热之中，城乡群众自发进行的反抗压迫斗争此起彼伏，革命党人为推翻清朝的专制统治，挽救民族危亡，建立共和国，争取国家的独立、民主和富强进行了不懈努力。1911 年，辛亥革命爆发，推翻了清政府，取得了资产阶级民主革命的伟大胜利。1912 年元月，在南京建立临时政府，亚洲第一个民主共和国——中华民国正式建立。中华民国结束了中国 2000 多年的封建君主专制制度，给中国社会带来了全面冲击。然而，辛亥革命虽然推翻了封建专制，但政权很快就被北洋军阀把持，并没有真正完成由封建社会向资本主义社会的转化，仅两三年间，中华民国就几乎只剩下一块空招牌，辛亥革命取得的成果已经所剩无几，1912—1928 年间的北洋军阀政权被认为是中国近现代历史上最动荡的时期。

政治上经历着社会大动乱、大割据。辛亥革命的成果和政权落入以袁世凯为首的北洋军阀手里。袁世凯死后，北京中央政权仍为各派北洋军阀所把持，各省为地方军阀所割据。各帝国主义国家在中国划分势力范围，大城市租界林立；各派军阀争夺利益之战不断，人民灾难深重；各派政党林立，且不断演变、分化、改组与更替，形成不同的追名逐利集团。中国仍然没能摆脱半殖民地半封建社会的性质。经济上资本主义工商业经济大起大落。辛亥革命后，南京临时政府不但没有废除清末立宪运动时期所履行的各种资本主义经济法规，而且又颁布了一些保护私人工商业的政策和法令，鼓励和保护资本主义经济，民族资本投资设厂的热情空前高涨，成就了所谓的中国民族工商业发展"黄金时期"。第一次世界大战结束后，各帝国主义重新加强对中国的经济侵略，使中国民族资本再次陷入大萧条之中。资本主义经济并没有取代封建经济，封建政治经济秩序仍然存在，封建剥削不断加深。军阀和豪绅横征暴敛，欺压百姓，剥削深重，城乡人民负担沉重，生活极度贫困。文化思想急剧变化，大倒退与大解放先后发生。以袁世凯为首的封建军阀为了巩固反动统治，倡导封建复古文化，大力恢复封建礼教、企图恢复帝制，思想文化领域出现大倒退。资产阶级文化处于不断分化当中。1919 年的新文化运动崇尚西方民主与科学，批判封建礼教，并发展成为宣传马列主义的学习运动，无产阶级文化的兴起，再次解放了人们的思想，共产党在民族大觉醒的五四运动中诞生，无产阶级开始登上政治舞台。

2. 北洋政府阶段的师范教育发展

1912 年 1 月 1 日，中华民国临时政府成立。当时教育形势混乱，时代的发展呼唤着新的教育体制，国民政府也加快了规划民国教育事业的步伐，最为突出的变化就是创建南京临时政府教育部，取代清朝学部成为全国教育工作的领导机构，蔡元培任教育总长。不幸的是，南京临时政府刚成立便被北洋政府取代，护国运动、护法运动、军阀混战、北伐战争，接二连三，此起彼伏。在此期间国会更迭频繁，宪法迭出，国家元首亦是走马观花般换届换人，特别是教育总长一职 1912—1927 年先后竟然共有 44 人次担任①。如此频繁的教育领导更替自然会影响到北洋政府教育的整体发展。北洋政府无力对社会机构进行有效监控、整合和管理，相较军费巨额开支，少得可怜的教育经费都难以落实维系，一方面严重阻碍了近代教育的发展，另一方面因各军阀疲于军事争斗，无暇顾及思想领域的控制，同时各军阀又为了获得民心，争取政治资本，表现出支持文化教育事业发展的姿态，从而为思想文化的发展创造了条件，也为教育的改革和发展提供了相对宽松的环境，成就了北洋政府时期教育得以发展的特殊环境。在教育领域，国民教育、国家主义教育、平民教育、实用主义教育、生活教育、科学教育、教育兴国、教育救国等各种教育理论、教育思潮纷纷登场，名目繁多的教育运动、教育实验开始进行，其实践的广泛性和理论探讨的深刻性，都达到了我国近代教育前所未有的高度。中国教育界开始以开放的心态，第一次全方位放眼世界，关注各发达国家教育的利弊，经过辨别，我国教育改革学习的对象逐渐由日本转向美国，日本在中国的教育影响力开始下降。

1912 年 7 月，在蔡元培的主持下，中华民国第一次中央教育会议议决重订学制，制定学校系统表，修正清末学部的教育宗旨。1912 年 9 月，中华民国教育部公布民国教育宗旨为"注重道德教育，以实利教育、军国民教育辅之，更以美感教育完成其道德"②。它不仅反映出辛亥革命后资产阶级改革封建教育的迫切需求，而且为中国资产阶级创建新教育体制提供了思想武器。1912 年 9 月至 10 月先后公布了《学校系统令》《小学校令》《中学校令》《专门学校令》

---

① 他们分别是蔡元培、范源濂、刘冠雄、陈振先、董鸿祎、汪大燮、严修、蔡儒楷、汤化龙、章宗祥、张一麐、张国淦、吴闿生、范源濂、袁希涛、傅增湘、袁希涛、傅岳棻、范源濂、马邻翼、黄炎培、齐耀珊、周自齐、黄炎培、高恩洪、汤尔和、王宠惠、汤尔和、彭允彝、黄郛、范源濂、张国淦、黄郛、易培基、王九龄、马叙伦、章士钊、章士钊、易培基、马君武、胡仁源、王宠惠、任可澄和刘哲。

② 教育部整理教育方案草案 [M] //璩鑫圭，唐良炎. 中国近代教育史资料汇编（学制演变）. 上海：上海教育出版社，1991：741 – 742.

《大学令》《师范教育令》和《实业学校令》，针对办学宗旨、教师、学生、课程、办学经费、教育教学考核测评、组织管理及设备设施等教育规程方面公布了各级各类学校令。直到1913年底学校系统公布完成，史称"壬子·癸丑学制"。该学制设普通教育、师范教育和实业教育三个系统，至此北洋政府的学制体系初步建成。该学制明确，除高等师范外，各级各类学校都允许私人兴办。学制在形式上与清末学制类似，带有明显的模仿日本学制的痕迹，但从教育宗旨上清理了封建专制政体的影响，在资产阶级民主主义精神的指导下，以民主精神代替封建等级差别，强调了女子接受教育的权利，减少三年修业年限，加快了民国初年人才培养速度，明确小学四年的初级教育为义务教育，体现出一定的进步性和优越性，符合现代社会民主政治与资本效率观念，一直沿用到1922年。这个学制实现了传统教育向近代教育的本质转化，在一定程度上反映了人才需求的国家意志，代表了时代潮流的发展方向。

在《师范教育令》《师范学校规程》《师范学校课程标准》和《高等师范学校规程令》等有关师范教育法令的颁布和新文化运动等因素的推动下，师范教育规模不断扩大。北洋政府改变了师范教育的办学体制，将师范学校分预科和本科，中等师范教育仍在各省举办；女子师范学校附设保姆讲习所，培养蒙养园教师；为了高等师范教育的平衡发展，高等师范学校以国立为原则，全国划分为北京、南京、武昌、成都、广州、沈阳六大师范教育区，各省的高师或并入邻近学区的国立高师或降格为普通师范学校，每区设高等师范学校一所，各省再划小区，每区设中等师范学校一所。师范学校对本区教育发展负责任，在一定程度上推动了基础教育的发展。六大师范区的政策设计一方面为高等师范教育国立化提供了体制基础；另一方面也提高了高等师范学校的办学地位，与综合大学平起平坐，使其处于较其他高等专门学校更加有利的发展地位。在课程改革方面，清除封建教育内容，增加适应社会经济发展的课程，师范教育增设教育学和心理学课程。以贯彻新的教育宗旨，促进学生和谐发展为根本。虽然这次教育改革构想并未完全实现，但其实施缓解了全国中等教育教师短缺的问题，推动了中等教育的发展。特别是在教育经费紧张，严重制约教育发展的境况下，优先保障六所高师的建设与发展，实属难能可贵。北洋政府初期的这次师范教育体制调整是一次影响深远的高等教育改革。① 在《壬子·癸丑学制》的各类法令中，关于师范教育的法令主要有《师范教育令》（1912年9月）、《师范学校规程令》（1912年12月）、《高等师范学校规程令》（1913年2月）

---

① 周文佳. 北洋政府时期高等教育政策研究［D］. 石家庄：河北大学，2013.

和《师范学校课程标准》（1913 年 3 月）四部。其中，《师范学校规程令》和《高等师范学校规程令》两个法令规定了北洋政府时期师范教育的体制和层级以及学制。虽然这一时期我国的政治体制发生了巨大的变化，但是除了教育宗旨上排除封建思想遗留外，师范教育仍然保持独立建制且由政府统一办理，将学堂改为学校，把师范类学校设为师范学校、高等师范学校两个级别，基本上没有特别大变动，构架起了民初师范教育的主体框架。《师范教育令》和《师范学校规程令》规定，师范学校施行公费教育制度，国家公办，师范学校均为省立，高等师范学校均为国立，经费分别由省财政经费和中央财政经费提供，师范学校和高等师范学校的学生不仅免于缴纳学费，学校还需要发给学生在校内学习生活中必要的住宿和膳食费用。从这些法令（具体见表 2 - 4）的规定中可以明显看到北洋政府对师范教育的重视和鼓励，这些优惠政策在一定程度上吸引了大量家境贫寒的学生进入师范求学，师范生生源迅速增加，改变了师范生源不足的问题，促进了师范教育的发展。

清政府曾颁布《奏定女学堂章程》和《女子师范学堂章程》两项女子教育法令，这在女子教育方面具有重要的进步意义，但是女子师范教育仅限于初级师范学堂，而优级师范学堂则是一片空白。在此基础上，1919 年 3 月北洋政府颁布《女子高等师范规程令》，对招生规模、招生范围诸方面进行了规定，虽然在培养目标的规定上不及《高等师范学校规程令》规定得清楚，但在学制年限、学费减免、服务期限等方面大部分与《高等师范学校规程令》相似。由此创造了现代女子高等师范教育的开端。[①]《高等师范学校课程标准》对预科和本科各部科之公共必修科目和专业科目，各部科所开设的专业课程和通识课程、基础课程在课程标准中都有详细的设置目标、开设年级和教学计划。从各个专业的课程结构看，教育学、心理学和教学实习等要占到总课时数的 30% 左右，教育理论类课程比例比清末有所提高，师范性更加得到凸显。从教育学课程内部结构看，教育理论、教学技能以及教育实习实践都已经占有一定的比例，教育部专门发文《通行师范教育注重实习训令》强调教育实习，将教育实习列入了成绩考察规程。形成了适合专业需求的教育学知识结构，促进了师范生教育素养和教育能力的形成，同时也成为高等师范专业规格特征的体现。

---

① 教育部 . 教育部公布女子高等师范规程令［M］//中国第二历史档案馆 . 中华民国史档案资料汇编（第三辑教育）. 南京：江苏古籍出版社，1991：170 - 173.

表2-4　北洋政府《壬子·癸丑学制》颁布的师范教育相关政策法令

公布时间	法令名称
1912 年 9 月	教育宗旨、学校管理规程、师范教育令
1912 年 12 月	实施部定学校系统各学校令及各项规程的办法、师范学校规程
1913 年 1 月	大学规程、私立大学规程
1913 年 2 月	高等师范学校规程
1913 年 3 月	师范学校课程标准、高等师范学校课程标准

3. 北洋政府阶段的体育思想发展

军国民体育的衰退与自然主义体育的兴起。1919 年前后中国的新文化运动，高举民主和科学两面大旗，对封建主义文化进行了无情批判，各种新思潮、新主义出现在教育界。第一次世界大战期间，日本加紧了对我国的全面侵略，提出了灭亡中国的"二十一条"，激起了中国人民的反抗，国内的反日运动高涨。美国注重对中国的精神侵略和文化渗透，想尽办法试图排除日本对华教育的影响。1908 年，美国率先提出返还部分庚子赔款发展中国的教育事业，帮助中国培养留美学生，至 1915 年，美国替代日本成为接收中国留学生的最主要国家。第一次世界大战中，美国总统威尔逊号召公理战胜强权、民主击败专制，并标榜应保持中国领土的完整，此举博得中国人的好感，也迎合了国内的反日情绪。第一次世界大战中推崇军国民主义的德国战败，军国民主义随之也受到质疑，军国民教育趋向衰落。

同时，于 1919 年、1921 年、1922 年和 1923 年，美国实用主义教育学家杜威及其后继者孟禄、麦克尔等相继受邀来华讲学，传播实用主义教育思想，主张"儿童中心""平民教育"，迎合了国内反封建教育的需要。自此美国的教育理论逐渐取代日本，在中国教育界广泛流传，并开始深刻地影响中国的教育实践，就这样美国一步步增强了对华教育的影响力。1919 年后大批留美学生归国，留美学生群体大多专门从事教育、心理科学研究，具有较扎实深厚的专业科学知识和较高的学位。他们回国后大都在教育行政部门、文化教育机构和教育学术团体中任职，是近代高校行政管理和教学科研的主力军，他们自己创办刊物，撰写论文，翻译教育名著，出版著作和教材阐述美国教育思想，其新思想新观念从此深深地影响着中国教育界，他们拥有参与教育大政方针决策的机会，直接推动着这一时期中国教育改革的方向，对中国教育全面模仿美国起到了积极的促进作用。

就体育教育而言，杜威在华讲学中对当时中国模仿日本、德国以兵式体操为典型内容的军国民教育提出质疑，认为兵操的操练简单，教法呆板、单调，不适合青少年身心发展的规律，游戏活动是激发儿童的兴趣和爱好，发展儿童的个性的理想手段，"游戏胜于体操"，于是，球类和游戏开始在我国盛行。美国教育家孟禄直接参与了中国学制改革，极力反对当时流行于中国的兵式体操，认为它限制了人的个性，不适合中国的实际需要，应积极引进西方的比赛游戏。他在参与修改中国《壬戌学制》时公开指出："用团体的比赛游戏，如足球、队球等等，其锻炼人勇敢向前的精神，实远驾乎兵士体操之上……所以为国家着想，注重军训不可于体操中求之，当于团体的竞争，比赛的游戏中求之。"① 孟禄对新学制及相关体育课程开设等规定作出了贡献。1923 年，曾在华担任青年会体育干事和南京高等师范学堂体育科主任的美国体育学者麦克尔（C. H. Meclog）再次来华讲学。他发表文章、出版《体育季刊》杂志、编写教材、举行演讲，传播"自然体育"思想和方法。在体育手段方面，主张采用跑跳等自然方式，反对"非自然的"的体操。在体育教育方法上，主张让儿童自己去学习体会，教师重在引导，在中国体育界产生了较大影响。② 在此情景下，民主与科学思想激发了人们对于体育科学化的追求，以陶行知和蒋梦麟为代表，认为应以"养成健全人格，发展共和精神"为教育宗旨，要用科学的方法手段去指导活动开展。代表美国自然主义体育思想的吴蕴瑞、袁敦礼和方万邦等体育家强调，体育的目的在于教育人，而增进健康只是体育的副产品；否定"人为的"体操活动，推崇自然生活，主张"体育即生活"，对军国民体育和学校兵操进行抨击，兵式体操失去其原有的主导地位。自然主义体育思想兴起，给中国带来了欧美的球类、田径等项目。1919 年 10 月，第五次全国教育联合会的决议案中提出"近鉴世界之势，军国民主义已不合新教育之潮流，故对于学校体育自应加以改进"③。教育界和体育界进一步提出学校应废除兵操的主张，大多数革命者及进步人士认为，"兵操是机械的动作，束缚个性自由发展；兵操是偏枯的动作，妨碍身体平均发育"④。据记载，南京高师于 1920 年 9 月宣告废除兵操，将"体操"课改为"体育"课，课程内容以田径、球类和游戏为主。1922 年，北洋政府教育部模仿美国的学制正式颁布了《学校系统改革命令》，史称为"壬戌

---

① 王卓然. 中国教育一瞥录 [M]. 北京：商务印书馆，1923：26－27.

② 陈晴. 清末民初新式体育的传入与嬗变 [D]. 武汉：华中师范大学，2007.

③ 第五次全国教育联合会. 第五次全国教育联合会的决议案 [J]. 教育杂志，1919，11（11）：52.

④ 黄醒. 学校应否废止兵操 [J]. 体育周报，1919，46：3.

学制"。从此，我国学校教育（包括体育）由过去抄袭日本，转而仿效美国。为保证学制改革的贯彻，全国教育会联合会成立了新学制课程标准委员会，着手进行课程改革。先后于 1922 年 10 月、12 月公布了中小学毕业标准和课程要旨，在 1923 年 6 月公布的《中小学课程纲要草案》中正式把学校"体操科"改名为"体育科"，学校体育的培养目标随之确定为"顺应儿童爱好活动的本性"，"发展个人之本性及人格"①；中小学体育课废除兵操，田径、球类、游戏、体操成为主要内容，新的体育内容促进了教师对教法的改进和探索，"三段教学法"开始在体育教学中得以推行，学校体育进入了一个新的历史时期。② 1923 年 8 月，中华教育改进社体育组第二届年会决议案特别"请麦克尔先生编订运动标准及体育教授纲目，在《体育季刊》上发表，请各地体育教员实验，至下界年会再讨论修改"。1928 年，沈重威和麦克尔共同署名出版充实后的《新学制体育教材》，成为一本具有半官方性质的体育教材。③

（二）主要的体育教师教育政策

1. 制定体育教师教育总政策

中华民国成立后，中国在各个方面呈现出复苏迹象，资本主义经济发展迅速，物质财富增加，民主思想盛行，民主教育风行。民国政府着手成立了教育部，教育家蔡元培担任首任教育总长，统管全国的教育工作，进行资产阶级民主主义的教育改革。新学制未及建立教育部即颁布《普通教育暂行办法》和《普通教育暂行课程标准》，对不"合乎共和国宗旨"的制度和内容一律废除。在全国临时教育会议上，对教育宗旨、学校系统和各级学校法令等议案进行了讨论，并通过了多项议案。实施富国强兵教育，养成人民为国家尽义务的能力。④ 随后在 1912—1913 年间教育部颁布了《壬子·癸丑学制》，这是我国第一个资产阶级性质的学制，废除了封建教育中忠君尊孔的教育宗旨和读经讲经的内容，缩短了学制，充实了自然科学知识，并融入西方民主思想，规定男女可以同校，取缔封建等级和男女受教育权的差别，将整个教育系统划分为三个部分：普通教育系统、师范教育系统和实业教育系统，其中师范教育系统细分为中等师范学校和高等师范学校两级，成立了我国第一个师范教育研究机构——全国师范教育研究会。其中还对专门学校进行了规定。这个学制中明确了各级

①　苏竞存. 中国近代学校体育史 [M]. 北京：人民教育出版社，1994：101.
②　陈晴. 清末民初新式体育的传入与嬗变 [D]. 武汉：华中师范大学，2007.
③　清华大学校史编写组. 清华大学校史稿 [M]. 北京：中华书局，1981：70.
④　郝梦雪. 清末民初中小学体育课程的萌芽与发展 [D]. 石家庄：河北师范大学，2018.

各类学校的教育宗旨、录取资格、学生年龄、课程内容和修业年限等。① 《小学校令》和《中学校令》中都将体操列为必修课程，宗旨在于促进儿童身心发育，培养健全国民。

1912 年 10 到 11 月，教育部先后公布《专门学校令》和《公立私立专门学校规程》明确专门学校的宗旨，即"专门学校以教授高等学术、养成专门人才为宗旨"，对专门学校的设置和分科等作了更具体的规定，促进了中国体育专修科的发展，确立了体育专修科在教育中的地位。1912 年 9 月教育部颁布的《师范教育令》，12 月颁布的《师范学校规程》，再次明确师范教育培养中小师资的目的。

1919 年，全国教育联合会第五次会议认为军国民主义已不合乎教育潮流，通过《改革学校体育方案》提出："学校体育课中减少兵操时间，增加体育时间，注意生理卫生与体育原理方面的学习，注意女子体育。"1922 年，我国制定并颁布实施《壬戌学制》，新学制强调要尊重人的个性发展，强调儿童本位。在体育课程内容上废除以往的兵操，提倡诸如田径、游戏、球类等为主的西方运动项目，增加生理卫生和保健知识，表明我国的体育教育模式已从军国民主义向自然主义体育转变。1923 年，正式将学校"体操科"改名为"体育科"，确立了体育课在各级学校中的比例，同时还制定了初、高中和小学各级体育课程目标。②

2. 确立体育教师教育宗旨

1912 年 9 月 2 日，中华民国教育部重新颁布民国教育宗旨"注重道德教育，以实利教育、军国民教育辅之，更以美感教育完成其道德"③，其核心理念为德、智、体、美四育并举。1912 年 9 月 28 日，教育部颁布《师范教育令》，指出教养师范生的要旨之一是要师范生"谨于摄生，勤于体育"，以培养健全的精神和健全的身体。因此，在学校教育中，传统文弱教育受到批判，尚武精神得以推崇，学校体育备受重视；各级各类学校广泛开展军事知识教育和军事技能训练。为确保各级各类学校体育教育的顺利开展，教育宗旨公布后教育部又以命令的方式要求各学校注重军国民教育，"引导学生于体操正科外为种种有益之运动"，④ 进行有益运动的锻炼，以养成学生强壮果毅之性格。要求办学者每年举办春季或秋季运动会，引导学生于赛场上互相鼓励，以勇健为荣。师范教育

---

① 熊明安. 中华民国教育史［M］. 重庆：重庆出版社，1990：25 – 27.

② 罗媛媛. 1903—1949 年四川体育专门学校研究［D］. 成都：成都体育学院，2013.

③ 中国第二历史档案馆. 中华民国史档案资料汇编（第三缉教育）［M］. 南京：江苏古籍出版社，1991：22.

④ 教育部训令第 12 号［N］. 政府公报，1912 – 12 – 20.

中体操的教授要旨首先是"使身体各部分平均发育，强健体质，活泼精神，兼养成守规律尚协同之习惯"，其次是"解悟高等小学校及国民学校体操教授法"。① 体操授课内容除普通体操、游戏、兵式体操外，并且要会教授法，师范性得以突出。1915 年 2 月完全掌握北洋政权的袁世凯以总统身份颁布"爱国、尚武、崇实、法孔孟、重自治、戒贪争、戒躁进"的教育要旨。② 其核心是加强道德教育、培养尚武精神、重视实利教育，即德、智、体三育并重。虽然这一教育宗旨的初衷是袁世凯利用军国民教育倡导尚武之风，为其复辟帝制服务，但在客观上推动着军国民教育思想的进一步发展，带来的是将学校体育的目标定向为先卫身后卫国。实质上就是通过军国民教育，在注重德育与智育之外，加强学校体育，通过卫身达到实现卫国之目的。1912 年和 1915 年颁布教育宗旨在内容实质上虽有差异，但对尚武教育是相同的，而且对于学校体育的目标指向是一致的，都强调体操科和课外活动对学生进行军国民教育的实用价值，学校体育在军国民教育宗旨的指导中展开。教育宗旨作为学校教育的指挥棒，学校体育是学校教育不可或缺的组成部分，学校体育的发展毫无疑问会受到教育宗旨的指引。1912 年和 1915 年的军国民教育宗旨，确立了近代体育在学校中的组成和地位，促进了体育专门学校的建立，加速了体育师资的培养，推动了体育教育的进步。

1916 年 6 月袁世凯病逝后，北洋政权更迭频繁，教育界获得更大的话语权，教育有了相对充分的发展空间和舞台，再加上民主与科学之风盛行，各类教育思想竞相纷呈。在美国实用主义教育思想的影响下，军国民教育宗旨遭到否定。1919 年教育调查会提出以"养成健全人格，发展共和精神"为教育宗旨，在第一次教育会议上得到一致通过，虽教育部没有正式公布推行，但教育调查会本身即是教育部主持设立的教育团体，是教育部的代表，所以其确立的教育宗旨就是实际执行的教育宗旨，此后的教育实践也是以此为教育宗旨来指导工作的。该宗旨的核心是培养具有良好道德、有责任感、有强健体格、有生活技能的四有共和国民。1922 年《壬戌学制》颁布，将"养成健全人格，发展共和精神"转化为七条标准，放在了学制的最前面，实质上是贯彻了这一教育宗旨。在新学制中健全人格教育宗旨成为我国学校体育发展的总指挥棒，学校体育的指导思想和具体操作层面都发生了巨大变化，学校体育成为培养身心和谐发展和具有健全人格的人才的重要手段。

---

① 安树芬，彭诗琅. 中华教育通史（第 9 卷）［M］. 北京：京华出版社，2010：1885.
② 朱有瓛. 中国近代学制史料（第三辑上册）［M］. 上海：华东师范大学出版社，1990：97.

3. 学制对体育课程的规定

《壬子·癸丑学制》对各级各类学校开设体育课程的要求：第一，小学体育课程的设置。小学体育"以留意儿童身心之发育，培养国民道德之基础，并授以生活必需之技能为宗旨"。学制分为初等小学四年，高等小学三年。初等小学的体操课为必修的七门课程之一，一、二年级的体操课和唱歌合并，每周四小时；三、四年级体操课每周三小时。体操课的内容规定："初等小学宜授以适宜之游戏，渐及普通体操。高等小学宜授普通体操，加时令游戏，男生加授兵式体操。根据地方情形，得在体操授课时间或时间以外，授适宜之户外运动或游戏。"① 第二，关于中学体育的规定。中学学制四年，开设包括体操课在内的 13 门课程。男生体操课分为普通体操、兵式体操两种，每周三小时，女生体操课为普通体操，每周两小时。体操课的要旨为"在使身体各部平均发育，强健体质，活泼精神，兼养成守纪律协同之习惯"②。第三，师范学校体育制度。师范学校的体育课与中学类似，体操课男生每周四小时，女生前三年每周三小时，第四年为两小时。体操课以普通体操、游戏及兵式操为主，并注重学习"教授法"，为体育师资的培养打下基础。第四，高等学校体育课开设。高等师范学校的学制预科为三年，本科三年。各学年每周体操课三小时，包括普通体操、游戏及兵式体操。可以看出《壬子·癸丑学制》对各级学校体操课的规定，反映出民国成立后的学校教育宗旨仍然是军国民教育，体育教育内容仍以兵式体操为主。不容否定的是体操课的普及，对学校体育的发展走向正规起到了推动作用。

1915 年初颁布的《特定教育纲要》拟定了各级学校实施儒学教育的基本方案。③ 以《特定教育纲要》和《颁定教育要旨》作为总的方针政策，袁世凯政府修改或重新颁布各级学校令，对"读经"课程进行恢复，为封建儒学文化重回课堂开道。虽然儒学文化包含有中华民族优秀的文化成果，是民族教育不能割舍也无法割舍的重要教育资源，但袁世凯政府推崇儒学是借用儒学之名，抵制革命民主之实。体育领域则以"新武术"和"静坐"等为主要体育内容，鼓吹"国粹体育"，在北洋军阀政府和"国粹"派教育家的赏识下，北洋军阀政府的国会通过了把"新武术"定为全国"学界必学"之"中国式体操"的决议。教育部于 1915 年明确规定"各学校应添授中国旧有武技，此项教员于各师范学校养成之"，至此，武术正式列入学校体育课程。"静坐术"风靡全国，引发了

---

① 崔乐泉. 中国近代体育史话 [M]. 北京：中华书局，1998：42.

② 崔乐泉. 中国近代体育史话 [M]. 北京：中华书局，1998：42.

③ 叶德明. 清末新政时期袁世凯教育思想初探 [J]. 安徽师范大学学报（人文社会学科学报），2002（1）：95－90.

一场"静的体育革命"，1914 年蒋维乔出版《因是子静坐法》，"静坐法"遍布18 省，有的学校把"静坐"编入课程。1915 年，《教育杂志》将王怀琪编撰的"八段锦体操"推荐给高等小学及中学作为体育教材。"国粹体育"运动对传统体育的改造，虽为传统体育的发展开辟了新路，却过于夸大传统体育而否定近代体育，加剧了体育培养过程的"不伦不类"现象，其影响总体上是消极的。

4. 颁布体育教师教育政策

1912 年新成立的中华民国教育部公布了《师范教育令》，确立了师范教育的独立体系，对于体育类师范学校，继续沿袭清末体操课程，以兵操为主。1919 年全国教育联合会第五次会议通过的《改革学校体育案》要求"加强师范学校的体育，使一般小学教师都能担任体操课"。别的学科教师承担体育教师的任务，增加了体育教师的数量，体育教师的来源成分增多。1922 年，教育部仿效美国制定和颁布了《壬戌学制》。1923 年的《中小学课程纲要草案》改"体操科"为"体育科"，增加并改变了原有体育课程内容，标志着体育师资培养模式向着"美式化"方向发展。为与体育课程目标相适应，在体育教学方法上，《壬戌学制》要求摈弃机械的教学方法，在体育教育过程中提倡活泼、快乐的教学方法，积极推广"三段教授法"。

5. 鼓励创办体育师资机构

北洋政府建立后，教育部颁布了《专门学校令》（1912）、《大学令》（1912）、《大学规程令》（1913）、《私立大学规程令》（1913）、《私立专门以上学校认可条例》（1915）等一系列的教育政策。袁世凯政府还实行捐资兴学教育激励举措。政府不仅许可私人办学，而且还通过奖励和资助的方式为私立学校创造有利的环境。教育部在 1913 年 7 月 17 日公布了《捐资兴学褒奖条例》，省级行政长官或教育部长给捐资者颁发奖章，1915—1917 年间，《高等师范学校规程令》根据中学教育的发展针对不同专业教师的需求，拓展了音体美等学科。1918 年全国教育联合会议要求国立高等师范学校均设体育专修科，1919 年教育部又颁布《关于国立高等师范学校均设体育专修科与体育讲习会训令》，强调"国立高等师范学校均设体育专修科与体育讲习会"，即通过高师学校培养体育专门人才。1919 年，教育部第 716 号文发布"关于提倡中学校练习武术咨"，要求各省区中学校练习武术①，并通过国立高等师范学校体育专修科添设武术课程培养武术教员。在体育管理机构设置上，1914 年教育部设置普通教育司（掌管

---

① 　中国第二历史档案馆. 教育部关于提倡中学校练习武术咨［M］//中华民国史档案资料汇编（第三辑下册）. 南京：江苏古籍出版社，1991：859 – 860.

师范学校等事务）、专门教育司和社会教育司三个司，均和各级各类学校体育事项相关联，社会教育司掌管的事务中出现了专门分管体育的事项。这些教育政策的颁布为我国教育事业的发展和各类学校的开办提供了法律保障，推动了以培养体育师资为目的的体育系、科和专门体育学校的发展，为培养专门的体育师资作出了贡献。①

6. 设置培养体育师资院校

北洋政府时期学校体育师资主要来源有两类，一是"正规军"，指的是体育专门学校、师范学校和陆军学堂的毕业生以及留学归国人员；二是"非正规军"，指的是体育传习所毕业生、退役士兵、运动员等。尽管体育师资来源广泛，但由于数量少，对于学校体育发展仍然是杯水车薪，体育师资不足是体育教育发展中最为实际的问题。在上述教育政策的支持下，这一时期设置了大量的体育师资培养机构（见表2－5）。②

首先是高等师范学校体育科系对体育师资的培养。江苏省江苏教育会于1915年附设体育传习所，是我国第一所官办体育干部培训班。1915年两江师范学堂改为南京高等师范学校，设立体育科，麦克尔为主任，为中国体育高等教育的开端。虽学校后来先后易名为国立东南大学体育科和国立中央大学体育科，学制亦有变化，但体育科始终保留，培养了不少优秀体育师资。1917年5月由京师优级师范学堂改建的北京高等师范学校开设两年制体育专修科，1919年学制改为三年，1920年体育专修科改为四年制体育系，设有专业技术课外，还有国文（语文）、外文（英文）、教育概论、体育史、伦理学、舞蹈、音乐、生理课、解剖课。1932年后又加强了基础理论课，增设了教育学、教育心理学、教学方法、比较体育学（介绍欧美体育制度并作比较）、生理学、生物化学、运动力学等课。北高师体育生招生严格，培养学生质量也高。抗战时迁往陕西，战后在北平复校。1918年广东高等师范学校开办体育专修科；1921年成都高等师范学校设立四年制体育专修科；1924年北京女子高等师范学校开办四年制体育系。

其次是体育专科学校对体育师资的培养。1912年两年制的浙江体育专科学校在杭州成立。1916年蔡元培建立上海爱国女学体育科，学制两年。1918年，安徽教育厅指令省立体育场开办体育教员养成所。1919年在上海建立东南女子体育师范学校体育专修科。1918年，归国留学生傅朗斋和庞醒耀创建上海东亚体育专科学校。1924年该校又增设附属体育师范学校，培养小学体育教师。

---

① 张乐妮. 袁世凯执政时期教育政策研究［D］. 西安：西北大学，2010.
② 王荷英. 北洋政府时期不同教育宗旨下的学校体育研究［D］. 苏州：苏州大学，2017.

1919 年许禹生创建北京私立体育学校，学制三年。1919 年邵汝干创办南京体育师范学校，修业两年。1919 年武问梅创办浙江杭州女子体育学校，学制一年半。1920 年胡坤元、谢佩三、谢养和等开办安徽体育师范学校。同年，张国瑞、梅光吉、徐羊我、黄亚亭等人开办皖江体育专科师范学校。1921 年吴志者创办上海体育师范学校，学制两年。1922 年陆礼华在上海创建的两江女子师范学校于 1928 年更名为私立两江女子体育专科学校，培养很多体育人才。1923 年利用江西省公共体育场开办了私立江西体育学校和江西震亚体育学校。1924 年中山体育专科学校于苏州创办，它以"培养体育师资，强身强种，卫国御侮"作为立校精神。1924 年孙和宾建立上海沪江女子体育专科学校，修业两年。1924 年尚大勇在辽宁省奉天设立奉天私立体育专科学校，修业两年。1921 年浙江体育师范学校于杭州设立，修业两年。

最后是教会教育对体育师资的培养。北洋政府时期，教会教育继续发展，为我国教育事业和体育师资培养作出了一定的贡献。教会大学大多重视体育教学和体育活动，部分院校已设立了体育系，注重体育师资之培训。教会教育对体育师资的培养包括两类，一类是体育专门学校，比如，1915 年，青年会在上海正式成立女子体育师范学校，创办者是美国人梅爱培（Abby Shaw Mayhew），担任校长，由留美的体育家陈英梅女士担任副校长，其余教师几乎全是美国人，旨在培养中国女子体育教育的领袖人物和教师，1924 年该校并入南京金陵女子大学成立的体育系。1924 年，中华基督教青年会全国协会与东吴大学合办了两年制的体育专修科，由许民辉任体育专修科主任。1926 年改为由东吴大学独办，同年，东吴大学在体育专修科的基础上增设了四年制的体育系。该校将专攻体育的学生分为三类：一是两年制的专修科，给予证书；二是四年制的体育系，授予体育学士学位；三是大学本科可以选体育系课程作为主修，四年毕业时，授予文学士或理学学士学位。另一类是短期体育培训班，比如，湖南长沙青年会在 1912 年、1917 年和 1918 年举办过短期体育师资训练班，成都基督教青年会于 1918 年开办体育四季班。

北洋政府时期，高等师范学校体育科系招生严格，招生名额少，学制 2—5 年，课程设置全面，毕业生质量高，广受各中小学欢迎；体育专科学校数量较多且基本为私立，学制 1—3 年，招生名额较多，办学时间短，10 年以上的学校非常少；教会学校创办的体育师资培养科系，入学资格要求高，名额更少，而基督教青年会的体育干事培训班属于在职培训。体育师资机构公立、私立和教会立并存，体育师资多由国人担任，私立学校经费难以为继，且很难争取到政府财政资助，办学艰难，倒闭者众多。各类学校入学资格不一，要求高中毕业、初中毕业者和高小毕业者均有，亦可招相应的同等学力者。①

表2−5 北洋政府时期创立的体育师资培养学校、科、系

学校、科、系的名称	学制	性质	时间（年）	备注
浙江体育专门学校	2	私立	1912	原名为浙江体育学校
上海女子青年会体育师范学校	2	教会立	1915	1924年并入金陵女子大学
上海爱国女学体育科	2	私立	1916	
广东女子体育学校	2	私立	1916	
南京高等师范学校体育专修科	2、4、5	国立	1915	1923年改名国立东南大学体育系
北京高等师范学校体育专修科	2、3、4	国立	1917	北京师范大学体育学院前身
广东高等师范体育专修科	2	国立	1918	先后改为国立广东大学、国立中山大学
中华体育学校	2	私立	1918	1949年后并入上海体育学院
上海东亚体育专科学校	2	私立	1918	1947年复校，1952年并于上海体育学院
北京私立体育学校	3	私立	1919	1929年停办
南京私立体育学校	2	私立	1919	
东南女子体育师范学校	2	私立	1919	
成都高等师范学校体育专修科	4	国立	1920	1931年并入国立四川大学
安徽体育师范学校	2	私立	1920	
皖江体育专科师范学校	2	私立	1920	
上海体育师范学校	2	私立	1921	
浙江体育师范学校	2	私立	1921	
上海两江女子师范学校	2	私立	1922	1928年更名为两江女子体育专科学校
金陵女子大学体育系、科	2、4	教会立	1924	1952年与南京大学体育系合并成上海体院

① 周坤. 1903—1949我国体育师资的培养［D］. 北京：北京体育大学，2017.

续表

学校、科、系的名称	学制	性质	时间（年）	备注
苏州中国体育学校	2	私立	1924	1927 年改为苏州私立中山体育专科学校
北京女子高等师范学校体育系	4	国立	1924	开办两期后停办
私立上海沪江女子体育学校	2	私立	1924	
奉天私立体育专科学校	2	私立	1924	
东吴大学体育系、专修科	2、4	教会立	1924	
西南体育专科学校	2	私立	1925	
国立成都大学体育系	4	国立	1925	1931 年合并入四川大学
辽宁省立师范学校体育科	2	省立	1926	
北京民国大学体育科	2	私立	1926	

资料来源：张艺琼. 近代中国高等体育教育发展历程的研究［D］. 北京：北京体育大学，2017.

7. 体育师资机构课程设置

南北高师的体育专修科最早设立，最为突出。南京高等师范学校体育专修科培养的体育专门人才有两类，一类是教师，一类是管理人员。因此体育专修科和其他科系一样，均重视教育学、心理学、教授法，以养成良好教师、适应社会需要为标准。除了体育学理及技术的学习外，还注重体育实习。体育专修科的课程分理论、技术和实习实践三类。教育实习是师范学校最重要的课业，一般于毕业学期进行。毕业学年的第一学期就进行分组实习，教员及同级学生在旁边观察，课后进行讨论，颇见成效。另外体育专修科毕业生的研究报告展示也属于实习实践课程的一部分。一般主要对体育史、体育原理、体育组织、体育教授法等相关各种体育问题研究报告，促进对体育问题的研究兴趣。

北京高等师范学校于 1923 年改为北京师范大学，该校有重视体育的传统，以培养完全人格为目标。1917 年，为响应教育部培养体育专门人才的号召和社会需要，开设两年制体操科，教授各种体操、中国武术、外国武术及各项运动培养完全体育教员。为了培养小学教员，另外设立了体操讲习科。1919 年学制改为四年，1922 年设体育系。一般体育专科毕业生能够担任的教学科目有普通体操、兵式体操、各项运动、拳术、新武术、柔术、检查身体、生理卫生学、运动学等。专修科课程分为术科与学科两种，术科一般分为拳术（外功拳 3 小时，内功拳 2 小时）、柔术（摔跤 3 小时，柔道 2 小时）、体操（兵式操 4 小时，普通操 2 小时）、游技（竞技和游戏竞技各 2 小时）四种，其课程设置可见对传统体育的重视。学科课程一般分为伦理（每周 2 小时）、国文（每周 3 小时）、心理及教育（每周 3 小时）、体育学（每周 2 小时）、生理卫生（每周 3 小时）、军事学（每周 1 小时）、音乐（每周 1 小时）。实习不及格者需要重新实习。课程分为必修和选修两种，四年须修满 180 学分，类似于当今高等体育院校体育专门人才的培养。此外，高师学生第一学期要学会救急疗法，第二学期掌握运动社会及管理，第三学期熟悉检查体格法。① 1932 年后又加强了基础理论课，增设了教育学、教育心理学、教学方法、比较体育学（介绍欧美体育制度并做比较）、生理学、生物化学、运动力学等课。北京体育学校（1920）开设的课程有学科和术科之分。学科：伦理学、心理学、教育学、各科教法、中国教育史、东洋教育史、欧美教育史、教育行政、体育原理、体操理论、武术理论、体育教授法、体育处理法、生理学、解剖学、运动生理学、身体检查学、急救法、创伤疗法、音乐、图画、国文等；术科：国技、体操、童子军、田径、柔道等。华东体育专科学校（1927）开设的课程主要有：体育原理、体育行政、体育教学法、体育史、生理学、心理学、人体测量学、人体机动学、按摩术、军事学、运动指导、运动评判学等学科，以及田径、球类、器械体操舞蹈等术科。② 上海东亚体育专科学校（1918）开设的课程学科有国文、英文、伦理学、教育学、心理学、教育通论、人体解剖学、运动生理学、人体测量学、卫生学、运动学、体育史、体育原理、体育行政、体育统计学、体育建筑设备；体育术科方面有田径、体操、球类、国术、游泳、舞蹈等。

英美的田径、球类等近代体育项目进入体育师资培养机构的课程，体现出明显的"美式化"倾向。1923 年新学制颁布后，开放式师资培养体系形成，体育师资的培养形式也呈多样化，一些体育专门学校系科归并于大学的教育学院或师范学院，在大学里培养体育师资的形式开始出现，修业年限延长，本科要求的体育师资出现，美式的主辅修课程模式出现，体育师资培养的课程模式美式化明显，反映出体育教师培养追求规范化和科学化的趋势。1927 年，随着国术馆的建立，国术又得到了重视。

---

① 王荷英. 北洋政府时期不同教育宗旨下的学校体育研究［D］. 苏州：苏州大学，2017.
② 陶景飚. 学校体育大辞典［M］. 武汉：武汉工业大学出版社，1994：788 – 789.

(三) 体育教师教育政策的特征

1. 体育教师教育政策的资产阶级性质

中华民国成立后，教育方面进行了资产阶级性质的改革。教育部首先确立"注重道德教育，以实利教育、军国民教育辅之，更以美感教育完成其道德"为全国的教育宗旨，培养学生健全的体魄，进一步养成具有军事技能的国民。这期间虽然袁世凯企图颁布"爱国、尚武、崇实、法孔孟、重自治、戒贪争、戒躁进"的教育要旨为其复辟帝制服务，但很快在1919年第一次教育会议上就通过了"养成健全人格，发展共和精神"的教育宗旨，指导了实际教育的发展。新的《壬子·癸丑学制》在形式上与清末学制类似，但在实质上废除了忠君尊孔的封建教育宗旨，以民主精神代替封建等级，强调男女享有平等的教育权利，清理了读经讲经的内容，充实了自然科学知识，明确小学四年为义务教育，体现出一定的进步性和优越性，符合资产阶级的民主政治要求与资本效率观念。《小学校令》和《中学校令》中都将体操列为必修课程，宗旨在于促进儿童身心发育，培养健全国民。体育思想由军国民主义逐渐转向自然主义体育思想，迎合了资产阶级宣扬民主、自由、反对封建的政治诉求。在新文化运动民主与科学思想的推动下，男女受教育权平等思想进一步得到发展，培养女性体育师资的学校开始兴起。新文化运动前，培养女子体育师资的学校仅中国女子体操学校一所，新文化运动后旋即出现众多女子体育教师培养学校。比如，1919年北京女子高等师范学校成立，修业年限与男子师范同为五年，标志着教师教育领域中男女平等得以实现。另外还有杭州女子体育学校、上海两江女子师范学校、上海东南女子体育专科学校、上海沪江女子体育专科学校、北京女子高等师范学院体育系、成都女子体育专科学校、四川女子体育学校和河北女子师范学校体育专修科等多所学校。

2. 体育师资培养逐步由仿日转向学美

北洋政府时期教育政策的制定我国并没有多少本土教育经验可供借鉴，教育政策学习不得不面向国外，进行政策移植。这一时期的政策学习经历了师从日本到借鉴欧洲再到模仿美国这样一个政策过程。

清末学制是全面学习日本的产物，民初学制又以清末学制为基础，是对前者的接续，明显具有日本学制的影子，这与当时国情相吻合。[①] 民初教育政策虽部分借鉴德国教育，但总体上师从日本更加明显。民初学制在民国成立后短短三个月内就匆匆完成，是不可能对众多国家学制进行精心研究的，加上当时的

---

① 周文佳. 北洋政府时期高等教育政策研究 [D]. 石家庄：河北大学，2013.

教育部人员留日背景者居多，各省教育司长、校长和教师多为留日归国人员，学制起草者又以留日毕业生为主。因此，模仿日本学制成为最便捷的路径。①1912 年和 1915 年北洋政府的教育宗旨中都有对来自日本的军国民教育思想的突出体现，也就确立了近代体育在学校中的组成和地位，促进了体育专门学校的建立，带来了体育师资培养的军事化。具体到体育教育方面，在体育课程模式上几乎照搬了日本的模式，1912—1922 年《壬戌学制》颁布前，学校体操课仍以兵操为主（见表 2-6）。

表 2-6　民初学制中高等小学体育课程与日本体育课程模式比较表

类别	第一学年	第二学年	第三学年	第四学年
日本（1907 年，每周 3 学时）	普通体操、游戏、男兵式体操	同上年	同上年	/
民初（1912 年，每周 3 学时）	普通体操、游戏、男兵式体操	同上年	同上年	/

资料来源：井上一男. 学校体育制度史［M］. 日本：大修馆书店，2000：45-46.

1916 年 6 月袁世凯病逝，教育有了相对充分的发展空间和舞台。在新文化运动科学与民主精神带动下，欧美教育思想在中国广泛传播，各类教育思想竞相纷呈，尤以美国实用主义教育思想影响最大。这一时期美国主动加强对华教育影响，用庚款余额培养中国留学生，美国一批像杜威等教育家来华传播自然主义教育思想和赴美归国留学生对美国的教育思想和制度大肆追捧的情形之下，美国对中国的教育影响远远超越了日本。吴蕴瑞、袁敦礼和方万邦等都是美国自然主义体育思想的代表人物威廉姆斯的继承者，推崇自然主义体育，对军国民体育和学校兵操进行无情抨击，兵式体操失去其原有的主导地位。1919 年教育调查会提出"养成健全人格，发展共和精神"教育宗旨，新的教育管理体制、大学设系、男女同校等类似西方大学制度得以确立，北洋政府的教育政策开始表现出向欧美学习的倾向，军国民教育思想开始趋向衰落。1922 年，美国教育制度的中国化以《壬戌学制》的形式体现出来，北洋政府的教育政策最终走向美国模式。

《壬戌学制》将"养成健全人格，发展共和精神"转化为七条标准，健全

---

① 周谷平，章亮. 蔡元培和民初学制改革——纪念蔡元培诞辰 130 周年［J］. 杭州大学学报，1998，28（4）：101.

人格教育宗旨成为我国学校体育发展的总指挥棒，学校体育的指导思想和具体操作层面都发生了巨大变化，"体操科"更名为"体育科"，学校体育由单一的兵操开始向双轨制转变，田径、球类项目、户外运动以及传统的武术逐渐成为学校体育课程和课外体育活动的主要内容，田径、球类游戏为主的体育运动得到发展，学校体育也开始逐步"美式"化，体育师资培养也表现出这种倾向。《壬戌学制》取消了师范教育的独立设置，开放式师资培养体系的形成，促使体育系、科和体育专门学校并入大学的教育学院或师范学院培养体育师资，体育师资的培养形式也呈多样化。新建的体育学校、系科体育师资培养中也出现了"美式化"的主辅修制模式。1922年10月、12月拟订了中小学毕业标准和中小学各种课程要旨，并于1923年6月确定并刊布了《中小学课程纲要草案》，正式把学校的"体操科"改名为"体育科"，将学校体育的培养目标规定为"顺应儿童爱好活动的本性"，"发展个人之本性及人格"①；从此，我国的体育教师教育由过去抄袭日本转向学习美国。

3. 体育教师教育政策与时代相适应

北洋政府时期对私立学校的发展采取鼓励的态度，对教会学校的办学予以承认。袁世凯政府不仅许可私人办学，而且还颁布《捐资兴学褒奖条例》，以奖励或资助的方式扶持私立学校，还要求省级行政长官或教育部长给捐资办学者颁发奖章，为私立学校的发展创造了有利的环境。客观地说，这一时期所办的体育师资培养学校，特别是私立体育专门学校的办学条件、师资数量和水平并不乐观，北洋政府并非简单地对其进行关停，而是立法保护并鼓励他们，给予与公立学校相同的法律地位和待遇。北洋政府基于办学形势、能力和教育经费的判断，政府并没有能力拿出充足的经费来举办教育，采取多元化的路子，依靠政府、私人和教会的力量来办教育，是对官方主体以外其他办学主体的信任和对办学形势的适应，是适合当时国情的合理决策。这样的决策带来了私立体育教师培养学校办学积极性的高涨及私立体育学校的大量出现，教会体育教育也得到继续发展，他们与官办学校并立，共同发展。官办学校以外的这两类体育学校成为体育师资培养不可忽视的重要力量，为解决体育师资极度缺乏问题作出了贡献。

4. 体育教师教育政策制定的民主性

教育政策的民主性是资产阶级民主政权和新文化运动追求的重要目标，北洋政府在教育政策的制定过程中也的确表现出一定的民主性。

---

① 苏竞存. 中国近代学校体育史［M］. 北京：人民教育出版社，1994：101.

　　首先，教育政策的制定广泛吸收教育家的意见。学制问题是民国建立的教育领域的首要问题，在《壬子·癸丑学制》的制定和推出过程中，部分教育家和关心教育人士等社会精英通过媒体、建言、临时教育会议等方式在一定程度上参与其中。《壬子·癸丑学制》是在《奏定学堂章程》基础上制定的，仍是对日本学制的模仿，在《壬子·癸丑学制》的配套法规《大学令》中，在一定程度上体现出师从德国的倾向，反映了德国留学归来的教育家蔡元培的教育思想。《壬戌学制》的制定历时七年之久，广泛吸收了国内外教育家群体的意见。国内著名教育家蔡元培、黄炎培、蒋梦麟、陶行知、陈独秀、胡适等都参与了学制的制定；美国教育家杜威、孟禄等也在新学制制定期间在华进行教育讲学和调研，孟禄还直接参与了当时的学制改革，对新学制提出许多中肯的建议，并且也大多都被采用。其次，教育社会团体在教育政策制定中发挥了重要的议政作用。1919 年 10 月，第五次全国教育联合会的决议案中指出军国民主义已经不符合新教育的潮流，应对军国民的学校体育加以改进，这种观点在后来的学制中得以体现。1922 年新学制的颁布也同样是经全国教育会联合会第六次年会提出，经过媒体的宣传和教育专业期刊的讨论，在第八届年会上征求意见后，以学校系统改革案的形式予以公布。为保证学制改革的贯彻，全国教育会联合会成立了新学制课程标准委员会，着手进行课程改革。就新学制关于体育教育政策而言，美国教育家杜威、孟禄和麦克尔都对当时中国模仿日本、德国以兵式体操为典型内容的体育教育提出质疑，倡导球类和游戏活动。孟禄在参与修改中国《壬戌学制》时指出用足球、队列等团体的比赛游戏代替兵士体操，军训应在团体的竞争和比赛的游戏中求之。① 对新学制及相关体育课程开设等规定作出了贡献。

　　5. 培养体育教师的机构属性多元化

　　北洋政府时期学校体育广泛开展，致使体育师资严重缺乏，解决体育师资数量问题是政府教师教育政策的首要任务。对于体育教师教育政策而言，政府允许不同性质的教育机构培养体育教师，这一时期培养体育教师的机构主要有官办、私立和教会办三种属性，呈现出多元化的特征。首先是官办的高等师范学校体育科系对体育师资的培养，其毕业生质量较高。主要有江苏省江苏教育会 1915 年开设的体育传习所、1915 年南京高等师范学校设立的体育科、1917 年北京高等师范学校开设的体育专修科、1918 年广东高等师范学校开办的体育专修科、1921 年成都高等师范学校设立的体育专修科和 1924 年北京女子高等师范

---

① 王卓然. 中国教育一瞥录［M］. 北京：商务印书馆，1923：26－27，126.

学校开办的体育系。其次是私立体育专科学校对体育师资的培养。这一时期出现了诸如浙江体育专科学校（1912）、上海爱国女学体育科（1916）、上海东亚体育专科学校（1918）、北京私立体育学校（1919）、南京体育师范学校（1919）、浙江杭州女子体育学校（1919）、安徽体育师范学校（1920）、皖江体育专科师范学校（1920）、上海体育师范学校（1921）、江西体育学校（1923）、江西震亚体育学校（1923）、中山体育专科学校（1924）、奉天私立体育专科学校（1924）、上海沪江女子体育专科学校（1924）和浙江体育师范学校（1925）等大量的私立体育学校，旨在培养中小学体育教师。最后是教会教育对体育师资的培养。教会教育对体育师资的培养包括两类，一类是体育专门学校，比如1915年青年会在上海创办的女子体育师范学校、1924年中华基督教青年会全国协会与东吴大学合办的两年制体育专修科；另一类是短期体育培训班，比如，湖南长沙青年会在1912年、1917年和1918年举办的短期体育师资训练班，成都基督教青年会于1918年开办了体育四季班。教会学校的体育教育为我国体育师资培养作出了一定的贡献。

6. 体育教师教育注重教材教法和实习

培养体育师资的学校有两类，一类是体育专门学校，另一类是非体育专门学校但也通过体育课程的授课承担着培养体育教师的任务，这两类学校关于教育类课程的开设具有一定的统一性，都比较重视体育教材教法和教育实习。1912年教育部公布的《通行师范教育注重实习训令》对教育实习予以强调，"查师范教育，理论与实习并重"[1]，师范学校学生在校自习课及课外运动时间均由教育督促指导；实习内容包括参观、见习、试教三种方式，每项实习前须报告讨论，并由教员指导批评，形成了具有师范专业特点的课程结构。

首先，体育专门学校对教材教法和实习的重视。以南北高师体育专修科最为代表。南京高等师范学校体育专修科的课程分理论、技术和实习实践三个类别，重视教育学、心理学和教授法等教师教育课程的教学，以培养体育教师教学理论基础。除了体育学的理论与技术的学习外，还将教育实习列为学校最重要的课业，加强体育教育实习。实习分两种形式，一是在毕业学年的第一学期进行分组实习，教员及同级学生在旁边观察，课后讨论，实习成效显著；二是体育专修科毕业生对体育史、体育原理、体育组织、体育教授法等相关问题的研究报告展示，也属于实习的内容，促进了对体育问题的研究兴趣。北京高等师范学校体操科的课程设置重视传统体育的教授，在学科课程中每周有三小时

---

① 教育部. 教育部通行师范教育注重实习训令 [J]. 教育杂志，1912，5（3）：37.

心理及教育课程，对实习也十分看重，实习不及格者必须重新实习，及格后方可毕业。① 1932 年后又增设了教育学、教育心理学、教学方法等教师教育类课程。另外，其他体育师资培养学校也都非常重视教材教法类课程，北京体育学校（1920）开设的教师教育类课程有伦理学、心理学、教育学、各科教法、中国教育史、东洋教育史、欧美教育史、教育行政和体育教授法，占总开设课程的比例达到近 40%。上海东亚体育专科学校（1918）开设的教师教育课程有伦理学、教育学、心理学和教育通论。华东体育专科学校（1927）也开设了体育教学法课程。

其次，非体育专门学校对体育教材教法的重视。在一般师范学校的体育课程以普通体操（包括徒手操、走步、模仿操、器械操、田径赛等）、游戏（包括球类游戏、表情游戏和竞争游戏）和兵式体操（包括分类教练、排教练、连教练、试教、应用理论）。相对于清末体育师资培养课程，增加了能够更好促进学生身心锻炼和发展的球类、田径、游戏和武术等项目，部分体现出实用主义教育思想，特别注重体育教材教法的学习，加入单级教授法、单式教授法、复式教授法、操场管理法、考查体育成绩法、体育设备法等教授法内容，突显了体育技能、教授方法在体育教师培养中的突出地位。② 专科体育课程标准为适应体育课程培养健全灵敏体格，养成小学体育教员之目的，规定教学内容为基本体操、柔软体操、器械体操、舞踏游戏、普通运动、体育原理、体育教学法。③

二、南京国民政府前期阶段（1927—1937 年）

（一）体育教师教育政策的背景

1. 南京国民政府前期的社会背景

北伐战争胜利后，国民党开始掌握国家政权，1927 年 4 月在南京建立了国民政府，宣布"结束军政"，"开始训政"，由国民党代表人民行使管理国家的权力，实行"以党治国"。到 1937 年 7 月"七七事变"抗日战争全面爆发前，国民党逐步建立起新的权威主义训政统治模式。这一时期虽有国共两党的分裂与对立，但在总体上中国还是实现了国家形式上的统一，社会政治相对稳定，国民党政权相对巩固，经济状况得到大幅度改善。在此基础上，社会文化教育等各项事业均得到一定程度的发展。这一时期被称之为国民政府发展的黄金期。

---

① 王荷英. 北洋政府时期不同教育宗旨下的学校体育研究 ［D］. 苏州：苏州大学，2017.
② 王荷英. 北洋政府时期不同教育宗旨下的学校体育研究 ［D］. 苏州：苏州大学，2017.
③ 丘纪祥. 专科体育课程标准 ［J］. 市师杂志，1924（1）：75 – 76.

在政治上，首先确立了南京国民政府的稳定统治地位。1928年12月，张学良宣布"东北易帜"，国民党实现了在全国范围的统治，尽管是形式上的，但毕竟结束了中国长达16年的军阀割据状态，使得社会形势相对稳定。1928年，国民党二届五中全会的召开标志着"以党治国"阶段的正式开始。1932年12月，国民党按照孙中山的国家建设设想，在四届三中全会上宣布，开始筹备宪政，允许专家参政，准备召开国民大会，制定国家宪法。通过一系列政治措施，国民党加强了对国家的领导，强化了对社会思想的控制，通过立法和制度建设，将各项事业纳入正规化的发展轨道，为各项事业的进步创造了有利的政治条件，一方面为教育的发展奠定了客观基础，另一方面对其提出相应的政治要求。其次，废除不平等条约，国际地位提高。1928年6月，南京国民政府在外交上提出"改订新约"运动，这一运动取得了较大成果，部分地恢复了长期丧失的关税主权，降低了帝国主义国家在华特权，增加了国家关税收入，维护了中国人民的利益，对提高国家地位具有一定的积极意义。最后，日本入侵加重中华民族的危机。1931年，"九·一八"事变后，日本侵华逐步加深，中日民族矛盾上升，致使中国社会局势的变动，民族主义思想不断激化，抗日救亡运动逐步高涨，民族矛盾上升为压倒一切的主要社会矛盾。

经济上取得较大发展。这十年间，中国社会相对稳定，是经济迅速发展的时期。南京国民政府加强了对各项事业的控制和管理，为寻求经济发展，采取了一些有力措施。在工业方面，政府努力争取关税主权，为工业发展创造有利条件，为资本主义工商业的发展扫除障碍。在国内实行币制改革，推行重工业五年规划等一系列经济改革，培养专业人才。在其努力下，中国工业取得了显著的发展。在农业方面，国民政府采取设立全国稻麦改良所和中央农业实施"复兴农村计划"等众多举措来促进农业发展，取得较好的经济效果，带来了国家财政收入的增加。全国工业农业等社会各业的发展都急需大量新式专门人才，带来了工商业、各机关团体、各级各类学校的人才缺口不断加大。教育是培养各类专业人才的最重要途径，教育事业受到广泛重视，"培养大量人才来满足经济发展的要求"成为当时南京国民政府的紧迫任务，也为教育事业的发展提供了广阔的机会。①

思想文化与教育的发展。五四运动和新文化运动对于民主与科学的崇尚在人们思想上产生越来越大的影响，形成了三民主义、马克思主义和自由主义三大思潮。为了统一思想，强化国民党的统治地位，20世纪30年代，以蒋介石为

---

① 张艺琼. 近代中国高等体育教育发展历程的研究［D］. 北京：北京体育大学，2017.

代表的国民党采取"统一思想"行动，将"三民主义"规定为"唯一正确"的思想，通过政权的力量对民众进行强制灌输。在文化生活上，国民党政府于1934年开始发起"新生活"运动，要求国民从日常基本生活做起，保持清洁，遵守规矩，革除陋习，使人民具备国民道德；通过识字运动和节约运动，以期培养"现代国民"，造就"现代国家"。在教育上，正值英国、法国、美国、日本等国的教育改革的浪潮，中国的教育也在寻找着改革的方向。为了顺应国民政府进行三民主义教育的需要，1928年，根据时局需要，对《壬戌学制》进行相应改动，提出《整理中华民国学校系统案》（即《戊辰学制》），实质是《壬戌学制》的新发展，教育走上规范化发展阶段。①

2. 南京国民政府前期的师范教育发展

1927—1937年间，南京国民政府政治统治相对稳定，经济发展速度较快，社会发展对各类专门人才的需求旺盛，国民党政府国家更加重视教育，组建教育管理机构，对教育进行了一系列的建章立制，加强对全国各级各类学校的管理，使教育有了良好的发展环境，师范教育也获得持续发展的机会。另外，除了国民党政府的统治以外，共产党领导的红色政权也为发展教育事业也作出了不懈努力。20世纪30年代中央苏区发布了《各种赤色体育规则》，成立了中华苏维埃共和国赤色体育会、陕甘宁边区体育运动委员会和延安体育总会等体育组织。1932年成立了中央列宁师范学校和闽瑞师范学校，并举办在职教师轮训班和寒暑假讲习会，以培养和提高列宁小学教师水平。1934年中央人民教育委员会制定了《中华苏维埃共和国小学校制度暂行条例》，颁布了高级、初级和短期师范学校及小学教员训练简章，规定了不同类型师范学校的任务、学制和课程。虽然共产党的红色政权所控制的区域和人口数量很小，对全国的教育影响较小，但不容否定的是，共产党也建立了一系列培养教师的制度政策和部分师范学校来培养革命干部和教师，培养体育教师也是其任务之一。

（1）整个教育事业的大发展

1927年6月南京国民政府公布《大学区组织条例》，将全国划分为若干大学区，在试行后进行推广，1929年6月停止实行大学区制。1927年10月设立中华民国大学院（1928年10月恢复教育部和教育厅制度），成为国民政府掌管全国学术及教育机关的最高行政机构，负责管理全国学术及教育行政事宜。1928年，为适应社会新需求，国民政府对1922年学制进行调整，提出《整理中华民国学校系统案》。1928年5月大学院召开第一次全国教育会议，宣布以"三民主

---

① 李东玉.1927—1937年中国教育制度现代化［D］.哈尔滨：哈尔滨工业大学，2015.

义教育"代替"党化教育",通过了中华民国教育宗旨说明书,以三民主义作为全国的教育宗旨,发表了全国教育会议宣言。1929 年 3 月国民党第三次全国代表大会着重讨论了三民主义教育方针,4 月正式公布了《中华民国教育宗旨及其实施方针》。其他的诸如《私立大学及专门学校立案条例》《私立学校条例》《私立学校校董会条例》《师范教育制度》《中华民国学校系统草案》《专科学校组织法》《专科学校规程》《修正专科学校规程》《大学组织法》《大学规程》和《大学研究所暂行组织规程》等一系列教育制度相继出台。1931 年 6 月颁行的《中华民国训政时期约法》中,以法律的形式将三民主义确立为中华民国教育的根本原则,并长期固定下来,教育宗旨由"民主共和"转向"三民主义",这一教育宗旨指导和规范教育的发展。[①] 1936 年南京国民政府宣布的《中华民国宪法草案》(《五·五宪法草案》)第七章为教育专章,将部分学校教育政策提升到了宪法层面,规定了教育宗旨、教育目的、学校设置和教育经费等。宪法规定:"中华民国之教育宗旨,在发扬民族精神、培养国民道德、训练自治能力、增进生活知能,以造成健全国民;中华民国人民,受教育之机会,一律平等;全国公私立之教育机关,一律受国家之监督。"这一时期共颁布教育法规制度 500 多条,构成了比较完整的教育法规体系,推动了教育向法治化转变,为教育稳定有序发展提供了明确法律依据,虽然在内忧外患的形势下很多法律法规并未真正得到贯彻,教育水平仍然有了很大的提高,教育层次和教育对象增多,包括普通教育、社会教育、大学及专门教育、师范教育、各级学校教育等,各类学校数量和教育质量都有所提高,高等教育的自主权得以实现,形成了公立学校主导的、多层次的高教结构。这一时期被称为教育相对规范快速发展的十年。

(2)师范教育的大发展

1928 年 2 月,国民党政府提出的"普及国民教育"的主张,带来 140 万中小学师资的需求,师范教育获得足够的重视。[②] 1930 年后国民政府对师范教育发展进行统一管理和规划,重新确立师范教育独立制度,完善了各项师范教育制度,切实保障师范教育经费独立并逐年增加,以督学制度加强师范教育的管理和教学监督,给予教职员和师范生优厚的待遇,提高师范毕业生质量。

首先,师范教育获得了独立的地位。南京国民政府成立后,面临《壬戌学制》取消了师范教育的独立设置,师范教育衰落的形势,师范教育要求独立的

① 霍东娇. 中国百年师范教育制度变迁研究 [D]. 沈阳:东北师范大学,2018.
② 牟秀娟. 南京国民政府乡村师范教育运动述论(1927 年—1937 年)[D]. 济南:山东师范大学,2008.

呼声不断。1928 年 5 月，国民政府第一次教育会议上提出了师范教育独立设置的要求，会上通过的《请大学明文规定师范教育独立案》《请确定师范教育制度案》和《师范学校应独立开办案》都明确主张师范教育独立设置。① 1929 年 3 月，国民政府在《中华民国教育宗旨及其实施方针》中指出"师范教育……于可能范围内，使其独立设置"②。1932 年国民党四届三中全会通过的《确定教育目标与改革教育制度案》中规定："师范学校应脱离中学而单独设立，师范大学应脱离大学而单独设立。"1932 年 12 月颁布的《改革教育制度案》重申"师范学校应脱离中学而单独设立"，"现有之师范大学，应力求整理与改善，使其组织课程训育各项，切合于训练中等学校师资之目的，以别于普通大学"。这是国民政府实现全国统一后正式提出师范教育的独立设置问题。③ 北平师大作为独立的体制予以保留，师范学校脱离高中独立设立，恢复和巩固了师范教育地位。1939 年西北联合大学提出了《初级师范教育应急谋独立完整与统制以造就优良小学师资案》。④

其次，确立了师范教育的宗旨。1929 年 3 月，国民政府公布的《中华民国教育宗旨及其实施方针》中对师范教育作出专门规定，提出师范教育的总宗旨："师范教育，为实现三民主义的国民教育之本源，必须以最适宜之科学教育及最严格之身心训练，养成一般国民道德上学术上最健全之师资为主要任务。"其中要求师范教育对于三民主义教育的体现应做到："学校应与社会沟通并造就'教''学''做'三者合一的环境，使学生对于教育事业有改进能力及终身服务的精神"。这些规定体现了国民政府对师范教育的重视，使得师范教育朝着规范化方向发展。1931 年 9 月，国民政府通过《三民主义教育实施原则》，为师范教育单独列出专章，将"培养实施三民主义教育师资"，"使学生对于教育事业有改进能力及终身服务的精神"作为师范教育的目标；将"顺应师资养成之年限及地方的需要"和"应酌加有关实施社会教育的课程，体可兼备社会教育之师资"作为师范教育编选课程的原则。⑤

再次，出台师范教育相关制度。1928 年的《戊辰学制》提出在师范教育领域，"改六年制师范为 6 年或 3 年，取消师范专修科及师范讲习所等名目，添设

① 国民政府下之第一次全国教育会议 [J]. 教育杂志，1928，20（6）：3 – 14.
② 中华民国政府. 中华民国教育宗旨及其实施方针 [J]. 行政院公报，1929 年，第 43 号.
③ 三全大会通过之改革教育制度案 [J]. 安徽教育行政旬刊，1933，1（1）：1 – 2.
④ 霍东娇，曲铁华. 清末至民国时期师范学校教师聘任政策的历史审视 [J]. 中南大学学报（社会科学版），2016（5）：159 – 163.
⑤ 国民党第三届中央执行委员会第一五七次常务会议通过三民主义教育实施原则 [J]. 法令周刊，1931（67）：4 – 13.

乡村师范学校"①。规定了高中师范科、师范学校和乡村师范学校三种中等师范教育，笼统地将师范大学归入大学系统之中。②③ 1932年12月南京国民政府公布了新的《师范学校法》，1933年3月又公布了《师范学校规程》《师范学校课程标准》等，不但制定了新的师范教育体制，还遵照中华民国教育宗旨及其实施方针，按照严格的身心训练原则，对各类师范学校的级别、修业年限、办学主体、招生条件、师范课程设置、教管人员的配备和经费等进行了具体的要求和规定，师范教育形势向好。④ 1935年4月6日，教育部先后公布了《师范学校学生毕业会考规程》和《修正师范学校规程》，强调师范教育训练目标：锻炼强健身体、陶冶道德品格、培育民族文化、充实科学知能、养成勤劳习惯、启发研究儿童教育之兴趣、培养终身服务教育精神。⑤

最后，采取一系列举措发展师范教育。1930年4月，教育部召开的第二次全国教育会议提出"筹设各级各种师资训练机关计划"，要求五年内完成全国师资机关的设置。该计划包括各级师资训练机关的程度及年限、设置师资训练机关办法、各级师资训练机关的课程、实习办法、服务及待遇、职业科师资训练办法、中小学教职员进修办法等。教育部要求大学设教育学院及专科师范；提倡扶助乡村师范学校造就小学教员；编订切于实际的师范学校课程标准；注重将师范生训练成为良好的"国民之母"。计划五年之内，在全国各省各县另外增设省立及县立师范学校1500余所，训练全国小学师资。⑥ 为了提高中学师范师资质量，教育部于1934年5月公布中学及师范学校教员检定暂行规程及中学师范学校教员检定委员会组织规程，作为各省市检定中学、师范教员之准则。⑦ 此外，还设立简易师范学校，以满足"义务教育"的需要。

---

① 李国钧，王炳照. 中国教育制度通史（第七卷）[M]. 济南：山东教育出版社，2000：88.

② 熊明安. 中华民国教育史 [M]. 重庆：重庆出版社，1990：120.

③ 霍东娇. 中国百年师范教育制度变迁研究 [D]. 沈阳：东北师范大学，2018.

④ 王芳. 国民政府前期四川省中等师范教育发展述论（1927—1937年）[D]. 重庆：西南大学，2010.

⑤ 教育部公布修正师范学校规程（1935年6月22日）[M] // 中国第二历史档案馆. 中华民国史档案资料汇编（第五辑第一编教育）. 南京：江苏古籍出版社，1994：440.

⑥ 教育建议与报告 [R] // 中国第二历史档案馆. 中华民国史档案资料汇编（第五辑第一编教育）. 南京：江苏古籍出版社，1994：133 – 134.

⑦ 黄问岐. 撰民国二十三年中国教育回顾与今后展望（1934年12月2日）[M] // 中国第二历史档案馆. 中华民国史档案资料汇编（第五辑第一编教育）. 南京：江苏古籍出版社，1994：156.

3. 南京国民政府前期体育发展新形势

这一时期是国民政府统治相对稳定的十年，也是其发展的黄金十年，社会的各个领域得到大力发展。南京国民政府成立后，确立"以党治国"的统治方式，将体育作为建设"新中国"各项工作中的重要一环，倍加重视。从制定与完善体育制度、建立组织机构、发展学校体育、培养体育师资、开展体育竞赛和创办期刊宣传体育等方面发展全民体育，提升了广大国民对体育的认识，中国近代体育开始进入较成熟的发展阶段，发展势头良好，体育发展面貌焕然一新。学校体育、社会体育和竞技体育都得到了前所未有的发展，这就相应地促使体育师资需求旺盛，促成了体育专业教育的大发展。

在思想认识和政策层面，体育得到全面的改革和扩展。国民政府初步统治中国以后，国家建设渐有成效。但日本挑起"九·一八"和"一·二八"侵华事件，中国人民再次面临生死存亡，中日民族危机再次爆发，"救亡图存"的政治诉求成为中国体育的主要价值取向。救国御侮，军国民体育思想再次得到张扬，复兴民族的民族主义情绪再度被激发出来，社会上各种救国思潮纷至沓来。主张将军国民体育、全民体育和民族体育结合起来，培养全体国民强健的体魄来对付外来侵略，以复兴中华民族为主要目的的民族主义体育思想诞生。因此，"尚武"精神再次被提倡，"体育救国"成为各类救国思潮中最为响亮的口号。南京国民政府成立后，建立起了国术馆系统，唤起了全民族对武术的重视，为中华武术和其他传统体育的新发展提供了新的思路。1928 年在全国第一次教育会议上，通过了《各县普设公共体育场案》，要求各省、县设置公共体育场指导员，省区大学设立体育科，倡导各级体育竞赛等。20 世纪 30 年代，虽在南京国民政府大力支持下，体育建设得到进一步发展，学校体育总体上日渐发达，但多限于学校之内，学校之外体育影响甚小，即便是全国运动会也无异于各大学体专的联合运动会。在此形势下，体育界人士疾呼，中国社会现实需要的不仅仅是学校的体育，更是全民性的社会体育，"体育民众化"的呼声越加高涨，"体育民众化"思潮逐渐形成，并在 20 世纪 30 年代备受追捧。在政策层面，1927 年 12 月，由国民政府大学院（1928 年改为教育部）成立的全国体育指导委员会拟定的《各省体育会组织条例》《省会及通商大埠城市公共体育场办法》等体育制度面世，成为国民政府统治初期对社会体育机构进行管理的基本依据。1928 年 5 月，大学院召开了第一次全国教育会议，并在会议上通过了对高中及以上学生实施军事训练和有关体育学校及体育师资的决议案，全国体育运动基本上纳入了国民政府的建设领域，推动体育事业的展开。1929 年 4 月，国民政府正式公布了中国历史上的第一部体育法——《国民体育法》，规定高中及以上学校，均须以体育为必修科，与军事教育方案同时切实举行，如无该两项功课之成绩，不得毕业。由此引发对体育教育和体育师资培养的重视。1931 年对该法进行修正，后于 1932 年南京全国体育会议上颁布了《国民体育实施方案》。这些法案涉及学校体育、社会体育、民间旧有体育的改良和推广、体育师资培养、运动竞赛、体育学术研究以及各体育团体的设立等体育发展的领域，将体育运动视为国家建设的内容，进行系统的管制。为加强对各项体育事业的执行、监管以确保各项体育法规的顺利实施，国民政府设置了一整套的体育机构，作为各项体育事务执行机关。1927 年临时组织体育指导委员会；1932 年设立教育部体育委员会（1941 年改为"国民体育委员会"）；1933 年教育部任命郝更生为体育督学，督察体育实施情况；1936 年成立"教育部体育组"等机构。此外，国民党中央党部、训练总监部、三民主义青年团等也先后建立了体育机构。《国民体育法》的颁布实施和各体育执行机关的设立，对系统开展体育活动产生了重大作用。

学校体育与体育师资培养的加强。1928 年，国民政府颁布的《戊辰学制》和《体育课程标准》，规定了中学以上需进行军事训练。1929 年 11 月，教育部和军事委员会训练总监部公布了高中以上学校实行军事教育的方案，以锻炼学生身心，增进国防之能力。另外，初中和小学年满 12 岁者需进行童子军训练。20 世纪 30 年代，国民政府教育部相继公布了《小学体育课程标准》（1932）、《初级中学体育课程标准》（1931）和《高级中学普通科体育课程标准》（1931）和《暂行大学体育课程纲要》（1936），规定体育课程目标为"培养服从、耐劳、自治、忠勇、合作、守纪律及其他公民道德"①，还要求"发达儿童身体内外各器官的功能，以谋全体的适当发育；顺应儿童爱好游戏的本性，发展其运动的能力"②，体现了自然主义体育思想一定的先进性和科学性。这些学校体育纲要和标准绝大部分是对外国标准的生搬硬套，难合实际，实施效果不佳，但标准涵盖全面，促进了学校体育的系统化。教育部还聘请体育专家编写《小学体育教授细目》《初中男生体育教授细目》和《初中女生体育教授细目》等中小学体育教授细目和教科书。较以前的学校体育，在细则的详尽程度和教授方法方面都更为科学。随着国民政府教育事业的快速发展，专业性的体育教师远远不能满足需要，因此，许多以培养体育师资为宗旨的体育专科学校开始创办，许多高校也开办培养体育师资为主的体育系科。其中以南京高等师范学校和北京高等师范学校的体育专修科影响最大，培

---

① 课程教材研究所. 初级中学体育课程标准［M］//20 世纪中国中小学课程标准·教学大纲汇编：体育卷. 北京：人民教育出版社，2001：405，417.

② 课程教材研究所. 小学体育课程标准［M］//20 世纪中国中小学课程标准·教学大纲汇编：体育卷. 北京：人民教育出版社，2001：16.

养的毕业生一般都担任高等学校的体育教师。

积极开展运动竞赛。1927年以来，随着体育体制的建立与完善和学校体育的不断进步，中国的体育竞赛也得到了发展，各类运动竞赛竞相展开，在国内举办全国运动会和大区运动会，并积极参与国际赛事。全国运动会（简称全运会）产生于清末，北洋政府时期有所发展，1927年国民政府建立后得到更大发展。国民政府时期共举办过四届全运会，其中第四届、第五届和第六届共三届是在1927—1937年举行的，全运会规模大，学、政、工、商界广泛参与，女学生从学校走进竞技场参与竞赛，刺激了女性体育运动的发展。大区运动会是指华南、华东、华北、华西、西北和华中六大区域所举行的运动会。由著名教育家张伯苓1913年创建的华北运动会，到1931年5月共举办15届，参与范围广、规模大、水平高、历时久，最具代表性。1929年，华北体育联合会成立之后，华北各体育运动竞赛即开始由该组织举办。华北运动会除受时局影响偶有中断外，基本上每年举行。华中、华南、西北等地区也分别举行过数次运动会。这些运动会仍以学校间竞赛居多。参与国际赛事方面，中国参加的国际竞赛主要是1913年由菲律宾发起的远东运动会，远东运动会共举行了十届。南京国民政府共参加过第八、第九、第十届三届远东运动会，推动了中国体育事业的发展，提高了中国的国际地位。这一时期运动会举办之频繁，规模之大、范围之广是十分空前的，提高了运动成绩，扩大了体育的社会影响。

各类（体育）刊物竞相创办起来，宣传民族主义和人本主义为主的两大体育思潮，在建国与救亡主题下，以"建国""强国""救国"为核心目标，致力于促进青少年身心发展，反对"锦标主义"和"选手制"，推进体育的普遍化和各地区的平衡发展，以期扩大体育影响，发扬体育精神，最终实现"体育强国""体育救国"。

1927—1931年，在"建国"主题下，国民政府进行了一系列社会建设，体育作为文化教育建设之重要内容，从体育法令、法规、制度的制定到全民体育运动思想的普及再到自然主义体育思想的发展无不渗透着强烈的"建国""强国"精神。各项以促进"国民健康"为中心的身体建设措施都得到贯彻实施，"建国"成为社会整体意识的主流话语。以1931年"九·一八"事变和1932年"一·二八"淞沪会战为标志，中国民族危机再度加深，"体育民众化""体育军事化"等思潮兴起并再次与国家、民族的命运相联系，"救亡"成为整个社会强烈的主流意识，在"救亡"主题下，以强国、自卫、自强和民族健康为中心的体育得到大力发展。民族主义引发全国范围的土洋体育之争，论战的实质是中国体育的发展方向问题。经过争论，人们加深了对体育的理解，一方面促使"洋"体育更好地发展，另一方面推动中国"土"体育走进学校，促进了其发展。总之，在民族主义的主流话语中，国民政府领导下的"体育建设"，无论是把体育作为御侮、保国、保民的载体，还是激发民众斗志的工具，都具有积极的时代意义。①

（二）主要的体育教师教育政策

1. 体育教师教育的总政策

1928年南京国民政府召开第一次全国教育会议，通过的体育决议案主要有《中等以上学校实施军事训练案》《请全国一致提倡体育案》《厉行体育案》《改订体育课程提高体育师资案》和《确定各省立中等学校体育经常费案》等。1928年10月25日，国民政府行政院宣布成立，蒋梦麟被任命为南京国民政府首任教育部长，新的中央教育行政机构就此宣告成立。次日国民政府行政院即发表《施政宣言》，向全国通告训政时期政府各部的施政大纲。就教育发展而言，《施政宣言》提出新的中央教育行政机构要将"三民主义教育"作为中华民国的教育宗旨，明确教育部要将抓好中学以上的教育、青年国民的身体和精神皆有充分健全的发展、整顿学风作为今后的三大工作任务之一，突出了体育在青年教育中的重要地位。

1929年4月，南京国民政府正式颁布了中国历史上第一部最高层次的体育法令——《国民体育法》。《国民体育法》作为国家体育的纲领性文件，确立了国家体育政策，明确学校体育和军事体育课程在学校体育目标上的地位。《国民体育法》规定体育事务由军委训练总监部、教育部、内政部等部门协同执行，相关国民体育的内容重点由训练总监部负责策划，与学校体育相关的部分，由教育部执行为主，而民众体育，则由内政部执行，改变了以往由教育部一家统管一切体育活动的局面。《国民体育法》不仅规定了体育的目的、学校体育、民众体育管辖的范围，还对国民接受体育的义务、实施体育的方法、各地体育场馆的配置，体育组织机构的设立、管理，学校体育课开设等做了规定。在体育教师方面，对体育教员的资格认定和体育教员的奖励也作出了专门的规定。为了推进《国民体育法》的实施，1932年8月，南京国民政府第一次全国体育会议上通过《国民体育实施方案》，作为其实施方案，对其内容和精神进行了详细的注释，内容包括目标、行政与措施、推行方法、考成方法、分年实施计划等五个部分。在目标方面包括供给国民随机体充分平均发育之机会、训练国民随机运用身体以适应环境之能力、培养国民合作抗敌御侮之精神、养成国民侠义

---

① 梁娅红．"建国"与"救亡"大格局下的体育思潮（1927—1937）［D］．武汉：华中师范大学，2013.

勇敢刻苦耐劳之风尚以发扬民族之精神、养成国民以运动及游戏为娱乐之习惯等内容，既包括身体发育、适应环境、规范行为方面的目标，又把体育提高到团结御侮、影响民族兴衰的高度来认识。对体育的认识突破了单纯增强体质的层面，还把体育与休闲娱乐、运动习惯的养成和终身体育结合起来，具有一定的先进性。行政与措施上，《国民体育实施方案》第一条行政与设施中对相关领导系统进行明确，规定体育法规文件由军委训练总监部与教育部共同制定，教育部下设体育委员会，并在其下设体育课程标准委员会，负责推广和发展学校体育以及对各层次体育课程标准的修改，学校体育的行政机构主要是全国各级教育行政机关。在考试方法上，规定体育作为各级学校的必修科，不及格者不得升级或毕业，体育教育已经提高到了一个新的高度。国民政府的体育事业管理相比于北洋政府时期有了很大进步，一步步朝向系统化、正规化迈进。①

2. 确立体育教师教育宗旨

南京国民政府成立后，积极进行教育改革，以三民主义作为教育发展的纲领与方向，对原有教育政策不能适应社会发展需要的进行了根本改造。1928 年 5月，南京国民政府第一次全国教育会议将"三民主义"的教育宗旨确立为教育发展的根本指导方针。1929 年 3 月 25 日，国民政府颁布了《中华民国教育宗旨及其实施方针》，一个月后国民政府以政府令的形式，将教育宗旨统一解释为："中华民国之教育，根据三民主义，以充实人民生活，扶植社会生存，发展国民生计，延续民主生命为目的；务期民族独立，民权普遍，民生发展，以促进世界大同。"在教育宗旨的确立过程中，对体育教育相当重视，其八条实施方针中，明确规定"各级学校及社会教育，应一体注重发展国民之体育。中等学校及大学专门学校须受相当之军事训练。发展体育之目的，固在增进民族之体力，尤须以锻炼强健之精神，以养成规律之习惯为主要任务"（具体见表 2 - 7)②。

表 2 - 7 三民主义教育方针及教育宗旨对学校体育的规定

时间	方案	制定者	相关规定
1926 年	中国教育改进社议决教育宗旨案	中国教育改进社年会	实施军事教育，以养成健全体格
1926 年 8 月	党化教育之方针——教育方针草案	许崇清	军事训练的实施

① 崔乐泉. 中国体育通史（第四卷）［M］. 北京：人民体育出版社，2008：51 - 57.
② 教育部. 第一次中国教育年鉴：甲编［M］. 上海：开明书店，1934：16.

时间	方案	制定者	相关规定
1927 年 6 月	国民政府教育方针草案	韦悫	各学校应增设军事训练； 各学科应注重体育训练
1928 年 5 月	废止：党化教育名称 代以三民主义教育案	第一次全国教育会议	锻炼国民体格
1929 年 3 月	确定教育宗旨及其实施 方针案	国民党第三次全国 代表大会第 11 次会议	各级学校及社会教育，应 一体注重发展国民之体育

资料来源：蒲志强，赵道炯，董淑道.民国时期（1927—1949）中学学校体育制度的演变过程、特点及其历史价值［J］.北京体育大学学报，2005，28（10）：1387.

3. 制订培养体育师资方案

1932 年全国体育会议提出三项培养体育师资的方案：一是《设立小学师资训练机关案》，意在师范学校增设体育科，养成小学师资和地方体育行政人员。二是《设立初中及县体育场服务人员训练机关案》，要求设备完善的省立高中设体育科，省立体专、教育学院和高中师范科养成中小学体育师资及体育服务人员。三是《设立体育行政人员社会体育指导员及中等以上教员之训练机关案》，为我国体育师资的培养建言献策。1933 年国民政府教育部颁布 3046 号通令，宣布"师资训练机构应由国家设立，私人不得再行创办"。这些关于体育师资政策的出台为我国体育专科学校的建立提供了依据。3046 号通令颁布后私立的体育专科学校数量很少。

4. 设置培养体育师资机构

大学对体育师资培养主要包括综合大学体育科系、师范学校体育科系、教会学校体育科系及其他私立体育学校四类。从设立主体性质上看，分为公立和私立两种，公立性质又分为国立、省立和市立，私立分为教会和个人投资两种。培养体育师资的综合大学体育科系主要有南京国立中央大学体育系、国立成都大学体育系、私立燕京大学体育学系、私立冯庸大学体育学部、私立大夏大学体育专修科、西南联合大学体育部、私立燕京大学体育系、清华大学体育部、国立中山大学体育系、私立大夏大学体育专修科、广东文理学院体育科；师范学校中培养体育师资的体育专修科（系）主要有南高师体育专修科、北高师体育专修科、广东高等师范学校体育专修科、成都高等师范体育专修科、北京女子高等师范学校体育系、辽宁省立师范学校体育科、奉天师范学堂体操专修科、杭州全浙师范体操专修科、福建省立福州师范学校体育科、湖南第一师范音体科、国立西北师范学院体育系、国立重庆师范学校体育科、国立贵阳师大体童科、中央干部学校体童科；培养体育师资的教会学校主要有金陵女子大学体育科系、金陵女子文理学院体育系、私立东吴大学体育专修科、私立燕京大学体育系等。在这些体育师资培养机构中，大学体育科系的师资队伍或是外国教师或具有留洋经历，水平很高，大学的体育科系虽招生量少，但入学资格要求高，培养年限较长（2—4 年不等），培养质量高，其毕业生在当时体育界影响很大，是体育师资中骨干力量。教会学校的体育师资专业水平高，体育场地器材设施相对完备，对入学资格要求严格。私立的体育学校、系科大多是 1934 年以前创办的，1933 年国民政府教育部颁布 3046 号通令后基本上没有再创立私立体育学校。有不少私立体育学校存在时间较短。除以上体育师资培养机构以外，这一时间还有其他一些体育师资培养机构（见表 2－8）。总体而言，培养体育师资的体育学校、系、科在这一时期得到了较大发展。

表 2－8　南京政府前期创办的体育师资培养机构

学校、科、系的名称	性质	时间	备注
东北大学体育专修科	国立	1929	新中国成立后该科并入东北师范大学
四川大学体育科	国立	1931	后改为体育系，1933 年改体育科，1935 年停办
国立北平女子文理学院体育专修科	国立	1931	
中央国术体育专科学校	国立	1933	1949 年后并入河北师范大学体育系
国立重庆大学体育科	国立	1936	新中国成立后并入西南师范学院
湖北省立体育专门学校	省立	1929	
河北女子师范学院体育系	省立	1931	新中国成立后该系并入河北师范大学
河南省立开封师范学校体育专修科	省立	1934	
广东省立体育专科学校	省立	1935	抗战时迁到云浮、南屏等地。1945 年迁回广州
云南省昆华体育师范学校	省立	1936	先后改为省立体育专科学校、体育师范学校

学校、科、系的名称	性质	时间	备注
江西省立体育师范学校	省立	1936	抗战爆发迁至吉安后改为三年制高中体育师范科
浙江省立体育专科学校	省立	1937	
北平市立体育专科学校	市立	1934	1943 年停，1945 年恢复，后并入北师大体育系
上海体育专科学校	市立	1936	抗战停办，1946 年恢复，新中国成立后并入南京大学体育系
上海中国体育学校	私立	1927	
华东体育专科学校	私立	1927	
北平民国大学体育科	私立	1928	1936 年合并到北平体育专科学校
私立民本体育师范学校	私立	1931	
私立江南体育师范学校	私立	1931	
苏州成烈体育师范学校	私立	1932	由 1918 年的私立中华体操学校逐步改建而来

资料来源：

[1] 张艺琼．近代中国高等体育教育发展历程的研究 [D]．北京：北京体育大学，2017.

[2] 刘洪涛．我国体育老师教育政策的演变历程及特征研究 [J]．吉林体育学院学报，2017，33（2）：8－17.

　　另外值得注意的是，这一时期的"土洋体育之争"促使国术教育也引起了国家的重视，开始注重对国术教师的培养。早在辛亥革命成功后不久，就有北洋军官马良发起"中华新武术"运动，设立军士武术传习所，邀请武术名家编制武术教材，培养武术教师。由于自然主义体育思想的冲击和新式知识分子的猛烈抨击，"中华新武术"还没有产生重大影响就逐渐衰落了。中央国术馆成立后，非常重视国术教师的培养，培养国术师资是其一项重要任务。在中央国术馆成立之初就开办师范班、教授班和初级国术训练班，其中师范班的任务是培养国术教师，其毕业学员大多被分配到各个地方的国术社、各个团体的国术训练班或者学校中担任国术教师；教授班的任务是会聚武术名家，充实和增强中央国术馆的师资队伍。1928 年第一次全国教育会议张之江提请全国学校定国术为体育主课案，1932 年全国体育会议提出了《各省市县体育场应设国术部以资提倡案》和《请筹办国立国术专科学校案》两项议案，提倡国术。为了能更有效地培养国术师资人员，早在 1928 年 7 月，张之江就提出创建国术专门学校，培养国术教师，一直难以实现。直到 1933 年，中央国术馆馆长张之江才在南京创办了两年制中央国术馆国术体育传习所，培养体育国术教师，该校于 1934年、1936 年和 1941 年先后易名为"中央国术馆国术体育专科学校""国立国术体育专科学校"和"国立国术体育师范专科学校"，对招生生源的年龄和学历以及学制都有明确规定，毕业时有严格的考核，且武术考核的内容多样等。另外，中央国术馆还专门开设了女子国术教授班，湖南国术训练所招收了 40 多名女学员，以培养女子国术教员。国术体育专科学校的教学内容一般分为学科和术科，学科课程有党义、教育学、社会学、运动生理学、解剖学、伦理学、运动力学、英语或德语、国术概论、体育原理、体育行政、体育教学法、体育建筑与设计、运动裁判法、按摩术与改正操、急救法、童子军、音乐。术科课程中国术类有练步举、新武术、十路弹腿、四路查拳、八极拳、形意拳、太极拳、对打、刀术、剑术、枪术、棍术、中国式摔跤等；体育类有田径赛、篮球、排球、足球、垒棒球、徒手体操、垫上运动、游泳、舞蹈等；军事训练类课程每周安排两小时；还有毕业论文和教学实习。1935 年前后，部分国术馆被并入民众教育馆。抗战全面爆发后，迫于战争各省国术馆大多不得不相继停办。但国术馆在开办期间一直选派馆内优秀学生到学校任教，培养的优秀师资多达 600 余人。中央国术馆还编制了四级学校国术教材，制定了《大中小学校国术教材的标准》，为武术的科学化和教育化发展作出了巨大贡献。①

5. 体育教师在职培训措施

1932 年全国体育会议上，提出《利用假期应设补习体育教员案》，以提高体育教员的专业能力和专业素养，造就高等体育人才。1933 年 1 月教育部公布《暑期体育补习班规程》和《暑期体育补习班入学通则》。在此前后，教育部和各省市举办了多次短期的体育师资培训班或讲习会，为在职体育师资提供培训，除此之外，有些学校也通过暑期体育学校或培训班进行体育师资培训，受训体育教员培训结束后需回原单位工作。

首先是教育部安排的体育教师在职培训。南京政府教育部为了改变体育教授方法不良和师资缺乏的问题，先后在南京、北平、汉口和广州四地设立暑期体育学校。从 1930 年开始，多次在重庆、哈尔滨、陕西南郑、广州、北京师范大学、清华大学、中华全国体协、教育部等地方或单位先后举办了体育师资培

---

① 王思源，史国生. 中央国术馆对民国时期武术文化传播的贡献 ［J］. 体育研究与教育，2018，33（2）：57－60.

训班。其中，清华大学暑期体育学校影响最大，分别于 1928 年、1930 年、1931 年举办四期暑期体育学校，进行体育教员的在职培训。1933 年 1 月教育部公布《暑期体育补习班规程》，通令各省、市教育厅局遵照办理，利用暑期对在职体育教员进行培训。教育部于 1933 年和 1935 年先后举办两届体育补习班。1937 教育部还举办了全国师范学校体育教员暑期训练班。南京国立中央大学 1931 年、1932 年、1933 年成立南京国立中央大学暑期补习班。学习科目中，学科内容为国民党党义、体育原理、体育教学法、小学体育教材、体育行政、民众体育等，术科内容为体操、田径、游泳、球类（足球、排球、网球、垒球、羽毛球）等。1937 年教育部又在南京、北平、青海和江西四地分别设立暑期体育学校。其次是各省举办的暑期体育学校或补习班。大部分省市都曾利用暑期聘请国内外著名体育专家对在职体育教员进行为期一个月左右的短期培训。山西省教育厅于 1929 年举办太原暑期体育学校召集全省中小学体育教师参加培训；上海东亚体育专科学校附属体育师范学校于 1934 年续办暑期教师训练班；浙江省于 1930 年夏，在杭州高级中学举行体育讲习会；1933 年 1—2 月在杭州惠兴女中举办小学体育训练班，1937 年杭州举办中学体育教师暑假训练班[①]；1935 年，金陵女子文理学院举办为期三周的暑期体育学校，招收在职或预备做体育教员者；湖南省于 1912 年、1913 年、1924 年、1928 年举办过体育师资的培训班；湖北省于 1935 年在省立公共体育场举办第一届暑期体育讲习班；广东省 1932—1934 年举办了三届暑假体育训练班，分为师资组和选手组，分别培养教师和运动员；1927 年广西梧州省立第二、第三公共体育场分别办了中小学体育教师暑期补习学校；江苏省教育厅于 1935 年在省立镇江师范学校举办第一届暑期体育讲习班；安徽省于 1931 年举办体育教育暑期训练班对全省中小学体育教师进行培训；1935 年夏福建省中等学校举办体育教师讲习班。[②]

6. 体育专修科的课程设置

1929 年教育部颁发的《小学暂行课程标准：小学体育》《初级中学体育暂行课程标准》《高级中学普通科体育暂行课程标准》等三个体育课程标准，是我国历史上第一部以学科形式颁布的中、小学体育课程标准。1932 年的正式课程标准颁行，将初、高中的学分制改为学时制，初中体育每周三学时，高中每周两学时。在教学内容上将田径运动、远足和登山提前安排在小学中年级开始，要求每天的课外活动要有集体运动和个人自由活动。1936 年实行修正课程标准，

---

① 曹守和. 浙江体育史 [M]. 杭州：杭州出版社，2014：120.

② 周坤. 1903—1949 我国体育师资的培养 [D]. 北京：北京体育大学，2017.

减少课时改变正式课程标准中体育课时过多、学生负担过重的情况。在课程标准变化的情况下，体育师资培养机构对课程设置有所差异，但在总体上不仅重视学生体育专业能力的提高，而且强调学生的综合素质培养。各校的体育课程大体分为以下几种：学科课程与术科课程；必修课与选修课；理论课与实践课；普通课程与专业课程。国民政府教育部 1934 年 9 月修正的师范学校体育科教目表为：公民、军事训练（男）、军事看护（女）、卫生学、国文、地理、历史、生物、化学、物理、解剖、生理、体育原理、运动裁判及指导、改正操、按摩操、急救术、童子军、体育建筑与设备、健康检查、教育概论、教育心理、体育教材及教学法、体育行政、音乐、韵律活动（男）、韵律活动（女）、田径运动及基本练习（男）、田径运动及基本练习（女）、球类运动、技巧运动、体操、游戏、水上及冰上运动、国术、实习、外国文。以下列举几所体育师资培养机构的课程具体设置情况。

中央大学体育系前身为南京高师 1916 年设置的体育科，创办时的初衷是为满足学校课外体育运动英美化趋势的师资需求，其科主任为美国人麦克尔，办学思想深受美国实用主义的影响，该系 20 世纪 30 年代的课程设置分为普通基础、教育课程、体育专业课和专选课四类，体现出美国体育师资培养的课程模式（见表 2-9）。①

表 2-9 中央大学体育系课程设置表（20 世纪 30 年代）

课程类别	课程名称
普通基础课	英语、德语、高等混合数学、物理、生物、现代文化概论
教育类课程	教育概论、教育通史、教育心理学、教育统计学、教育社会学
体育专业课	解剖学、生理学、运动生理学、人体测量学、个人卫生学、学校公共卫生学、体育概论、体育行政、体育建筑与设备、体育教学法、运动裁判法、按摩术与改正体操、急救术、童子军、各门术科、体育测验、体育实习、毕业论文
专选类课程	体育问题、民众体育、其他院系开的选修课

资料来源：成都体院体育史研究所．中国近代体育史资料［M］．成都：四川教育出版社，1988：308.

① 成都体育学院体育史研究所．中国近代体育史资料［M］．成都：四川教育出版社，1988：308.

1930 年北京高等师范体育专修科改为北京师范大学体育系后，对于体育师资的培养采用学年学分制的模式，以主修加辅修形式，主科修 70 学分，副科还须修 30 学分，每学期修满 18—22 学分，四年共修 146 学分。课程可分为基础、实需及深究三种类型，一、二年级主修生物学科和教育学科等基础课程以及实需学科（分理论与技术两类），三、四年级主修深究学科，深究学科同样分理论与技术两类，理论类侧重于教育学科、基础知识及其应用，技术类则注重于精进，养成学生利用各种教材之能力。具体课程内容如表 2－10 所示。①

表 2－10　北京师范大学体育系课程设置表（20 世纪 30 年代）

学年度	课程设置
第一学年	国文、教育概论、社会学、生物学、生物实验、本国文化史、体育、军事训练、三民主义、音乐
第二学年	技巧、竞技球类、人体解剖学、教育心理学、教育统计学、哲学概论、军事训练、法学通论、卫生概论、体育史略
第三学年	健康教育、军事训练、中等教育、童子军、人体生理、体育测验、竞赛运动、体育原理、武术、社会学、韵律活动、普通教学法、体育统计、技巧运动
第四学年	西洋文化史、卫生学、分析教材及教法研究、体育行政、武术、教育实习、毕业论文、运动裁判及指导、动力生理学

资料来源：成都体院体育史研究所．中国近代体育史资料［M］．成都：四川教育出版社，1988：317.

南京高等师范学校体育专修科是按照美国体育专业模式创办的，其课程设置分为普通基础课程、教育课程、专业课程和选修课程四类。专业课就有体育原理、体育概论、体育行政、体育测验、体育教学法、体育建筑与设备、体育史、生理学、解剖学、运动生理学、人体测量学、个人卫生学、运动裁判法、按摩术与改正操、急救术、童子军、体育实习及各术课。北京女子师范学院体育专修科（三年制）所开设课程主要有体育原理、体育史、体育行政、伦理学、教育概论、心理学、解剖学、生理卫生学、人体机动学、体育测验、国文、田径运动、技巧运动、舞蹈运动、球类运动（篮、排、垒）、体操、武术、早操、

---

① 成都体育学院体育史研究所．中国近代体育史资料［M］．成都：四川教育出版社，1988：317.

园艺、家政、德文、英文、日语、东亚史。①

（三）体育教师教育政策的特征

1. 两种体育教师教育性质

南京国民政府成立后，国民政府实现了对全国教育的领导，其教育的性质是属于资产阶级性的。在国民政府统治之外，中国也出现了共产党领导的无产阶级政权，虽然这一政权对全国的影响较小，也没有得到政府承认，但也为发展教育事业作出了不懈努力。共产党政权围绕党的中心任务，从实际出发，制定灵活多样的教师政策，采取相应的教育举措，实行民主管理，为教育发展做着积极努力。比如，发布《各种赤色体育规则》，成立体育组织，制定《中华苏维埃共和国小学校制度暂行条例》，颁布高级、初级和短期师范学校及小学教员训练简章，规定不同类型师范学校的任务、学制和课程等教师教育相关法规制度等。在极其困难的条件下，最大限度地调动各方面的积极性，努力办好教师教育，为边区的基础教育、革命和建设作出了较大贡献。这是共产党领导的无产阶级政权独立办教育的初步尝试，为新中国建立后教育事业和教师教育积累了最初经验。与南京国民政府领导下的全国性的资产阶级性质的教育相比，共产党政权所领导的教育事业是无产阶级性质的，所建立的一系列培养教师的制度政策和部分师范学校，虽然只是在局部地区开展，但是也是当时中国教育的一个组成部分，两种性质的教育在中国大陆一直并存到新中国建立。②

2. 采用美式体育教育模式

这一时期国民政府是代表中国的合法政府，在体育教师的培养上主要在国民政府的领导下进行。这一时期国民政府在教育上主要向美国学习，体育师资培养上也采用美式体育教育模式，体现了自然主义体育思想，课程设置上模仿美国，课程内容大体分为以下几种：学科课程与术科课程；必修课与选修课；理论课与实践课；普通课程与专业课程。课程内容全面，不仅重视学生体育专业实践能力的提高，对学生的理论素养要求也较高，最终要提高的是学生的综合素质。这一点从上述国民政府教育部 1934 年 9 月修正的师范学校体育科教目表、中央大学体育系以及北京师范大学体育课程设置表可以明显地体现出来。但多数课程直接照搬美国，缺少对相关课程的深层研究，课程设置的表层化明显。从整体上看，这一时期我国体育专业教育课程设置美式化特征明显。

---

① 周坤 . 1903—1949 我国体育师资的培养 ［D］. 北京：北京体育大学，2017 .

② 葛军 . 教师教育政策历史考察与有效性研究 ［D］. 苏州：苏州大学，2004.

3. 开始重视职后教育制度

体育教师教育自清末开始以来，限于当时的教育条件和对体育教师教育的认识，体育教师质量保障的重心一直放在职前教育，体育教师的在职培训和职后进修并没有引起重视，遑论相应的政策要求，因此，体育教师的进修制度直到 20 世纪 30 年代都是教师教育政策中十分薄弱的环节。值得注意的是，南京国民政府成立后，对教育的重视提高到前所未有的程度，教师教育的质量问题也提到政府的重要日程上来，体育教师的职后教育问题逐渐引起政府的重视，对职后教育制定了相应的政策，采取了一系列重要措施。比如，1932 年全国体育会议上提出《利用假期应设补习体育教员案》，以提高体育教员的专业能力和专业素养。1933 年教育部公布《暑期体育补习班规程》，要求各省、市教育厅局遵照规程，利用暑期对在职体育教员进行培训。教育部在不同的省市和学校安排众多的体育教师在职培训以改善体育教师的教授方法。山西省、浙江省、湖北省、广东省、广西省、江苏省、安徽省和福建省等一大批省教育厅利用暑假开办短期培训班，聘请著名体育专家对学校的在职体育教师进行培训。另外，也有部分学校主动利用暑期举办体育学校或培训班进行体育师资培训，影响最大的是清华大学的暑期体育学校和南京国立中央大学的暑期补习班。这些接受培训的体育教员在培训结束后需回原单位工作，在一定程度提高了体育教学的质量。这一时期，南京国民政府教育部门对体育教师职后教育所制定的政策和采取的措施表明，体育教师职后教育开始受到了重视，通过一系列的行动，体育教师的专业能力和素质得到了一定程度的提高。

4. 体育教师教育机制相对完善

南京国民政府成立后，在教育上提出普及国民教育的主张，师资严重不足成为普及国民教育的一大障碍，师范教育受到政府的高度重视，改变《壬戌学制》取消师范独立设置的做法，重新确立了师范教育的独立地位，师范教育得到快速发展。同时，体育被国民政府视为建设"新中国"的重要任务之一，因此，中国近代体育呈现出良好的发展势头，学校体育、社会体育和竞技体育有了较全面的发展，这种形势带动了体育教师教育的发展。在这双重利好的背景中，体育教师教育机制走向完善。

首先，在行政上确立了由中央到地方的三级体育管理体制。1927 年，国民政府设立全国体育指导委员会；1932 年 9 月，成立了教育部体育委员会，并逐步在各省市教育局建立起相应机关；1933 年，教育部设立体育督学机构，各省市教育局也建立配套的督学制度。1936 年，教育部通过设立体育组强化对学校体育和军事训练的管理。

其次，体育教师教育运行机制相对成熟。通过收回教育权运动和教育注册制度，中国的教育基本实现了独立自主，教育管理部门拥有了对所有体育教育机构的自主管理权。高等体育教育有一套严格的运行机制，实行学分制与学年制，并实行分类课程，对教师也有明确的规定；在招生毕业制度上，有着明确的入学资格审查和毕业要求。即使新建的体育学校、系科亦能按照既定的运行机制运行。比如，1935年新建的重庆大学体育系、科，对招生资格和毕业要求非常明确：体育系、科均招收高中毕业生，各年度经标准考试达标者方能升级及毕业，学制分别为四年和三年；体育师资训练班招收有三年教学经历的体育专科和师范体育科毕业生，或云、贵、川三省市的教育厅、局保送者，学制一年，经考试合格后，回原岗位工作。课程设置分为学科和术科，并要求在各科的第一次上课时公布本学期的教学大纲、考试标准、指定参考书目，按照教学大纲教学，平时教师要互相听课、记录教学日志等。此外还有教学实习和各种体育活动等。

最后，体育教师教育结构相对完整。在教育学科结构中，政府规定的专科学校的种类中已经有了体育的类别，表明体育学科开始向着独立学科的方向发展。在体育教育层次上，已经有了高等教育与中等教育之分，高等体育教育划分本科与专科两个层次，大学本科体育专业毕业生获得教育学学士学位。在形式结构上，为了满足社会的多样化需求，在大学中有体育系与体育专修科的双轨运行，在私立体育专科学校中开设师范科、培训班等多种学习形式。①

5. 体育教师教育走向法制化

制度是社会发展与文明进步的关键性因素。这一时期，南京政府在党政军学各领域设立了许多体育行政管理机构，并颁布了一系列与体育教育相关的法律、规程和条例对体育教育进行规范和保障，尤其是《国民体育法》及其实施方案的颁布与实施，标志着体育已被视为一项完整独立的国家事业，体育教育向着法制化方向迈进。这些法规对体育教育给予了充分的重视，从学校体育目标、师资培养、场地、经费、考核制度等方面建立起一套相对完整的制度（见表2-11），体育教育的发展有了制度化和规范化的保障，这是中国近代体育教育发展史上前所未有的一大进步。

---

① 张艺琼. 近代中国高等体育教育发展历程的研究［D］. 北京：北京体育大学，2017.

表 2 - 11　国民政府前期体育教育相关法规

公布部门	时间	法规	体育教育的相关规定
大学院	1928 年 5 月	戊辰学制	包括各级学校体育课程标准
中央国术馆	1928 年 8 月	国术考试条例	对国术考试进行规定
国民政府	1929 年 4 月	国民体育法	体育科在学校教育中的地位；体育教员资格认定及奖励
教育部	1932 年 10 月	国民体育实施方案	学校体育行政、设备、经费、实施办法及考成办法
国民政府	1932 年 12 月	中学法	中学教育目标
全国体育会议	1932 年	利用假期应设补习体育教员案	提高体育教员专业能力和素质
教育部	1932 年	教育部体育委员会各级学校体育课程讨论委员会章程	对学校体育课程委员进行规定
教育部	1933 年	暑期体育补习班规程	暑期对在职体育教员进行培训
教育部	1933 年	暑期体育补习班入学通则	对体育教员暑期入学进行规定
教育部	1935 年 6 月	中学规程	学校体育在中学教育中的地位、场地设备、成绩考核、经费

另外，国民政府教育部还将学校体育目标和课程纳入各级学校体育法、各级学校规程、各级学校课程标准以及相关政令当中，制定并适时调整和更新初高中学校体育课程标准（见表 2 - 12），形成了一整套完善的学校体育制度体系。学校体育的制度化发展，也推动了体育教师教育的制度化发展。

表 2 - 12　国民政府前期的中学学校体育课程标准表

颁布时间（年）	名称
1929	初级中学体育暂行课程标准
1929	高级中学普通科体育暂行课程标准
1932	初级中学体育课程标准
1932	高级中学体育课程标准

续表

颁布时间（年）	名称
1935	初级中学体育课程标准
1935	高级中学体育课程标准

据蒲志强的统计，1927—1937 年 10 年间总共出台了 15 项有关学校体育的法规及文件，占国民党统治时期 22 年（1927—1949 年）总共所出台 24 项有关体育的法规及文件中的近 62.5%。从体育行政管理机构的设立到众多体育教育政策的制定和实行，表明抗战前的南京国民政府主要致力于学校体育制度的正规化建设，体育教育的发展也清晰地体现了制度化的特点。[①]

6. 重视国术教师的培养

中国传统武术在近代的衰落过程中，由于军国民思想和国粹主义思想的兴起，武术有了一定程度的复兴。"五四"以后，在自然主义体育思想的冲击和新式知识分子对于武术的全面批判下，武术界努力寻求着自身的发展之路。在张之江的多方奔走和呼吁下，中央国术馆的创办从组织机构到经费运营都获得了官方的支持，国术馆的发起人就有蒋介石、谭延闿、胡汉民、戴传贤、王宠惠、蔡元培、阎锡山、宋子文、王正廷、王伯群、蒋梦麟、孔祥熙、孙科、易培基、薛笃弼、冯玉祥、吴稚晖、宋渊源、何香凝、郑毓秀、于右任、李烈钧、钮永建、蒋作宝、朱培德、李宗仁、杨树庄、何应钦、李济深、白云梯、陈调元、李景林等国民政府重量级人物[②]，蒋介石、李济深等人还亲自为国术馆组织的国术考试致辞。在中央政府的认可和财政拨款等官方支持的情况下，中央国术馆初步建立了一套从中央到地方的国术馆体系，保证了中央到省市县各级国术馆系统的运行，使得武术从民间的自发发展状态一跃成为在官方支持下发展，提高了武术的社会地位和社会影响及声势，在社会上掀起了一波国术热潮。中央国术馆着力通过国术科学化、军事化、民众化和教育化来扩大国术的影响。在此情况下，国术师资严重匮乏。因此，中央国术馆一直致力于武术师资的培养。在国术的教育推广上，经过国术界人士的努力，国术成为学校必修的一门课程，改变了基于血缘和师徒关系的小范围的武术传承模式，采用更加广泛的武术教

---

①　蒲志强，赵道卿，董淑道. 民国时期（1927—1949）中学学校体育制度的演变过程、特点及其历史价值［J］. 北京体育大学学报，2005，28（10）：1388.

②　中央国术馆发起人［J］. 中央国术馆汇刊目录，1928（1）：1.

育模式，将国术普及更多的普通民众。① 在国术教师培养上，中央国术馆成立之初创办的师范班和教授班就是为各类学校培养国术教师的；1933 年，中央国术馆在南京创办的"中央国术馆国术体育传习所"，先后于 1934 年、1936 年和1941 年易名为"中央国术馆国术体育专科学校""国立国术体育专科学校"和"国立国术体育师范专科学校"，均将培养国术教师列为主要任务。另外，中央国术馆还专门开设了女子国术教授班以培养女子国术教员。对于国术教师的培养，经费多由政府拨款，可见当时对于国术教师培养的重视。

7. 注重提升体育教师质量

从清末开始培养体育教师到南京国民政府建立以来，体育教师的质量问题一直广受诟病。1928 年国民政府的第一次全国教育会议上指出之前体育师资教育"所收学生，大半为小学毕业生，国文自然科学等基本训练，毫无根底；所定课程标准名不副实；年限太短，修学期大半只有二年，满三年者不多；以无根底之学生，欲于短时期内求深造，势有所不能；教师之程度太低，大半为其他体育学校毕业生，大学毕业者绝无；学生之见闻太窄，多属幼稚，不学无术，目不识丁之武夫"②。同时，体育师资教育办学条件差，多数学校甚至无体育教学活动场所。就连教育水平较高的北平高等师范学校体育专修科和上海东亚体育专科学校，上课和训练都要借用体育场。③ 为了改变体育教师培养质量低劣之状况，全面提高体育师资综合素质，南京国民政府对此采取相应措施，对体育师资教育进行了全方位的改革。

第一，在政策层面，在国民政府全国教育会议和体育会议上多次提出规范体育师资教育、提高体育师资质量的议案并制定一系列体育教师教育政策。1932 年全国体育会议上，提出《设立初中及县体育场服务人员训练机关案》《设立体育行政人员社会体育指导员及中等以上教员之训练机关案》和《慎选体育师资案》，以提高体育教员的专业能力和专业素养，造就高等体育人才。其他国民政府专门针对体育师资的法案还有《改订体育课程提高体育师资案》《设立小学师资训练机关案》《规定体育教师待遇案》《检定体育师资案》等，这些法案都对体育教师有一定的规范要求。1933 年教育部又制定了在职教育政策《暑

---

① 王思源，史国生. 中央国术馆对民国时期武术文化传播的贡献 [J]. 体育研究与教育.
　2018，33（2）：57 – 60.

② 陈荫生，等. 改订体育课程提高体育师资案 [M] //国家体委体育文史工作委员会，全
　国体总文史资料编审委员会. 中国近代体育议决案选编. 北京：人民体育出版社，
　1991：87.

③ 国家体委体育文史工作委员会，中国体育史学会. 中国近代体育史 [M]. 北京：北京
　体育学院出版社，1989：213 – 214.

期体育补习班规程》《利用假期应设补习体育教员案》和《暑期体育补习班入学通则》，以提高在职教员的质量。第二，是教育行政管理部门采取措施对在职体育教师进行素质提升。在 1933 年前后，教育部和各省市举办了多次短期的体育师资培训班或讲习会，为在职体育师资提供培训。也有清华大学、金陵女子文理学院、北京师范大学、南京国立中央大学等一批高校利用暑假开设体育班或补习班训练在职体育教师。① 第三，在课程设置上，从普遍重视兵式体操向文武并重转变，课程安排上较为合理科学，一般分为学科、术科和实习三类，学科类课程主要包括普通基础类、教育类课程，解剖学、生理学、教育心理学等体育基础理论课程，在开课时数上明显增多。第四，体育教育专业招生与培养过程的制度化。对招生对象的资格以及毕业都有明确的要求，在培养过程中要求各科课程要有明确的教学大纲、考试标准和相应参考书目，并按教学大纲进行教学。对于教师要求要互相听课、记录教学日志等。在实践上学生要进行教学实习和各种体育活动等。对于这一点，1935 年新建的重庆大学体育系科就是按照这样的规范要求进行体育教师培养的。

三、南京国民政府后期阶段（1937—1949 年）

（一）体育教师教育政策的背景

1. 南京政府后期的社会背景

抗日战争爆发后，国民政府被迫进入到战时状态，先后经历了抗日战争和解放战争两个阶段，前期形成了日伪统治区、国民党统治区、共产党领导的抗日根据地三大政治区域，中日矛盾成为国家的主要矛盾，在共产党和全国人民高呼抗日救亡的要求下，国共两党建立起抗日民族统一战线，共同抵御日寇进攻，战争的炮火阻碍了中国社会各方面的发展。1938 年，中国国民党临时全国代表大会制定并通过了《抗战建国纲领》，将"三民主义"作为抗战建国的最高准绳，突出了以蒋介石为代表的南京国民政府的至高权力，强化战时的动员能力，以适应抗战建设的需要。1939 年 9 月重庆政府推行新县制，强化战时基层行政组织建设。由于国民政府军事上的失利，至 1939 年 10 月我国沿海大部分地区被日本侵略者占领，南京国民政府被迫迁都重庆。伴随着政治中心的迁移，国家的经济、文化、教育随之西迁。此时日本侵略者亦无力组织大规模的进攻，部分领土处于敌我双方交错控制之中，战争进入相持。1945 年中国取得了抗日战争的胜利，1946 年国民党一手操纵的"国民大会"召开，标志着国共和谈破裂，国民党主动挑起内战，

---

① 蒲鸿春. 近代我国体育师资教育回溯［J］. 体育文化导刊, 2016（4）: 171 – 176.

战争硝烟再起，直到 1949 年国民党败退台湾，中华人民共和国成立。

1937 年抗战全面爆发后，国民政府面对国家危亡的局面发表《自卫抗战声明书》，激励中国军民奋起抗战。国民政府前期稳定向好的经济发展局面遭到严重破坏，1938 年国民党临时全国代表大会通过《非常时期经济法案》，把财政与经济纳入适应军事斗争的战时经济当中来，随着国民政府各项战时经济统制政策的陆续出台，官僚资本不断扩张膨胀，使民营工商业受到严重打击。抗日战争期间，农业生产受到沉重打击，农作物产量大幅度下降，农业陷入困顿之中。许多沿海工厂以及重要物资都内迁到大后方，在一定程度上带动了后方的经济发展，少数省份在与侵略者相持过程中经济也有局部发展。由于日本侵略者控制了我国当时经济发展最好的省市，切断了大部分交通运输，商业遭受战争破坏，工业产量在沦陷区自 1937—1939 年间明显下降，民族资本举步维艰。南京政权面临日益严峻的财政危机，同时，随着战争规模的不断扩大和军队的扩张，军费开支日益增加，加剧了其财政赤字的进一步扩大。因此，公益建设的经费也非常有限，面对军事等各类人才的需求不足问题，国家在极其艰苦的条件下，在教育上施行贷金政策和公费政策，对教育经费进行集中使用。抗战胜利后，由于美国的经济侵略、官僚资本的垄断、国家资本的大肆膨胀以及蒋介石发动反革命内战，使社会生产力遭到进一步破坏，劳动人民更加贫困。战后，国家资本的积聚与国营经济的扩充，并没有解决当时濒临崩溃的财政问题，国民政府进一步加重了对工人阶级的剥削，工商业倒闭，广大工人的实际收入下降，出现大批失业、半失业工人，其生活状况悲惨。农业破产，农民生活状况凄惨，曾出现饿死人的现象。

日本的全面侵华，使整个中国分化出不同性质的三大政治区域：日本占领区、国民党统治的国统区和共产党领导的抗日根据地，三种性质的政权采用不同的文化政策发展文化教育事业，以其达到各自的政治目的。抗战初期，南京国民政府采用相对宽松的文化教育政策，国共两党合作，建立起抗日民族统一战线，取得了较好的抗战宣传效果。随着国民政府"攘外必先安内"政策的重拾，国民政府将"三民主义"作为其文化政策的指导方针，其文化政策在为抗日战争服务的同时，还抵制共产党文化，确立了三个文化政策目标：消除共产党的文化影响、抵抗日本文化侵略以及确立国家核心文化认同，并确立文化统治为实现政策目标的手段。在全面内战爆发后，为了实现统治阶级的利益，国民政府的文化统治变得更加严苛，一直到国民党结束大陆的统治为止。1937 年后日军的大肆进攻，对社会各个领域带来了严重破坏，教育也陷入了困顿之中。日军大肆摧毁或占据文化教育机关，屠杀知识分子，摧残中国文化教育。面对强敌入侵，教育担负着对民众进行精神动员和培养抗战人才的重任。国民政府迅速对全国的教育进行了调整与安排，力保中国教育事业正常发展，同时借机利用战争加强对教育领域的控制。① 在"战时须作平时看"的教育总方针指引下，1938 年颁布《战时各级教育实施方案纲要》，规定战时教育的方针和要求，提出德智体三育并重，文武合一等要求。1939 年 1 月，国民政府教育部在重庆召开了社会教育讨论会，讨论抗战之际推进社会教育的实施。1939 年 3 月教育部在重庆召开第三次全国教育会议，大会通过了《社会教育改进案》《体育改进案》等 125 项议案。1940 年 3 月召开第一次国民教育会议，会议主要研究国民教育建设问题。国民政府还采取一系列重要举措保护我国教育的生存和发展：高等教育向西南和西北迁移；学校国立化，建立国立中学，私立大学国有化；建立战时失学青年招致训练委员会和战区教育指导委员会，实施战区教育。虽然国民政府曾出现消极抗日、积极反共的倾向和行动，但其教育制度安排上基本没有偏离抗战的轨道。②总之，国民政府以国家权威形式对教育各方面加以统一和限定，目的都是为了更好地管理战时教育，满足战时政治、经济、军事等人才的需求，巩固其统治。抗战胜利后，国民党全面发动内战，国家再次陷入战乱之中。就教育而言，国民政府颁布了一系列接收和复原教育的法令和政策，1945 年 9 月 20 日，教育部召开全国教育善后复员会议，1947 年的《中华民国宪法》规定教育文化应发展国民之民族精神、自治精神、国民道德、健全体格、科学及生活智能，国民受教育机会一律平等。实行免费义务教育，注重各地区教育之均衡发展，强调教育、科学、文化在经费预算中的比例。1947 年国民政府开始在专科以上学校实行训导计划，并颁布《大学法》与《专科学校法》，加强对师生思想和行为的控制，高等教育政策的政治化、军事化色彩凸显。这些政策和措施是南京国民政府改变当时高等教育困顿现状的一种理想性尝试，推动了高等教育短暂的快速发展。但随着国民党政治上的独裁、经济上的崩溃和军事上的节节败退，教育逐步进入低谷以至彻底破产。

在共产党领导的抗日根据地，文化教育建设围绕为抗战服务，采取多种形式进行抗日宣传，团结各种力量，力求凝聚党心民心、争取抗战胜利。中共在全国抗战爆发前后，为培养抗日力量，各根据地在中共中央的正确领导下，大力发展教育事业。在抗战全面爆发生前后，先后创办各类学校，高等教育主要有中国人民抗日军事政治大学、陕北公学、鲁迅艺术文学院、延安自然科学院、中国女子大学、中国医科大学、马列学院、陕甘宁边区行政学院、八路军军政

---

① 苏国安. 南京国民政府时期学校教育政策研究 [D]. 石家庄：河北大学，2010.
② 陈锐. 民国时期公共体育场研究 [D]. 福州：福建师范大学，2017.

学院。整风运动后陕北高等院校主要有中共中央党校、延安大学。敌后抗日根据地的高等院校主要有华北联合大学、雪枫军政大学、晋察冀军政干部学校、抗战建国学院、晋西北抗战学院。紧紧围绕抗日战争的目标，制定了理论联系实际、为抗战救国服务的教育方针，高等教育由最初的短训班逐渐发展成为较正规的革命大学，到延安大学时已经开始具有正规的学制。到解放战争时期，高等教育在数量、门类、规模上都有了很大的发展。① 在日本占领区，日寇为阻止中国人民的反抗以及抗日文化的宣传，一方面，大肆对中国的教育科研系统、文化系统进行野蛮破坏，掠夺历史文物，毁坏文化名城，掀起毁灭学校和各类文化教育科研机构的狂潮，迫害中国科学家和文化名人，很多科学研究项目只能停滞，给中国文化事业的发展造成毁灭性打击。另一方面，强占东北中小学、篡改中国教材、推行日语教育、培养亲日教师等，对中国人进行日本奴化教育。日军自创并扶植亲日报纸一百余种，开放大量广播电台，宣传美化其侵略战争。日军还联合其扶植的各个伪政权，严格控制日战区的新闻舆论，同时利用宗教信仰、电影给东北人民灌输殖民地宗主国的文化思想，对中国人进行洗脑。在日本对中国进行有计划、大规模的疯狂的文化侵略下，南京国民政府刚有起色的文化建设也遭到严重阻碍，中华民族固有的文化事业遭到严重破坏，中华民族的国家观念和民族意识不断受到侵蚀。②

2. 南京政府后期师范教育发展

1937 年，抗日抗战爆发，在国统区教育受到极大威胁，沦陷区高校向内地和西部迁移，师范教育在战争的冲击下呈衰落之势，出现严重的"师荒"和"生荒"问题，导致战时人才缺乏。为挽救师范教育危机，国民政府在"战时须作平时看"教育方针指引下，进行了多方努力。

首先，出台多项政策对师范教育进行强调、调整和规划。1938 年《战时各级教育实施方案纲要》将全国划分为若干高等师范学校区，分别设置大学、高等师范学校和国立师范学校，并增设社会教育、体育、音乐、美术、童子军等科，亦可独立设置诸如体育师范学校等类的专科师范学校，以培养某一学科的师资，皆以德、智、体三育并重为施教原则。1938 年，教育部颁布《师范学院规程》，并先后于 1942 年、1946 年两次进行修订，接着于 1948 年又与《改进师范学院办法》归并为新的《师范学院规程》，对师范学院的地位、设置的目的及

---

① 苏志明. 抗日根据地的高等教育研究（1937—1945）［D］. 北京：中共中央党校，2017.

② 袁荷. 南京国民政府文化政策研究（1927—1949）［D］. 北京：中国艺术研究院，2017.

要求、发挥的功能、课程设置与考核、师范生的免费待遇以及毕业服务等进行系统的规定。1938 年 5 月，教育部颁布《确定师范教育设施方案》，确算每年各省应增加小学教员数量；统一小学师资标准；划分师范学校区，每区至少设师范学校一所；训练不合格的小学教员和私塾教师；制定小学教员任用、服务、待遇、考核的办法；制订师范教育实施方案。① 1940 年，教育部公布《特别师范科及简易师范科暂行办法》和《初级中学三年级增设师范训练科目办法》，对培养代用教员进行了详细规定。同年，《师范学院辅导中等教育办法》的颁行，促使高等师范教育逐步成为中等教育师资的培训基地，并促成了一批国立高等师范学院的建设。1941 年 12 月教育部颁布《推进师范教育原则》和《推进师范教育工作要项》，强调师范教育是国民教育之母，优先扩充与改进。1943 年 7 月，教育部颁发《师范学校附设中心国民学校教育进修班及函授学校办法》，规定师范学校办进修班，接受优秀小学教员脱产进修一年；指定部分大学办函授学校，以便在职教师进修。1944 年国民政府教育部颁布了《全国师范学校学生公费待遇实施办法》。1945 年教育部公布了《改进师范学院办法》，对国立大学师范学院和独立师范学院进行了调整。1947 年教育部对 1935 年的《师范学校规程》进行修正，明确师范学校修业年限及养成小学健全师资的宗旨，对女子师范学校、乡村师范学校和简易师范学校作出专门规定。1947 年国民政府提出的新学校教育系统使师范教育脱离中等教育体系，在制度上肯定了其独立地位。

其次，召开教育会议对师范教育进行部署安排。1938 年 10 月，第一次全国高级师范教育会议议决了《师范学院与省市教育行政机关合作推进中等教育办法案》《师范学院与区内教育行政机关切实联络案》和《师范学院发展案》，计划于转迁中的西北联合大学、西南联合大学、中央大学、中山大学、浙江大学各增设一所师范学院，西部省份有了一批师范学院，随后又对西部中等师范教育政策进行了调整。② 1939 年 3 月第三次全国教育会议，讨论了多项关于师范教育和体育的议案。1943 年，教育部召开各省教育行政工作检讨会议，先后公布《各省市推进师范教育校数班数学生数计划表》《各省市师范学校毕业生免试保送升学办法》和《师范学院学生实习及服务办法》，对战时师范生实习的类型、时间、考核、待遇以及毕业后服务去向、服务年限、义务、合格标准等进行具体规定。1945 年全国教育善后复员会议对高校进行布局调整，内迁高校相继搬回原址继续办学。1946

---

① 训令各省教育厅确定师范教育设施方案［M］//教育部国民教育司. 国民教育法规汇编（第一辑）. 南京：正中书局，1941：94－96.

② 余子侠，冉春. 中国近代西部教育开发史：以抗日战争时期为重点［M］. 北京：人民教育出版社，2007：314－315.

年6月，教育部颁布了《战后各省市五年师范教育实施方案》，提出不仅要解决师资的数量，更要提升师资质量，要求师范学校独立设置，增加师范教育规模，侧重扩充女子师范，计划五年内增加师范生50万人，并改善师范生待遇和质量，注重师范生精神训练，推进师范教育运动等。① 1946年11月，教育部公布《国民学校教员检定办法》，通过对师资质量进行检定，提升教师质量。

再次，多种渠道开办师范学校。1941年教育部要求各地县立中学附设的师范学校（班）应独立设置，师范区内应添设女子师范学校和简易师范班，并颁发《奖励师范学校教员进修及学术研究暂行办法》。1943年12月，教育部通电各省市教育厅局试办三年制简易师范学校及班级。1944年8月，教育部要求各师范学校、中等学校暑假招收或附设三年制简易师范班。在抗战期间，中等师范学校大量增加，呈现出以公立为主、私立为辅的中等师范教育格局。1945年5月，教育部通令各省教育厅和国立师范学校编拟《师范生训练实施方案》，强调提升师范生质量，特别注重训练师范生的精神修养与人格造就，以养成新生活的优良习惯和对教育事业的坚定信念。1946年，在恢复师范学校独立设置"侧重扩充女子师范"政策的推动下，中等师范学校和女子师范教育也在一定程度上得以恢复发展，但其发展很快就因内战而终止。1947年12月，教育部要求各省市师范教育配合国民教育师资之需求，每县市设简易师范学校一所，并逐渐将简易师范学校改为县立师范学校。② 1948年4月，教育部通令各省市教育厅局造送1948年度增设师范、简师校、班数计划；加紧推广女子师范教育；推广一年制简易师范科及特别师范科普通组；继续培养专科师资；广设一年制特别师范科及体育、艺术、劳作等组；改善师范、简师招生办法；加紧实施训练实习，调训不合格教师；督促充实简易师范学校，增招师范班，改设师范学校；督导师范学校辅导地方教育；加强师范生服务管理。③

最后，设置师范教育运动周。1941年，国民党政府将每年3月29日至4月4日定为全国师范教育运动周，其间举办师范教育会议，刊发师范教育专号，印发师范教育辅导手册，举行师范教育讲演，奖励师范学校优秀师生等活动。④ 上述国民政府在师范教育上的努力，带来了师范教育制度的发展，确立了师范教

---

① 中央教育科学研究所．中国现代教育大事记［M］．北京：教育科学出版社，1988：567.
② 中央教育科学研究所．中国现代教育大事记［M］．北京：教育科学出版社，1988：601.
③ 中央教育科学研究所．中国现代教育大事记［M］．北京：教育科学出版社，1988：609.
④ 苏国安．南京国民政府时期学校教育政策研究［D］．石家庄：河北大学，2010.

育的独立地位，完善了免费师范教育体制，丰富了师范教育的结构层次，促使一大批师范院校的建立，使中国的师范教育能够在特殊的战争时期，获得了相对快速稳定的持续发展，是非常难能可贵的。①

1937年抗日战争爆发后，共产党在陕甘宁边区和党中央所在地延安大力发展师范教育。陕甘宁边区1937年成立了鲁迅师范学校，以后的教育中师范教育占了一大半。其修业年限起初较短，半年或一年，以后逐渐延长。1942年边区政府又颁发了《陕甘宁边区暂行师范学校规程（草案）》，加强对教师教育的规范化管理。1939年华北联合大学组建并于1940年7月设置师范部，随后改设教育学院与教育系，虽在日本大举扫荡的艰苦条件下仍保留教育学院，1943年教育学院设置师范班。1944年对中等师范新课程进行缩减，以增加生产劳动和课外活动时间。1946年陕甘宁边区政府颁布了《战时教育方案》，提出要组织师生参加军事训练，使教师和学生具有自卫和作战能力。

3. 南京政府后期的体育发展

1937年，日本全面侵华，中日民族矛盾上升为中国的主要矛盾。面对民族存亡，抗战救国、追求民族独立、锻炼国民体魄、完成自卫卫国和延续民族生命，成为当时的一项历史使命和文化认同。1938年，国民党发表《抗战救国纲领》，实行总裁制，全国的抗日力量统一由蒋介石领导，中国进入了战时体制阶段。国民政府为了强健国民体魄、训练军事素质、为国民政府输送兵源、振奋民族精神，一时间形成了为抗战服务的"战时体育"。在此背景下，民族主义体育思想逐渐超越自然体育思想，体育军事化和全民化成为政府的体育主张。为国家而体育、为民族而体育，也获得了整个社会的广泛认同，"体育救国论"成为这一时期国人的思想共识。中国共产党领导的革命根据地和解放区推行人民大众做主的新民主主义体育，反对锦标主义，将普及与提高相结合，体现体育为革命战争服务的特点。在沦陷区，日本统治者将体育作为奴化教育和推行愚民政策的工具，灌输忠君奉国的奴化思想，培养武士精神，旨在混淆敌我界限、泯灭中国人的民族意识，服务其殖民统治。由于各政权开展体育工作的目的和指导思想不同，这一时期的体育思想呈现出一定的复杂性，自然体育观、民族体育观、体育救国论和日本的奴化体育等共同存在，民族体育观和体育救国论则是当时的主流体育思想。体育的组织化、纪律化、军事化成为发展体育的主要手段，对抗战时期战时体育体制的形成影响颇深。

这一时期国家饱受战争摧残，国民政府围绕为战争服务而发展体育，为体

---

① 霍东娇.中国百年师范教育制度变迁研究［D］.沈阳：东北师范大学，2018.

育发展做了大量基础性工作。重新确立体育实施方针，加强体育法规和制度建设，明确自卫卫国能力的体育目标，提倡简单、实用、经济，与军事训练相结合的体育活动，实施强制性和组织性的体育。

一是体育法制建设。1938 年《战时各级教育实施方案纲要》中，确立"平时为自强，战时为卫国"的体育目标，强调学校体育和社会体育应普及设施，整理体育教材，切实推行军事训练、童子军训练和强迫课外运动，锻炼学校青年体魄。1939 年，重庆全国教育会议通过《体育改进案》，明确体育目的为"培养自卫卫国之能力"。1941 年 2 月，教育部公布《国民体育实施方针》，阐述体育的目的为充实人民生活、为扶植社会生存、为发展国民生计、为延续民族生命；强调体育事业要普及于民、要独立预算、要科学实施、要严格管理监督、要注重场地建设等。1941 年 9 月国民政府颁布修订的《国民体育法》（沿用至 1982 年），强调体育的军事与国防价值，规定"以锻炼国民强健体格，培养民族正气，达到全国国民具有自卫卫国之能力为目的"；适用范围从青年男女拓展到全体国民；特别对体育教师、体育指导员作出规定；此外，还对体育行政、体育实施方案、体育人员训练与保障、体育经费预算、民众体育社团管理、国民体格检查等均有纲领性的要求，为体育发展和体育制度的完善打下了良好的基础。教育部于 1946 年开始实施《国民体育实施计划》，以五年为规划期，对战后体育复原工作做了明确指导。对学校体育、社会体育、体育师资训练、体育行政管理、体育用品制造、体育教材编制等都提出了相应的要求，体育发展具有更强的计划性和规范性，推动战后体育复原工作得以稳步进行。

二是学校体育制度。1940 年国民政府教育部公布了中国近代史上第一个比较全面的学校体育实施方案——《各级学校体育实施方案》。同年，还颁布《各级学校体育设备暂行最低限度标准》，规定战时学校体育的目标、教学时数、教材内容，强调体育和军事训练紧密结合，以"简易、变化、活用、经济、自然、实用"为学校体育原则。学校体育采用军事化管理模式，积极推行军事训练、童子军训练和强迫课外运动。1940 年，教育部编制《学生体格检查及运动技能测验项目及方法》。1943 年和 1944 年，教育部还先后颁布《学生体格标准》《高级中学实施体育日日程表》《高级中学体育日体育训练施行细则》《男女生运动项目与给分表》《运动测验成绩分数报告表》《运动测验方法说明》等制度。1945 年抗战胜利，国民党将学校体育目标也调整为"健全体格"，体育教学内容的军事训练部分开始减少。1948 年，国民政府教育部颁布新修订的小学和中学《体育课程标准》，军事训练内容大为减少。

三是社会体育制度建设。为适应抗战的需要，国民政府从多方面对社会体育发展进行推动。1939 年教育部颁布《体育场规程》，以体育场为基层组织机构开展社会体育，并于 1945 年对中央、各省市及县、各乡镇的体育场建设作出明确规定，1947 年教育部制定《各级体育场场地设施暂行标准》。先后于 1940年和 1945 年公布《各省市县运动会举行办法大纲》和《三十年度各市县举行民众体育竞赛办法要点》对运动会的举办作出规定；1941 年将每年 9 月 9 日定为体育节，并颁布《体育节举行办法要点》；体育社团的制度有 1941 年公布的《奖励民众体育团体实施要项》和 1944 年的《体育会组织办法》。

四是体育行政制度建设。体育事业的发展有赖于体育行政人员工作之效能。教育部通过考试、行政工作竞赛等方式促进体育行政人员提高工作效率，推动体育法令的实施。同时，还制定了《教育部国民体育委员会组织条例》《各省市国民体育委员会组织通则》《各省市教育行政机关体育行政工作竞赛办法》《各省市体育视导办法》等对主管体育行政事务的学校及教育行政机关的工作进行考评。

1937 年全面抗战爆发后，共产党领导的陕甘宁边区抗日根据地，为了抗日需要，也十分注意发展体育运动。1937 年成立了陕甘宁边区体育运动委员会，1940 年成立了延安体育会，1942 年又成立了延安新体育学会，各基层单位也纷纷建立了俱乐部和救亡室，支持俱乐部开展各类体育活动，并发动群众修建"青年运动场"，建设各种体育设施，为延安群众开展体育活动创造条件。同时，还创办延安大学体育系、开办脱产和不脱产的体育培训班培养体育人才。延安的体育活动也开展得轰轰烈烈。

总之，这一时期虽然战火纷飞，从全面抗战到抗战胜利，中国主要存在日伪政权、国民党政权和共产党三种性质的政权，抗战胜利后国共对峙，国内政治形势不稳，军事斗争不断，严重破坏了社会的正常发展，但各政权都重视体育的政治功能、军事功能和文化功能，比较重视体育发展。日伪政权在开展奴化教育过程中将体育教育作为其中的教育内容，共产党领导的红色政权开展体育活动和体育教育主要是为军事斗争服务，国民党政府作为当时代表中国的合法政府，为了抗战和政治统治的需要，非常看重体育的政治功能，对体育各方面的制度进行了全面建设和调整，建设体育场，鼓励举办运动会，设立体育节等一系列创新性的举措，推动全民参与体育运动，经过努力，虽然由于体制运行的障碍和战争原因，体育的目标并未能真正实现，但无疑促成了体育的发展，也为体育教师教育的发展创造了良好的条件。

（二）主要的体育教师教育政策

1. 制定体育教师教育总政策

国民政府为了满足战争和统治需要，十分重视体育发展，制定了一系列关于体育和体育教师教育的政策。1939 年 3 月教育部在重庆召开第三次全国教育会议，大会通过了《请设法造就高级体育人才，整理在职各级学校体育教师及奖励体育学术之研究案》《社会教育改进案》《体育改进案》等 125 项议案。1940 年 10 月，国民政府教育部在重庆召开第一次全国国民体育会议，讨论体育人才培养训练及体育学术研究，体育行政组织、经费设备及视导考核，学校体育教育、社会体育教育实施等问题。通过《战时国民体育实施方案》《修正国民体育法》《拨庚款培训体育师资》《拟请由部通令全国大中小各级学校列国术为必修科案》《社会体育推行办法》《改进体育卫生教育》等 54 件议案。1941 年教育部体育委员会改称国民体育委员会，此后体育督学、教育部体育组等组织相继出现，并先后颁布《1941—1942 年度学校体育视导内容》《1942—1943 年度的学校体育视导内容》和《1943—1944 年度的学校体育视导内容》等学校体育政策。1941 年重庆国民政府在修订的《国民体育法》中增加了体育教师及体育指导员进修和保障的规定，并颁发配套的《国民体育实施方针》。1942—1945 年分别召开了国民体育委员第一、第二、第三、第四次全体会议①，多次提出规范体育师资教育、提高体育师资质量的议案。如 1940 年的《培养师资案》、1942 年的《请开办国民体育学院广造各级体育干部以推进国民体育巩固民族复兴基础案》和 1943 年的《体育教师或体育指导员专业保障及进修办法草案》等各种改善体育师资培养质量的议案（见表 2 - 13），体育师资的数量和质量都有所提高，但并无彻底改善。据相关统计，自清末至 1949 年，我国共培养体育师资 1 万余人，根本无法满足体育发展所需。②

表 2 - 13　南京政府后期的体育师资相关的制度

制度类型	日期（年）	法规名称
教育制度	1938	《战时各级教育实施方案纲要》（国民政府颁布）
	1938	《战时各级教育实施方案纲要》实施方案（教育部颁布）
体育基本制度	1939	《体育改进案》
	1941	《国民体育实施方针》
	1941	《国民体育法》（修订）
	1945	《国民体育实施计划》（行政院颁布）
	1947	《中华民国宪法》

---

① 陈锐. 民国时期公共体育场研究［D］. 福州：福建师范大学，2017.
② 中国体育百科全书编辑委员会. 中国体育百科全书［M］. 北京：人民体育出版社，2001：278.

续表

制度类型	日期（年）	法规名称
体育教育制度	1938	《战时各级教育实施方案纲要》
	1940	《各级学校体育实施方案》
	1940	《各级学校体育设备暂行最低限度标准》
	1940	《修正初级中学体育课程标准》《修正高级中学体育课程标准》《学生体格检查及运动技能测验项目及方法》《中等学校体育实施方案》
	1941	《小学体育改进要点》
	1942	《小学体育课程标准》《师范学校体育课程标准》《简易师范学校体育课程标准》
	1944	《高级中学实施体育日日程表》《高级中学体育日体育训练施行细则》《中等学校体育实施成绩考核办法》
	1945	《中等以上学校体育教学应行注意事项》《中心国民学校暨国民学校体育应积极改进事项》
	1948	新修订小学、初级中学和高级中学《体育课程标准》
体育师资制度	1939	《请设法造就高级体育人才，整理在职各级学校体育教师及奖励体育学术之研究案》
	1940	《培养师资案》
	1941	《各省市体育视导办法》（包括中等学校体育视导要点、体育师资训练机关视导要点）、《国立中等学校体育实施成绩竞赛办法》
	1942	《请开办国民体育学院广造各级体育干部以推进国民体育巩固民族复兴基础案》
	1943	《体育教师或体育指导员专业保障及进修办法草案》
	1945	《三十四年度各省市教育厅局及国立中学保送升学国立中等以上学校体育科系学生办法》

资料来源：中国体育百科全书编辑委员会．中国体育百科全书 ［M］．北京：人民体育出版社，2001：278．

2. 确立体育教师教育宗旨

1938 年国民党临时全国代表大会通过《战时各级教育实施方案纲要》，指出："对师资之训练，应特别重视，而函谋实施，各级学校教师之资格审查与学术进修之办法，应从速规定，为养成中等学校德智体三育之急需之师资。"1941年重庆政府重新修订的《国民体育法》规定："国民体育之实施，应依据中华民国教育宗旨及其实施方针，以锻炼国民健强体格，培养民族正气，达到全国国民具有自卫卫国之能力为目的。"国统区仍然以培养体育师资为主要目标，而在抗日根据地则形成了为抗战培养体育干部的特殊时期办学宗旨。

3. 改革体育教师教育管理

1941年底，国民政府将正式成立于1932年9月独立领导学校体育的首脑机关——教育部体育委员会改名为教育部国民体育委员会，颁布了《国民体育委员会章程》，其下设学校体育组，专门管理学校体育。省市教育厅局下设体育股和督学，只管小学体育，高等学校的体育由教育部高等教育司管理。学校体育的重要事项由高教司、中等教育司、小学教育司分别管理。此外国民党还设有国民党中央党部体育科和国民党中央训练总监部体育科管理学校体育。① 为了早出快出多出人才，在体育教师教育年限上压缩了体育师资训练期限。1943年师范学院体育系和体育专修科修业年限分别由五年和三年压缩为四年和两年，并增设了招收初中毕业生的五年制体育师范专科学校，有利于增加生源和早出体育师资。

4. 设置培养体育师资院校

（1）国统区

抗日战争给体育师资培养带来了极大破坏，同时又使体育的政治和军事价值再次受到重视，体育师资训练成为国民体育委员会的重心之一，在教育上强调师范教育应以德、智、体三育并重为施教原则。1938年陈立夫任教育部长后，在国民体育委员会会议上指出，最重要的是体育师资问题，拟以50%以上的经费作体育师资之用。从1938年起设立国立师范学校，增设体育科，也可独立设置体育师范学校培养师资。1939年第三次全国教育会议上，蒋介石在训词中强调了师资问题，袁敦礼在《请设法造就高级体育人才，整理在职各级学校体育教师及奖励体育学术之研究案》中指出，近30年来体育行政组织、实施方案和课程标准等均有规定，而体育效果未见，体育法令形同空文，根本在于体育人才缺乏。会上通过《请充实体育及卫生教育视导制度以利体育及卫生教育之实际推动案》以推动体育教育发展。② 在本次会议的《培养师资案》中指出体育事业根本在于体育人才，如何造就大量体育人才属首要之举，并提出造就体育

---

① 武权. 民国时期的学校体育制度研究 [D]. 苏州：苏州大学，2011.
② 国家体委文史工作委员会. 中国近代体育议决案选编 [M]. 北京：人民体育出版社，1990：171.

人才的办法：一是教育部另拨经费，通令各师范学院均设三年制体育童子军专修科和一年制之师资训练班；二是督促公私立大学增设体育科系；三是筹设五年制体育师范专科学校；四是从速设立体育师范学校或体育师范科。① 1940 年第一次全国国民体育会议通过 70 多件体育决议案，提出体育人才匮乏是最突出的问题。《体育行政改进案》提出广设体育训练机关，培养体育合格人才；《高中师范科暂行课程标准》明确"斟酌实际需要增设体育师范学校，或于普通师范学校内增设体育师范科，或增设有关体育选科，供学生自由学习，以造就大量师资，各省市教育厅局均能努力实施"②。1945 年教育部颁布体育特长生选拔制度《三十四年度各省市教育厅局及国立中学保送升学国立中等以上学校体育科系学生办法》。1946 年教育部公布的《改进师范学院办法》要求国立大学师范学院分设教育、体育两系。1948 年 4 月，教育部要求各省市教育厅局开设一年制特别师范科及体育、艺术、劳作等组。在国民政府的政策支持下，体育师资培养机构大量建立（见表 2 - 14）。③

表 2 - 14　南京政府后期国统区创办的主要体育学校和体育科、系

学校、科、系的名称	性质	时间（年）	学制
广东省文理学院体育科（广东曲江）	国立	1939	3 年
湖南国立师范学院体育系	国立	1939	4 年
湖南国立师范学院体育童军专修科	国立	1939	3 年
国立西北师范学院（体育本科、专科、专修科）	国立	1939	4 年或 2 年或 1 年
四川国立女子师范学院体育专修科	国立	1940	3 年
国立重庆师范学校体育科（北碚）	国立	1940	3 年
国立中央大学师范学院体育系科（重庆）	国立	1941	5 年
教育部特设体育师资训练班（成都）	国立	1941	1 年
国立湖北师范学院体育专修科	国立	1941	2 年
四川国立体育师范专科学校（江津）	国立	1941	2 年或 5 年
国立贵阳师范学院体育科	国立	1941	2 年

---

① 罗时铭. 中国体育通史（第三卷）［M］. 北京：人民体育出版社，2008：238.

② 改订体育课程提高体育师资案［M］//陈荫生，等. 中国近代体育议决案选编. 北京：人民体育出版社，1991：87.

③ 张艺琼. 近代中国高等体育教育发展历程的研究［D］. 北京：北京体育大学，2017.

续表

学校、科、系的名称	性质	时间（年）	学制
国立师范学院体育科（1945 年改为 4 年制体育系）	国立	1943	2 年
中央干部学校体育童子科	国立	1944	2 年
国立中山大学体育系	国立	1945	4 年
国立长白师范大学体育学部	国立	1946	4 年
广东省立文理学院体育专修科	省立	1937	3 年
省立安徽学院体育童子军专修科	省立	1940	2 年
四川省立成都师范学校体育科	省立	1941	2 年
四川省立体育专科学校	省立	1943	2 年或 5 年
战时中山体专皖南分校（苏州）	省立	1943	2 年
安徽省立徽州师范学校体育师范专科	省立	1944	3 年
皖北安徽省立霍山师范学校体育专科	省立	1944	3 年
安徽省立安徽大学体育童子军科（芜湖）	省立	1946	2 年
台湾省立师范学院体育专修科	省立	1946	3 年或 5 年
辽宁省立师范专科学校体育科	省立	1946	2 年
河北省立女子师范学院体育系	省立	1946	4 年
河北省立师范专科学校体育科（河北保定）	省立	1946	2 年
河北省立天津师范学校体育科	省立	1946	3 年
江苏省立江宁师范学校体育师范科	省立	1946	3 年
台湾省立师范大学体育科	省立	1946	4 年（后改 5 年）
台湾省立台北师范学校体育科	省立	1947	3 年
浙江萧山湘湖师范开设体育师范科	省立	1947	3 年
湖州师范开设体育师范班	省立	1948	1 年
湖州中学内设师范部设体育班	省立	1949	3 年
私立径南体育专科学校（四川泸县）	私立	1944	2 年
吉林私立中正体育专科学校	私立	1946	2 年

资料来源：张艺琼. 近代中国高等体育教育发展历程的研究 ［D］. 北京：北京体育大学，2017.

（2）抗日根据地

在共产党领导的抗日根据地，也十分重视体育运动，延安大学体育系是最主要的体育师资培养机构。1941年春，中共中央青年干部委员会军体部开设体育训练班。9月，陕北大学、延安女子大学与青年干部学校合并为延安大学，并设立体育系，这是中国共产党领导的第一个培养体育干部和师资的教育机构，在我国体育教育发展史上具有重要地位。延安大学体育系条件异常艰苦，师生发扬自力更生、艰苦奋斗的办学精神，夏天在延河上游泳课，冬天上滑冰课。体育系负责人既搞基础建设——修建田径场，又搞行政工作，还兼授课。任课教师既无工资又无补助，甚至还需自备伙食，没有教材，"有什么教什么，会什么教什么"，开设的课程有田径、游泳、篮球、排球、足球、体操、教育学、体育原理、解剖学、生理卫生等，首批学员有30余人，提前毕业到部队和边远地区的学校担任体育工作。还举办脱产的泽东青年干部学校体育训练班、军队系统的体育训练班、师范学校的体育师资培训班。不脱产的体育训练班主要有延安游泳研究班、中国女子大学体育培训班和各种运动选手短期培训班。延安的体育教育为对新中国学校体育的开展提供了有益的经验，提供了师资。

（3）日统区

日本侵入我国东北地区后就开始在其扶植的伪满洲国和占领区培养体育师资，为其奴化教育服务。先后成立伪满洲国高等师范学校体育科、北平市立体育专科学校、国立北京师范学院设体育科和北平女子文理学院体育科，以培养其奴化教育所需的体育师资。

5. 加强体育教师在职培训

民国后期，为了挽救日本侵华战争对我国各级各类学校教师队伍造成的巨大破坏，提升教师质量，国民政府对教师的在职培训予以重视和加强。国民政府一方面制定教育政策对教师在职培训进行支持和奖励，另一方面举办一系列教师培训班积极对在职教师进行培训。

在教师培训政策方面，1934年，《浙江省各县市小学教员进修及奖励办法大纲》颁行，对小学教员进修的方式、进修考察及奖励等内容进行了详细的规定，明确了集会进修、阅读进修、观摩进修等三种进修方式。1935年，江苏省出台的《小学教员进修目标及奖励办法》中指出："小学教员之进修，不特有裨个人学术之修养，抑且影响整个小学教育之前途。"1938年，国民政府强调："对师资之训练应特别重视，而函谋实施。各级学校教师之资格之审查，与学术进修之办法，须从速规定。"① 1940 年，教育部提出地方可举办国民学校校长训练班、师资进修班、师资短训班。据此，各省市大都利用暑期举办在任教师训练班，以提高教员教育教学水平。1941 年，教育部要求各省市因地制宜拟定教师进修实施办法，推进教师进修事业。1942—1946 年，教育部连续颁行《奖励中等学校教员休假进修暂行办法》《奖励师范学校教员进修及学术研究》《师范学校附设中心学校及国民学校教员进修班及函授学校办法》《师范学院附设中等学校教员进修班办法》《三十五年度各省市国民学校教员进修研究竞赛办法》和《国民学校教职员任用待遇保障进修办法》等进修政策，逐步完善了教师进修的体系，明确教师进修的目标与方式、奖励与惩处措施等。1946 年，《修正师范学院规程》颁行，最终以法律的形式确定师范学院需附设教育研究所、高级中学教员进修班、中学教员进修班以及小学教员进修班。② 在举办培训班方面，当时的主要进修班情况见表 2 – 15。除了鼓励创办体育师资培养院校外，国民政府为应对体育师资严重短缺和素质低下问题，保障体育教员能够有进修的机会，还专门增设了针对体育教师的短期师资培训班。教育部于 1937 年暑假在中央大学举办了全国师范学校体育教员训练班（因战争提前结束）。1941 年国立西北师范学院举办暑期体育讲习班，1941 年桂林办过全省体育主任、体育教师暑期短训班；教育部于 1942 年特别成立了体育师资训练班来训练初中的体育教员和体育场指导员，要求省市教育厅局、体育师资训练机关举办体育教员训练班，还令国立中央大学、国立西北师范学院、国立国术体育师范专科学校、国立师范学院、湖北省立教育学院、江西省立体育师范学校及国立重庆大学特设一年制体育师资培训班。曾经举办过中等学校体育教员训练班的省份有广西、江西、福建、浙江、河南等；举办过小学体育教员训练班的省市有重庆、南京等。教育部 1943 年举办了体育教员暑期讲习班和假期教师进修会，另外还特设体育师资训练所，学制由三年制改为两年，取消一年制。重庆市 1944 年暑假举办中小学体育教育讲习会。③④

---

① 中国第二历史档案馆. 中华民国档案资料汇编（第五辑）（第二编）教育（一）[G].南京：凤凰出版社，2010：14.
② 霍东娇. 中国百年师范教育制度研究 [D]. 沈阳：东北师范大学，2018.
③ 周坤. 1903—1949 我国体育师资的培养 [D]. 北京：北京体育大学，2017.
④ 曹晓明. 对我国体育教师教育制度沿革与发展的研究 [D]. 济南：山东师范大学，2010.

表 2-15 师范学院进修班基本情况统计表

进修班类别	进修对象	时间	奖励
师范研究所	师范学院（其他院系）毕业，具有研究兴趣，两年以上经验的中学教员	2 年	经硕士学位考试及格者授教育硕士
高中教员进修班	两年以上教学经验的高中（同等学校）教员应受试验检定者	1 年	给予高中（同等学校）某科教员进修证明，相当于高中教员检定合格
初中教员进修班	两年以上教学经验的初中（同等学校）教员应受试验检定者	1 年	给予初中（同等学校）某科教员进修证明，相当于初中教员检定合格
小学教员进修班	三年以上教学经验的小学教员	1 年	晋级加薪，或充任初中教育行政人员

资料来源：李友芝，李春年，柳传欣，等 . 中国近现代师范史资料（第二册）[M] . 北京师范学院内部资料，1983：546 - 547.

6. 体育师资培养的课程设置

20 世纪 40 年代初，教育部相继颁布了《各级学校体育实施方案》（中国近代史上第一个比较全面的学校体育实施方案）、《修正初级中学体育课程标准》《修正高级中学体育课程标准》和《修订师范学院体育系、科必修和选修课科目表》加强中学体育课程的正规化建设，并试图统一课程内容。1946 年 12 月 9 日再次修改的《修正师范学院规程》将师范学院分为"国文、外国语、史地、公民、训育、算学、理化、博物、教育各系以及体育、音乐、图画、劳作、家政、社会教育各专修科"，设置普通基本科目、教育基本科目、分系专门科目、专业训练科目（包括分科教材教法研究、教学实习）四类课程，合计 170 学分。普通基本科目、教育基本科目及音乐、体育、军训为各系公共必修课程。① 1948年 12 月国民党政府行将崩溃前，对中学体育课程标准进行了修订，出台了最后一次课程调整规划，颁布了《初级中学体育课程标准》和《高级中学体育课程标准》。从经费、场地设备、课外运动、体格技能检查、成绩考核、体育师资培

---

① 周宁之 . 近代中国师范教育课程研究 [D] . 长沙：湖南师范大学，2013.

养、教材及课程标准方面对学校体育进行了较大的改革，以适应所谓的"宪政"。① 在体育师资培养上，1937 年抗战后所建立的体育师资培养机构基本上都实行美式教育，各培养机构因办学性质和条件不同，在课程设置上存在一定差别。体育系科的课程设置基本上根据学校实际按当时教育部的规定设置，国立师范体育系科的课程分为必修课程和选修课程两大类，选修课在其他系选修。必修课包括普通课程和专业课程两大类。三民主义、国文、英文、历史、地理、社会学、教育概论、教育心理、中等教育、普通教学法、军事训练等是全校共同必修课。专业课分学科和术科两类，学科开设人体解剖学、人体生理学、卫生学、运动生理学、健康检查、急救学等作为体育系科最重要的专业基础课。此外，主要学科课程还有体育概论、体育原理、体育史、体育行政、体育教学法、运动裁判法、体育测验与统计、矫正体操及按摩、小学体育等；术科课程有田径、体操、武术、篮球、排球、足球、棒垒球、手球及游泳、童子军课等。20 世纪 40 年代初，教育部颁发《修订师范学院体育系、科必修和选修课科目表》，试图统一课程，将体育专业课程分为必修和选修两类，必修课为人体解剖学、人体生理学、卫生学、卫生教育、体育行政、体育理论、体育测验、矫正体操、按摩术、运动裁判法、体育术科、体育学科教学法、教学实习、毕业论文等，选修课为第二外语、中国体育史、运动生理、人体机动学、小学体育、营养概论、医药常识及急救、国术研究、舞蹈研究、器械操研究、田径赛研究、球类研究、骑射研究、童子军、音乐、美学、卫生学教材及教法、诊断学、滑翔训练、普通教学法、训导原理及实施等。1942 年颁布了《修正体育师范学校教学科目》，明确了战时体育教育的课程，主要有政治教育、文史知识、国文、地理、历史、生物、理化、教育学基本知识技术、卫生及生理基本知识、解剖生理、卫生学、公民、音乐、军事训练、看护（女）、童子军、家事（女）、教育概论、教育心理、体育理论与实践、体育教材教法、体育原理、体育行政、体育测量及统计、健康检查、改正操与按摩操、运动裁判、韵律活动、田径运动、球类运动、机巧运动、体操游戏、武术、实习、水上及冰上运动等，另外，还必须参与教学实习。因各学校的师资条件和办学水平不同，各学校的课程设置有所区别（见表 2 - 16）。

---

① 蒲志强，赵道卿，董淑道. 民国时期（1927—1949）中学学校体育制度的演变过程、特点及其历史价值［J］. 北京体育大学学报，2005，28（10）：1388.

表2-16 代表性体育系科课程设置表

培养机构	课程名称
中央大学体育系	普通基础课：三民主义、英语、德语、生物学、高等混合学、物理学、生理学、现代文化概念；教育课程：教育概论、教育通史、教育社会学、教育心理学、教育统计学；体育专业课：人体解剖学、运动生理学、人体机动学、个人卫生学、公共卫生学、体育概论、体育史、体育原理、体育行政、体育测验、体育教学法、体育建筑与设备、运动裁判法、按摩术与改正体操、急救术、童子军
重庆大学体育科	党义、人体解剖学、英语、生理学教育学、卫生学（学校及公共卫生）、心理学、急救学、体育行政及管理、运动按摩术、体育建筑及设备、体育教学法、人体测量学、体育问题、运动生理学、民众体育、世界体育史、军事体育、运动裁判学、体育教学实习、体育专业课
川东师范大学体育科	国文、英文、三民主义、教育概论、心理学、数学、物理、化学、生物、历史、地理、人体解剖学、生理卫生、急救术、音乐、美术、体育行政、军训、体育概论、裁判法、体育建筑与设备、游戏、球类、垫器运动、童子军、国术
国立女子师范学院体育科	普通教学法、教育实习、童子军、三级教练、人体机动学、卫生学、教育纲要、体育指导及裁判、体育测验、体育术科、体育行政、矫正体操及按摩、医药卫生
国术体育师范专科学校	三民主义、教育学、社会学、伦理学、英语或德语。专业理论课程有解剖学、生理学、运动力学、国术概论、体育原理、体育行政、体育教学法、体育建筑与设备、运动裁判法、按摩术与改正操及急救法、童子军和音乐等。另外，体育专业课有国术、田径、球类等

资料来源：周坤.1903—1949我国体育师资的培养［D］.北京：北京体育大学，2017.

（三）体育教师教育政策的特征

1. 体育教师教育政策初成体系

这一时期体育教师教育政策由政府法律、管理机构、培养机构层次化和课程标准构成，已经初步形成体系。第一是政府法律。1941年重庆国民政府在修订的《国民体育法》中增加了关于体育教师的规定。在1942—1945年召开的四次国民体育委员全体会议中，多次提出诸如《请开办国民体育学院广造各级体育干部以推进国民体育巩固民族复兴基础案》和《体育教师或体育指导员专业保障及进修办法草案》等规范体育师资教育、提高体育师资质量的议案。第二是加强体育教师教育的管理机构。1941 年底，国民政府将教育部体育委员会改名为教育部国民体育委员会，下设学校体育组，在省市教育厅局下设体育股和督学，各级学校的体育分别由高教司、中等教育司、小学教育司管理。第三是体育教师培养机构的层次化，体育专业教育分为高等教育和中等教育。高等体育包括体育专科学校、师范学院体育系及体育专修科，主要培养中等以上学校体育教师。中等体育教育主要是指体育师范学校和师范学校中设置的体育师范科，主要培养小学体育师资。对于体育教师的培养包括职前教育和职后教育两部分，职前教育主要在上述的体育教育机构进行，职后教育主要在体育师资短期培训班、暑期讲习班和假期教师进修会中进行。关于招生的规定：大学或师范学院体育系的学制为五年（1943 年改为四年），要求较高，招生少，主要招收高中毕业生、省市教育厅推荐的保送生；专修科主要是国（省、市）立体育专科学校、国立体育师范学校、国（省、市）立大学或师范学院体育科四类，招收对象为初、高中毕业生，学制分别为五年和两年；师范学校还加强其他学科师范生的体育训练，以使其毕业后能够兼任体育教师；短期体育师资培训班主要招收全国各省、市教育厅局保送的在职中小学体育教员、国家体育场职员、国术馆教职员、体育行政人员及体育爱好者。第四是修订各级师范学校体育课程标准。20 世纪 40 年代初，教育部颁布《修订师范学院体育系、科必修和选修课科目表》并试图统一体育教育的课程内容。1946 年 12 月 9 日再次修改的《修正师范学院规程》对包括体育在内的各专修科的教学科目进行规定，要求各专修科设置普通基本科目、教育基本科目、分系专门科目、专业训练科目（包括分科教材教法研究、教学实习）四类课程。可见，以上四个方面的政策构成了体育教师教育政策的初步体系。

2. 稳定的美式体育教师教育模式

体育教育发展到这一时期已经经历了 40 余年，在这一过程中一直以培养体育教师为主线，这期间经历了由模仿日本转向向美国学习，尽管体育思想还带有深厚的军事政治色彩，毕竟已由军国民主义体育思想转向自然主义体育思想，体育教师教育运作模式已经相对稳定，美式体育教师教育模式得以继续推进。其稳定性主要体现在：首先，在培养方式上既建立体育师资培养机构进行职前教育，又设立体育师资培训班为现有体育教师提供进修机会，通过职前教育与职后教育相连贯，提高教师素养；其次，在课程设置上，除了因抗战和政治统治的需要增加了军事训练、童子军、三民主义和党义等课程外，与国民政府前期体育教师教育的课程设置保持基本一致，课程内容依然大体分为普通基础类课程、教育类课程、体育专业课程、教育实习等实践课程等几个类别。从整体上看，这种教育模式课程设置内容全面，重视教材教法及实习，突出师范性，选修课更为注重术科的研究，而非技术的提高，体现出与其他教师的一些共性特征，也反映出美国体育教师教育的特征。但其中一些课程直接照搬美国，缺少对相关课程的深层研究，课程设置的表层化明显。不容否定的是，这一时期我国体育专业教育模式已经相对稳定，初步呈现出规范化和科学化的特点。

3. 体育教师教育的军事政治化

这一时期体育师资培养体现出深厚的为军事、政治服务的特点。国民政府希望通过体育教育来增强国民体质，培养人们的道德意识，加强民族的团结，提高军事力量。1938 年，以《抗战救国纲领》为标志，中国进入了战时体制阶段。鉴于体育在强健国民体魄、提高士兵军事素质、振奋民族精神方面的作用，为达到救国目的，体育军事化和政治化的主张成为国人的主流思想，国民政府实行战时体育体制，其发展体育的目的是为了战争和专治统治服务，明确了自卫卫国能力的体育目标，将体育运动与军事训练紧密结合实行强迫体育。比如，在 1939 年的《体育改进案》中明确体育目的为"培养自卫卫国之能力"。1942 年的《学校体训科教学要领》和 1943 年《要领实施原则》，都要求加强学生的军事训练。在体育教师教育的课程设置上，《修正体育师范学校教学科目》中将军事训练、童子军和武术列为规定课程。在实践中也是如此，在表 16 中可以清楚地看到几乎每所体育教师培养系科都将三民主义、党义、军事训练（体育）、童子军和武术列为学习课程。中国共产党领导的革命根据地和解放区的新民主主义体育中，军事体育占据着重要地位，亦体现体育为战争服务的特点。1937 年 8 月，毛泽东在苏区"八一"抗战动员运动大会开幕式上提出："我们这个运动大会……要为抗战动员起来。"1942 年 9 月 9 日，毛泽东提出"锻炼身体，好打日本"，成为延安时期体育工作的总方针。贺龙为延安"九一"扩大运动会题词："体育运动军事化"。1946 年陕甘宁边区颁布了《战时教育方案》，提出要组织师生参加军事训练，使教师和学生具有自卫和作战能力。受此制约，共产党领导体育教育也体现着为军事斗争服务的特征。日伪政权为消磨中国人民的民族意识，培养"皇军的顺民"，除了用军事征服外，还十分重视思想驯服。建立殖民教育体系，确立"亲日""复古""灭共"的教育方针，推行奴化教育，在其教育中重视体育和军事训练，以培养顺服的劳力。同时，利用原国民政府的师范院校，发展体育教育，培养体育教师，为其奴化教育和殖民统治服务。

4. 以增加体育师资供给为主题

全面抗战爆发后，国民政府需要通过发展体育提升军队战斗力，振奋民族精神。同时，抗战中国土的沦陷，教育遭到严重破坏，前期许多学校被迫停办或者向西部和内地迁移，出现"师荒"现象。抗战胜利后，教育部为了普及国民教育，促进小学体育的快速发展，进一步修订了小学体育课程标准，颁发了《小学体育实施方案》，而体育师资问题则是解决问题的前提。时任教育部长陈立夫曾在国民体育委员会会议上指出，最重要的是体育师资问题。体育师资的缺乏一直是国民政府面临的重要问题，于是，增加体育师资供给成为这一时期体育教育的主题，国民政府采取多项措施来解决这一问题。第一，增加体育师资培养机构。在大片国土沦陷的状况下，大学在西迁的过程中继续坚持办体育教育，也新建了一批体育师资培养机构。第二，举办体育师资短期培训班。中央政府鼓励，省市和学校积极参与体育师资培训，频繁举办短期培训班。国立中央大学、国立西北师范学院、国立国术体育师范专科学校、国立师范学院、湖北省立教育学院、江西省立体育师范学校和国立重庆大学都特设过一年制体育师资培训班。举办过中小学校体育教员训练班的省市有广西、江西、福建、浙江、河南、重庆、南京等。教育部于 1942 年和 1943 年特别成立了体育师资训练班。第三，减少师资培养学制年限。1943 年教育部将师范学院体育系和体育专修科修业年限分别由五年和三年缩短为四年和两年，并增设了招收初中毕业生的五年制体育师范专科学校。第四，增派体育科留学生。1944 年教育部在自费留学生考试中特增设体育科，1946 年在续办留学生考试中增加了体育科的公费名额，报名人数增多，取得良好效果。

5. 体育师资培养中心的转移

体育师资培养中心在这一时期经历了从东部向西部迁移，再回到东部的过程。全面抗战之前，我国的体育师资培养院校主要分布在上海、江苏、浙江、广东等东南沿海经济发达的省市。抗战全面爆发后，由于战事不利，国民政府被迫于 1937 年 11 月迁都重庆，教育中心随着政治中心的迁移随之转移到西南地区。东南沿海的体育师资培养院校随着教育中心的西迁纷纷向西部转移，加上西部原有的体育师资培养院校和抗战期间新建的院校，到 1945 年西部共有 18 所体育师资培养机构（见表 2－17），占据全国体育师资培养机构数量的 50% 以上，同时，短期的体育师资培训班也在西部兴办起来，西部成为中国体育师资培养的中心。1945 年抗战胜利后，国民政府召开全国教育善后复员会议，对全国高校的布局进行调整，抗战时西迁的高校相继搬回原址继续办学。在这股回迁的潮流中，迁入西部的体育师资培养机构也相继迁回原址，继续培养体育师资，体育师资培养重心又回到了东南沿海省份。在这一迁移过程中，西部的体育教育事业得到重大推进。

表 2-17　抗战时期西南地区的体育师资培养机构一览表

序号	机构名称	地址	性质
1	重庆大学体育专修科	重庆沙坪坝	原有
2	重庆师范大学体育部	重庆北碚	原有
3	川东师范学校体育科	重庆市中区	原有
4	云南省立昆华体育师范学校	云南昆明	原有
5	教育部特设体育师资训练所	重庆青木关	新建
6	国立体育师范专科学校	四川江津	新建
7	国立贵阳师范学院体育系科	贵州贵阳	新建
8	四川省立成都师范学校体育科	四川成都	新建
9	中央干部学校体育童子军科	重庆	新建
10	四川国立体育师范专科学	四川成都	新建
11	教育部特设体育师资训练班	重庆	新建
12	私立泾南体育专科学校	四川泸县	迁入
13	金陵女子师范大学文理学院体育系	四川成都	迁入
14	两江体育师范学校	重庆	迁入
15	燕京大学体育系	四川成都	迁入
16	国立女子师范学院体育科	四川江津	迁入
17	中央大学体育系科	重庆沙坪坝	迁入
18	国立国术体育师范专科学校	重庆北碚	迁入

第四节　中华人民共和国的体育教师教育政策

中华人民共和国从 1949 年成立至今已经有 70 多年的历史，我国在政治、经济、文化、教育和科技等各领域的发展中都取得了令世人震惊的伟大成就。党的十九大报告提出科技、人才、质量、制造、航天、网络、交通、海洋、贸易、文化、教育和体育等 12 个具体方面的强国建设。目前，我国正从教育大国和体育大国向教育强国和体育强国迈进，体育教师的质量则是教育强国和体育强国建设的基础，体育教师教育政策引导着体育教师教育的发展。在这70多年的发展历程中，体育教师教育政策随着我国社会发展需求的变化正经历着与时俱进的变化，在不同的阶段呈现出不同的特征，据此将其划分为新型体育教师教育政策的开创（1949—1965）、体育教师教育政策发展的挫折（1966—1976）、体育教师教育政策的恢复发展（1977—1999）和体育教师教育政策的深化改革（2000—今）等四个阶段。

一、新型体育教师教育政策的开创（1949—1965 年）

中华人民共和国成立到 1965 年的 17 年间，我国的体育事业在对国民政府体育改造的基础上起步，其发展高潮与低谷相间，呈现出明显的波动性，体育教师教育政策随之波动。

（一）体育教师教育政策的背景

1. 社会背景

1949 年，中华人民共和国成立，中国进入了一个全新的时代，但面临的却是一个千疮百孔的烂摊子。面对中华人民共和国成立初期的复杂形势和严重困难，中共中央采取一系列措施，为巩固政权、恢复经济和教育文化建设进行了卓有成效的斗争，为各项事业的发展奠定了基础。1949—1956 年，中国共产党完成了对生产资料私有制的社会主义改造和由革命党向执政党的角色转换，实现了从新民主主义到社会主义的转变，中国共产党的领导地位得以巩固，形成了以中国共产党为执政党的人民民主专政的社会主义国家，国家进入全面的社会主义建设的历史时期，党中央提出"鼓足干劲、力争上游、多快好省地建设社会主义"的总路线，全国各族人民的社会主义革命和建设的热情空前高涨，为恢复和发展工农业生产创造了有利条件。党领导人民肃清了国民党的残余势力和反革命力量，建立并巩固了各级人民民主政权。在国际上，新中国仅得到了苏联和欧亚等少数人民民主国家的承认。其间，1957 年的反派运动和 1958 年的"大跃进"运动偏离了党的正确执政路线，影响了各项事业的发展。1962年，党中央总结了"反派"和"大跃进"中的经验教训，扭转了急躁冒进的现象，回归到正确的路线上来。经济上，中华人民共和国成立后人民政府没收和改造原国民政府的官僚资本企业，征用、代管和征购了国外在华投资企业，加上原"解放区"的企业，这使国有经济力量在短时间内迅速壮大，并成为整个国民经济的领导力量，确立了社会主义国有经济的领导地位。这种以国有经济为主体，以多种所有制经济成分在国有经济主导下共存共进的经济结构形式适应了中华人民共和国当时落后的社会生产力发展水平，并使国民经济得以迅速恢复和稳步发展。1956 年中共八大指出，全国人民的主要任务是集中力量发展社会生产力，从 1957—1965 年，我国进入全面的大规模社会主义建设时期。1958 年，全国上下各行业开展了声势浩大、不切实际的以扩大规模为特点的"大跃进"运动和农村人民公社化运动，高指标、浮夸风和"共产风"横行，经济建设的正常秩序遭到严重破坏，导致国民经济遭受重挫，生产连年下降，市场供应不足，人民生活困顿，给社会主义经济建设带来严重破坏。1961 年党中央正式提出"调整、巩固、充实、提高"的经济调整方针，纠正了"大跃进"的错误，扭转了急躁冒进的现象，到 1966 年基本完成了国民经济调整任务，国民经济得到了恢复和发展，重新出现了欣欣向荣的局面，形成了较完善的社会主义计划经济体制。

中华人民共和国的建立使得马克思主义思想和民主思想迅速在社会中扩展，马列主义和苏联文化成为社会的主流文化，整个社会呈现出思想活跃的新气象，引导着社会经济的大发展。"崭新"的中国，一切皆需重新开始，文化建设处于探索阶段，鉴于当时的国际形势，借鉴学习苏联先进文化，改造封建思想文化和资产阶级文化，寻求自身的文化启蒙、变革、更新与发展，成为"新中国社会主义文化"建设的一条必要路径。社会主义文化建设在教育上反映为马克思主义逐渐主导了教育的哲学观、方法论、思想体系和思维范式，苏联的教育经验、思想和模式成为新教育全面学习的对象。[①]

2. 教育背景

中华人民共和国的成立是我国历史上的伟大事件，中国的政治、经济、文化教育和社会面貌发生天翻地覆的变化，教育制度也随之进行了根本性改革，培养大量适应新中国建设的人民教师是教育面临的紧迫任务。对国民政府留下的因战争摧残而破败混乱的旧师范教育体系进行改造和重构，明确不同类别师范院校的目标和任务，成为社会主义新教育的核心任务。因此，立即对不能适应新中国社会发展需要的国民政府旧教育制度和师范教育体系进行调整和改造。

1949 年 12 月第一次全国教育工作会议在北京召开，提出要以解放区教育经验为基础，吸收旧教育中的有用经验，借鉴苏联教育先进经验建设新教育，为国家建设服务。此时教育的首要任务是在党和政府的领导下，对旧中国教育进行接管与改造，以苏联为榜样建设新中国的教育体制。1950 年 1 月，中华人民

---

① 刘远杰. 我国教师教育文化范式的历史演变及其应然走向［J］. 当代教育与文化，2015，7（6）：85—92.

共和国教育部连续颁行《关于改革北京师范大学的决定》《北京师范大学暂行规程》，为全国的高等师范教育改造与规范提供了基本方向，规定了师范教育的方针、任务、学制，基本结束了师范教育的混乱局面。1951 年，在第一次全国初等教育和师范教育会议上，教育部长马叙伦提出"师范教育是整个教育的中心环节"，强调师范教育在整个教育中的地位和作用。1951 年政务院颁布了中华人民共和国的第一个学制《关于改革学制的决定》，确立了中华人民共和国成立初期的教育基本格局。新学制根据全国各类专业人才的巨大缺口，仿照苏联模式，设置"专业"，培养职业岗位需要的专门人才，对满足短时间内缓解社会主义建设对人才的需求发挥了重大作用。新学制也为师范教育的发展提供了较为完整的框架，将师范教育分为中等师范教育和高等师范教育两类，师资培养体制分为三个层次：中等师范教育包括师范学校、初级师范学校、幼儿师范学校和师范速成班，主要培养初等（幼儿）教育教师。高等师范教育包括师范专科学校、师范学院和师范大学，师范专科学校主要培养初中学校教师，师范学院和师范大学主要培养高中学校教师。在新学制的指导下，形成了社会主义性质的层次分明、任务明确、布局合理、独立设置的封闭型师范制度体系。之后，在对苏联师范教育经验借鉴基础上，我国相继制定了《师范学校暂行规程（草案）》《关于高等师范学校的规定（草案）》《师范学院教学计划（草案）》《师范专科学校暂行教学计划（二年制）》等制度，对师范院校的设置、目标任务、招生办法、教学计划、修业年限等进行了明确的规定和说明，推动了独立封闭型师范教育制度体系的建立。1952 年教育部提出"以培养工业建设人才和师资为重点，发展专门学院，整顿和加强综合性大学"的工作方针。由此开展了全国高等学校院系调整工作，受苏联高等教育模式的影响，包括体育学院在内的专门学院得到了重点发展，依照所制定的专业目录在高等学校内设置专业和教研室，编译教材，仿照苏联进行教学安排和教学环节，突出培养社会发展所需的专门人才。这一年也确立了以高等师范学校（师范学院或师范大学）、师范专科学校和师范学校为"三级一体"的师范教育体系。1953 年 9 月，第一次全国高等师范教育会议对高等师范教育面临的任务、问题、发展方向和改革举措进行了讨论。1954 年，《公共纲领》从宪法上明确规定中华人民共和国的文化教育是民族的、科学的和大众的文化教育，其任务是提高人民文化水平，为人民服务。1956 年后我国的教育方针也从新民主主义教育转变为社会主义教育。1956 年以后，各地高等师范学校在第二次全国高等教育会议提出的发展高等师范教育要依赖地方力量精神的推动，在"大跃进"和教育大革命的催化下，进行了盲目的扩张和升格，高等师范学校数量和学生人数骤增，导致高等师范教育教学质量下降，独立封闭的师范教育体制受到冲击。直到 1961 年"调整、巩固、充实、提高"方针和《高校十六条》的颁布施行，师范教育重新确立培养目标，独立封闭的师范教育体制重新提出，此后师范教育制度渐趋稳固，进入师范教育一个快速发展期。在此期间，20 世纪 50 年代末中苏关系的恶化，为突破苏联师范教育经验的局限，创立适合中国国情的社会主义师范教育制度，党和政府提出了"两条腿走路"的办学方针，在部分地区试办半工半读的师范院校或专业，在当时教育资源紧缺的情况下，在一定程度上促进教育与生产劳动相结合，推动了教育的普及。① 总之，借助马克思主义的指导思想以及苏联教育的模式，师范教育形态在这一时期从行政体制、课程建设和教学组织上都发生了根本变革，突出了教育的"民主"性，强调师范教育对基础教育的决定性作用和在国家教育建设中的根本地位，呈现出整体向前发展的良好态势。同时，师范教育模式来自苏联，偏离了中国实际，教学上呈现出"统一、过细、过死"的呆板状态，限制了学生个性化发展。

3. 体育背景

中华人民共和国成立后，中央人民政府就把体育事业作为新民主主义建设事业的重要组成部分，开始了旧体育的改造和"新体育"的建设。为扭转体育极其薄弱的现况，在继承与发扬革命根据地和解放区的体育传统，接收和改造旧体育的基础上，形成了以"体育为人民服务"为本质和核心，以"发展体育运动、增强人民体质"为目的和任务，"使体育普及化和经常化"为途径和方法的新民主主义的新体育思想体系。在新体育思想体系的基础上，建立了与之相适应的管理体系和体育制度，确立了"使体育普及化和经常化"的体育思想。对 1952 年奥运会的参与使我们认识到竞技体育对提升新中国国际地位的重要影响，因此，提高运动技术水平，参与国际体育交往成为国家的一种需要，提高运动技术水平提上了重要议事日程。20 世纪 50 年代后期，我国体育工作呈现出群众体育与竞技体育并举的发展态势，基本上形成了以"增强人民体质，为劳动生产和国防建设服务"为首要任务，以提高运动水平为重要任务，以"普及和提高相结合"为方针的新体育发展思想②，成为新中国体育事业发展的新方向。党和政府主要通过体育组织建设、体育制度建设、体育人才培养等办法提高体育运动水平和改善人民体质健康。组织建设上，1949 年和 1952 年分别成立了中华全国体育总会和中央人民政府体育运动委员会。此后，教育部、中华全

---

① 霍东娇. 中国百年师范教育制度变迁研究［D］. 沈阳：东北师范大学，2018.

② 刘洪涛. 新中国体育科技政策变迁的历史考察与思考［M］. 南昌：江西人民出版社，2017：53.

国总工会、中国人民解放军等也建立了体育工作机构，县级以上政府逐步建立了体育运动员委员会，各基层体育协会也分别建立，中华人民共和国体育管理体制初步建立起来。制度建设上，1951 年起相继建立起《准备劳动与卫国体育制度》《运动员、裁判员登记制度条例的草案》和《基层体育协会示范章程》等多项体育相关制度，为新中国学校体育、竞技体育和群众体育的开展提供了制度保障。人才培养上，在"专才"教育思想影响下，通过设立体育专业开始了新中国的体育专业教育。1952—1954 年，我国先后创办六所体育学院，改建师范院校的体育系科，在各地创办中等体育专科学校和少年儿童业余体育学校，初步构建了体育专业人才培养体系。同时，我国开始建立体育科研体系，1958年中国成立了第一个体育科学研究所，体育院校系科也充实了科研人员，加强科研工作。经过发展新体育的各项事业获得了显著成效。学校体育中建设成效显著，到 1956 年，全国有 83 万多人达到"劳卫制"标准。竞技体育取得重大突破，极大振奋了民族精神。1960 年 5 月，中国登山队在人类历史上第一次从北坡登上了世界最高峰——珠穆朗玛峰。1961 年 4 月中国队夺得第二十六届世界乒乓球锦标赛的三项世界冠军和四项亚军。1959 年和 1965 年成功举办两届全国运动会。体育事业取得的巨大成就起到了促进民族团结，鼓舞斗志的作用，在全国掀起了全民参加体育的热潮。同时，体育事业的发展受到了反右斗争和"大跃进"政治运动的冲击，1959—1961 年的三年困难时期加重了体育发展的困难，影响了体育的正常发展。1961 年在"调整、巩固、充实、提高"八字方针的指导下，体育事业的发展也进行了相应的收缩。到 1966 年，体育事业发展得到恢复，形成了与当时社会发展相适应的体育体制。①

（二）主要的体育教师教育政策

1949 年中华人民共和国成立后，为恢复和建立师范教育的正常秩序，建立适应中华人民共和国的新师范教育，我国政府向师范院校派出干部，对旧学校进行接管和改造。20 世纪 50 年代初教育部颁布《北京师范大学暂行规程》《师范学校暂行规程（草案）》和《关于高等师范学校的规定（草案）》等师范教育政策，对中华人民共和国成立初的各级师范教育进行调整和整顿，明确师范教育必须正规师范教育与短期训练相结合的工作方针，在三五年内以大量短期训练为工作重点。1952 年全国高等教育院系调整，确立了师范教育的独立地位。1953 年和 1956 年召开两次全国高等师范教育会议，提出有计划地大力发展高等师范教育的方针，就解决高师和中等教育师资不足、提高中等教育师资水平、

---

① 孙成林. 我国体育设施政策演进及优化［D］. 武汉：华中师范大学，2013.

加快教学改革进度和科研工作等问题进行安排部署。1956 年教育部颁布《师范学校规程》，对中等师范的性质、任务、培养目标、学制以及课程设置等进行了明确的规定。1958—1960 年，师范教育在"大跃进"的影响下，教育质量明显下降。1961 年我国召开全国师范教育会议，纠正师范教育盲目发展的错误做法，总结新中国的师范教育的经验，讨论师范教育的学制问题，明确了教师教育如何办好的问题，对师范生提出比其他专业学生更高的要求。这一系列师范教育的政策措施都将体育教师教育政策包含在内。①

1. 建立社会主义性质体育教师教育

尽管 1949 年 12 月，我国第一次全国教育工作会议确定"以老解放区新教育经验为基础，吸收旧教育有用经验，借助苏联经验，建设新民主主义教育"的教育改革方针建设新中国的新教育。但是，在中华人民共和国成立后的三年，新的教育体制并没有建立起来，体育教师培养中除开设适合新中国的政治课程，要求具备较高的政治觉悟外，仍然主要沿用南京国民政府后期的模式。1952 年以后，新生的共和国对美国的实用主义和自然主义体育教育思想进行批判，在体育教师教育上彻底放弃美国资本主义性质的教育模式，学习苏联按照国家建设需要以不同专业培养各类专门人才，编定全国统一的专业标准的做法，几乎完全照搬了苏联的体育教师教育模式，建立了专门的六大体育学院，设置了体育专业。1955 年，我国教育部颁发高等师范学校《体育系暂行教学计划》（见表 2 - 18），该教学计划即是学习苏联的产物，其中对老解放区和旧中国体育师资培养的经验有所吸收，但从培养目标、学制、课程思想、课程方案到教学大纲、教材，几乎全部从苏联原封不动地引进，中国体育教育完成"苏式"体育教师教育转向。1957 年，国家体委按照《关于体育学院 1957 年工作要求》，结合我国实际，开始着手制定生理学、解剖学、体操、田径、球类等 18 门体育课程教学大纲。紧接着 1961 年，国家体委安排直属体育学院编写田径、武术等共18 门课程的教材，这是我国高等体育院校独立编写的第一批教材。② 20 世纪 60年代初体育系统恢复了正常的教学秩序，重新讨论和修订了体育专业的教学计划和教学大纲。1962 年教育部完成了《师范学校体育教材纲要（初稿）》。1963年，教育部颁发《体育专业教学计划（草案）》，规定了体育专业的基本任务是培养体育师资，并设定了课程细则科目（见表 2 - 19）。部分地结合了中国实

---

① 葛军. 教师教育政策历史考察与有效性研究［D］. 苏州：苏州大学，2004.

② 王建，唐炎. 我国职前体育教师教育制度演变历程、特征与启示［J］. 成都体育学院学报，2019，45（4）：98 - 105.

际，重新修订的教学计划具有了一定的"中国特色"。① 中华人民共和国成立后我国体育师资培养目标、教学计划几经变动，缺乏稳定性，但该教学计划的出台明确了体育专业的培养目标、统一了教学标准，对教学秩序稳定、教学质量提高以及师资培养发挥了重要作用。②

表 2－18　1955 年教育部颁发体育系必修课程计划主要指标

序	科目名称	学时	理论讲授学时比重	备注
1	马列主义原理	140		学科 1—13 共 1770 学时，占总课时的 53%
2	中国革命史	140		
3	政治经济学	145		
4	辩证唯物主义	113		
5	教育学	122		专业理论课共 726 学时，占总课时 21.7%
6	心理学	87		
7	教育史	87		
8	俄语	210		
9	人体解剖学	158		
10	人体生理学	175		
11	卫生学	116		
12	体育理论	152		
13	医学监督	125		
14	体操	406	16%	术科共 1568 学时，占总课时 47%
15	田径运动	353	16.1%	
16	球类运动	292	17.1%	
17	活动性游戏	58	17.2%	普修术科中理论讲授平均比重为 15.5%
18	舞蹈	105	9.5%	
19	重竞技运动	88	11.3%	

① 刘洪涛，毛丽红，王文莉，等．我国体育教师教育政策的演变历程及特征研究 [J]．吉林体育学院学报，2017，33（2）：8－12.
② 高晓峰，陈少青．建国初期我国学校体育政策变迁研究（1949—1978）[J]．中国学校体育，2018，5（4）：12－18.

续表

序	科目名称	学时	理论讲授学时比重	备注
20	专门选修术科	266	16%	专修术科占总课时的7.9%
	总学时	3338		

资料来源：

［1］刘英杰，等．中国教育大事典（1949—1990）　［M］．杭州：浙江教育出版社，1993：885．

［2］彭建军．新中国高等体育专业教育制度的形成与变迁［D］．武汉：武汉体育学院，2010．

表 2 - 19　1963 年体育专业课程安排

课程类型		具体科目	学时
必修	基础理论	马列概论、中共党史、思想政治教育、外国语、心理学、教育学、人体解剖、人体生理学、体育理论、运动保健	1123
	专项技术	田径、体操、球类、技术专项（田径、体操、球类选一门）、武术、举重（男）、艺术体操（女）、游泳、滑冰	1470
选修		中国语文、哲学、政治经济学、音乐和舞蹈、生物力学、体育史、学校卫生、体育统计与测验、运动心理学等	66—122

合计
2659
—
2715

资料来源：

［1］刘英杰，等．中国教育大事典（1949—1990）［M］．杭州：浙江教育出版社，1993：885．

［2］彭建军．新中国高等体育专业教育制度的形成与变迁［D］．武汉：武汉体育学院，2010．

2. 设置体育教师教育管理机构

中华人民共和国成立后，中华全国体育总会先行代管学校体育工作的管理职责，1951 年成立教育部体育委员会秘书处，1952 年，教育部开始设置体育指导处，1953 年，全国各地开始设置体育机构，对教育机构的体育教育的实施进行管理，并负责传达中央的各项关于体育教学的规章制度，监督体育教育政策的执行落实情况。1952 年 11 月，中央人民政府成立专门管理体育的机构——中央人民政府体育运动委员会，各省市也建立了相应的体育运动委员会，1955 年在中央体委内部设立管理体育教育的机构——教育司，负责对中、高等体育教育进行规划，发展体育教育，培养体育专业人才。1952 年，教育部和国家体委联合颁布了《学校体育工作暂行规定》，规定中明确表示，我国的体育教育应该以促进学生身心发展，锻炼学生体质为基本目标。1957 年，我国确定学校体育工作由教育行政部门统一领导，体委负责指导、配合和监督，由各省市教育厅局成立体育科。至此，我国学校体育的领导组织体系建立起来，学校体育工作接受国家教育部门和体育部门的双重管理，体现了国家对体育教育的重视，同时也在一定程度上导致管理的混乱。

3. 确立体育专才教育的思想

国民政府时期，我国的大学都是综合性的，只设系科，不分专业，实行通才教育，毕业生自谋出路。中华人民共和国成立后，为使人才培养同国民经济、国家建设事业对口，教育全面向苏联学习，根据苏联的教育模式，高等学校普遍设置了专业，形成了"专才"教育思想。在此教育思想指导下，1952 年秋季，教育部开始对高等院校做大规模的调整，提出了"以培养工业建设人才和师资为重点，发展专门学院，整顿和加强综合性大学"的工作方针。我国从1952—1954 年建立的六大体育学院便是在此指导思想下建立的体育专业学院。1958 年初，受"大跃进"和迎接第一届全国运动会的影响，提高运动等级通过率的需求强烈，同时也为改变体育专业学生运动技术水平低下的状况，国家体委要求体育学院毕业生应达到一级运动员以上标准。根据该要求，体育学院纷纷按运动项目分系，按专项分班，按运动技术成绩分队，按等级运动员的要求修订教学计划，按项目设置专业成为常态，出现了篮球、足球、排球、体操和田径等专业，强调运动技能，形成了体育专才的教育思想。

4. 通盘布局体育教师的培养

在国民政府时期，我国的体育教师培养机构在全国的布局很不平衡。中华人民共和国成立后，为了改变体育教师供求不平衡的状况，原国家体委采取全国一盘棋的方式进行通盘考虑，按照全国六大行政区的划分，1952—1954 年分别建立了华东体育学院、中央体育学院、中南体育学院、西北体育学院和东北体育学院，这样每个行政区都有体育教师培养基地，培养各区所需的体育师资。同时，还在各地的师范院校中恢复体育系科，设置体育专业，建立中等体育专科学校，其主要任务就是培养体育师资，这对体育师资地区供需的不平衡情况有所缓解。1959 年 8 月底，教育部、国家体委联合发出《关于培养中等学校体育师资工作的意见》指出，高等师范院校的体育系、科以及体育学院和体育专科学校都要担负培养中等学校体育师资的任务，以解决体育教师缺乏问题。

5. 建设体育教师培养机构

1949 年中华人民共和国成立时，全国仅有北京师范大学、南京国立大学等九所高等学校设置了体育系，办学条件差，学生数量少。当时，全国体育专业在校生仅 282 人。为解决体育师资严重缺乏的问题，创办专业体育学院培养体育教师迫在眉睫。1952 年，教育部将原南京大学、华东师范大学和金陵女子大学的体育系科整合为新中国的第一所体育学院——华东体育学院。1953 年 7 月，教育部发出《关于高等师范学校教育、英语、体育、政治等系、科的调整设置的决定》，提出了体育这一学科的调整办法，并将北京师范大学等五校的体育系、科移交到国家体委，作为成立体育学院的基础。1953 年建立中央体育学院、中南体育学院和西南体育学院。1954 年建立西北体育学院和东北体育学院，至此形成了国家体委直属六大体育学院。这些学院以苏联的体育人才培养模式为样板，设置体育专业。

在全国范围内的院系调整中，根据中央人民政府和高等教育部的统筹规划，我国许多综合性大学和高等师范院校的体育系、科进行了重新调整、合并与增设。1950 年，西南师范大学（现为西南大学）体育系组建，接着 1951 年重庆大学体育专修科被并入其中。1951 年，在原东亚体育专科学校体育系和体育专修科的基础上，成立华东师范大学体育系。1950—1952 年，我国总共在西南师范大学、山西大学、内蒙古师范大学、华南师范大学等六所高校增设体育系（见表 2 - 20）。1959 年教育部向国务院提交了《关于在高等师范院校中保留和设置体育系、科的请示》报告，并得到批复。这一时期总共恢复和建立了 28 个师范院校体育系、科，11 所中等体育专科学校和 77 所少年儿童业余体育学校。在 1958—1960 年"大跃进"期间，体育学院增至 18 所，并新建体育专科学校 6 所，师范学院的体育系科又新增 17 所。① 这些体育专业院、系的建立，加强了国家对体育专业教育的领导，有效地利用和整合了原有零散的体育办学资源，提高了体育人才培养能力，大大缓解了中华人民共和国成立初期学校体育师资需求的矛盾，有利于体育教育的快速健康发展，加快了对新中国学校体育师资的培养。

这一时期我国体育教师培养机构的设立，奠定了新中国体育教育人才培养分属两个系统"双轨制"的基本格局：即一类是独立建制的单科性的体育院校，另一类是综合性大学或师范大学的体育系、科的结构模式。②

---

① 王健，新中国高校体育本科专业设置的变迁与启示［J］. 上海体育学院学报，1999，23（4）：7 – 13.

② 彭建军. 新中国高等体育专业教育管理制度的形成与变革［D］. 武汉：武汉体育学院，2010.

表 2 - 20　中华人民共和国成立初期主要体育院系一览表

院系名称	地址	时间（年）	备注
南昌大学体育科	南昌	1949	1953 年合并到中南体育学院
华中师大体育系	武汉	1950	1953 年合并到中南体育学院
西南师大体育系	重庆	1950	1959 年并入重庆体育学院
华东师大体育系	上海	1951	1952 年合并到华东体育学院
山西大学体育系	太原	1951	现山西大学体育学院
华南师大体育系	广州	1951	现华南师范大学体育学院
内蒙古师大体育科	呼和浩特	1952	现内蒙古师范大学体育学院
杭州大学体育系	杭州	1952	现浙江大学体育系
苏州大学体育系	苏州	1952	现苏州大学体育学院
华东体育学院	上海	1952	由南京大学、华东师大和金陵女子大学体育系整合而成，1956 年更名上海体育学院，2002 年与上海运动技术学院、上海体科所合并为新的上海体育学院
中央体育学院	北京	1953	原北京师大体育系为基础组建而成，1956 年更名为北京体育学院，1993 年更名为北京体育大学
中南体育学院	南昌	1953	原南昌大学、华中高师和武汉体育师范专科学校体育系、科整合而成，1955 年迁武汉，1956 年更名武汉体院
中国人民解放军军事体育学校	广州	1953	1963 年改建为中国人民解放军体育学院，2003 年撤销建制
西南体育学院	成都	1954	由四川省立体育专科学校在成都调整组建，1956 年更名为成都体育学院
东北体育学院	沈阳	1954	1954 年 10 月由原东北体训班在沈阳调整组建，1956 年更名为沈阳体育学院
西北体育学院	西安	1954	由原西北师范学院体育系和西北体育干部训练班在西安调整合并组建，1956 年更名为西安体育学院

6. 开设培养体育教师专业

在教育行业全面向苏联学习的背景下，我国体委直属的体育学院和恢复办学的师范院校体育系根据苏联设置体育专业培养体育教师的教育模式，首次设立了体育专业，体育专业教育正式形成。1954 年 11 月我国颁布的《高等学校专业目录分类设置（草案)》，完全根据社会工作需求进行设置，体育专业拓展为两类，一类是体育部门下的体育和运动专业，以培养各级教练员和运动员为主；一类是教育部门下师范院校中的体育专业，培养目标是体育师资。国家体委于1959 年召开了六所体育学院院长座谈会和全国体育院、校和系、科负责人会议，指出体育类院校存在学校性质、任务、培养目标不明确，专业设置和教学工作混乱等问题，并明确了体育学院的主要任务是培养体育教师。1963 年，国务院批准《高等学校通用专业目录》，体育科类下有体育（师范）专业，师范院校中设置的体育专业就归口到师范科类下。同年 11 月，《教育部、国家体委关于七所省属体育学院领导关系、培养目标、助学金待遇等问题的通知》指出，上海、北京、武汉三所体院可以按项目设置的专业，其余体院只开设体育专业，培养体育教师。截至 1965 年，全国共有 20 所院校开设了体育本科专业。① 在培养的体育教师远远无法满足学校发展需求的情况下，国家允许具有一定运动技术的教师担任体育教师，对退伍军人和具有较好运动技术的社会青年进行短期培训，使其成为体育教师，因此当时的体育教师质量不高。

7. 体育教师职后教育政策

中华人民共和国成立后，体育教师教育面临的最大问题是快速增加体育教师数量，因而对关注体育教师质量的职后培训并没有受到特别重视，也无独立的专门政策，体育教师的培训政策都涵盖在教师进修政策之中。关于教师进修的政策主要有：1951 年教育部发出《关于中小学教师进修问题的通报》，1952年教育部指示各地加强中小学教师在职进修工作建设系统的教师进修制度，并发出《关于加强小学在职教师业余文化补习的指示》，1954 年教育部发出《关于举办小学教师轮训班的指示》，要求各地举办小学教师轮训班，1955 年教育部发出《关于加强小学在职教师业余文化补习的指示》，1957 年的《关于函授师范学校（师范学校函授部)、业余师范学校若干问题的规定》。同时，还建立了教育学院和教师进修学校等教师职后培训的专门性机构。1960 年上海和北京体育学院首办了体育函授教育，取得了一定的效果。在培训形式上，主要有体育

---

① 蒲鸿春. 我国高等院校体育本科专业设置与调整研究［D］. 北京：北京体育大学，2010.

教师业务学习、寒暑假体育教师训练班、体育教学大纲培训班、教育学院短期体育培训班。学习的内容主要是党史、党的教育方针、苏联的教育理论、语文和数学等文化基础、体育教学大纲等，其目的是促使体育教师正确贯彻体育教学大纲，掌握体育技术理论和体育教材教法，保障中小学体育教学规范化发展。20世纪60年代初中共中央发布的《中小学体育暂行工作条例》中，对中小学体育教师的职后教育也有所规定。

（三）体育教师教育政策的特征

1. 体育教师教育政策政治色彩

一个国家的教师教育不可避免地和国家的政治制度紧密联系在一起。在中华人民共和国初期我国的政治意识形态在社会当中占据特别重要位置的特殊历史时期，我国的体育教师教育带有浓重的政治色彩。1949年9月中国人民政治协商会议制定的《共同纲领》中"提倡国民体育"。毛泽东也为新中国最早的体育杂志题写"新体育"的刊名，标志着中国开始进入区别于原国民政府的新体育建设阶段。新体育建设将"体育为人民服务"作为其思想本质，将"增强人民体质"作为其根本目标，特别强调新体育的思想教育性和政治性，把体育运动作为培养人民集体主义精神和共产主义教育的重要手段。《新民主主义的国民体育》报告中指出："新的体育方针，就是新民主主义"，"要把体育活动和一切新民主主义的建设结合起来，反对为体育而体育，脱离实际，脱离人民的思想和办法"，"为新民主主义事业的建设，全心全意为人民服务是每一个体育工作者的道德标准"；"提倡集体主义精神，反对自私的个人锦标主义和风头主义"。有针对性地接收和改造旧的体制，确立全新的发展目标，为建设社会主义新时代奠定良好基础。可见，党把改善人民的健康状况，增强人民体质视为自己的重要政治任务。具体到体育教育当中，"批美学苏"则是其政治性的突出表现。体育教师教育从体育学院的建立，体育专业的设置模式到培养目标、课程思想方案以及教学大纲、教材全部从苏联引进。在政治运动中，体育教师教育也受到极大影响。1957年开始的反右扩大化和1958年的"大跃进"，培养体育教师的学院、体育专科学校及师范学院的体育系科的数量增加很快，一方面学校大搞生产劳动，用劳动代替体育，对学校体育产生了负面影响；另一方面新增体育教师培养机构办学条件差，存在盲目扩大的问题，影响了体育教师培养的质量。1960年的"调整、巩固、充实、提高"八字方针将学校体育逐渐拉入正轨。上述情况都表明，这一时期的体育教师教育政策受到政治的制约很大，体现出强烈的政治色彩。

2. 形成苏式体育教师教育模式

中华人民共和国的建立代表着我国的社会性质转向社会主义国家，在西方资本主义国家的政治封锁下，我国在外交上被迫"一边倒"地转向苏联。我国的教育体制发生了根本变化，全面否定美国的教育思想和模式，体育教师教育模式随之发生适应性转变。1952 年，体育界开展了严厉的批评资产阶级思想运动，对实用主义和自然主义体育教育思想进行猛烈的批判，坚决反对旧体育崇拜美国的体育教育思想，转而开始全面学习苏联的经验，几乎完全照搬了苏联老大哥的体育教师教育模式，在聘请的苏联专家的全面指导下建立了专门的六大体育学院，设置了体育专业。1953 年，苏联体育专家凯里舍夫指导中央体育学院建立了研究生部，并对研究生进行授课和指导，培养了我国的第一批体育研究生。同时，教育部组织人员翻译了《苏联 10 年制学校体育教学大纲》，并组织全国各地体育教师进行学习。《新体育》在 1953 年第 12 期发表《学习苏联中小学体育教学大纲》的社论，以推进向苏联体育教学大纲的学习力度。同年，高等教育部还制定了全国第一个统一使用的《高等学校普通体育课教学大纲》。1955 年，我国教育部颁发高等师范学校《体育系暂行教学计划》，该教学计划即是学习苏联的产物，其中对老解放区和旧中国体育师资培养的经验有所吸收，但从培养目标、学制、课程思想、课程方案到教学大纲、教材，几乎全部从苏联原封不动地引进。我国的体育教育从此彻底摆脱了美国体育思想的影响，走上了教师、教材、教学为中心的"苏式"主智主义体育道路。翻译苏联的体育教学大纲并制定中国体育教学大纲，引进苏联的体育教材，聘请苏联的专家担任顾问开展体育工作逐渐成为常态。至此，我国体育师资培养形成了中专、大专和大学多层次体育教师培养的基本格局。虽然 20 世纪 60 年代中苏关系恶化，苏联撤走相关专家，但"苏式"体育教师教育模式没有改变，对我国的体育教师教育产生着持久影响。

3. 体育教师培养的"专才"性质

为了培养社会发展和国民经济建设的对口人才，中华人民共和国成立后，我国教育全面学习苏联的"专才"教育思想，一改国民政府时期大学的勇才教育，在高等学校普遍设置了专业，形成了"专才"教育思想。在苏联的帮助下，我国体育教师的培养发生了很大转变。我国的体育专业教育根据苏联"以教师和教材为中心，按运动项目设置学科"的体育教学模式，在体育教师培养中设立了体育专业，开始走向"运动专项化"，突出专项运动技术的习得，体育学院的体育本科专业按运动项目设系，对体育教师的运动技术水平要求很高，强调技术而轻视基础理论知识，也不重视对教师教学能力的培养。同时，由于体育教师供应缺口巨大，无法满足学校体育发展的需求，国家被迫允许从社会上挑选具有一定运动技术的人员担任体育教师，同时，也从退伍军人和社会青年中招聘一批身体条件好、有运动技术的人员，通过短期培训成为体育教师。这一时期对体育教师培养目标的"专才"性质突出，主要以运动技术为主，强调对专业知识和技能的训练与掌握。①

4. 体育师资培养实行计划统筹

中华人民共和国成立初期我国建立了集中统一领导的师范教育行政管理体制，1949 年 11 月中华人民共和国教育部成立，教育部下设师范教育司，主管全国师范教育事务。1952 年 11 月中央人民政府体育运动委员会成立，内设教育司，负责对中、高等体育教育进行规划，发展体育教育，培养体育专业人才。从中央到地方建立起了一套体育教育的行政管理体制。至此，学校体育工作接受国家教育部门和体育部门的共同管理。同时，20 世纪 50 年代我国初步建立起计划经济体制，对当时维护国家政权、恢复和发展国民经济以及社会稳定起到了巨大的作用。在计划经济体制和统一领导的师范教育行政管理体制的双重推动下，我国的体育教师教育被纳入到社会主义计划的轨道上来。师范院校中的体育系科和体育学院的设置，都根据国家体育教育发展计划进行统筹安排，按照全国六大行政区的划分，在每一行政区建立一所专业体育院校，同时还恢复和建立了一批师范院校的体育系、中等体育专科学校和少年儿童业余体育学校，并以计划的方式对体育师资培养机构进行资源配置。体育教师的招生和培养服从于国家计划调整的整体安排，遵循计划经济体制下的招生培养、招募和分配机制，国家统一制定体育专业的教学计划、教学大纲及课程，行政力量在其中发挥着核心作用，保障了体育教师相对稳定的供给。这一时期，我国体育教师呈现出强烈的计划性。

5. 体育教师职后培训重视不足

中华人民共和国成立后这一时期，由于我国教育的发展，对体育教师的需求量很大，而体育教师培养的数量远远不能满足需求，体育教师的数量供应是当时体育教师教育中的主要矛盾。为此，党和政府制定体育教师教育政策的重心就放在了提供教师数量的职前培养，而对提高教师质量的政策暂时还顾及不到。在师范会议和体育会议上，多次强调增加体育教师数量，体育教师教育政策主要是关于体育教师的职前培养，从体育专业院校的建立，综合大学和师范

---

① 尹志华，汪晓赞，季浏. 中国体育教师专业素质要求的历史演进分析 [J]. 体育文化导刊，2015（9）：158－162.

类院校体育系科的恢复，体育专业的设置，《体育系暂行教学计划》的制定，到体育教学大纲、教材的编写都是围绕职前体育教师培养。而对于体育教师职后教育则没有形成国家层面的专门政策，体育教师的职后教育遵循一般地针对全体教师职后教育政策的指导。在实践中，建立了教育学院和教师进修学校这样的职后教育机构，也的确存在着诸如中小学体育教师暑假体育教师训练班、体育教师业务学习等职后培训的形式，但没有得到足够的重视。

二、体育教师教育政策发展的挫折（1966—1976 年）

（一）体育教师教育政策的背景

1. 社会背景

1966 年 5 月至 1976 年 10 月，我国经历了一场"史无前例"的具有严重破坏性的"文化大革命"。政治上，"左"倾错误方针占据了统治地位，国内迅速掀起了红卫兵"大串联"和"造反"风潮，各行各业的"走资本主义道路当权派"遭到批斗，"阶级斗争为纲"成为这一时期的政治路线，一方面，领袖个人的权威被无限放大，个人崇拜和个人专断达到极致，另一方面，政府功能退化成一种无政府状态，社会失衡，全国处于混乱之中，"党、国家和人民遭到了建国以来最严重的损失"。① 经济上，"文化大革命"打乱了我国以经济建设、发展生产力为中心的经济发展路线，国家工作重点完全脱离了经济建设的中心任务，经济管理机构和组织遭到破坏，经济建设遭到了严重干扰和破坏，生产下降，国民经济发展形势急剧恶化。中国的所有制结构在极"左"思潮统治下进一步走向极端的单一化，全民所有制被认为是更先进的所有制形式，集体所有制经济形式因受到轻视而向全民所有制转化，个体经济和私营经济被排斥，实行人民公社制，分配领域泛滥起平均主义，经济结构单一且僵化，经济自主与活力丧失。从而造成物资短缺、国民经济各部门比例关系失调、积累与消费的比例严重失调、国家财政赤字、人民生活水平下降和经济效益大大降低，国民经济遭受极大冲击，给正在前进中的各项事业以致命打击。

2. 教育背景

1966—1976 年，我国陷入十年"文革"的政治动乱之中，社会意识被极"左"的革命理论高度控制，"阶级斗争和路线斗争"成为教育的主题。1966 年《中国共产党中央委员会关于无产阶级文化大革命的决定》提出"改革旧的教育制度，改革旧的教学方针和方法，是这场无产阶级文化大革命的一个极其重要

---

① 刘洪涛. 我国体育科技政策历史变迁研究 [D]. 北京：北京体育大学，2011：41.

的任务"。由此，"文化大革命"首先从文化、教育、意识形态开始，教育就成为重灾区。中华人民共和国成立初期的教育制度、考试制度、培养目标、教学方针都被停止执行。多数高等院校停止招生，高校数量急剧减少，学制缩至2—3年，专业设置非常混乱，高等学校学科结构遭到巨大破坏。"彻底揭露那些反党反社会主义"的所谓"学术权威"，把党内的大批干部和学有专长的知识分子错误地当作"革命对象"进行批判。人才培养上将"红"与"专"对立起来，"读书无用论"大行其道并成为教育领域的主流思潮，整个教育领域全面倒退。同样，师范教育也遭到了极大破坏，师范教育制度被否定、各级师范院校培养目标被扭曲、师范院校管理体制被破坏、师范院校教学计划被干扰，师范教育成了众矢之的，知识分子备受轻视，教师惨遭批斗和迫害，教育水平严重下滑。师范学校被砸被抢，校舍、图书、仪器设备损坏殆尽。我国独立封闭的师范教育体制和师范教育都陷入到了空前的混乱之中。

3. 体育背景

"文革"时期，整个体育领域形成了学校体育"以阶级斗争和路线斗争为主课"的指导思想，群众体育形成了"体育必须为人民服务和占领农村业余文化阵地"的指导思想，竞技体育形成了"友谊第一、比赛第二""为无产阶级斗争服务"的指导思想。此间，我国的体育思想背负着沉重的、畸形的政治目的和扭曲的指导思想，深深地打上了"文革"时代的政治烙印。① "文革"开始后，新建立的国家体育行政系统走向崩溃，体育组织管理系统陷入全面瘫痪，社会主义体育事业在这场浩劫当中遭受到了极其严重的破坏。在"打倒一切，全面内战"的混乱局势下，从中央到地方体育部门的领导干部被批斗，整个体育战线基本陷于瘫痪。"文革"前期，学校体育教学秩序被严重破坏，教师队伍遭受摧残，体育院校停止招生，曾一度停止上体育课。在"文革"中后期（1971年以后），各级各类学校教学秩序开始恢复，中小学和大专院校开始上"军体课"，也恢复了课外活动。1971年后，部分体育学院、高等师范院校的体育系陆续开始招收工农兵学员。

从1966年开始，群众体育因政治环境的变化而降温，基本处于停滞状态。1970年，在政治形势相对稳定的状况下，开始出现自发性的个体和群众性的体育活动。从1972年开始到1975年底，政治化的群众性体育从复苏到蓬勃发展，出现了畸形兴盛的状况。"文革"前期，竞技体育受到了强烈冲击，陷入全面瘫痪状态。"文革"后期，在1971年"9·13"事件和"乒乓外交"成功后，"乒

---

① 孙成林. 我国体育设施政策演进及优化［D］. 武汉：华中师范大学，2013.

兵外交"成功推动了竞技体育组织机构和管理系统的恢复，运动训练比赛重新开始，开始参与国际体育赛事，竞技体育和体育国际交流得到较大发展，出现了局部兴盛的景象。1976 年，全国刮起了"批邓、反击右倾翻案风"，整个体育事业再次出现全面滑坡。①

（二）主要的体育教师教育政策

1. 体育专业的招生政策

在全国高校恢复招生的过程中，1973 年 1 月我国召开全国体育工作会议，提出"努力办好体育学院，深入进行教育革命，培养以体育师资为主的专业人才"的要求。1973 年 5 月，国务院科教组和国家体委联合下发了《关于高等学校体育专业 1973 年招生工作意见》，并转发给各省、市和自治区教育局，对1973 年的体育专业招生工作进行部署，师范院校和综合性大学体育系开始招收两年制的工农兵学员。在艰难的环境中，体育教育事业在各种干扰和压力之下，还是培养了部分体育教师，使体育专业教育得以保存和缓慢地发展。②

2. 体育教师的培养措施

在"文革"前期，体育教师的培养基本停滞。1966 年"文革"开始，教育遭受到最严重的打击，师范教育受到极大摧残，许多师范学校被迫停办、撤销、合并，师资培训工作几乎完全中断，整个师范教育事业出现停滞甚至倒退。在体育专业教育上，许多体育院校和体育专业停办，也有一些院系被迫合并或撤销，全国体育院校从 1966—1970 年停招四年，体育师资队伍无法正常补给，教学秩序被完全破坏，体育教师培养基本停滞，严重影响了体育教师队伍数量的扩大，遑论质量的提高，同世界各国体育教师教育发展的差距进一步拉大。在"文革"后期，体育教师的培养得到一定的恢复。1971 年后，体育教师的培养主要通过三种方式进行：首先，抽调具有一定体育基础的上山下乡青年，对其进行简单的短期培训之后，担任体育教师工作；其次，对原来的体育教师逐级拔高使用，小学体育教师提高到初中，初中体育教师拔高到高中；最后，一部分体育院系以推荐工农兵大学生的方式开始恢复招生工作。1971 年北京体育学院率先开始招生两年制的工农兵学员，1973 年改为三年制。西安体院、成都体院等体院从 1972 年开始少量招收工农兵学员。1972 年 9 月，青海省青海师范学院增设体育系，开始培养体育专业人才和体育师资，成为"文革"中唯一在学

---

① 刘洪涛. 新中国体育科技政策变迁的历史考察与思考［M］. 南昌：江西人民出版社，2017：59-60.

② 蒲鸿春. 我国高等院校体育本科专业设置与调整研究［D］. 北京：北京体育大学 2010.

校新设体育专业培养体育教师的高校。工农兵学员的文化基础普遍很差，进入体育院系学习后成为体育教师，其整体专业素质显然偏低。另外，"文革"期间，这些体育专业的学生的学习时间大多被劳动和政治活动替代。由此可见，通过这三种方式造就的体育教师，无法成为高质量的体育教师。①

3. 体育教师的职后培训

在各体育院校、高师体育系科招收新生的同时，还开展了培训在职体育教师的工作，体育院、系开始举办体育教师轮训班，取得了一定的成绩。

（三）体育教师教育政策的特征

在整个"文化大革命"期间，体育教师培养呈现出前期停滞，后期缓步前行的特征。中国正常的教育秩序受到严重冲击，学校教育工作难以为继，体育教育亦是如此。高等师范院校中的体育系、专业体育学院大量停办，停招四年，正常的招生和培养工作几乎完全中断，即使没有停办的学校，也处于一种"停课闹革命"的状态，体育专业办学在"文革"期间时断时续，体育教师培养的规模极具减小，体育教师的培养几乎处于停滞状态。② 1971 年进入"文革"后期，体育教师教育政策得到部分恢复和发展。1971—1972 年，北京体育学院、西安体育学院和成都体育学院等相继恢复招生工作，开始招收少量的工农兵学员。1972 年，青海师范学院还增设了体育系培养体育师资。尽管如此，体育专业的数量和招生规模和"文革"之前相比，体育专业的布点数明显下降，招生的总规模大大缩小。据统计显示，1976 年全国的体育学院只有七所，体育专业学生仅占全国学生总数的 1%。③ 在"文革"这样的社会动乱期间，我国通过拔高使用、工农兵学员培养和对有体育基础的青年进行短训三种培养体育教师的政策措施，体育教师的培养强调绝对服从国家政治的需要，政治取向遮蔽了学科价值，"以军代体"和"以劳代体"现象普遍存在，严重违背了体育教育发展规律，既不能保障培养体育教师的数量，更无法造就高质量的体育教师。④

① 刘洪涛，毛丽红，王文莉，等. 我国体育教师教育政策的演变历程及特征研究 [J]. 吉林体育学院学报，2017，33（2）：8-12.
② 尹志华，汪晓赞，季浏. 中国体育教师专业素质要求的历史演进分析 [J]. 体育文化导刊，2015（9）：158-162.
③ 王欣. 我国高等学校的专业设置 [J]. 高等师范教育研究，1988（4）：61-64.
④ 刘洪涛，毛丽红，王文莉，等. 我国体育教师教育政策的演变历程及特征研究 [J]. 吉林体育学院学报，2017，33（2）：8-12.

三、体育教师教育政策的恢复发展 (1977—1999 年)

(一) 体育教师教育政策的背景

1. 社会背景

1978 年 5 月,关于真理标准问题的大讨论,推倒了"两个凡是",破除了个人迷信,确立了实践标准,促进了人们思想的解放,为十一届三中全会实现历史的伟大转折奠定了坚实的思想基础。党的十一届三中全会,坚持解放思想、实事求是,全面纠正"文化大革命"中"以阶级斗争为纲"的错误理论和实践,从思想、政治、经济和组织等方面进行了全面拨乱反正,平反冤假错案,为社会主义建设道路的新探索奠定了坚实的基础,使党的指导思想和工作重心开始向发展生产力为中心转变,开创了全面改革开放和社会主义现代化建设新局面,自此我国进入了全面建设社会主义的历史发展时期,各项事业都出现了中华人民共和国成立以来少有的大好形势。进入 20 世纪 80 年代,党中央相继实施社会主义政治体制改革、经济体制改革、教育体制改革和体育体制改革,取得了明显成效。经过党的十二大、十三大会议,形成了有中国特色的社会主义初级阶段的理论和党在初级阶段的基本路线、历史任务和到 20 世纪末的奋斗目标。从经济、政治和文化三大方面建构了中国特色社会主义的内容体系,确立了"一个中心、两个基本点"的执政路线,以公有制为主体,大力发展有计划的商品经济,努力建设民主政治和精神文明的指导方针,并明确提出贯彻党的执政路线一百年不动摇。在党的领导下,中国经济体制改革的重点从农村转向城市,以城市为重点的经济体制改革全面展开并取得较大成功。全国呈现出政治稳定,社会安定团结,民族和睦,经济增长迅速,人民生活水平普遍提高的大好局面。为经济体制进一步改革和改革开放的健康发展,提供了稳定和谐的环境。20 世纪 90 年代,以邓小平同志为首的党中央,提出了"社会主义市场经济"理论,确立了社会主义市场经济体制的改革目标和社会主义初级阶段的基本纲领。我国的社会制度和政府权力体系进行了符合社会主义现代化建设要求的重构,形成了健全社会主义法制、巩固和发展民主团结及安定和谐的政治局面。改革开放和现代化建设进入加速发展阶段,社会状况发生了深刻而复杂的变化,经济成分和利益群体多样化,社会生活方式多样化,社会组织形式多样化,就业岗位和就业方式多样化的发展趋势日益明显。社会教育、科技、文化、体育等多个方面发生了深刻的变化。经济上,1978 年以后,中国社会经济发生了巨大的转变。首先,经济发展重点由强调优先发展重工业、推行高积累向强调经济和社会的协调发展,注重人民生活水平的提高方向转变;其次,经济体制由计划经济体制向市场经济体制转变；最后，经济资源配置方式由行政和计划手段逐步转向市场手段，形成了"计划经济为主，市场调节为辅"的经济发展模式。中央的经济政策鼓励和扶持个体经济的适当发展，推动了集体经济和个体经济的发展，打破了原有的单一公有制经济结构，形成了"公有制为主体、多种所有制经济共同发展"的经济发展形式。1984 年中共十二届三中全会确立社会主义经济是"公有制基础上有计划的商品经济"，强调社会主义经济是计划经济也是商品经济，明确了经济改革的市场取向。1987 年中共十三大以后，中国经济体制改革进入了一个以城市改革为重点、全面展开的新阶段。这一时期，在计划经济体制与商品经济体制的摩擦中，形成了社会主义有计划的商品经济体制。20 世纪 90 年代，我国经济体制改革朝向社会主义市场经济新体制方向前进，1995 年起，改革的重点转向国有企业。1998 年，我国的经济改革涉及政府、国有企业、财政、金融、粮食、医疗、物流和住房等国民经济关键性领域，我国整个经济体制改革向前推进了一大步，市场对资源的配置发挥了基础性作用，为社会主义市场经济体制的基本框架的初步建立奠定了基础，从而形成了公有制为主体，多种经济形式并存、共同发展的社会主义初级阶段的基本经济制度。

2. 教育背景

1977 年 8 月，中共中央召开科学和教育工作座谈会，提出恢复中断了十年的高等学校统一招生考试制度和招生制度进行改革的问题，在全社会重树尊重知识、尊重人才、重视教育之风，调动了科学和教育工作者的积极性。十一届三中全会对"文革"中被扭曲的知识分子地位、教育科研体制、教育质量和学风等问题进行了澄清，教育工作的重点是恢复和整顿教学秩序，总结中华人民共和国成立后教育发展的经验教训，探索中国教育的发展方向。1980 年，我国先后颁布了《中华人民共和国学位条例》《全国重点高等学校暂行工作条例》《全日制中学暂行工作条例》和《全日制小学暂行工作条例》，正式启动学历学位教育，整顿和恢复学校的教学秩序。经过数年努力，教育领域的面貌焕发出勃勃生机。1985 年《中共中央关于教育体制改革的决定》的颁布，提出教育改革要与"以经济建设为中心"的政治路线相一致的教育方针，对教育体制进行系统的改革。90 年代，中国的高等教育在《中华人民共和国高等教育法》（1998 年）、《中国教育改革和发展纲要》（1993 年）、"科教兴国"战略以及经济体制改革的推动下，教育走上了所谓的"产业化"道路，高等教育快速发展。1999 年国务院加大了高校扩招的力度，开始了一轮自上而下、由行政驱动的高等学校扩招浪潮。扩招和收费制带来学校学费收入增加、政府支持建设大校园和大学城，以及政府将高校的规模、发展速度和毛入学率等指标作为政绩指标，各地争先恐后地扩招，院校合并升格，学科专业增加；同时，国家实施"面向21世纪教育振兴行动计划"，建设"211"工程和"985工程"大学，形成了高等教育的跨越式发展。

就师范教育发展而言，经历"文革"之后，师资的巨大缺口和质量严重下滑，外加师范教育"工作母机"作用，恢复和重建师范教育成为教育当中最急迫的任务。1978年10月，教育部颁布《关于加强和发展师范教育的意见》，指出当前师范教育制度面临的重大问题，提出三项解决办法：一是明晰中小学教师的培训要求，二是构建师范教育网络，三是要认真办好师范教育。这引导了师范教育发展的方向。同时，独立封闭的三级师范教育制度重新建立起来。在《关于加强和发展师范教育的意见》的引领下，师范教育得到重建和快速发展。中等师范教育在调整中得到了较快的恢复与发展，实行改革开放后，中等师范教育通过1987年的《中等师范学校培养目标（征求意见稿）》和1989年的《三年制中等师范学校教学方案（试行）》等政策进一步明确了其教育目的。随着社会的发展，高层次的小学教师需求增大，1993年中等师范学校的数量开始减少，1999年《教育部关于师范院校布局结构调整的几点意见》下发后，不少学校通过升格或合并的形式成为更高层的学院，我国的师范院校层次出现由中师、大专和本科三级向大专和本科二级过渡的趋势，小学师资的学历得到提升，其培养也由全科教育转向分科培养，突出了师范教育的专业性与学术性。高等师范教育得到迅速恢复，1978年，是我国教育发展中开设高等师范学校最多的一年。1980年我国召开全国第四次师范教育会议，会后教育部通过《关于高等师范学校专业设置的意见（征求意见稿)》《教育部关于试行高等师范学校理科五个专业教学计划的通知》《教育部关于试行高等师范学校文科三个专业教学计划的通知》等教育文件规范高等师范学校的发展。在这些文件的落实过程中，高等师范教育不断扩充，教育质量不断提高，层次结构趋向合理，专业设置日趋平衡，得到了很大发展。1986年，国家教委出台《关于加强和发展师范教育的意见》，加快了高等师范教育改革与建设的步伐。在1987年国家教委召开的高师工作座谈会上，明确了高等师范教育办学的中心指导思想，要求其改革必须围绕培养合格中学教师的中心任务进行。1993年，国务院指出高等教育要打破国家统一办学的单一模式，扩大高校办学自主权，为高等师范教育的转型和升格提供了政策上的支持与保障。1998年，《中华人民共和国高等教育法》出台，成为高等师范教育体系开放化改革和发展的法律保障，师范教育体系向着开放化方向发展，高等师范学校由此开始了大范围的调整和升格，提高了师范院校办学的层次，顺应了基础教育发展的需求。

就师范教育制度的发展而言，1978 年以来，我国充分认识到师范教育"工作母机"的重要性，确立其在教育事业中的战略地位，也对独立封闭型师范教育体制给予了充分的肯定。20 世纪 80 年代，我国不断巩固并健全了独立封闭的三级师范教育体系，从办学经费、师资配备、设施建设、图书仪器、实验设备等方面对师范教育给以优先保障，师范教育得到了迅速发展壮大。1993 年的《中国教育改革和发展纲要》《中华人民共和国教师法》以及 1996 年的《全国教育事业"九五"计划和 2010 发展规划》出台，国家教委从政策法规上提出，"健全和完善以独立设置的各级各类师范院校为主体，非师范类院校共同参与，培养和培训相沟通的师范教育体系"①，国家开始鼓励非师范院校参与师资培养，支持优秀的非师范毕业生进入教师职业，我国封闭独立的师范教育体系在改革中趋向开放。1999 年 3 月教育部的《教育部关于师范院校布局结构调整的几点意见》明确提出师范教育层次由三级向二级过渡，建立混合开放型师范教育体制的思路，并从办学主体、教育层次以及教师培养等方面，明确了当下师范教育的发展趋势，标志着我国混合开放型的师范教育体制开始形成。②

3. 体育背景

"文化大革命"结束后，体育界进行了拨乱反正和恢复建设工作，工作重点转移到"抓体育业务工作"上来。经过两年努力，到 1979 年，包括国家体育运动委员会在内的各级体委、全国体育总会、地方分会和单项运动协会等体育组织工作机构等都得到恢复，并先后公布了一批体育条例和规章制度。群众体育工作也得以广泛恢复，学校体育成为工作重点，少年儿童业余训练得以加强。中国奥林匹克委员会于 1979 年恢复了在国际奥委会中的合法席位，我国同时成为众多单项国际体育组织和亚洲体育组织的会员。体育国际交流增多，竞技运动水平得到提高，乒乓球队和女排连续获得世界冠军，中国体育代表团在第九届亚运会上获得金牌总数第一，鼓舞了全中国，震惊了世界。这一时期，我国体育越来越多地走向国际舞台，形成了"以竞技体育为先导，带动体育全面发展"的战略指导方针。1983 年国家体委在全国体育工作会议上首次提出"在本世纪末要普及城乡体育运动，运动技术达到世界一流水平，拥有现代化的体育设施，建设一支又红又专的体育队伍，成为世界体育强国之一"。1984 年，国家颁布的《中共中央关于进一步发展体育运动的通知》中，提出"在本世纪内把

---

① 梅新林. 中国教师教育 30 年［M］. 北京：中国社会科学出版社，2008：34.
② 霍东娇. 中国百年师范教育制度变迁研究［D］. 沈阳：东北师范大学，2018.

我国建设成为体育强国，以增强全民族的体质，强国强民"。1985 年 8 月，国家体委在首次全国体育发展战略讨论会上讨论了建成世界体育强国的可行性和应对策略，并形成了"体育强国"的指导思想。1986 年国家体委颁布《关于体育体制改革的决定（草案）》，提出了实施"奥运战略"的具体措施，明确了体育体制改革的指导思想，标志着体育体制改革全面启动。1987 年，国家体委在全国第二届体育战略发展研讨会上第一次提出了"以青少年为重点的全民健身战略和以奥运会为最高层次的竞技战略协调发展"的体育发展战略方针，但在工作实际当中仍没有改变竞技体育和群众体育不协调的问题。20 世纪 90 年代体育事业开始探索新的发展模式和发展方向，体育工作的指导方针和改革思路都有新的重大变化。我国竞技体育保持强劲势头，体育协会实体化、体育产业化和发展群众体育成为新的工作重点。1995 年，伍绍祖在全国体委主任会议上作了《加快体育产业化步伐，促进体育事业发展》的报告，还通过了 1995—2010 年《体育产业发展纲要》。1995 年的《政府工作报告》中指出："体育工作要坚持群众体育和竞技体育协调发展的方针，把发展群众体育，推行全民健身计划，普遍增强国民体质作为重点。"1995 年颁布实施了《全民健身计划纲要》《体育产业发展纲要》和《奥运争光计划纲要及实施方案》，竞技体育与全民健身并举的局面逐渐成形。体育事业正式确定了以"体育工作坚持以开展全民健身活动为基础，实行普及与提高相结合，促进各类体育协调发展"为战略方针，以"在本世纪末初步建立具有中国特色的社会主义体育新体制"为改革目标。在新的战略方针和改革目标的指导下，经过改革实践的推进，体育发展模式呈现出积极变化。体育行政机构改革使得管办分离的组织构架初步显现，体育国家办与社会办相结合的发展态势已显雏形，竞技体育和群众体育的发展开始向市场化方向迈进，市场配置体育资源也占到一定比例。群众体育积极推行《全民健身计划纲要》和《国家体育锻炼标准》。竞技体育取得新突破，亚运会金牌稳居榜首，奥运会成绩节节攀高，竞技体育实力不断提升。体育产业化发展较快，体育产业化格局初步形成。体育法制建设方面，确立了体育改革与发展的法制化方向，颁布了《中华人民共和国体育法》，标志着我国体育进入法制化建设的轨道。体育科教事业发展迅速，体育科研成果全面应用于体育的各个领域。整体而言，20 世纪 90 年代我国初步建构了适应社会主义市场经济体制的体育发展模式的雏形。①②

---

① 刘洪涛. 新中国体育科技政策变迁的历史考察与思考 [M]. 南昌：江西人民出版社，2017：63 – 65，74 – 75.

② 孙成林. 我国体育设施政策演进及优化 [D]. 武汉：华中师范大学，2013.

（二）主要的体育教师教育政策

1. 体育教师教育的总政策

1978 年，我国《关于加强和发展师范教育的意见》公布，师范教育得到大力发展，全国各地重建中师、师专和师大（师院）三级师范教育体系。1978 年《关于加强学校体育卫生工作的通知》，1980 年教育部第四次全国师范教育工作发布会议，强调师范教育作为教育事业"工作母机"的重要地位，要求各省、市、县建立教育学院和教师进修学校。教育部先后下发了《关于办好中等师范教育的意见》《关于大力办好高等师范专科学校的意见》《关于高等师范学校专业设置的意见（征求意见稿）》等文件。1985 年《中共中央关于教育体制改革的决定》颁布，我国确立了计划招生与定向招生相结合的师资培养体制，将师范教育提升到教育事业发展的战略高度。1986 年，《中华人民共和国义务教育法》强调加强和发展师范教育，加速对包括体育教师在内的各类师资的培养和培训。1986 年《关于加强中小学体育师资队伍建设的意见》和《高校体育专业教学计划试点改革方案》发布，提出小学、初中、高中及体育院系都要把体育教师培养列为一项刻不容缓的任务。1991 年，国家教委印发了《加速师范院校标准化建设，培养合格的中小学教师座谈会纪要》，促进师范院校标准化建设。1993 年，我国连续出台《中华人民共和国教师法》《中国教育改革与发展纲要》和《关于加强小学骨干教师培训工作的意见》多项政策，强调建设一支素质高、结构合理、稳定的教师队伍是教育改革和发展的根本大计，要求非师范高等院校也要积极培养教师，大力办好师范教育，为体育教师的培养和培训提供了法律和政策保障。还提出实施师范毕业生自主择业的意见，打破了封闭的教师培养模式，教师培养走向开放。1995 年我国《中华人民共和国体育法》发布，以法律的形式规定中小学校要配备合格的体育教师，体育教师享有与其工作特点相关的接受培训的待遇。同年，《教师资格条例》发布，对专任教师资格进行明确。1996 年 12 月，第五次全国师范教育工作会议提出，师范教育要从追求规模、数量转向提高质量、优化结构。1997 年开始教育硕士学位招生试点。1998 年 12 月，教育部颁布《面向 21 世纪教育振兴行动计划》，提出了"跨世纪园丁工程"，对中小学校长和专任教师进行全员培训。1999 年 3 月，《关于师范院校布局结构调整的几点意见》，肯定了我国以师范院校为主体、其他高等学校积极参与的师范教育格局，强调要提升师范教育的层次和结构重心，实现由三级师范向二级师范的过渡，中小学教师培训重心从学历补偿教育转向素质提升。1999 年 6 月，教育部召开了"全国中小学教师继续教育和校长培训工作会议"，实施"中小学教师继续教育工程"。《关于深化教育改革，全面推进素质教育的决定》中，鼓励综合性院校和师范院校参与培养和培训中小学教师，教师教育进一步走向开放，并向职前与职后培训一体化转变。2000 年初，教育部颁布了《〈教师资格条例〉实施办法》《关于首次认定教师资格工作若干问题的意见》《教师资格证书管理规定》等一系列文件，规范了教师资格的认定制度。①

2. 体育院系的恢复与迅速发展

"文革"结束后，我国的教育事业开始迅速恢复，各类院校逐步进入正常发展轨道。在国家政策的指导下，体育院系也逐渐迈向正轨，体育教师教育的重点放在恢复和调整上。1978 年国家体委在教育部《关于高等学校专业设置与改造工作的意见》指导下，下发了《关于办好体育学院的意见》，强调办好体育学院。在 1978 年的《全国体育工作会议纪要》中要求，恢复撤销的体育学院，每一省份逐步办起中等体育学校，条件好的省份应办一所体育学院，逐步扩大招生名额，把体育学院办成教学、训练和科研相结合的培养体育师资、教练员、科研人员和体育干部的中心，加快培训体育教师；同时要求师范院校积极创造条件，设立体育系或体育班，培养体育师资，解决体育教师少和水平低的问题。1979 年，全国体育工作会议再次强调加强体育院校办学工作，明确体育学院的重要任务是培养师资，为学校体育服务。同年，国家体委颁布《大力提高教育质量，充分发挥体育学院在发展我国体育事业中的作用》，要求各体育学院积极创造条件，采取有力措施，大力提高教学质量，把体育学院办成教学、训练和科研的中心。同时，在 1979 年的《全国学校体育、卫生工作经验交流会纪要》和 1983 年《全国学校体育卫生工作会议纪要》等文件中，都把体育师资队伍建设列为体育院系的一项重要任务。在一系列政策的推动下，体育院系得到快速恢复和发展，截至 1982 年，我国的体育学院数量恢复到 13 所，其他综合性大学以及师范院校的体育院系也得到相继恢复。

3. 体育教育专业的规范与发展

在体育院系恢复发展之后，我国对培养体育教师的体育教育专业进行了规范。1980 年，我国体委下发《体育学院的任务、系科设置、专业设置和修业年限意见的通知》，对体育专业的名称、学制、招生范围、培养目标都作出了明确规定，体育专业教育的混乱局面得到控制，起到了较好的规范作用，保障了中等学校体育教师及其他体育专门人才的培养。1988 年 11 月国家教委正式下发《全国高等学校体育本科专业目录》，修订了体育本科专业目录，正式确立了培

---

① 谢文庆. 改革开放 40 年我国教师教育政策的历史审视［J］. 泰山学院学报, 2019, 41 (2)：55 – 61.

养体育教师的体育教育专业，体育教师培养向科学化和规范化迈进了重要一步。1993 年 7 月，新的以拓宽专业、增强适应性为主要目的的《普通高等学校本科专业目录》颁布，把体育专业纳入教育学门类下，体育专业作出了相应的较大调整。1998 年我国进行了第四次全国高校专业目录修订，这次调整遵循宽口径、厚基础以及学科基础和社会需求相结合的原则，体现了培养复合型人才的思想。体育教育专业的培养目标也随之进行调整，培养适应我国社会主义现代化建设实际需要，德智体全面发展，具有良好的科学素养，掌握体育教育的基本理论、基本知识和基本技能，并受到体育科学研究基本训练的体育专门人才成为新的目标。

4. 体育教师培养重点的转变

这一时期，体育教师教育的主要任务是增加中小学教师的数量，提高质量则处于相对次要地位。据统计，按照体育师资配备标准计算，到 20 世纪末，小学、初中和高中分别需要补充专职体育教师达 10 万、30 万和 7 万，累计数量约 47 万，同时小学还需补充兼职体育教师数十万，增加体育教师数量的任务十分艰巨。[1] 1990 年《当前中小学体育工作中存在的主要问题及改进意见》明确指出了体育教师的缺额问题，提出针对缺额情况制订计划，做好教师的培养工作，逐年配齐。对体育院系扩大招生，有条件的综合高校和师范院校建设体育系、科，在中等师范院校增加体育班提出了要求。经过努力，20 世纪 90 年代中期以后，体育教师在数量上得到缓解，进而开始关注体育教师的质量。1996 年《关于做好体育卫生、艺术教育、国防教育"八五"工作总结、"九五"规划工作的通知》指出，"九五"期间，小学体育教师队伍的建设要以提高中师教育质量为主，狠抓师专体育系、科的建设，提高入学新生的文化水平，改善办学条件，逐渐改变初中体育教师数量不足和素质不高的状况。中小学体育教师培养重点逐步从只关注数量向质量、数量兼顾方向发展。1997 年体育教育专业基本功大赛的开展，也充分表明国家对体育专业人才培养质量的关注。[2]

5. 体育教育专业培养目标的改革

改革开放后到 20 世纪末，我国体育教育专业的培养目标经过了四次改革（见表 2－21），体育教育专业的人才培养目标日益具体和规范，专业培养口径不断拓宽，培养目标从最初 1953 年笼统的中学体育教师，1983 年教育部在试行

---

① 国家教育委员会体育卫生司. 学校体育卫生工作文件选编［M］. 沈阳：辽宁大学出版社，1988：374.
② 李园园. 改革开放以来中小学体育教师政策嬗变研究［D］. 武汉：华中师范大学，2015.

的高等师范专科学校体育专业教学计划中规定的合格的初级中学体育教师，逐渐拓宽到1991年的德、智、体全面发展，能够从事体育教育和科研工作的中等学校体育教师，再到1997年《全国普通高等学校体育教育专业本科专业课程方案》规定的适应我国社会主义现代化建设的实际需要，德智体全面发展，具有良好的科学素养，掌握体育教育教学的基本理论、基本知识和基本技能，并受到体育科学研究基本训练的体育专门人才，并将其具体化为：把握本专业的基础理论与知识；多方面发展基础上有所专长；不仅要有较强的实践与自学能力，还要有一定的自学能力和科研能力；清楚体育科学发展的最新动态以及邻近学科的基本知识；要初步学会一门外语，对计算机应用基础知识要熟练掌握；既需要有正确的审美观，也需要有一定的艺术鉴赏能力。

表2-21　体育教育本科专业培养目标改革

时间（年）	人才培养目标
1980	培养德、智、体全面发展的中等学校体育教师
1986	培养德、智、体、美、劳全面发展的中等学校体育教师
1991	培养德、智、体全面发展的、从事体育教育和科研工作的中等学校体育教师
1997	培养适应我国社会主义现代化建设的实际需要，德、智、体全面发展，具有良好的科学素养，掌握体育教育的基本理论、基本知识和基本技能，并受到体育科学研究基本训练的体育专门人才

资料来源：蒲鸿春. 我国高等院校体育本科专业设置与调整研究 ［D］. 北京：北京体育大学，2010.

6. 体育教育专业教学计划的更新

体育教育专业教学计划是体育教育专业办学的根本依据，它规定了体育教育专业的培养目标、规格、具体课程和教学过程，是对所培养的体育人才规格及质量的总体要求。它是我国体育学院和师范院校体育系科办学的前提和依据。这一时期我国先后共出台四套体育教育专业教学计划。1980年，国家体委在厦门召开了体育学院工作会议，总结体育学院的办学经验和教训，并出台了改革开放后第一套体育学院体育教育专业教学计划。同年12月，教育部根据培养中学体育教师的要求，公布了师范院校体育系本科教学计划。随后，在我国社会的快速发展和教育改革的推动下，1986年10月，国家教委发布《高师体育专业教学计划试点改革方案》。先后于1986年、1991年和1997年又相继出台了三套教学计划（课程方案），每一套教学计划都在前一套的基础上进行改进，教学计划不断得到改善，根据教学计划体育专业教材也相应进行了更新，体育教育专业的培养口径不断得到拓展。

　　7. 体育教育专业的课程设置

　　这一时期我国先后于 1980 年、1986 年、1991 年和 1997 年分别出台了四套体育专业教学计划（课程方案）（见表 2 – 22），每一套教学计划（课程方案）都对体育教育专业的课程设置及要求上进行了相应的规定。比如，1980 年国家体委制定的《教学计划》中，强调"少而精"的原则，并要求各门课程注意理论与实际的结合，要注意课程内容的科学性和先进性，合理安排学时，必须正确处理专修与普修、学科与术科、教学、训练和运动竞赛的关系，预防专业过窄。同时将科研论文提高到一个重要位置，将其列入教学计划并计算学时，重点突出了专修课在整个课程中所占的比重。

表 2 – 22　1980 年国家体委颁发体育学院体育系教学计划中的课程

分类	类型	课程及课时	备注
必修课	学科	中共党史 70、哲学 94、政治经济学 76、运动解剖 106、运动生理学 152、运动医学 108、运动生物力学 80、运动心理学 80、教育学 72、体育理论 110、外语 292	学科（不含科研论文）1240 学时，占总学时 40.55%
	术科	田径 352、体操 274、篮球 108、足球（男）、艺术体操（女）80、排球 72、乒乓球 68、武术 76、游泳 68	术科 1098 学时，占总时数 35.91%
选修课	学科	运动生物化学、体育史、体育统计学、外国语	选修课 520 学时，占总时数 17%，各科没安排具体学时
	术科	举重	
科研与论文		科学研究与毕业论文 200	科学研究与毕业论文 200 学时，占总时数 6.54%
总计		3058	

资料来源：[1] 国家体委政研室. 体育运动文件选编（1949—1981）[M]. 北京：人民体育出版社，1982：667 – 673.

[2] 彭建军. 新中国高等体育专业教育制度的形成与变革 [D]. 武汉：武汉体育学院，2010：104.

1980 年 12 月，教育部根据我国高等师范院校体育系培养中等学校体育教师的目标，制定并颁布了高等师范院校体育系本科教学计划。在教学计划中增加了专业基础理论课程的门数，学科与术科的比例大致持平，课程分类更为细化（见表 2 - 23）。

表 2 - 23　1980 年教育部颁发体育专业教学计划中的课程

分类	门数	课程及课时	小计	比重	备注
政治理论	3	中共党史 70、哲学 68、政治经济学 70	208	6.78%	学科 1515，占 50.05%，术科 1512，占比 49.95%
教育理论	2	教育学 36、教育心理学 32	68	2.25%	
基础理论	3	人体解剖 123、人体生理 102、人体遗传与变异 42	267	8.82%	
专业基础	9	运动生理学 70、运动心理学 42、运动生物力学 54、运动生化 52、体育保健 87、人体测定 30、体育统计 42、体育理论 123、体育史 48	538	17.7%	选修（含专修）共 381 学时，占（3027 + 117）的 12.1%，必修课占 87.9%
工具课	2	外语 276、选读与写作 70	346	11.43%	
专业技术	7	田径 348、球类 382、体操 312（艺体 30）、武术 70、游泳或滑冰 100、举重 36	1248	41.23%	
专选	1		264	8.72%	
科学研究	1		88	2.91%	
选修	1	内容不定，提倡开设文科类课程	117		
共计	29		3027		含科研论文

资料来源：

教育部. 关于试行高等师范院校体育专业教学计划（试行草案）的通知（80）［A］. 教体 027 号附件一.

根据中共中央《关于教育体制改革的决定》的精神以及高等体育院校教学中出现的问题，1986 年，国家教委对高等体育院校体育专业的教学计划进行改革，并提出了新的教学计划改革方案（见表 2 - 24）。在新教学计划中，课程分类更加细致，学科课程比重增加，并超过术科课程，以选修课程取代专修课，任意选修学时增多，将发展与增强学生体质实效性较强的内容列为课程设置重点，一改过去追求专项运动技术体系的系统性和完整性的做法，并提出教学计划改革在宏观上控制、微观上放开的原则，赋予高校一定的办学自主权。

表 2 – 24　1986 年国家教委高师体育专业教学计划（征求意见稿）中的课程内容指标

课程分类	课程名称	学时合计	比重	备注
政治教育理论	中共党史、哲学、政治经济学、教育学	240 ± 20	8.66%	
工具课	外语、计算机、体育绘图、选读与写作	390 ± 25	14.68%	学科与术科总学时为 1430，占 55.6%，术科约 1140，占 44.4%
专业基础理论	人体解剖、人体生理、体育心理、体育保健、体育测量与统计、体育理论	620 ± 30	22.38%	
锻炼手段方法	田径、体操、球类、武术与气功、游泳或滑冰、健美、音乐与舞蹈、体育游戏	870 ± 30	31.41%	
选修学科	人体遗传学基础、运动生物力学、外语、体育锻炼学、体育史、运动生化	180 ± 30	6.5%	必修 2120，占 76.5%，选修约 650，占 23.5%
选修术课	田径、体操、艺术体操、篮球、排球、足球、武术	270 ± 30	9.75%	
任意选修	在学校设置的选修门类中任选若干门	200 ± 30	7.22%	

资料来源：国家教委. 关于征求高师体育专业教学计划试点院校改革方案修订意见函 (86) [A]. 教体司字 019 号.

1991 年，国家教委在 1980 年的《高等师范院校体育专业教学计划（试行草案)》和 1986 年的《高师体育专业教学计划试点改革方案（讨论稿)》的基础上，制定并颁布了新的《普通高等学校本科体育教育专业教学计划》（见表 2 – 25）。

表 2－25　1991 年国家教委颁发体育教育专业教学计划主要内容指标

课程分类	课程名称	学时合计	备注
公共必修	中国革命史 68、中国社会主义建设 70、马克思主义原理 72、法律基础 30、心理学 54、教育学 51、计算机语言 72、外国语 276	693，占 23.15%	学时与术科总比例（不含任选）：学科 1659 学时，占 59.38%，术科 1135 学时，占 40.62%；必修课与选修课比例：必修 2299 学时，占 76.79%；选修 695 学时，占 23.21%
学科必修	人体解剖 118、人体生理 140、体育心理 54、体育保健 108、体育测量与评价 84、体育概论 32、学校体育 90、运动生化 46、体育绘图 36、体育史 48	756，占 25.25%	
术科必修	田径 210、球类 210、体操 170、武术（保健气功）108、游泳（滑冰）50、健美 32、舞蹈 36、体育游戏 34	850，占 28.39%	
限选学科	学科 210	210	
限选术科	术科 285	285	
任选课	200	200	
周均学时	24	24	
学时总计	2994	2994	

　　1996 年国家教委组织了新一轮的体育教育专业教学计划修订，并于 1997 年 2 月颁发了新的体育教育专业课程方案（教学计划）（见表 2－26）。该方案未将政治、外语等通识类课程列入，只对专业课程做了具体规定，课程趋于小型化，所列课程门数增多，对于必修课程赋予学校一定的自主选择权，所设置的系列选修课中有两组为理论课程，各组均有较大的自由选择余地，任意选修课程的时数相应有所增加。总体而言，该方案具有更强的弹性和灵活性。

表 2-26 **1997 年国家教委颁发体育教育专业教学计划主要指标**

课程分类	学时	备注
主干课	约 868	学科与术科比例（含公共课）：学科 63%，术科 37%
一般必修	约 380	
系列选修（术科）	约 280	
系列选修（学科）	约 240	必修与选修比例（含公共课）：必修课占 73%，选修课占 27%
任意选修	约 250	
专业课共计	约 2018	

资料来源：国家教委办公厅. 关于印发全国普通高等学校体育教育专业本科专业课程方案的通知（试行）[A]. 教体厅〔1997〕1 号附件.

8. 体育教师职后培训政策

（1）教育行政部门发布体育教师培训政策

1977 年，教育部发布《关于加强中小学在职教师培训工作的意见》。1980年，教育部下发《关于进一步加强中小学在职教师培训工作的意见》。1982 年教育部下发《关于试行中学教师进修高等师范专科、本科教学计划的通知》《小学教师进修中等师范教学计划（试行草案)》。1983 年教育部发出《关于加强小学在职教师进修工作的意见》和《关于中学在职教师进修大学本科课程有关问题的意见》。1984 年教育部等部门公布《关于在普通高等学校举办中学教师本科班和专科班的通知》。1985 年《中共中央关于教育体制改革的决定》发布，重视师资培训工作，提出了师资队伍建设和教师职后培训的目标是"经过 15 年或更长时间坚持不懈地努力，建立一支足够数量的、合格而稳定的师资队伍，为形成一支高水平的，年龄、专业层次合理的师资队伍奠定基础"，并提出了多渠道、多层次、多形式和业余、自学、短训为主的教师职后培训方针。1986 年国家教委颁布的《中、小学教师考核合格证书试行办法》《关于加强在职中小学教师培训工作的意见》和《关于加强在职中、小学教师培训工作的意见》等文件，指出教师培训的基本途径主要包括教育学院、教师进修学校、普通高等学校及中等专业学校开办的本科班、专科班、中师班等多种形式和规格的短训班、教学研究班，提升在职体育教师的学历和业务能力。1986 年发布的《关于加强中小学体育师资队伍建设的意见》和《关于加强中小学体育师资队伍建设的意见的通知》，规定小学、初中和高中体育教师分别要具有中师、专科和本科学历；要求广开渠道、抓紧培训在职体育教师，建立教育学院和教师进修学校的体育系科等中小学体育教师专门的进修培训机构，高等体育院、系承担中小学体育教师在职培训任务，指出："广开渠道、抓紧培训在职体育教师，目前，全国急需培训的在职体育教师，小学约有三万名，初中约有七万名，高中约有两万名，并要求各地要按照《决定》中提出的要求，按时完成体育师资的培训任务。"1991 年国家教委颁布《关于开展小学教师继续教育的意见》和《当前中小学体育工作中存在的主要问题及改进意见》两项文件，指出中小学体育教师质量堪忧，特别提到河南省现有的小学体育教师 11064 人中学历合格者不足20%，中学的合格体育教师仅占 37.9%。这一事实表明，中小学体育教师业务能力水平低、学历不合格者众多，培训任务十分艰巨。体育院校、师范学院、各级教育学院、教师进修学校是体育教师在职培训的主要机构。鉴于此，学历补偿性培训是中小学体育教师培训的主要任务。1992 年，国家教委的《关于加快中学教师学历培训步伐的意见》颁布。1993 年，国家教委颁布《关于加强小学骨干教师培训工作的意见》《关于加强高师函授、卫星电视教育、自学考试相沟通培训中学教师教学和管理工作的意见》以及全国人民代表大会常务委员会通过的《中华人民共和国教师法》都对培训作出了明确规定。1994 年国家教委发布《关于函授、电化教育、自学考试相沟通培训高中教师工作有关问题通知》《关于开展在职小学教师进修高等师范专科学历工作的通知》和《关于开展小学新教师试用期培训的意见》。1996 年国家教委公布《"九五"期间农村学校体育卫生工作意见》和《关于调整函授、卫星电视教育、自学考试相结合的中学师资培训工作的通知》。加强农村中小学体育教师的不脱产培训，积极利用好寒暑假组织省内师范及体育院校"送教下乡"活动，在农村开办培训班。明确指出各地师范院校、各层级的教研员都具有培训体育教师的职责。1998 年 5 月，教育部颁布《关于加强中小学教师继续教育区域性实验工作的几点意见》。1999年，我国全面推行素质教育，对体育教师的素质提出了更高的要求，体育教师的职后教育显得格外迫切，继续教育是提升在职教师的政治素养和业务素质必不可少的环节。1999 年，教育部正式颁发第一个关于中小学教师继续教育的全国性法规《中小学教师继续教育规定》，标志着教师继续教育工作逐步走上法制轨道。

（2）组织召开体育师资培训会议，部署体育师资培训工作

1977 年，教育部召开全国中小学师资培训工作座谈会，要求健全各省市的师资。1980 年教育部召开了第四次全国师范教育工作会议，要求各省、市、县建立教育学院和教师进修学校等专门的教师培训机构。1987 年我国召开了教育学院系统体育师资培训教学改革研讨会，明确了教育学院体育系、科在体育教

师培训方面的任务。1990 年国家教委召开全国中小学教师继续教育工作座谈会，要求师资培训既要做好学历达标培训，又要适时地把培训任务的重点由学历补偿教育转向继续教育上来。1996 年的第五次全国师范教育工作会议，师范教育要从追求规模、数量转向提高质量、优化结构，标志着我国教师教育从主要追求数量向追求质量转变。1999 年 9 月，教育部在上海召开全国中小学教师继续教育和校长培训工作会议，对"跨世纪园丁工程"这一跨世纪的继续教育工程的全面启动和具体实施做了动员和部署。

（3）开展多种形式的体育教师培训项目

1983 年成都与上海体育学院联合编印了"函授师资班教材"，其他体育学院也有相应的讲义。1985 年八所体育学院联合编写了体育函授教材。1984 年开始在普通高等学校举办中学教师本科班和专科班。1985 年北京体育学院和部分师范学院开设高校体育教师助教进修班。1985 年各师范大学体育系和综合大学体育系也都把函授列入正式学制，招收高中起点专科、专科起点本科的函授生，1987 年成都体育学院率先进行函授专科学历教育，提高了西南地区体育教师的学历。其他体委直属院校也相继开设了体育函授教育等形式的培训。同时，还广泛开展了体育教师专业合格证书班、教材教法合格证班、教学大纲培训班、脱产进修以及通过广播、电视以及体育教师自学和互教等职后培训形式。1999 年，我国开始实施"中小学教师继续教育工程""21 世纪民族贫困地区中小学教师综合素质培训计划""跨世纪园丁工程"和"中小学体育骨干教师培训计划"等不同级别和形式的体育教师继续教育项目，体育教师培训项目增多，体育教师继续教育得到加强。至此，中小学体育教师的培训类型突破了单纯的学历培训，学历教育与非学历教育并存，培训对象主要是新任体育教师培训、一般在职体育教师培训以及体育骨干教师培训。针对不同的培训对象，提出不同的培训目标和要求。新教师的培训目标为尽快适应教育工作，内容涉及专业思想教育、政策法规、熟悉教育教学环境、教育教学常规等，培训形式以自培、自练和教学实践为主。[①]

总之，这一时期我国的体育教师教育不仅关注体育教师的数量，而且对于体育教师的素质也不断提出新的要求。教育行政部门制定了一系列关于体育教师培训的政策法规，召开体育教师培训会议，依靠教育学院、教师进修学校及各地的教育教研室开展多种形式的体育教师培训，培训内容主要有思想政治教

---

① 李园园. 改革开放以来中小学体育教师政策嬗变研究［D］. 武汉：华中师范大学，2015.

育和师德修养、专业知识更新与扩展、现代教育理论与实践、教育科学研究、教育教学技能训练和现代教育技术、现代科技与人文社会科学知识等。教育分为非学历教育和学历教育，非学历教育包括新任教师培训、教师岗位培训、骨干教师培训。参加继续教育培训的主要方式有：全脱产培训、半脱产的短期集中培训以及不脱产的假期培训、夜校、校本培训等。①

（三）体育教师教育政策的特征

1. 独立封闭的体育教师培养体制松动

中华人民共和国成立后，在 1952 年的高等教育院校大调整后，师范院校独立设置和体育专业学院的设立，对体育师范生进行定向培养，我国形成了独立封闭定向型的体育教师教育体制。经过 40 余年的发展，这种体育教师教育体制到 20 世纪 90 年代初期达到顶峰，为解决中小学校体育师资的供需矛盾，促进中小学体育教育的发展作出了巨大贡献。《中国教育改革与发展纲要》发表之后，我国的体育教师教育制度有较大的变化。同时也呈现出一定的问题。90 年代，我国开始加强教育改革。1993 年，我国出台《中国教育改革和发展纲要》，强调建设一支素质高、结构合理、稳定的教师队伍是教育改革和发展的根本大计，提出非师范高等院校也有积极培养中小学合格师资的任务，要求其积极参与教师培养，实施师范毕业生自主择业。由此，打破了我国长期以来完全封闭的教师培养模式，教师培养走向开放。1999 年 3 月，《关于师范院校布局结构调整的几点意见》发布，肯定了我国以师范院校为主体、其他高等学校积极参与的师范教育格局，强调要提升师范教育的层次，中小学教师培训重心从学历补偿教育转向素质提升。《关于深化教育改革，全面推进素质教育的决定》中，鼓励综合性院校和师范院校参与培养和培训中小学教师，教师教育进一步走向开放，并向职前与职后培训一体化转变。在国家宏观教育政策和师范教育政策的调整下，体育教师的培养打破了由专业体育院校和师范院校培养的局面，部分综合性院校也开始参与中小学体育教师的培养工作。虽然，这一时期我国的体育教师教育制度仍然以独立封闭的定向培养为根本特征，但已经呈现出朝着开放化发展的迹象。②

2. 体育教师培养以改革为主题

从改革开放后到 20 世纪末，我国各项事业的发展以改革为主题，师范教育

---

① 龚正伟，李丽英. 中国体育教师教育的历史、挑战与未来［J］. 北京体育大学学报，2009，32（3）：77 – 81.

② 谢文庆. 改革开放 40 年我国教师教育政策的历史审视［J］. 泰山学院学报，2019，41（2）：55 – 61.

建立起独立封闭的体制，经过 80 年代的发展，90 年代我国的体育教师教育体制也处于不断改革之中。其变革主题体现在以下四个方面：第一，体育教师培养主体呈现出多元化。体育教师培养主体从体育专业院校和师范院校体育系，发展到有条件的各类院校都可开办体育教育专业，培养体育教师。综合性大学、民族类大学、医药大学、理工大学都有开办体育教育专业，培养体育教师。第二，体育教育专业培养目标不断改革。我国体育教育专业的培养目标经过 1980 年、1986 年、1991 年和 1997 年四次改革，体育教育专业的人才培养目标紧随基础教育发展目标的变化日益具体化和规范化，专业培养口径不断拓宽，培养的要求不断提高。培养目标从单一的体育教师向"通才"与"专才"有机结合的复合型人才培养目标转变。第三，体育教育专业教学计划（课程方案）持续更新。从 1980 年开始，我国不断总结体育教育专业的办学经验和教训，对体育教育专业教学计划进行修订。这一年，国家体委和教育部分别针对体育学院体育系和高师体育专业制定了两套体育教育专业教学计划。随后，根据教育发展的需要，我国先后于 1986 年、1991 年和 1997 年又相继出台了三套教学计划（课程方案），每一套教学计划都是对前一套教学计划的改进和改善。第四，体育教育专业课程设置的变革。由于培养目标和教学计划的更新，体育教育专业的课程设置也随之进行变革。呈现出课程门类增加，课程内容不断丰富，必修课时降低，选修课时增加，学科课程比例上升，术科课程比例下降，任选课增加，课程结构以必修课程为主，兼顾选修课程，课程设置朝向不断科学与规范化的方向改革。

3. 增加体育师资为主兼顾提升质量

这一时期，体育教师教育的主要任务是增加中小学体育教师的数量，提高质量则处于相对次要地位，体育教师的质量也受到一定程度的重视。"文革"后，学校教育得到很快恢复，体育师资数量的匮乏问题成为制约学校体育教育发展的核心因素。据统计，按照体育师资配备标准计算，到 20 世纪末，中小学专职体育教师缺额数量累计达 47 万，体育教师数量补充任务十分艰巨。① 1978 年的《关于加强学校体育卫生工作的通知》、1979 年的《全国学校体育、卫生工作经验交流会纪要》和 1983 年的《全国学校体育卫生工作会议纪要》等学校体育的重要文件都特别强调加强体育教师队伍的建设，增加体育教师的数量。1990 年《当前中小学体育工作中存在的主要问题及改进意见》再次重申体育教

---

① 国家教育委员会体育卫生司. 学校体育卫生工作文件选编［M］. 沈阳：辽宁大学出版社，1988：374.

师的缺额问题，提出针对缺额情况制订计划，做好教师的培养工作，逐年配齐的解决办法。此后，为增加体育教师的供给，体育院系开始逐步扩大招生，有条件的综合高校和师范院校再次建设体育系、科，中等师范院校也相应地增加了体育班。同时，师范专科学校的体育系将三年学制压缩为两年，以便能够快速培养体育教师。经过努力，到 20 世纪 90 年代中期，体育教师在数量上得到一定程度的缓解，体育教师的质量问题开始逐步受到关注。① 主要通过以下四种途径提升体育教师素质，一是不断调整高校体育教育专业的培养目标和教学计划。对于体育教师培养，我国先后于 1980 年、1986 年、1991 年、1997 年颁布了体育教育专业教学计划（课程方案），在这四套教学计划中，体育教育的培养目标也从单一的中学体育教师转变到全面发展的复合型体育人才。二是加强体育教师的职后培训。这一时期，中共中央和教育行政部门出台了大量关于体育教师在职培训的政策，多次召开教师培训相关会议，开展了形式多样、内容丰富的体育教师在职培训项目。三是以通过颁布教育法律政策保证体育教师质量。比如，《中华人民共和国义务教育法》《中国教育改革与发展纲要》《中华人民共和国教师法》《中华人民共和国教育法》《教师资格条例》《中华人民共和国高等教育法》《中共中央国务院关于深化教育改革全面推进素质教育的决定》和《教师资格条例实施办法》等多项教育法律政策都对（体育）教师群体应该具备的素质要求作出明确规定。比如，《中华人民共和国教师法》特别从教师的资格和任用、培养与培训、考核等方面提出了对教师的质量要求。四是举办全国体育教育专业学生基本功大赛。1996 年的第 5 次全国师范教育工作会议，指出师范教育要从追求规模、数量转向提高质量、优化结构，标志着我国教师教育从主要追求数量向追求质量转变。1997 年在上海师大举办了首届全国体育教育专业学生基本功大赛，以促进职前体育教师质量的提高。②③

4. 体育教师培养课程设置科学细化

课程结构体系总体趋势是课程门类逐渐增加，开设课程的总数由 1980 年的 31 门增加到 1997 年的 56 门，体育锻炼手段与方法中增加了富有时代气息的舞蹈、健美等课程，内容丰富多彩。必修课学时明显下降，选修课学时逐步增加，

---

① 李园园. 改革开放以来中小学体育教师政策嬗变研究 [D]. 武汉：华中师范大学，2015.

② 刘洪涛，毛丽红，王文莉，等. 我国体育教师教育政策的演变历程及特征研究 [J]. 吉林体育学院学报，2017，33（2）：8-12.

③ 尹志华，汪晓赞，季浏. 中国体育教师专业素质要求的历史演进分析 [J]. 体育文化导刊，2015（9）：158-162.

学科比例逐步上升，术科比例逐渐下降，限选课程比例下降，任选课程比例上升，田径、体操、球类三大术科类课程 1997 年的学时数不到 1980 年计划的 50%。学科与术科时数的比例由从 1980 年的 5∶5 上升到 1997 年的 6.3∶3.7。由此，形成了以必修课为主，注重主干课程与一般必修课程、学科课程与术科课程、限选课程与任选课程的结构优化、必修课与选修课相结合的课程体系；课程内容不断丰富，提高了一般必修课程设置的灵活性，加强主干课程建设，突出课程弹性，选修课的门数增加，适应了基础教育改革的要求，满足了当今社会发展对体育专门人才的多元化需求；选修课程的学时和门数不断增加，开设了大量的应用性和前沿性课程，加大了学生课程选择的范围，与基础教育教学内容有机地衔接、配套和完善，有利于学生个性的发展、知识面的拓宽，促进学生全面素质的发展，提高社会适应能力（见表 2 – 27）。

表 2 – 27　1980 年、1986 年、1991 年和 1997 年体育教育计划课程与学时分配

分类	1980		1986		1991		1997	
	学时	课程分类	学时	课程分类	学时	课程分类	学时	课程分类
必修课	88.4	政治理论 6.9、教育理论 2.3、基础理论 8.8、专业基础理论 17.8、工具课 11.4、专业技术 41.2	77.2	政治教育理论 8.7、工具课 14.7、专业基础理论 22.4、锻炼手段与方法 31.4	76.8	公共必修课 23.2、专业必修课 53.6	73.0	公共必修课：专业必修 28.3、主干课 32.1、一般必修课 12.6
任选课	11.6	专修课 8.7、选修课 2.9	23.5	限制选修：学科 6.5、术科 9.8；任选 7.2	23.2	限制选修：学科 7.0、术科 9.5；任选 6.7	27.0	系列选修课：学科 8.5、术科 10.2；任选 8.3

注：1980 年的教学计划中必修课称为普修课。

资料来源：林顺英，黄汉升. 我国普通高校体育教育专业本科教学计划执行情况分析［J］.上海体育学院学报，2003，27（5）87 – 90.

5. 体育教师职后培训备受重视

在这一时期，体育教师的职后培训越来越受到重视，采取多项举措加强体育教师的培训。一是密集发布中小学教师在职培训政策，加强教师的培训（见

表2－28）。二是召开体育教师培训的专题会议部署培训工作，这类专题会议主要有：1977年教育部召开的全国中小学师资培训工作座谈会，1980年教育部召开的第四次全国师范教育工作会议，1987年我国召开的教育学院系统体育师资培训教学改革研讨会。1990年国家教委在自贡市召开了全国中小学教师继续教育座谈会，会上指出："目前我国已建立了以教师进修院校为主体的师资培训基地"，"我国师资培训工作正处于从学历补偿教育为主向继续教育为主重点转移时期"。三是建立专门的体育教师职后培训机构。1980年的第四次全国师范教育工作会议部署建立教师培训机构的工作任务，此后各省、市、县逐步建立教育学院和教师进修学校等专门的教师培训机构，进行教师培训工作。四是开展形式多样、内容丰富的体育教师培训项目。20世纪80年代，体育学院举办了提升学历为主的函授教育、中学教师本科班和专科班以及高校体育教师助教进修班。体育教师的培训还有专业合格证书班、教材教法合格证班、教学大纲培训班、脱产进修以及通过广播、电视以及体育教师自学和互教等职后培训形式。90年代，体育教师培训推出了新项目，内容更加丰富。主要项目有1999年实施的"中小学教师继续教育工程""21世纪民族贫困地区中小学教师综合素质培训计划""跨世纪园丁工程"和"中小学体育骨干教师培训计划"等。另外，还增加了对新任体育教师的培训项目，培训目标是为其尽快适应教育工作，内容涉及专业思想教育、政策法规、熟悉教育教学环境、教育教学常规等，培训形式以校本培训、自培、自练和教学实践为主。中小学体育教师培训走上了经常化、规范化和制度化的道路，对中小学教师的进修和学历达标作出了巨大的贡献。据《人民日报》1998年2月24日的报道，我国在1992—1996年间对158.9万在职中小学教师进行了学历培训，单就1996年来说，我国的240所教育学院中就有在校学员20.5万人，2088所教师进修学校有在校学员53万人。①

表2－28　主要中小学体育教师培训政策

发布部门	时间（年）	文件名称
教育部	1977	关于加强中小学在职教师培训工作的意见
教育部	1980	关于进一步加强中小学在职教师培训工作的意见
教育部	1982	关于试行中学教师进修高等师范专科、本科教学计划的通知

---

① 童富勇，姚安娣. 由学历补偿教育向继续教育转轨——省级教育学院建设探略［J］. 教育评论，2002（2）2：46－47.

发布部门	时间（年）	文件名称
教育部	1982	小学教师进修中等师范教学计划（试行草案）
教育部	1983	关于加强小学在职教师进修工作的意见
教育部	1983	关于中学在职教师进修大学本科课程有关问题的意见
教育部	1984	关于在普通高等学校举办中学教师本科班和专科班的通知
中共中央	1985	中共中央关于教育体制改革的决定
国家教委	1986	关于加强在职中小学教师培训工作的意见
国家教委	1986	关于加强在职中、小学教师培训工作的意见
国家教委	1986	关于加强中、小学体育师资队伍建设的意见
国家教委	1986	关于加强中、小学体育师资队伍建设的意见的通知
国家教委	1991	当前中小学体育工作中存在的主要问题及改进意见
国家教委	1992	关于加快中学教师学历培训步伐的意见
国家教委	1993	关于加强小学骨干教师培训工作的意见
国家教委	1993	加强高师函授、卫星电视教育、自学考试相沟通培训中学教师教学和管理工作的意见
国家教委	1994	关于函授、电化教育、自学考试相沟通培训高中教师工作有关问题通知
国家教委	1994	关于开展在职小学教师进修高等师范专科学历工作的通知
国家教委	1994	关于开展小学新教师试用期培训的意见
国家教委	1996	"九五"期间农村学校体育卫生工作意见
国家教委	1996	关于调整函授、卫星电视教育、自学考试相结合的中学师资培训工作的通知
教育部	1998	关于加强中小学教师继续教育区域性实验工作的几点意见
教育部	1999	中小学教师继续教育规定

四、体育教师教育政策的深化改革（2000—今）

（一）体育教师教育政策的背景

1. 社会背景

21 世纪，我国各领域建设成就非凡，国际政治地位进一步提高，综合国力日益增强，国际影响力不断扩大。经济社会发展取得新的重大成就。2006 年经济总量跃至世界第四，进出口贸易总额跃至世界第三。2007 年党的十七大高举中国特色社会主义的伟大旗帜，提出"坚持中国特色社会主义经济建设、政治建设、文化建设、社会建设的基本目标和基本政策构成的基本纲领"的新要求。在文化建设领域明确提出要明显提高全民族文明素质，基本建立覆盖全社会的公共文化服务体系，适应人民需要的文化产品更加丰富，大力加强文化建设，推动社会主义文化大发展大繁荣。2010 年我国成为世界第二大经济体，明显改善了人民生活，大幅提升了综合国力，极大地激发了全国人民的自信心和自豪感，增强了中华民族的向心力和凝聚力，提高了我国的国际地位和影响力。2010 年制定"十二五"规划，为全面建成小康社会进行全面规划。2012 年党的十八大提出了创新驱动发展战略，加快转变经济发展方式，破解经济发展深层次矛盾，是我国经济提升质量和效益的内涵式发展之路。2016 年我国《国民经济和社会发展十三五规划》实施，进一步明确提出未来五年我国经济社会发展应秉持"创新、协调、绿色、开放、共享"五大理念。"十三五"时期是我国全面建成小康社会的决胜阶段，也是推动体育事业全面深化改革取得新突破、体育强国建设实现新进展的关键期。2017 年党的十九大作出了中国特色社会主义进入了新时代，我国的主要矛盾已经转化为人民日益增长的美好生活需要和不平衡不充分的发展之间的矛盾等重大政治论断，深刻阐述了新时代中国共产党的历史使命，提出了新时代坚持和发展中国特色社会主义的基本方略，确定了决胜全面建成小康社会、开启全面建设社会主义现代化国家新征程的目标，对新时代推进中国特色社会主义伟大事业伟大工程作出了全面部署。面对世界经济复苏艰难、局部冲突不断、全球性问题加剧的国际环境和我国经济发展进入新常态的新变化，党中央提出了新发展理念，明确了供给侧结构性改革的工作主线，加快完善使市场在资源配置中起决定性作用和更好发挥政府作用的体制机制，推出一系列新的重大战略，取得了改革开放和社会主义现代化建设的历史性成就。经济保持中高速增长，经济总量稳居世界第二，经济结构不断优化，开放型经济新体制逐步健全。国家粮食安全更加稳固。经济发展从速度规模型朝着更注重质量、公平和可持续的方向前进；人民生活不断改善，社会局势稳定。深入贯彻以人民为中心的发展思想，一大批惠民举措落地实施，人民获得感显著增强。脱贫攻坚战取得决定性进展，教育事业全面发展，中西部和农村教育明显加强。城乡居民收入水平稳步提高。覆盖城乡居民的社会保障体系基本建立，社会保障水平不断提升，人民健康和医疗卫生水平大幅提高。保障性住房建设稳步推进，住房保障程度持续提高。创新型国家建设成果丰硕，蛟龙、天宫、悟空、墨子和大飞机等重大科技成果相继问世。国家文化影响力大幅提升，公共文化服务水平不断提高，文化事业蓬勃发展，全民健身和竞技体育全面发展。民主法治建设迈出重大步伐。社会治理体系更加完善，国家安全全面加强；生态文明建设成效显著，"绿水青山就是金山银山"理念深入人心。全面贯彻绿色发展理念，全面加强生态文明制度建设，加大生态环境整治力度，在生态文明建设上的重视程度和投入力度前所未有。全面厉行节约，能源消耗大幅下降。重大生态保护和修复工程进展顺利，森林覆盖率持续提高，环境状况得到改善。

2. 教育背景

在党的十六大全面建设小康社会宏伟目标的路线指引下，党和政府高度重视教育事业发展，把教育和人力资源开发作为四大目标之一，教育规模和质量得到持续发展。2002 年我国高等教育进入了大众化时代。2003 年 12 月，党中央提出在实施科教兴国战略的基础上开始实施人才强国战略，教育改革的重心也由此从追求教育发展的速度、规模和数量转向追求教育质量和公平。2007 年，胡锦涛在党的十七大报告中明确提出："优先发展教育，建设人力资源强国。"2012 年十八大报告强调教育是民族振兴和社会进步的基石，要求办好人民满意的教育。2017 年党的十九大提出中国特色社会主义进入新时代，我国社会的主要矛盾已经转化为人民日益增长的美好生活需要和不平衡不充分的发展之间的矛盾。经过改革开放 40 多年的发展，我国教育形势已经发生了翻天覆地的变化。教育在总体上已经进入世界中上发展水平，教育的整体质量和国际影响力显著提高。目前，我国教育发展的主要任务转变为促进教育均衡发展，推进教育公平，满足人民日益增长的享受更公平更高质量教育的需求，加快现代化，建设世界教育强国。2019 年 2 月，国务院颁行《中国教育现代化 2035》和《加快推进教育现代化实施方案（2018—2022 年）》，绘制出我国社会主义新时代加快推进教育现代化教育强国建设的宏伟蓝图，并为其制定了时间表、路线图，开启我国教育现代化建设的新征程。

在师范教育方面，深化师范教育体制改革，提高师范教育层次，完善师范教育体系，已经成为 21 世纪我国教育改革的一项重要而紧迫的任务。通过实施教师资格制度，提高教师质量。2000 年，教育部《〈教师资格条例〉实施办法》的出台，标志着我国正式实施教师资格制度。2013 年，教育部发布《中小学教师资格考试暂行办法》和《中小学教师资格定期注册暂行办法》，对教师资格考试和注册办法进行了规定，打破了教师资格证的"终身制"。2001 年 5 月，国务院提出，"完善以现有师范院校为主体、其他高等学校共同参与、培养培训相衔接的开放的教师教育体系"，"教师教育"正式代替"师范教育"，将教师的职前、职后教育统一起来，突出教师教育的连续性、统一性、终身性成为改革新方向。2002年，教育部为推进教师教育机构层次的升级转型，在《关于"十五"期间教师教育改革与发展的意见》中提出建设专科、本科、研究生新三级教师教育层次，强调继续推进教师教育结构的调整，通过师范院校作为教师教育主体、教师进修培训机构以及高水平综合大学共同参与配合，实现对教育资源的高效组合，同时，加强职前培养和职后培训的联结，加快教师教育的开放化和一体化程度。2003年，厦门成立全国非师范院校教师教育工作协会，非师范院校正式介入教师教育。2004年《2003—2007教育振兴行动计划》，进一步强调教师教育的重要基础地位，进一步明确构建开放灵活的教师教育体系的改革基本思路。2007年出台《国家教育事业发展"十一五"规划纲要》。经过上述政策的发展，巩固了教师教育在现代教育体系中的重要地位，逐渐明确了"以师范院校为主体，综合性高等学校及其他非师范类高等院校共同参与的开放灵活的教师教育体系"的改革目标。2010年5月，《国家中长期教育改革和发展规划纲要（2010—2020年）》出台，指出要"构建体系完备的终身教育……职前教育和职后教育有效衔接"。2012年我国出台《关于加强教师队伍建设的意见》《关于深化教师教育改革的意见》《幼儿园教师专业标准（试行）》《小学教师专业标准（试行）》和《中学教师专业标准（试行）》等，为教师教育的改革与建设指明了方向，也为创新教师教育制度提供了政策思路与组织保障。2014年，教育部颁发《关于实施卓越教师培养计划的意见》，提出建立高校与地方政府、中小学"三位一体"的教师培养新模式。2017年我国教育部颁布《普通高等学校师范类专业认证实施办法（暂行）》，实施教师教育机构的三级认证，推动师范类专业人才培养质量的持续提升。2018年我国连续出台《中共中央国务院关于全面深化新时代教师队伍建设改革的意见》和《教师教育振兴行动计划（2018—2022年）》。我国教育领域正在努力构建世界一流的教师教育，既保留师范院校体系，又进行教师教育的制度创新。2019年国务院印发《中国教育现代化2035》，提出建设高素质专业化创新型的教师队伍战略。从总体上，师范院校仍然是我国教师教育的主体力量，非师范院校也成长为师资培养的重要力量，混合开放型的教师教育体制得到了进一步的深化和发展。[1][2]

---

① 霍东娇. 中国百年师范教育制度变迁研究 [D]. 沈阳：东北师范大学，2018.
② 申国昌，吴艳君. 新世纪以来我国教师教育政策演进的特点、问题与完善策略 [J]. 教师发展研究，2017，1 (4)：44–49.

3. 体育背景

进入 21 世纪，我国的体育事业处在深化改革与全面转型中，从竞技体育一枝独秀向多元化发展，体育与政治、经济、社会、文化、外交等领域融合，发挥多重复合功效。体育体制改革、竞技体育、群众体育、体育产业和学校体育等方面的发展成果斐然。

在国家政策体制方面，2000 年 12 月国家体育总局下发《2001—2010 年中国体育改革与发展纲要》。2001 年，我国加入世贸组织，体育事业面临更加开放的国际国内环境，既是重大发展机遇也是严峻的考验。2002 年 7 月中共中央国务院颁发《关于进一步加强和改进新时期体育工作的意见》。2005 年、2011 年和 2016 年国家体育总局先后颁布《体育事业"十一五"规划》《体育事业发展"十二五"规划》和《体育发展"十三五"规划》，以满足群众日益增长的体育文化需求为出发点，把提高全民族健康素质作为根本目标，对体育事业发展进行全盘规划，使体育事业的发展为全面建设小康社会和构建和谐社会服务，为中华民族的伟大复兴作出贡献。2015 年 2 月，中央全面深化改革领导小组第十次会议通过的《中国足球改革总体方案》，标志着中国体育体制改革进入攻坚期。《中国足球中长期发展规划》和《全国足球场地设施建设规划（2016—2020年)》明晰了发展的时间表和路线图，使足球改革真正落地。在 2008 年北京奥运会、残奥会总结表彰大会上，胡锦涛提出了我国从体育大国向体育强国迈进的奋斗目标，2019 年 9 月《体育强国建设纲要》出台等，诸文件的颁布实施指明了我国新时期体育改革与发展的方向与目标。①

在竞技体育方面，就竞技成绩而言，从 2000 年悉尼到 2016 年里约的五届奥运会，我国始终处于金牌榜前三名的领先位置，2008 年北京奥运会金牌总数第一。在 2010 年温哥华冬奥会和 2014 年索契冬奥会上我国体育代表团分别取得第七和第九的好成绩，并实现基础大项金牌零的突破。在 21 世纪的亚运会上，我国体育代表团始终独占金牌榜和奖牌榜榜首。在 2014 年南京青年奥运会上，中国体育代表团获得了 37 枚金牌，63 枚奖牌，列金牌榜和奖牌榜第 1 位。仅 2011—2018 年，我国运动员共获得世界冠军 923 个。就举办国际竞技赛事而言，举办高规格的赛事越来越多。2001 年北京获得第 29 届奥运会的主办权，并于 2008 年成功举办了一届无与伦比的奥运会和残奥会，2009 年我国成功举办第 24 届世界大学生冬季运动会。在 2010 年我国广州成功举办了第 16 届亚运会。2015年，北京获得 2022 年第 24 届冬奥会举办权，冬奥会筹备中，改善生态环境，引

---

① 孙成林. 我国体育设施政策演进及优化［D］. 武汉：华中师范大学，2013.

领三亿人参与冰雪运动，使老百姓从冬奥会中得到"获得感"。

群众体育的发展也迎来了一个黄金时期。我国全民健身在 21 世纪已经进入第四个《全民健身计划（2016—2020 年）》，我国群众体育发展"以人民为中心"，其发展的顶层设计、长远规划和工作思路更加清晰，工作机制改革创新更加有力，公共体育服务体系建设逐步完善。2009 年《全民健身条例》颁布并实施，将每年的 8 月 8 日定为中国的全民健身日。在 2014 年国务院颁布的《关于加快发展体育产业促进体育消费的若干意见》中，更是再次将群众体育作为国家战略，更加突出了群众体育的地位。2016 年 10 月，中共中央、国务院印发《"健康中国 2030"规划纲要》，亿万人民在健康中国建设中不断迈出新步伐，共筑体育强国的中国梦。在国家政策的支持下，广大群众健身运动井喷式发展、参与体育锻炼成为时尚。2017 年全国体育人口达到 4.13 亿，达到历史最高位，且每年的体育人口总数都在上升，目标是 2025 年体育人口总数达到 5 亿人。同时，当前全民健身发展依然存在地区间、城乡间和健身人群间的发展不平衡，全民健身公共服务体系尚需进一步完善，群众体育的多元功能和综合价值尚未得到充分体现，学生每天锻炼一小时未真正落实等问题。

在体育产业方面，国务院先后于 2010 年、2014 年和 2016 年发布了《关于加快发展体育产业的指导意见》《关于加快发展体育产业促进体育消费的若干意见》和《关于加快发展健身休闲产业的指导意见》。《体育产业"十一五"规划》《体育产业"十二五"规划》和《体育产业"十三五"规划》也相继制定实施。2019 年制定《进一步促进体育消费的行动计划（2019—2020 年）》。在体育产业政策的支持下，2017 年中国体育产业总规模达到 2.2 万亿元。体育产业中服务业的占比快速提升，形成以智能装备、全民健身、休闲旅游等业务为基本架构，融医疗、金融、旅游、教育、文化、新媒体于体育一体的更完整的体育生态系统，体育产业的盈利方式更加丰富多样，体育产业成为国民经济的重要增长点之一。[①]

（二）主要的体育教师教育政策

1. 体育教师教育的总政策

2001 年，我国颁布的《国务院关于基础教育改革与发展的决定》指出："建设一支高素质的教师队伍是扎实推进素质教育的关键。完善以现有师范院校为主体、其他高等学校共同参与、培养培训相衔接的开放的教师教育体系。"首

---

① 刘洪涛. 新中国体育科技政策变迁的历史考察与思考［M］. 南昌：江西人民出版社，2017：105－106.

次使用"教师教育"取代"师范教育","教师教育"成为正式的教师培养模式,全国全面实施教师资格制度,教师教育进入新的发展时期。2002年2月,教育部发布《关于"十五"期间教师教育改革与发展的意见》,强调教师教育要发展教师的创新精神和实践能力。2004年2月,教育部颁布了《2003—2007年教育振兴行动计划》,要求将"新理念、新课程、新技术和师德培训"作为中小学教师培训的主要内容。2008年12月,我国开始试办教育博士专业学位。2011年教育部颁布了《关于大力推进教师教育课程改革的意见》和《教师教育课程标准(试行)》,将教师培养分为教育信念与责任、教育知识与能力、教育实践与体验三个维度,对在职教师教育的课程进行了规范。2012年,教育部颁布了《幼儿园教师专业标准(试行)》《小学教师专业标准(试行)》和《中学教师专业标准(试行)》等三个标准,各高校"要依据《专业标准》调整教师培养方案,编写教育教学类课程教材,作为教师教育类课程的重要内容。将《专业标准》作为'国培计划'和'省培计划'等各级培训的重要内容,依据《专业标准》制定教师培训课程指南",教师教育有了更加明确、规范的标准依据。2011年,我国开始实施教师资格统一考试制度。2013年,教育部印发了《中小学教师资格考试暂行办法》和《中小学教师资格定期注册暂行办法》,打破了教师资格证的"终身制"。2014年,习近平总书记提出教师要有"理想信念、道德情操、扎实学识、仁爱之心"的基本要求,为教师教育提出新的标准。2016年,国务院办公厅发布的《关于强化学校体育促进学生身心健康全面发展的意见》要求,加强体育教师队伍建设,办好体育教育专业,并实施体育教师全员培训,提高体育教师素质和待遇。2017年,教育部印发了《普通高等学校师范类专业认证办法(暂行)》,实施以"学生中心、产出导向、持续改进"为基本理念的教师教育机构三级认证。2018年1月,中共中央国务院印发了《关于全面深化新时代教师队伍建设改革的意见》,设立近期目标和远期目标,引领教师队伍建设。紧接着教育部等五部门联合印发《教师教育振兴行动计划(2018—2022年)》,要求"经过5年左右努力,办好一批高水平、有特色的教师教育院校和师范类专业,教师培养培训体系基本健全",提出教师培养层次提升等十大行动。①

　　2. 体育教师教育体系的调整

　　20世纪末,为落实科教兴国战略,全面推进素质教育,对新时期教师教育提

---

①　谢文庆. 改革开放40年我国教师教育政策的历史审视 [J]. 泰山学院学报, 2019, 41(2): 55-61.

出转型要求。2001 年，《国务院关于基础教育改革与发展的决定》第一次正式使用"教师教育"替代了传统的"师范教育"，提出建立以师范院校为主体、其他高等学校共同参与、培养培训相衔接的开放的教师教育体系。这一转型成为我国教师教育政策发展史上的一个重要分水岭。自此，教师教育体系由封闭走向开放，形成了开放多元的教师教育体系新格局；在学历层次上实现师资由"旧三级"向"新三级"升级；推动了教师职前培养和职后培训由相互独立走向一体化，教师教育体系进行了重大调整。2010 年，《国家中长期教育改革和发展规划纲要（2010—2020 年)》明确指出，构建以师范院校为主体、综合大学参与、开放灵活的教师教育体系。据 2016 年的统计结果，中国共有举办教师教育的高等师范院校 178 所，非师范院校 338 所①。到 2019 年，全国共有 605 所高等学校举办教师教育，其中师范院校 199 所，非师范院校 406 所。非师范院校参与教师教育的数量已经远远超过师范院校。培养教师的院校主要有四类：第一是综合性院校，第二是各级各类师范院校，第三是单科性院校，第四是职业类院校。教师教育培养主体明显地呈现出多元化特征。② 2000 年以后，我国高等教育呈现超越性发展，高等学校合并升格大学过程中，师专通过合并与升级也逐渐实现本科化，中等师范不断减少直至消亡，教师培养由中师、师专和本科三级师范转向专科、本科和研究生新三级师范，甚至到目前主要培养拥有学士学位的教师，专科层次的培养减少，教育硕士培养呈现增长趋势。2009 年应届大学毕业生被允许报考全日制教育硕士，招生专业覆盖基础教育各个学科，报考人数不断增加，为中小学教师获取研究生学位、提升学历水平和教育素养开辟了渠道。2014 年我国全国普通院校师范类毕业生学历结构就明显体现出这一特征。这一年毕业生中本科有 36.38 万人、专科 17.13 万人、中师 8.27 万人，总数 61.78 万人，其中本科占比约 59%。③ 教师培养培训一体化既是提升教师质量适应新时期教师教育发展的必然要求，也是我国教师教育转型发展的方向。2001 年我国提出建立培养培训相衔接的开放的教师教育体系，从强调职前培养走向关注终身发展。2012 年教育部、国家发改委和财政部发布《关于深化教师教育改革的意见》，2019 年《中国教育现代化 2035》出台，都不断强调强化职前教师培养和职后教师发展的有机衔接，形成一体化的教师教育体系。

在整个教师教育改革和基础教育阶段学校体育教育的推动下，我国的体育教师教育结构和体系同样作出了适应性调整。我国于 2001 年颁布《体育与健康

① 许涛. 探究教师教育新走向寻求教师教育新动力 [J]. 教师教育学报，2016，3（2）：1-4.

② 任友群. 创新教师教育体系建设优化基础教育师资供给 [N]. 学习时报，2019-10-25.

③ 《中国教育年鉴》编辑部. 中国教育年鉴 [M]. 北京：人民教育出版社，2015：270.

课程标准（实验稿）》，针对中小学学校体育进行改革，2004 年颁布了《普通高等学校体育教育本科专业各类主干课程指导纲要》。2011 年《义务教育体育与健康课程标准》颁布，标志着基础教育中体育课程的改革进入到一个新的阶段，这对体育教师教育提出了新的更高要求。2011 年、2012 年教育部相继颁发《教师教育课程标准（试行）》《幼儿园教师专业标准（试行）》《小学教师专业标准（试行）》《中学教师专业标准（试行）》，也为体育教师教育指明了发展方向。体育教师教育的机构由师范院校和体育专业院校向多元化培养主体扩展，也形成了开放多元的培养体系。据统计，截至 2015 年底，我国普通高校中培养体育教师的院校多达 317 所，培养主体的性质日益多元，首先，以综合类大学为最，其中开设体育教育本科专业的有 145 所，占总数的 45.74%；师范类院校为次，有 117 所学校开设，占总数的 36.91%，综合类和师范类院校共占总布点总数的82.65%。其次，分布在理工类院校 17 所，占总数的 5.36%；体育类有 16 所，占总数的 5.05%；民族类有 14 所，占总数的 4.42%，共占总布点总数的14.83%；分布少的在农林类、医药类、艺术类和政法类院校，各有 4 所、2 所、1 所、1 所，共占布点数总数的 2.52%。①

3. 体育教育专业的发展布局

21 世纪在我国高校升级换代的过程中，高等教育实现了跨越式发展，培养体育教师的体育教育本科专业点的数量快速增加（见表 2-29），相应地培养规模也大幅增长。2007 年，体育教育专业招生数约为 2.9 万人，在校生数约 11.2万人；2010 年招生数增加到约 3.3 万人，在校生数约 12.7 万人；2014 年招生数 3.5 万人，在校生数 14.5 万人，毕业生数约 3.4 万人。

表 2-29 体育教育专业本科点增长情况表

年份	2005	2006	2007	2009	2013	2015	增长率
专业点数量	250	260	274	287	313	317	26.80%

资料来源：黄汉升，陈作松，王家宏，等. 我国体育学类本科专业人才培养研究——《高等学校体育学类本科专业教学质量国家标准》研制与解读 [J]. 体育科学，2016，36（8）：3-33.

体育教育专业点的发展布局情况相较以往也有所变化：截至 2015 年底，我

---

① 黄汉升，陈作松，王家宏，等. 我国体育学类本科专业人才培养研究——《高等学校体育学类本科专业教学质量国家标准》研制与解读 [J]. 体育科学，2016，36（8）：3-33.

国包括体育类、师范类、综合类、理工类、民族类、医药类、财经类、农林类、政法类等各类高校共有 446 所开设了 852 个体育类本科专业点，体育教育专业作为具有特色鲜明的老牌体育传统专业，开设的院校最多，达到 317 所，约占体育专业总布点数的 37.21%，主要分布在湖南、河南、江西、云南 4 省，共布点 76 所，占总数 23.97%；其次是山东、四川、湖北、河北、贵州、山西、广东，7 省，共布点 107 所，占总数 33.75%；西藏、青海、海南、宁夏、天津等 5 所省，共布点 11 所，仅占总数的 3.47%。从区域分布情况看，华东 81 所占总数的 25.55%，华中 57 所占总数的 17.98%，西南 56 所占总数的 17.67%，共占总布点数约 61.20%；华北 15 所占总数的 14.20%，西北地区有 29 所占总数的 9.15%，华南 27 所占总数的 8.52%，东北 22 所占总数的 6.94%，共占总布点数约 38.81%。由此可见，体育教育专业的这种布局与各地的经济发展水平、高等院校数量呈正相关。经济是体育的基础，体育的发展有赖于经济的发展。华东、华中、华北地区经济相对发达，对体育专业人才的需求也相应较大，同时，这些地区高等教育整体水平较高，高等院校布局数量较多，所以专业布点数也相应较多。①

4. 体育教育专业培养目标更新

这一时期，我国体育教育专业根据时代发展和基础教育对体育教师的要求，对体育教育专业培养目标进行了三次修订（见表 2-30）。

表 2-30　体育教育专业培养目标

年代	培养目标
2003	培养面向现代化、面向世界、面向未来，适应我国社会主义现代化建设和基础教育改革与发展的实际需要，德、智、体、美全面发展，专业基础宽厚，具有现代教育观念、良好的科学素养和职业道德以及具有创新精神和实践能力，能胜任学校体育教育、教学、训练和竞赛工作，并能从事学校体育科学研究、学校体育管理及社会体育指导等工作的复合型体育教育人才
2008	培养德、智、体、美全面发展，具有现代教育理念，能胜任学校体育教育、教学、训练和竞赛工作，能从事学校体育科学研究、学校体育管理等工作的复合型体育教育专门人才

---

① 黄汉升，陈作松，王家宏，等. 我国体育学类本科专业人才培养研究——《高等学校体育学类本科专业教学质量国家标准》研制与解读 [J]. 体育科学，2016，36（8）：3-33.

续表

年代	培养目标
2018	掌握现代教育教学理论与方法以及学校体育课程与教学、课外体育锻炼和训练竞赛的基本理论与方法，具备运动技能和较强的体育教育教学能力，能胜任学校体育工作

资料来源：2003 年教育部《全国普通高等学校体育教育专业课程方案》、2008 年《普通高等学校体育教育本科专业规范》和 2018 年《普通高等学校本科专业类教学质量国家标准》。

2003 年，教育部在总结中华人民共和国成立以来特别是改革开放 20 多年以来课程改革经验成果的基础上，根据体育教育专业改革与发展的需要，制订并颁布了《全国普通高等学校体育教育本科专业课程方案》，方案中确定的培养目标见表 2 - 30，同时将培养目标具体化为培养规格，一是领会和掌握马克思列宁主义、毛泽东思想、邓小平理论基本原理和"三个代表"的重要思想；熟悉国家有关教育、体育工作的方针、政策和法规；热爱教育事业，具有良好的思想品德。二是掌握学校体育教学、健康教育教学、体育锻炼、运动训练和竞赛的基本理论与方法，具有创新精神、实践能力和较强的自学能力、社会适应能力。三是了解学校体育改革与发展的动态以及体育科研的发展趋势；掌握基本的科研方法，并具有从事体育科学研究的能力。四是掌握一门外国语和一门计算机语言，能阅读本专业的外文书刊，具有运用计算机的基本技能，达到大学英语四级等级和计算机二级等级的要求。五是具有健康的体魄，养成良好的卫生习惯和健康的生活方式。六是具有感受美、鉴赏美、表现美和创造美的情感与能力。

2008 年 12 月，教育部颁发《普通高等学校体育教育本科专业规范》修改稿，确立了体育教育专业培养目标，并将培养目标具体化为：思想政治、教育教学训练能力、体育改革、体育科研能力、一门外国语和计算机、健康体魄、情感能力等方面。从三个方面指明体育教育专业的培养规格，一是素质要求，包括思想道德素质、科学文化素质和健康素质等；二是知识要求，包括体育教育知识、体育专业知识、运动人体知识、体育人文知识、体育工具知识和体育学科前沿知识等；三是能力要求，包括体育教学能力、训练竞赛能力、群体工作组织能力、自身运动能力、获取和运用知识能力、外语和计算机等其他能力。① 由此可见，2008 年的《普通高等学校体育教育本科专业规范》与 2003 年的《全国普通高等学校体育教育本科专业课程方案》基本保持一致。

2018 年我国教育部发布《普通高等学校本科专业类教学质量国家标准》（下文简称《国标》），其中"体育学类教学质量国家标准"是其中的一个组成部分。在《国标》中，体育学确立了三个层次的培养目标：基本培养目标、分专业培养目标和开放性培养目标。体育学专业的基本培养目标是"培养德、智、体、美全面发展，具有高度的社会责任感、较好的科学和文化素养，具备现代教育、健康理念，系统掌握体育学基本理论、基本技能和基本方法，富有创新精神，具有一定的体育科学研究能力，具有创业意识，具备一定的创业素质和创业能力，能够从事群众体育事业、竞技体育事业、体育产业相关工作的应用型人才"，这一基本目标对体育类的七个专业具有统领作用。分专业目标中对体育教育专业的具体目标进行了规定，并指出各高校应在基本培养目标和分专业目标的基础上，依据各校实际和特色，分析社会和学生发展需要，适时调整和细化专业人才培养目标。《国标》在培养规格上，从基本素质和专业素质上提出了素质上的要求，从素养类知识和专业知识方面提出了知识上的要求，从获取与应用知识能力、创新创业能力和社会服务能力等方面提出了能力上的要求。《国标》对于培养目标的规定更为具体细化，突出了创新创业能力和服务社会能力。

5. 体育教育专业课程设置变化

课程体系是人才培养的载体，课程设置合理程度以及课程质量的高低都决定着人才培养的质量。这一时期我国对体育教育专业的课程设置按照时代的需要和社会发展的要求进行与时俱进的改革。2003 年我国颁布《全国普通高等学校体育教育专业本科专业课程方案》（见表 2－31）。

表 2－31　2003 年《全国普通高等学校体育教育本科专业课程方案》
规定的体育专业课程设置情况

课程分类	课程名称（学时）	学时（学分）	备注
主干必修	体育人文社会学 126、运动人体科学 162、学校体育与健康教育 144、田径与户外运动 126、球类与游戏 126、体操与健美运动 90 以及民族传统体育 72 等	846（47）	在提供领域自主开设和组合课程修 846 学时

---

① 范明香．基于体育与健康课程标准视角透视福建省高校体育教育专业课程设置［D］．福州：福建师范大学，2010.

课程分类	课程名称（学时）	学时（学分）	备注
一般必修	体育科研理论与方法导论72、体育统计学54、运动训练学54、体育科学导论36 、顶点课程72、球类36、艺术体操36、地域性特色项目36	约280学时，15学分	选择开 4—5 门（球类除篮球、排球、足球），可换 1—2 门或自设 1—2 门地方或校本课程
专业选修	第一方向：体育锻炼手段和方法，主项7门：田径、篮球、软式排球、足球、体操、武术、艺术体操；副项11门：田径、篮球、排球、足球、体操、武术、地域性运动项目、艺术体操、健美操、舞蹈、乒（羽、网）；体育教学训练方向课19门：运动生理、运动心理、体育测量与评价、体育绘图、学校体育思想史、运动竞赛学、体育游戏、人体遗传学、运动选材、运动训练、体育教育学、体育场地与设施、运动生物力、运动生化、体育文献检索、体育教学设计、体育学习原理、体育哲学、比较体育学	学生需选第一方向课程和副项提高课共计270学时，15学分，体育教学训练方向课共260学时	即在体育锻炼手段和方法的7门课程中任选一门，在副项提高的11门课程选一门即可修够学分。在体育教学训练方向19门课程中根据社会实际需要和本校情况任选 2—3 门即可
任意选修	学科（理论）选修（25门）；术科选修（29门）	不少于350学时，22学分	根据实际开设专业任选课和跨专业任选课
实践环节	入学教育、军训、劳动教育、社会调查、教育实践（10—12周）、毕业论文、学术活动、就业指导、毕业教育	180±30	除专业课程外还要求外语四级和计算机二级

资料来源：教育部关于印发《全国普通高等学校体育教育本科专业课程方案》的通知，教体艺〔2003〕7号［A/OL］. 中华人民共和国教育部网站，2003－06－19.

该课程方案和 1997 年方案相比，在内容上增加了对国家教育政策、方针的关注以及对自身体质、习惯、生活方式等的关注，要求程度上也有明显提高。比如，对外语的要求是能阅读外文期刊，并要达到英语四级的水平，计算机也要达到二级要求。对本科体育教育专业各类课程总学时规定为 2600—2800 学时。专业课分为必修课、选修课、教育实践和毕业论文。专业必修课分为核心必修课和一般必修课，共约 1248 学时（76 学分）。核心必修课包括人体解剖学、运动生理学、体育保健学、体育心理学、学校体育学、田径、体操、球类、武术等 9 门，约 868 学时（48 学分）。一般必修课约 380 学时（23 学分），课程包括运动生物力学、体育统计、体育测量、运动生物化学、健康教育、体育史、体育概论、体育科研方法、中学体育教材教法、其他球类（除篮球、排球、足球外）、健美操、舞蹈、区域运动项目等 13 门课程中任选 8 至 9 门。选修课约770 学时，它分为系列选修课和任意选修课。系列选修课约 520 学时（29 学分），它分为三个系列：第一系列为技术课程，篮球、排球等 7 门，要求学生必须选修一主一副两门课程，主修课程 220 学时（11 学分），辅修课程 60 学时（3学分）；第二系列主要是社会学类课程；第三系列主要是运动人体科学类课程，要求学生选约 240 学时（15 学分）的课程。任意选修可由各校根据实际情况开设专业任选课和跨专业任选课，要求学生选修此类课程不少于 250 学时。实践环节包括入学教育、军训、劳动教育、社会调查（实践）、教育实践、毕业论文写作、学术活动。教育实践分为教育见习（12 周）和教育实习（8—10 周）两种。除此之外还要开展一些其他社会实践活动，如组织运动竞赛裁判工作、指导社区健身活动、课余锻炼与辅导等，以增强体育教学、组织体育活动、社会体育指导等方面的综合能力。该课程方案是对以往体育教育专业课程方案的继承、发展和创新，体现了体育教育专业课程改革的时代特征。由原来的高度计划性向宏观指导性转变，增强了学生选课的灵活性，调动学生学习的积极性和主动性，扩展了学生的知识面，课程结构体系得以优化，进一步拓宽专业培养口径，符合当时我国社会政治、经济、文化发展对学校体育师资培养的要求。①

鉴于主干课程在学生掌握专业核心知识，提升核心素养方面所起的关键作用，以及在专业建设、课程设置和课程建设中的核心地位，我国教育部 2004 年颁布了《普通高等学校体育教育本科专业各类主干课程教学指导纲要》（下文简

---

① 彭建军. 新中国高等体育专业教育制度的形成与变迁［D］. 武汉：武汉体育学院，2010.

称《指导纲要》），并于 2005 年施行，以期实现 2003 年新课程方案所确定的培养目标和培养规格，推进体育教育的改革和发展，提高体育教育专业人才的素质和创新能力。《指导纲要》作为宏观的指导性文件，其所列主干课程呈现出人文化、"领域"化、拓展化、多样化等特征。从宏观上对普通高等学校体育教育本科专业的课程设置起到指导性作用，有利于各院校从实际出发，充分利用教育资源，提升体育教育专业办学质量和效益，形成以主干课程为核心、符合现代复合型人才培养的课程体系。①

2013 年，教育部委托 92 个专业类教学指导委员会研制《普通高等学校本科专业类教学质量国家标准》，经过 4 年多努力，2017 年完成了《国标》的研制工作。《高等学校体育学类本科专业教学质量国家标准》作为《国标》中的 92 个专业之一随之产生。《国标》中，对体育本科专业的课程体系进行了规定。其一是课程体系的总体框架。体育学类本科专业课程体系主要由通识教育课程、专业教育课程和实践课程构成。通识课程由各高校根据国家相关政策和学校自身特点，自行设置，体现学校特色；专业教育课程由专业类基础课程、专业核心课程和专业拓展课程组成；实践课程包括专业见习、专业实习、社会实践、创新创业实践和毕业论文，目的在于提升学生对于知识的运用能力。其二是专业知识体系。专业知识体系由学科基础知识、专业核心知识和专业实践构成。体育教育专业的专业核心知识主要是体育教育理论与方法，包括教育学和心理学的基本知识、学校体育的基本理论、体育教学、课外锻炼和训练竞赛的基本理论与方法等。其三是专业课程体系。专业课程体系中有通识教育课程、专业教育课程和实践课程。其中专业教育课程又包括三类：专业基础课程、专业核心课程和专业拓展课程，体育教育专业的最专业核心课程分别是学校体育学、体育课程与教学论和运动技能学习与控制。专业核心课程的开设采用最核心的三门课程外加 X 门的形式，即 "3 + X" 模式，X 的数目和学分不作规定，课程可在表 2 - 32 中进行选择。

表 2 - 32　体育学类本科专业推荐课程模块

模块名称	课程名称
运动技能课程模块	田径类、体操类、球类、游泳类、武术与民族传统体育类、冰雪或滨海类、户外运动类、健身休闲类

---

① 黄汉升，季克异.《普通高等学校体育教育本科专业各类主干课程教学指导纲要》解读 [J].体育学刊，2005，12（6）：1 - 5.

模块名称	课程名称
理论课程 模块一	体育传统学、运动心理学、体育保健学、运动营养学、运动生物化学、运动生物力学、运动处方理论与实践、体质测量与评价、运动机能生理生化测试、运动机能学习与控制、运动伤害防护与急救、运动训练生物学监控、康复评定学、运动康复治疗技术、肌肉骨骼康复、慢性疾病康复、神经病损康复、运动操作与康复、体能训练理论与方法、运动医务监督、锻炼心理学
理论课程 模块二	体育法学概论、体育管理学、体育史、学校体育学、体育课程与教学论、体育教材教法、体育游戏、体育绘图、运动训练学、体育竞赛学、奥林匹克运动、社会体育导论、健身理论与指导、体育市场营销、体育经济学概论、社区体育、体育场馆经营与管理、体育社会组织建设与管理、体育产业概论、民族传统体育概论、中国武术导论、传统体育养生理论、中国武术史、民族民间体育、休闲体育概论、体育旅游概论、休闲体育项目策划与管理、体育赛事管理、健身俱乐部经营与管理

资料来源：教育部高等学校教学指导委员会. 普通高等学校本科专业类教学质量国家标准 [S]. 北京：高等教育出版社，2018.

《国标》中关于体育学专业课程体系的规定本着拓宽专业口径、强化专业技能、培养创新意识、锻炼创业能力、注重个性发展、提高综合素质的精神，以学科交叉融合、压缩重合内容、优化课程体系、重视前沿知识、突出地方特色、提高教学质量为主线，在专业课程体系构建上，坚持原则性与灵活性的统一。①

6. 举办体育教育专业基本功大赛

"全国体育教育专业学生基本功大赛"是由教育部主办的全国性体育教育专业的制度化的赛事，目的在于通过教学比赛，检查和评定高校体育教育专业培养体育师资的情况，提高职前体育教师教学能力，提升体育教师培养的质量。这项赛事1997年首次举办，进入21世纪后，我国在中小学体育教师培养中严抓教育质量，连续举办多届全国体育教育专业学生基本功大赛。2002年、2004年、2008年、2011年、2014年、2017年和2019年都进行了比赛，基本功大赛的规程、内容及要求都随着时代对体育教师提出的新要求而发生改变，内容上越来越全面，要求也越来越高。1997年的比赛内容简单，在理论知识上只有体

---

① 教育部高等学校教学指导委员会. 普通高等学校本科专业类教学质量国家标准 [S].
北京：高等教育出版社，2018.

育理论知识。进入 21 世纪后比赛的基本知识理论增加，拓展到体育理论知识、外语与计算机三个方面，2014 年改为专业基础理论综合、英语和说课等三方面内容。2019 年 7 月全国高校体育教育专业学生基本功大赛，参赛院校的类型增多，全国 24 所设有本科体育教育专业的高等学校（综合性大学、体育院校、师范院校）参加比赛。2019 年竞赛内容则分为基础理论知识、教学技能类、运动技能等内容，其中基础理论知识部分着重考查理论的综合能力与英语能力，教学技能类则结合时代需要，考查"微课"教学形式的使用能力。在运动技能的考查方面，1997 年的运动技能比赛只有篮球，而进入 21 世纪后会在三大球中任选一项，2019 年的比赛，运动技能又新增了内容，包括田径、体操、球类、武术等四项内容。具体考核的内容、评分的标准都会随着学校体育教育专业培养目标的不同而有所变化。体育教育专业基本功大赛除了全国性的赛事外，多数省市也相应举办教学基本功大赛，比如安徽、湖南、山东、广东等省份举办过省级比赛。

从 2001 年开始，我国教育部体育卫生与艺术教育司、中国教育学会和中国高等教育学会联合主办中国学校体育科学大会。学校体育科学大会每两年举办一届，目的在于研究和探索我国学校体育的改革与发展方向，关于体育教师教育问题是其中的一个重要内容。第一届中国学校体育科学大会由学校体育研究会承办，于 2001 年在北京清华大学举行。截至 2018 年，我国已经连续举办了九届学校体育科学大会。每届大会都将体育教师教育问题列为其中的研究主题，推动了体育教师教育的研究。

7. 体育教师教育的职后培训

20 世纪末到 21 世纪初，我国教育部开始致力于调整教师培训机构，整合教育资源，开始逐步推进教师职前职后一体化体系的建设。主要通过以下五种方式实现：教育学院直接并入其他院校改为职业技术学校；教育学院并入师范专科学校升格为本科层次的师范院校；教育学院并入师范专科学校升格为本科综合院校或职业技术院校；教育学院直接并入师范大学；教育学院与其他院校直接合并为综合性大学。经过合并，许多地市级的教育学院不再以独立的形式存在，仅有少数几个省级教育学院得以保留下来。到 2005 年，我国教育学院的数量由 1981 年的 279 所下降到 80 所，教师进修学校的数量也由 1980 年的 2696 所减至 2002 年的 1703 所。① 经过机构的改革，教师的职后培训进入大学，从机构上为教师的职前职后教育一体化奠定了基础。

---

① 梅新林. 中国教师教育 30 年［M］. 北京：中国社会科学出版社，2008：246－247.

　　这一时期，我国对高质量的教师需求日益旺盛，教育行政部门制定了许多教师职后培训政策提升教师质量。体育教育界在《教育振兴行动计划》提出的"园丁工程"基础上，于2000年启动了"跨世纪——园丁工程全国中小学体育骨干教师国家级培训班"，全国设有三个培训基地（即北京师范大学、华东师范大学、福建师范大学）。2000年，我国教育部下发《关于做好中小学骨干教师国家级培训工作的通知》和《中小学教师继续教育工程方案（1999—2002年)》及实施意见，"中小学教师继续教育工程"正式实施。2001年5月我国颁布的《国务院关于基础教育改革与发展的决定》提出，完善以现有师范院校为主体、其他高等学校共同参与、培养培训相衔接的开放的教师教育体系，教师的培训成为教师教育体系中的重要组成部分，教师的职后培训得到加强。2001年《基础教育课程改革纲要（试行)》指出，承担基础教育师资培养及培训任务的师范院校、其他高等学校和培训机构要以基础教育课程改革的目标与内容为依据，调整培养目标、专业设置以及课程结构。因而，相关教育部门要有针对性地制订培训计划，要使中小学教师尽快地提升实施新课程的能力，确保教师培训与新课改同步发展。于是，教育部于2001年和2004年出台了《关于开展基础教育新课程师资培训工作的意见》和《关于进一步加强基础教育新课程师资培训工作的指导意见》两项关于新课程培训的文件。除此之外，教育部还发布了多项教师培训政策，强调建立教师培训体系。比如，2002年教育部出台的《关于加强县级教师培训机构建设的意见》要求加强县级教师培训机构建设，努力构建新型的现代教师培训机构，2002年的《关于实施西部地区中小学现代远程教育培训中心教师培训项目的通知》，2004年的《关于加快推进全国教师教育网络联盟计划组织实施新一轮中小学教师全员培训的意见》《2003—2007年中小学教师全员培训计划》和《关于启动新一轮民族、贫困地区中小学教师综合素质培训项目暨新课程师资培训计划（2004—2008)》，2005年的《中小学教学人员（初级）教育技术能力培训大纲》，2008年的《关于组织实施"援助地震灾区中小学教师培训计划"的通知》，2011年的《关于大力加强中小学教师培训工作的意见》，2012年教育部、国家发改委和财政部联合印发的《关于教师教育改革的意见》，2013年的《关于深化中小学教师培训模式改革全面提升培训质量的指导意见》等。2018年我国相继出台《关于全面深化新时代教师队伍建设改革的意见》和《教师教育振兴行动计划（2018—2022年)》，通过转变培训方式、改进培训内容、构建教师培训与学历教育衔接的教师终身学习体系，全面提高中小学教师质量，并提出五年左右基本健全教师职前教育和职后培训相衔接的教师培养培训体系。2019年教育部发布《关于深化本科教育教学改革全面提高人才培养质量的意见》（教高〔2019〕6号文件），提出教师培训重点要面向新入职教师和青年教师，以提升教学能力为目的，开展岗前和在岗专业科目培训。这些教师培训政策成为新时代体育教师职后培训的纲领性文件，引导新时代体育教师培训的新方向，明确了新时代体育教师队伍建设的新任务和新要求，教师培训迎来重要的战略机遇期。

21世纪我国对农村体育教师的培训更加关注。教育部对农村学校体育的意见中指出，力争在2005年之前，各地要从本地的实际情况出发，采取有效的措施，使每位农村的体育教师都能接受一次专业的培训。根据2007年党的十七大提出加强教师队伍建设，提高农村教师素质和加大中小学教师培训的支持力度，我国2008年开始试点"中小学教师国家级培训计划"（即"国培计划"），2008年和2009年分别下发《2008年中小学教师国家级培训计划》《2009—2012年中小学教师国家级培训计划》和《2009年中小学教师国家级培训计划》，组织实施中小学教师国家级培训计划。2010年全面实施具有国家意志的教师培训行动"国培计划"，该计划包括"中小学教师示范性培训项目"和"中西部农村骨干教师培训项目"两项内容，主要是针对农村教师培训。体育教师是"国培计划"中的重要培训对象，"国培计划"把农村体育教师的培训推向了一个新的高度。比如，2008年"国培计划"中对体育教师培训计划有：一是对普通高中课改实验省的教师的远程培训计划。采用网络培训与校本研修相结合的形式，对2008年新进入高中课改实验的五省区以及新疆生产建设兵团等包括体育学科在内的13个学科共约10万高中教师进行为期50学时的专题培训。二是中西部农村义务教育学校教师远程培训计划。采取卫星课程播放和网络在线辅导答疑相结合的方式，对包括小学体育和初中体育学科在内的中西部农村义务教育阶段的教师进行为期40学时的培训。三是中小学体育教师培训计划。以"送培下省"集中培训的方式对西部地区的中小学专职体育教师和体育传统项目学校体育教师进行专项培训。教育部和财政部联合下发《关于做好2012年"国培计划"实施工作的通知》，从国培课程标准、国培机构资质、项目管理办法和管理者队伍建设等方面为国培工作建纲立制。同年，教育部等部门在关于加强学校体育工作的若干意见中，再次提出加大"国培计划"培训体育教师的力度，对培训渠道进行拓宽，规划到2015年要对各地的体育教师进行一轮培训。① "国培计划"目前正处于新一轮周期（2015—2020），2018年中共中央国务院印发《关于全

---

① 李园园.改革开放以来中小学体育教师政策嬗变研究［D］.武汉：华中师范大学，2015.

面深化新时代教师队伍建设改革的意见》，再次指出要继续实施"国培计划"。自"国培计划"全面实施以来，中央、国务院、教育部、财政部等部门相继颁布了一系列"国培计划"相关政策文件，不仅为体育教师培训的规范运作奠定了基础，也为培训的顺利实施提供了政策保障。"国培计划"之外，"省培计划"也在各省开展，体育教师的在职培训力度不断增大。

（三）体育教师教育政策的特征

1. 体育教师教育与国际接轨

进入 21 世纪，我国的教育改革不断深化，教育开放不断扩大。2001 年，《国务院关于基础教育改革与发展的决定》第一次在政府文件中用国际社会通用的"教师教育"（Teacher Education）替代了我国长期使用的"师范教育"（Normal Education），在名称上与国际教师教育发展接轨。"教师教育"概念的使用并不只是简单的概念替换，反映的是我国教师教育的深刻变革，构建多元主体共容共生综合开放的教师教育格局成为国家教师教育改革蓝图。此后，我国的教师教育与世界主流的教师教育全面接轨，我国的教师教育走上了综合化、多元化、开放化的道路。我国教师教育综合化改革从 1999 年开始，至今已经满 20 年，教师教育综合化表现为师范大学的综合化和综合大学办教师教育两个方面。体育教师教育在整个教师教育与国际接轨的过程中，也不断朝向国际接轨。截至 2015 年底，在我国普通高校中有 317 所培养体育教师的院校，综合类大学里开设有体育教育本科专业的达 145 所，占总数的 45.74%；师范类院校里有 117 所学校开设体育教育本科专业，占总数的 36.91%，进行教师培养的综合类院校比师范类院校还要多，并且这些师范类院校也不再是纯粹的师范院校，都开设有非师范专业。2001 年开始，我国启动了第八次课程改革，颁布了新的《体育与健康课程标准》，整个框架主要是以借鉴欧美等发达国家的体育课程模式为主。新的《体育（与健康）课程标准》要求体育教师由体育教学大纲的"执行者"转向体育课程的"决策者"、由课程传授者转向指导者、由学生管理者转向组织者、由教学仲裁者转向促进者、由教书匠转向研究型教师等。2011 年颁布的修订版《体育（与健康）课程标准》是在 2001 年版本的基础上对其进行的完善。与基础教育学校体育改革相适应，体育教师教育进行了相应的改革，教师教育呈现出与国际接轨的特征。

2. 重视体育教师教育专业化

在 20 世纪下半叶，美国开始提出并发展了教师专业化理论，并在实践上，在综合大学中设置教师教育学院进行教师的专业培养。进入 21 世纪后，在综合大学的专业学院里实施专业教育、培养专业化教师，成为当代世界主流的教师教育特征，专业化建设被视为加速教师发展、提升教师质量的关键，"专业化"随之成为主流教师教育的核心理念。我国自20世纪90年代《中华人民共和国教师法》《教师资格条例》《教师资格认定的过渡办法》和《中华人民共和国教育法》的相继颁布起，初步形成了教师专业发展的法制保障和支持体系。进入21世纪，我国教师教育专业化改革进入加速期，将教师培养从单一的师范院校主体带入到综合大学和师范院校为主，其他有条件的各类院校参与的格局。进入21世纪后，我国更加重视中小学教师的专业发展。首先，体现在教师专业发展机制建设上，我国确立了新时期教师的培训任务，并从创新培训机制、完善培训制度、优化培训内容等方面进行研修机制建设，试图建立常态化的中小学教师研修机制。其次，连续发布教师专业的相关标准，进行中小学教师专业标准的建设。比如，教育部在2004年颁布了《中小学教师信息技术应用能力标准（试行）》，2011年颁布了《教师教育课程标准（试行）》，2013年印发了《义务教育学校校长专业发展》，2017年颁布了《普通高等学校师范类专业认证实施办法（暂行）》等。最后高度重视教师职后培训，形成了师徒教师教育、校本教研和工作学习、案例式、探究式、参与式、情景式、讨论式等多种在职教师专业发展形式，并开发教师培训项目，引领教师专业发展，以国培项目最具代表性。① 体育教师作为教师的重要组成部分，毫无疑问，各项教师专业化的政策和项目同样适用于体育教师。除此之外，也不乏专门针对体育教师专业化水平提高的政策和项目。比如，2000年教育部体卫艺司组织开展了中小学体育骨干教师培训计划；2008年教育部拨出专项经费，实施西部地区农村中学骨干体育教师培训计划，对来自西部地区12个省区的600名体育教师重点进行了教学基本功、教学技能与课堂教学设计等进行培训，旨在全面提升我国西部地区中学体育教师的专业素养与教学综合能力；同年，国家体育总局、教育部又共同启动了体育传统项目学校体育师资培训五年计划，计划通过五年时间对全国体育传统项目学校的体育教师进行集中专业培训；2010年教育部和财政部联合开展的"中小学教师国家级培训计划"（即"国培计划"），其中一直有专门针对中小体育教师的培训；2017年教育部将《高等学校体育学类本科专业教学质量国家标准》作为《国标》中的92个专业之一进行发布。

3. 体育教师教育多元开放

教师教育的开放是在制度上允许教师教育向所有的高等院校开放，突破传统的单一封闭的教师教育体制，发挥各类院校的优势和特色，让不同院校在教

---

① 张志勇. 中国教师教育改革的未来走向［J］. 中国教师，2016（20）：26－31.

师培养的竞争中提高教师培养的质量。体育教师教育的开放化即体育教师的培养不再为师范院校和体育院校所垄断，其他符合培养条件的高校均可参与进来。体育教师教育的开放化，是在国家教师教育政策的引导和教师教育开放背景下形成的。这一时期，从1999年中共中央国务院《关于深化教育改革全面推进素质教育的决定》、教育部发布的《关于师范院校布局结构调整的几点意见》，到2001年国务院《关于基础教育改革与发展的决定》都明确提出建立师范院校为主体、其他高等学校共同参与的开放的教师教育体系的思路，这些政策文件都成为体育教师教育开放化的初始推动力量。在教师教育的实践中，也的确涌现出许多非师范院校进行教师教育的情况。下面的统计数据尽管在年份和数值上并不统一和一致，但都明显反映出大量非师范院校参与到教师培养中来这一共同的特征。截至2005年，综合性大学中设置师范专业的学校达207所，当年的师范专业毕业生中有35%来自综合性大学。2007—2011年，教师教育体系中的综合性院校由218所增长至382所，增长了75.23%,[1] 至2016年6月底，我国举办教师教育的高等师范院校有189所，非师范院校有338所。[2] 2017年9月的《光明日报》中的统计数据显示，我国有187所师范院校和383所非师范院校举办教师教育。[3] 李本有教授在2019年全国博士后学术论坛的报告中指出，当前我国非师范类院校中的师范类专业在校人数有106.5万，占师范专业在校总人数的47%，师范院校中师范类专业在校人数为119.4万，占师范专业在校总人数的53%。我国的教师教育改革呈现出开放化的特征，这些特征也对体育教师教育政策产生了深刻影响。

单就体育教师教育而言，这种开放化现象也表现得非常突出。主要体现在两个方面，一是非体育教育专业的体育类专业毕业生通过考取教师资格证，获得中小学体育教师职业资格，进入到体育教师队伍中来；二是开办体育教育专业的权利向各类不同性质的高校开放，设置体育教育专业的院校大幅增加。截至2015年底，我国普通高校中有446所设置有852个体育本科专业点，其中培养体育教师的院校多达317所，这些院校的性质日益多元化。其中，综合性大学开设体育教育本科专业的有145所，占总数的45.74%；师范类院校开设该专业的117所学校，占总数的36.91%，综合类和师范类院校共占总布点总数的

① 田晓苗，石连海. 教师培养：从去师范化到新师范教育［J］. 国家教育行政学院学报，2019（3）：53－59.
② 闫建璋，郭赞嘉. 从开放走向新封闭：精英化教师教育体系的构建［J］. 河南师范大学学报（社会科学版），2017（5）：152－156.
③ 靳晓燕. 教师队伍建设取得突出成就［N］. 光明日报，2017－09－03.

82.65%；其次分布在理工类院校17所，占总数的5.36%；体育类有16所，占总数的5.05%；民族类有14所，占总数的4.42%，共占总布点总数的14.83%；分布少的在农林类、医药类、艺术类和政法类院校，各有4所、2所、1所、1所，共占总数的2.52%。① 由此可见，体育教师教育的开放化体系业已成型。

4. 体育教师教育一体化初现

教师发展是一个终身学习、持续推进的过程，任何教师教育系统培养的都是"未完成式教师"，而不可能培养出能够适应任何教育时空的"完成式"教师，适应教师发展这一特性的教师教育必然是职前培养与职后培训有机整合的一体化的教师教育形态。中华人民共和国成立后，我国建立起来的职前培养主要由师范院校承担，职后培训主要由独立设置的各级教育学院负责，互不关联的教师教育双轨体制，具有明显的错位特征，难以适应新的教师发展形势。21世纪我国由师范教育向教师教育的转变就意味着已将教师的职前培养、入职培养和在职培训联结起来，正像2002年教育部在《关于"十五"期间教师教育改革与发展的意见》中所明确指出的"教师教育是在终身教育思想指导下，按照教师专业发展的不同阶段，对教师的职前培养、入职培养和在职培训的统称"。接着于2003年，教育部开启了全日制普通高校建立"国家级教师教育基地"计划，成为集教师职前培养和职后培训于一身的教师教育机构，将教师职前培养和职后培训融为一体，为我国教师终身发展和教师教育一体化提供了体制上的保障，教师教育一体化进入了新的实质性发展阶段。② 在教师教育一体化实践上，教师教育机构的一体化走在了前面。2001年以后，原本只负责教师职后培训的省市级教育学院和教师进修学校纷纷进行改制、整合或取消，绝大多数省级教育学院要么改制成为普通师范本科高校，要么被并入普通本科高校，根据并入学校的类型和层次，分别成为综合大学、师范大学或师范学院，承担职前教师培养任务的同时又担负着教师的在职培训，实现了教师教育机构的一体化。1981年我国有教育学院279所，1998年底全国大约有220余所教育学院，到了2005年时仅剩下80所，截至2013年底，绝大多数市级教育学院被并入普通师范类院校，省级教育学院31所中有11所改制成为普通师范学院，12所合并成

① 黄汉升，陈作松，王家宏，等. 我国体育学类本科专业人才培养研究——《高等学校体育学类本科专业教学质量国家标准》研制与解读 [J]. 体育科学，2016，36（8）：3–33.

② 窦坤，龙宝新. 论当代我国教师教育改革的动力、主题与走向 [J]. 教育理论与实践，2010，30（3）：39–42.

为师范大学或综合大学，保持独立发展的仅有 8 所。① 在教师教育一体化的过程中，尽管还存在着诸如领导体制、机制协调、培养培训目标与课程内容连续性设计、教学手段等方面的问题，毕竟教师教育一体化的改革已经展开，并初步呈现出一体化的特征。体育教师教育作为教师教育中的组成部分，体育教师教育的一体化既是社会发展对体育教师培养的时代要求，又是基础教育需要的客观反映，同时又是整个教师教育发展的要求。终身教育、终身体育、教师成长规律都要求职前培养与职后培训相结合。因此，体育教师的职前培养、入职教育与职后培训一体化是其必然的特征。

5. 体育教师教育走向高层次

2002 年我国实现了高等教育大众化，《2019 年全国教育事业发展统计公报》显示，全国各类高等教育在学总毛入学率为 51.6%，我国高等教育进入普及化阶段。高等教育的快速发展带来了我国教师教育改革政策的完善，要求不断提升教师教育学历层次。早在 1999 年教育部发布的《关于师范院校布局结构调整的几点意见》就提出压缩中师，增加师专和师院（师大）的师范院校布局结构调整意见。教师教育在实践中也的确向本科化方向发展，由旧中师、专科和本科三级师范转变为专科、本科和研究生的新三级师范，随之很快取消中等师范学校的建制，并逐步扩大研究生招生。② 1996 年辽宁省在师范教育结构调整中率先取消了中师。浙江省 2000 年完全取消了中师，2002 年实现三级师范向两级师范过渡，2005 年师范高等专科学校全部升格为综合性本科院校。河南省也于 2002 年底完成了三级师范向两级师范转换。北京、天津、上海、江苏等省市随之取消了中师，并通过合并重组将师专升级为本科师范学院。③ 据中国教育年鉴的统计，从 1999—2003 年，短短几年间，中等师范院校的数量由 815 所迅速骤减至 317 所，在校人数由 90.50 万人减少到 31.73 万人。2003 年以后的统计则取消了对中等师范院校的单独统计。2002 年 3 月，教育部制定的《关于"十五"期间教师教育改革与发展的意见》提出，到 2005 年，城市和经济发达地区，新补充的小学教师中具有专科学历者力争达到 80% 以上；农村地区新补充的小学教师具有专科以上学历者力争达到 50% 左右。意味着大专学历将成为小学教师入职的最低学历要求。2007 年，在西部地区小学专科及以上学历教师比

① 刘金海. 对省级教育学院生存与发展问题的思考——基于危机管理理论的视角 [J]. 河南教育学院学报（哲学社会科学版），2011，30（3）：22-24.

② 顾明远. 我国教师教育改革的反思 [J]. 教师教育研究，2006（6）：3-6.

③ 胡艳. 我国教师教育体系当前形成路径与变革动因 [J]. 北京师范大学学报（社会科学版），2009，212（2）：20-28.

例就达到 59.6%，较 2002 年提高了 32.8 个百分点。2005 年 5 月，时任教育部师范教育司司长管培俊，在第二届全国地方师范大学联席会议上宣称，到 2020 年小学中具有本科学历教师要占到相当大的比例。据统计，全国小学专任教师本科及以上学历由 1999 年的 0.74% 增长到 2013 年的 23.71 %。① 目前，我国已经全部取消中师建制，高等师范专科学校的数量大大减少，多数升格为师范学院，师范学院则升格为师范大学或综合大学，培养教师的学校基本上都是本科院校，教师教育层次已经基本上提升到本科水平，形成了大学本科为主，专科和研究生为辅的师范教育新格局。

2011 年教育部《关于大力加强中小学教师培训工作的意见》中提出，到 2012 年小学教师达到专科，初中教师达到本科；高中教师研究生比例提高。《全国教育人才发展中长期规划（2010—2020 年）》提出，2020 年中小学教师达到本科以上学历，中学教师研究生比例提高。在实践中，通过举办教师教育的不同层次院校数量可以明显反映出教师教育的层次逐步提高（见表 2-33）。

表 2-33　2002—2017 年教师教育院校规格层次变化

数量 年份	高师本科	师范专科	中等师范	教育专业硕士	教育博士
2002	96	140	815	29	*
2016—2018	156	69	0	135	27

资料来源：陈雪儿，佘晓玲. 我国教师教育发展的现状、问题与对策 [J]. 中国成人教育，2019 (6)：86-90.

在整个教师群体学历普遍提升的前提下，体育教师教育学历层次不断提高，2010 年我国初级中学的体育教师本科化率已经达到 59.01%，2018 年我国基础教育中具有硕士学位的教师增长到 2%，21 世纪前十年初中体育教师学历不断提高的具体情况见表 2-34。新入职体育教师学历层次的不断提高离不开体育教师教育的高端化，我国培养体育教师的老牌专业——体育教育专业，特别是本科层次的体育教育专业设点的不断增加，培养了大批体育教育专业本科生。同时，体育教学方面的研究生培养也在不断扩大。截至 2015 年底，我国共有 446 所高校设置了 852 个体育本科专业点，其中体育教育专业本科点由 2005 年的

---

① 胡金平. "本科化" 抑或 "被本科化"：中国大陆小学教师学历升格历程的回顾 [J]. 江苏教育研究，2015（10）：7-12.

250 个增加到 2015 年的 317 个，占总专业点数的 37.21%。招生的数量也不断增长。2007 年，体育教育专业招生数约为 2.9 万人，在校生数约 11.2 万人；2010 年招生数增加到约 3.3 万人，在校生数约 12.7 万人；2014 年招生数 3.5 万人，在校生数 14.5 万人，毕业生数约 3.4 万人。我国教育部于 1997 年起，开始试点招收教育硕士，主要招生对象为具有三年以上第一线教学经历且具备大学本科毕业的基础教育的专任教师，2009 年起将招生范围扩大到应届本科毕业生，并以应届生为主。不管是招收具有工作实践经验的一线专任教师还是应届毕业生，在教育硕士的学科教学中都将体育列为方向之一。目前，我国高等教育已经进入普及化阶段，体育教师培养以本科教育为主，全日制硕士和在职硕士比例不断攀升，在全国范围内以本科为主、硕士研究生为辅的基础教育体育教师队伍已经形成，甚至在比较发达地区的城市中具有硕士学位的青年体育教师已经成为体育教师队伍主体。教育部直属的师范大学体育学院、部分综合大学以及北京体育大学、上海体育学院等专业体育学院正在大量培养具有硕士研究生学历的基础教育体育教师并培养少量具有博士研究生学历的体育教师。① 由此表明，体育教师教育层次日益朝向高端化方向发展。

表 2-34　初中体育专任教师学历变化表

学历	2001		2003		2005		2007		2009		2010	
	人	%	人	%	人	%	人	%	人	%	人	%
研究生	62	0.04	169	0.10	237	0.14	275	0.17	565	0.33	774	0.44
本科	26478	16.30	36492	22.12	51578	31.55	69994	42.16	93888	54.32	103832	59.01
专科	105914	65.21	106271	64.41	98653	63.14	87665	52.80	73096	42.29	67061	38.11
中师	28919	17.80	21370	12.95	12606	7.71	7833	4.72	5123	2.96	4188	2.38
其他	1051	0.65	701	0.42	427	0.26	266	0.10	166	0.10	107	0.06
总计	1622424	100	165003	100	163501	100	166033	100	172838	100	175962	100

注：表中数据来自中国教育门户网站或计算得出。

资料来源：李小磊. 我国义务教育阶段体育教师学历层次现状及均衡化配置研究 [D].
上海：上海师范大学，2012.

---

① 潘绍伟. 我国基础教育体育与健康课程改革发展 70 年回顾与展望 [J]. 中国学校体育学，2019（10）：10-13.

6. 体育教师教育质量备受重视

2002 年我国高等教育进入大众化阶段，2019 年我国的高等教育进入普及化阶段。全面提高质量成为高等教育发展时代主题和高等教育改革的深刻命题。我国教师的数量、质量都有了质的飞跃。据统计，2017 年底，我国小学专任教师 594.49 万人，学历合格率 99.96%；初中专任教师 354.87 万人，学历合格率 99.83%；高中专任教师 177.40 万人，学历合格率 98.15%。① 我国教师问题的主要矛盾已经由数量问题转变为质量问题，2004 年教育部《中小学教师教育技术能力标准》，2007 年的"免费师范生教育"计划，2010 年的"国培计划"，2012 年启动的"教师资格考试与定期注册制度"改革，2015 年的《乡村教师支持计划（2015—2020 年）》，2017 年的《普通高等学校师范类专业认证实施办法（暂行）》，2018 年的《中共中央国务院关于全面深化新时代教师队伍建设改革的意见》和《教师教育振兴行动计划（2018—2022 年）》等都是围绕提高教师教育质量进行的。

2001 年以后，体育教育专业在高校中广泛设立，招生规模大幅增长，较好地满足了我国体育师资需求，而目前专业点数量和招生数量增长放缓，从规模扩张向提升质量转变。这标志着我国体育教师教育亦从"以量谋大"到"以质图强"的战略转变。② 我国通过修订高等学校体育教育专业课程方案、举办全国学校体育科学大会、全国中小学体育教学观摩展示活动、开展全国体育教育专业学生基本功大赛等一系列重要举措提高体育教师教育质量。2008 年"专业规范"等一系列加强专业建设文件的制定与出台，全景式反映了我国高等学校体育专业教育领域对专业建设及人才培养质量保障体系建设的重视。2010 年教育部和财政部两部门联合发出并实施《关于实施"中小学教师国家级培训计划"的通知》。2011 年、2012 年教育部相继颁发《义务教育体育与健康课程标准》《教师教育课程标准（试行）》、中小学和幼儿园教师《专业标准》，为体育教师教育指明了发展方向。2013 年教育部启动的本科专业类教学质量国家标准研制工作，高等学校体育教学指导委员会在其委托下承担并于 2017 年顺利完成《高等学校体育学类本科专业教学质量国家标准》的研制工作，完善了体育教育专业人才培养质量保障体系，对提高体育教师教育的培养质量，形成具有中国特色、世界水平的体育教师教育体系具有重大意义。

---

① 谢文庆. 改革开放 40 年我国教师教育政策的历史审视 [J]. 泰山学院学报，2019，41（2）：55–61.

② 熊媛. 我国不同类型普通高校体育教育专业教师教育类课程研究 [D]. 武汉：华中师范大学，2018.

第三章

以史鉴今：体育教师教育政策变迁的总结

在梳理体育教师教育政策变迁的基础上，归纳其变迁特征，总结其经验，分析其问题，探寻其变迁动因，是深入认识体育教师教育政策的前提，对于深度把握体育教师教育政策发展内在机理具有重大意义。

第一节　体育教师教育政策变迁的总体特征

我国体育教师教育政策的演变过程中受不同时代社会政治、经济和文化环境的影响，在各个发展时期呈现出不同的特点。除此之外，从整体上看，在时代的巨变中，体育教师教育政策的变迁在更为宏大的战略层面还体现出以下突出特点。

一、体育教师教育政策性质变化巨大

中国体育教师教育政策起源于动荡不安的清朝末年，在国体与政体变更，社会政治经济体制的更迭中，中国体育教师教育政策变迁历时 100 余年，从无到有，再由零星到制度化的宏观指导纲领，并随着社会形势的风云变幻，不断地丰富与完善，在扬弃与继承中进行着反复的斟酌与考量，其间经历了中国社会政治制度的巨变，折射着中国社会政治思潮起伏跌落。在国体与政体变更的时代背景下，体育教师教育政策的性质也随之进行了适应性的更迭。

1840 年鸦片战争后，中国国门被迫打开，西方的军国民体育进入中国学校教育，处于风雨飘摇之中的清政府被迫建立起具有一定封建性质的体育教师教育政策，要求包括师范学堂和体育学堂在内的全国各类学堂必须遵守 1904 年《奏定学堂章程》所明确规定的立学宗旨："无论何等学堂，均以忠孝为本，以中国经史之学为基。"① 1906 年清政府以政府法令形式明确"忠君、尊孔、尚

---

① 李国钧．中国教育大系——历代教育制度考（下）［M］．武汉：湖北教育出版社，1994：1768.

公、尚武、尚实"为教育宗旨，核心是封建忠孝思想。① 无论官办的体操专修科，还是私办的体操学校，均需将上述教育宗旨作为办学依据，可见此时的体育教师教育政策具有明显的封建主义性质。1911 年辛亥革命推翻了中国千年封建帝制，军阀政府和民国政府相继取得统治地位。1912 年 9 月 2 日，民国政府教育部颁布了新的教育宗旨："注重道德教育，以实利教育、军国民教育辅之，更以美感教育完成其道德。"② 在此教育宗旨中，实利教育表明取得政权的资产阶级对生产力的追求和对国计民生的关注，美感教育是新兴资产阶级对人的精神世界追求的体现，体现着教育的资产阶级性质。民国教育事业蓬勃发展之时，资产阶级建立的民主共和政权被代表封建复辟势力的袁世凯所窃取，全国上下出现了一股复古、尊孔、读经的逆流。1915 年 2 月，袁世凯公布《颁定教育要旨》七项："爱国、尚武、崇实、法孔孟、重自治、戒贪争、戒躁进"，充分体现了封建复古主义。③ 1916—1924 年教育部主教者的频繁变更，中国教育实际上处于无政府状态。1927 年广州国民政府系统推行"党化教育"，恢复和加强了中国文化专制的传统。在 1931 年国民政府颁布的《中华民国训政时期约法》中，确立了"三民主义为中华民国教育的根本原则"，从而以法律的形式，将三民主义教育宗旨固定下来，进而将师范教育的宗旨定为"为实现三民主义的国民教育之本源，必须以最适宜之科学教育，及最严格之身心训练，养成一般国民道德上学术上之最健全之师资"。④ 此后，国民政府始终以"三民主义教育宗旨"来控制和规范教育及体育师资的培养，表现着体育教师教育的资本主义性质。1949 年中华人民共和国成立，新生的共和国面临着西方资本主义阵营全面封锁的恶劣形势，外交向社会主义苏联"一边倒"，教育制度全面向苏联学习，建立起以苏联教师教育制度为模板的社会主义教师教育制度。1978 年，《关于加强和发展师范教育的意见》要求"加快恢复和发展师范院校"，"满足社会主义建设的需要"。1985 年，《中共中央关于教育体制改革的决定》明确提出"教育就是要为社会主义经济建设培养人才"。1990 年，《关于制定国民经济和社会发展十年规划和"八五"计划的建议》中提出"教育必须为社会主义现代化服务"。1993 年《中国教育改革和发展纲要》提出"坚持教育的社会主义方向，

---

① 朱有瓛．中国近代学制史料（第二辑上册）［M］．上海：华东师范大学出版社，1987：
　156.

② 舒新城．中国近代教育史资料（上）［M］．北京：人民教育出版社，1981：223.

③ 陈学询．中国近代教育史教学参考资料（中）［M］．北京：人民教育出版社，1987：
　233 – 242.

④ 李国钧．中国教育大系——历代教育制度考（下）［M］．武汉：湖北教育出版社，
　1994：2161 – 2162.

自觉地服从和服务于经济建设这个中心"。1995 年的《中华人民共和国义务教育法》再次强调"教育必须为社会主义现代化建设服务，为社会主义事业培养建设者和接班人"。2019 年 2 月，国务院颁行《中国教育现代化 2035》和《加快推进教育现代化实施方案（2018—2022 年）》，绘制出我国社会主义新时代加快推进教育现代化教育强国建设的宏伟蓝图，并提出建设结合中国实际的具有中国社会主义特色的教师教育体系。这些重要的教师教育政策文本都强调社会主义方向。具体到体育教师教育领域，同样在政策文本中多次强调社会主义性质，比如，1997 年和 2003 年的《全国普通高等学校体育教育专业本科专业课程方案》都在培养目标中分别明确"适应我国社会主义现代化建设的实际需要"和"适应我国社会主义现代化建设和基础教育改革与发展的实际需要"这样的政策话语，在中华人民共和国成立以来的体育教育课程设置的规定中也必定设有"马克思主义""毛泽东思想"和"邓小平理论"等课程。综上所述，教师教育政策的百年变迁历程清晰地呈现出教师教育政策经历了封建主义、资本主义和社会主义三种性质的演变轨迹。

二、体育教师教育政策演变成效显著

（一）体育教师数量与质量显著提高

在实践上，建立起现代体育教师教育制度，开创性地培养了现代意义上专业体育教师，促进了体育教师教育事业的繁荣发展。我国古代教育中是没有专门的体育教师职业的，自清末《奏定学堂章程》的颁布实施，在学校教育中开设体操科，开始制度化的体育教师培养至今，经历了长达一个多世纪的发展，体育教师职业从无到有，体育教师数量不断增加，不断满足着体育教育对体育师资数量上的要求。随着时代的发展，体育教师教育政策对体育教师培养的要求越来越高，培养渠道不断得到扩展，带来的是体育教师质量总体上的不断优化，表现在清朝末年中小学体育教师培养由初等教育和中等教育担任；民国时期体育教师培养逐渐由中等教育向高等教育转移；中华人民共和国成立后到 20 世纪末，小学体育教师由中等教育（中等师范）培养，中学体育教师由高等教育（师范高等专科学校和师范学院）培养；进入 21 世纪，随着我国高等教育大众化和开放化的教师教育政策体系的建立，中小学体育教师主要由本科高校培养，并向研究生层次发展，体育教师队伍的学历层次得到明显提高，推动了体育教师教育的发展，为我国基础教育输送了大批的体育教师。我国是"体育教育大国"，体育师资队伍庞大。据《中国教育统计年鉴·2008—2017》的统计，从数量结构来看，2017 年全国共有体育教师 618866 人，十年间全国体育教师数量稳步增长，平均增幅 38.7%；从学历结构来看，从2008—2017年，本科及以上学历的体育教师人数逐年上升，十年增幅135.7%，专科及以下学历的体育教师人数逐年下降，十年降幅27.9%；2017年全国体育教师的平均学历合格率为96%，其中初中体育教师的学历合格率最高，达99.7%，小学体育教师的学历合格率最低，为93.8%，具有研究生学历的体育教师占2.3%。① 这样一支数量逐渐增大，学历层次不断提升的体育教师队伍，支撑着世界上最庞大的学生群体（各级各类中小学生约2.7亿）的体育教育工作。在体育教师专业化方面，初步构建起体育教师教育专业标准体系。2011年发布《教师教育课程标准（试行）》，2012年颁布《幼儿园教师专业标准（试行）》《小学教师专业标准（试行）》《中学教师标准（试行）》。此后，不同类型学校教师专业标准也陆续推出，基本实现了对基础教育各级各类教师的全覆盖。为保障教师教育质量，提高师范类专业人才培养水平，教育部又在2017年印发《普通高等学校师范类专业认证实施办法（暂行）》，分别对学前教育、小学教育和中学教育三类专业认证标准予以明确。至此，我国教师教育完成了教师教育机构、教师教育课程、教师质量等各自的标准建设，三者共同架构了体育教师教育的标准体系框架。针对体育教师学科特性的体育教师专业标准的研究和制定也在积极地探索中，体育教师教育专业化特质日益显现。在教师教育体系开放化的推动下，体育教师教育多元化取得积极进展，中小学体育师资队伍的来源突破了单一的体育院校和师范院校，来源渠道拓展到综合院校、民族类院校、理工类院校和医药类院校等各类大学。完成上述体育教师培养任务和巨大的体育教育工作都是体育教师教育政策所显示出的显著成效。

（二）体育教师教育政策走向体系化

　　清末清政府逐渐意识到师范教育发挥的重大教育基石作用，开始探索与制定师范教育政策。1904年，湖南体操研究所短期训练班诞生，1906年清政府学部通令各省城师范学堂设置体操专修科，以培养体操教师为宗旨，解决缺乏体操教师问题。这是我国官方首次在新式教育中对体育教师的培养问题制定的政策，虽可以视作我国体育教师教育政策的正式开端，但在总体上这一时期的政策数量少，质量不高。民国时期关于体育教师教育政策上升到《国民体育法》的法律层面，并且从教育宗旨、培养目标和各级各类体育师范教育课程体系的厘定到毕业生的管理，不仅政策数量可观，而且形成了一定的体系，甚至还将西方的体育教育政策进行本土化建设改造，在选择与调整、传承与扬弃中艰难

---

① 潘建芬，胡峰光，韩金明．新时代我国体育教师队伍结构分析与配置优化策略研究［G］//中国体育科学学会．第十一届全国体育科学大会论文摘要汇编．2019：3586－3587.

探索，不断描绘切合中国实际的师范教育政策蓝图。在管理上，1932 年 9 月，国民政府成立独立领导学校体育的首脑机关——教育部体育委员会，下设学校体育组，专门管理学校体育。省市教育厅局下设体育股和督学，管理学校体育。国民党还设有国民党中央党部体育科和国民党中央训练总监部体育科管理学校体育。20 世纪 30 年代的"土洋体育之争"实质上是关于中国体育发展方向的争论，也是体育教育中国化的探索，经过争论，中国的传统体育在体育教育中得到了长足发展。新中国的教师教育政策体系建设更是成绩斐然，实现了从"师范教育"到"教师教育"的转变，在整体上表现出职前培养、入职教育和在职培训相联结的一体化发展趋势，并且由独立封闭走向多元开放。体育教师教育政策作为教师教育政策的重要组成部分，从教育部和省市教育厅等体育教师教育管理机构的设置，《中华人民共和国教育法》《中华人民共和国义务教育法》和《中华人民共和国体育法》等体育教师教育基本法律的实施，1978 年的《关于加强和发展师范教育的意见》和《关于加强学校体育卫生工作的通知》，90 年代的《中国教育改革与发展纲要》《教师资格条例》和《面向 21 世纪教育振兴行动计划》等法规，到 2001 年国务院颁布的《关于基础教育改革与发展的决定》、2004 年教育部出台《2003—2007 年教育振兴行动计划》，2011 年《关于大力推进教师教育课程改革的意见》和《教师教育课程标准（试行）》，2018 年的《关于全面深化新时代教师队伍建设改革的意见》和《教师教育振兴行动计划（2018—2022 年)》等文件，引领着体育教师队伍建设。对于体育教育专业我国先后于 1980 年、1986 年、1991 年、1997 年和 2003 年制定五套《全国普通高等学校体育教育专业本科专业课程方案》（或教学计划），对体育教育专业的培养目标、课程安排和学时划分都作出了规定。可见，体育教师教育政策发展至此，内容全面，结构完整，已经形成系统。

总而言之，我国体育教师教育政策在抄袭、模仿、移植与借鉴国外体育教师教育先进经验的过程中，不断变革创新，由零星化、局部化向全面化、整体化方向发展，政策文本不断完善，系统性逐渐增强，我国体育教师教育政策在清末仿效日本，民国时期移植美国政策，中华人民共和国成立初期全面学习苏联，建立起社会主义性质的体育教师教育，20 世纪 80 年代改革开放后全面向西方发达国家学习，引进西方体育思想，21 世纪在借鉴欧美国家教师教育政策变革经验基础上，尝试建立教师教育课程标准和教师专业标准，注重教师教育专业化，并在与社会各因素的相互调试中，逐步理顺了内外部的矛盾，体育教师教育政策由经验型向科学型转变，规范并引导着体育教育实践，初步形成了具有中国特色的体育教师教育政策体系。

三、体育教师教育政策变迁的强制性

我国自现代意义上的教育制度建立以来，各时期政府就试图对其进行全面控制，把教育发展视为救国兴国的重要手段。我国的教育改革一直是在政府部门主导下自上而下地进行的，体育教师教育政策演变也不例外。体育教师教育政策主体在体育教师教育活动中起着举足轻重的作用，决定着体育教师教育活动的质量水平。在我国的体育教师教育政策的建立过程中，精英决策是显著特征，政策主体长期以来主要是各级党组织、人大、政府等国家机关组织的权力精英、少数知识精英和体育教师精英。实际上体育教师教育政策所涉的相关利益方是众多的，除了政府之外还有体育教师教育机构、体育教师（包括体育教育专业学生、准体育教师、在职体育教师）、体育教育专业学生的家长等。在体育教师教育政策的变迁过程中，政府、体育教师教育机构和体育教师等都参与推动教师教育政策的变革，变革是多方力量整合作用的结果，而能够整合多种力量的是我国政府和政党，政府发挥的主要作用是建立规则及提供教育公共产品，起着主导作用。体育教师教育机构和体育教师个人虽然或多或少地参与到政策变迁之中，也为了争取自身利益与国家进行博弈，但一般是被动地接受政府的相关政策，对政策变迁影响极为有限。

从体育教师教育政策变迁的历程中可以明显看出其变迁的强制性。清末，现代体育教育在国家政治力量的主导和先进知识分子的参与下产生，将挽救民族危亡的国家意识深深加入到体育教师教育政策之中。民国时期，1927 年国民党实行"党化教育"，实行教育集权和垄断，加强对教育的干预。1931 年国民政府以法律的形式确立三民主义教育宗旨，并进一步推行到师范教育之中，直到国民政府败退至我国台湾，始终以"三民主义教育宗旨"来控制教师教育的发展。中华人民共和国成立后到改革开放，我国教师教育遵循中央集权管理模式，以苏联为模板建立起高度集权的教师教育制度，体育教师教育同样照搬了苏联体育教师教育模式，以管控、命令等直接行政干预手段全面管控教师教育事务，教师教育机构依赖政府。改革开放后，市场经济体制的建立促使市场化工具在体育教师教育领域的运用，但政府仍然几乎是体育教师培养的唯一供给主体，政府在体育教师教育变革中始终占据主导。从 1980—2003 年制定的五套《全国普通高等学校体育教育专业本科专业课程方案》（或教学计划）的演变看，是从统一性教学计划向自主性教学计划转变，可以看到高等体育院校在教学计划制订上获得了一定的自主权，但政府始终充当着发动、策划、领导的作用，其他关于体育教师教育改革的主要政策也无一不来自教育或体育行政部门。

进入 21 世纪，教师专业化改革更多地来自政府的要求，体育教师教育机构和中小学体育教师更多是被动接受。如 2011 年的《义务教育体育与健康课程标准》和《教师教育课程标准（试行）》、2012 年的《幼儿园教师专业标准（试行）》《小学教师专业标准（试行）》《中学教师专业标准（试行）》的研制中有教育专家的多次反复科学认证，2017 年颁布的《普通高中体育与健康课程标准（2017年版）》和启动的师范类专业认证、高等教育本科教学质量评估（包括教师教育专业）工作等也都是在教育行政部门主导下进行的。而对《教师专业标准》和《教师教育课程标准》的制定更多的是发挥教师专业组织的作用，而教师专业组织因发育不良没有发挥应有的作用。2018 年，中共中央国务院印发《关于全面深化新时代教师队伍建设改革的意见》，接着由教育部等五部门联合印发《教师教育振兴行动计划（2018—2022 年）》，设立教师队伍建设的近期目标、远期目标及行动计划，办好一批高水平、有特色的教师教育院校和师范类专业，教师培养培训体系基本健全，引领教师队伍建设。由此可见，我国体育教师教育政策演变属于强制性变迁，更多的是政府从外部对体育教师教育进行控制。

四、体育教师教育政策演进的钟摆现象

体育教师教育政策发展的钟摆现象是指体育教师教育政策在发展的过程中出现不停地向两极摇摆的现象。我国体育教师教育政策发展的钟摆现象表现在以下几个方面：

（一）培养模式在定向封闭与非定向开放模式间左右摇摆

欧美国家的教师教育体制都以定向封闭式师范教育体制为起点，向非定向培养模式为核心的开放式师范教育体制发展，呈现出较为平直的演进轨迹。与欧美不同的是，中国师范教育体制百余年间的演变总在封闭和开放之间做着"钟摆"运动。首先清末以"日本模式"为模板建立封闭式师范教育体制，时间大概是 1897—1921 年；民国中后期建立美国模式的开放式师范教育体制，时间大概是 1922—1948 年；中华人民共和国成立后，建立起"苏联模式"封闭式师范教育体制，时间从 1949 年到 90 年代中后期；90 年代末，我国教师教育开始朝向开放化的教师教育体系迈进；2007 年，我国施行师范生免费教育政策（2018 年改称为公费师范生），此后几乎全国每个省份相继在部分师范院校对师范生施行免费政策，似乎是在教师教育开放化进程中，又对教师定向培养的封闭式师范教育体制给予高度的肯定。由于体育教师教育受教师教育的制约，我国教师教育在封闭与开放之间的摇摆，不可避免地造成了体育教师教育模式发展的钟摆现象。

（二）体育教师教育价值取向在满足国家需求与个人需求间的摇摆

现代体育教育始于 1903 年清朝的《奏定学堂章程》，以其规定的"体操科"的开设为标志，体育教育以军国民教育思想为指导，效仿德日等国以军事化色彩浓厚的兵操教学为学校体育的主要教学内容，其目的在于实现"强国保种"的国家需求。1922 年，民国政府进行课程改革，颁布《新学制课程标准》，以实用主义教育思想和自然体育思想为指导，采用美国的教育形式，提出"顺应儿童爱好活动之本性"的体育教育目标，废除兵操，将体操课正式改为体育课，开始关心学生的需要和兴趣，追寻体育教育的人文价值，个人本位的体育教育价值观开始占据主导地位。中华人民共和国成立后，体育教育的价值取向再次拉回到社会价值追求上来。1949 年 10 月，朱德在中华全国体育总会筹备会上指出："新中国体育是为人民服务，为国家建设和国防服务的。"1950 年 7 月，中华全国体育总会筹备会议主任冯文彬指出："要发展生产、建设祖国、巩固国防，必须使我们的人民有健康的体魄。需要我们以体育来锻炼大家的体格，使我们的人民个个都是身体强壮、精力充沛、不怕困难、勇往直前，具有大无畏的精神，这样才能更好担负起建设祖国和捍卫祖国的任务。"1952 年，教育部和中央体委颁布的《学校体育工作暂行规定》提出，学生要增强体质以便更好地从事社会主义建设和保卫祖国的工作。1961 年，教育部颁布的《中小学体育教学大纲》提出，增强学生体质为建设祖国、保卫祖国服务。20 世纪 80 年代后，因中国的改革开放，各种西方思想纷至沓来，源自日本的"快乐体育"思想传入，强调学校体育应以满足学生喜好为宗旨。1992 年，《全国普通高等学校体育课程教学指导纲要》明确提出了终身体育思想，要求培养学生终身体育意识。1995 年，《全民健身计划纲要》"要对学生进行终身体育教育，培养学生体育锻炼的意识、技能和习惯"。1999 年，我国推行素质教育，确立"健康第一"的教育指导思想，提出了"体育课程要以学生发展为中心"的课程理念。2001 年《义务教育体育与健康课程标准》和 2003 年《普通高中体育与健康课程标准》征求意见稿出台并进行实验，2011 年新版《义务教育体育与健康课程标准》和 2017 年《普通高中体育与健康课程标准（2017 年版）》的出台，再次确认了"健康第一"的指导思想，重视学生的主体地位，关注个体差异与不同需求，培养学生的运动兴趣，树立学生终身体育的观念，提高学生的社会适应能力，确保每一个学生受益。可见，体育教育的价值以学生需求为本，由国家本位向个人本位转化。[1]

（三）体育教师教育课程在学科与术科比例上摇摆

体育教师教育课程和其他学科不同之处在于，其课程内容分为学科和术科两类。在体育教师教育课程的演变过程中，同样出现了学科和术科教学内容所占学时比重的钟摆现象。比如，1963年体育教师教育课程内容特征有向1955年回归的倾向；我国1980—2003年5套体育教育专业（本科）课程方案（计划）中学科与术科的比例分别为50：50、55.6：44.4、59.4：40.6、63：37和65.7：34.3，这一学科与术科的比例表明，术科在课程安排中的比重明显下降，之所以出现这种情况，是我国近年来向以美国为首的发达国家体育教师教育课程模式学习的结果。在高等教育由大众化向普及化迈进的新阶段，我国高师院校和高等体育院校的体育教育专业生源的体育运动专项素质和技能普遍下降，理应在其进校后增加术科的学时数量，以提升其专项运动素质和技术、技能，为其未来担任体育教师工作做好运动技能上的准备。而课程方案中对课程结构的安排却将学科与术科所占学时比例倒置，其结果必然导致体育教育专业的毕业生的专项运动技术水平和专项教学训练能力严重下降，导致"一专不专、多能不能"的尴尬局面，无法胜任体育教师工作。因此，2003年后我国许多体育教育界的学者通过对体育教育专业学生的培养实践的反思，再次呼吁在体育教育专业的课程设置中增加术科教学的课时数量。

（四）体育教师教育政策学习对象上的摇摆

我国现代体育教师教育政策的确立是以1904年颁布《奏定学堂章程》为标志的，而该章程是从日本学习而来，将军国主义体育思想作为体育教育的指导思想。第一次世界大战结束，德国战败，源于德国的军国民主义思想受到质疑。在美国教育家杜威的教育思想影响下，1922年，民国的重要教育政策《壬戌学制》诞生，中国教育制度开始学习美国，体育教育以自然主义体育思想为指导，以顺应学生天性为目标，取消了兵式体操，以田径、球类、游戏为主要内容。1949年中华人民共和国成立，我国对以美国为模仿对象的国民政府的体育教育进行批判，以苏联的体育教师教育政策为榜样，建立起定向封闭的体育教师教育体系。20世纪80年代我国学校体育引入日本的"快乐体育"思想，学习对象转向日本等国家。90年代末，我国的教师教育全面向美国学习，致力于建设开放的教师教育体系，并初见成效。在体育教师教育方面，美国的体育教师教

---

[1] 施芳芳，戴敬东. 中国学校体育价值立场的钟摆化演化 [J]. 武汉体育学院学报，2011，45（11）：72 – 76.

育课程标准、体育教师专业标准、体育教师教育机构认证标准、体育教师质量
保障体系与评估等成为我国体育教育界研究的热点，希望从中获取借鉴，探索
我国体育教师教育相关标准的研制。从我国体育教师教育发展历程中，我们可
以明显看到我国在体育教师教育学习借鉴的对象经历了"日本—美国—苏联—
日本—美国"这样的钟摆运动轨迹。

　　值得提出的是，我国体育教师教育政策演变所表现出的钟摆现象，并非简
单的线性重复，而是事物发展的否定之否定规律的表现，每一次回摆实质上是
更高基础上的更迭和超越，是事物周期性发展的展现，正是马克思所说的事物
的发展是在更高基础上的重复。① 因此，体育教师教育政策演变中的钟摆运动，
并非原地踏步维持原有水平，而是其内在发展规律的体现，是在多次摇摆中不
断积累着量的变化和质的飞跃，是螺旋式上升的过程。②

五、体育教师教育体系由封闭走向开放

　　我国教师教育体制经历一百余年的发展，呈现出由封闭向开放发展的特征。
清朝末年，在西方列强坚船利炮的冲击下，封建科举教育制度逐渐崩溃，中国
开始尝试建立近代师范教育制度。1904 年，清政府颁布《奏定学堂章程》，以
"日本模式"为模板正式建立起封闭式的师范教育体制，形成了我国最初的独立
教师教育专门系统。1912 年辛亥革命推翻了清王朝的统治，民国政府教育部以
《师范教育令》的形式，再次明确教师培养由高等师范院校和中等师范学校组成
的两级师范教育独立体系完成。民国时期，美国为争取在华权益，表现出对华
"友好"形象，赢得中国政府和民众的普遍好感，美国在华影响越来越大，其教
育在华影响也越来越大，逐渐超越日本。国民政府开始学习美国教育模式，
1922 年国民政府以美国学制为模板，颁布《学制系统改革令》（即《壬戌学
制》），反映了美国实用主义教育思想，对先前独立的师范教育造成了恶劣的影
响，除降低效率外别无益处。③一方面，取消了中等师范教育的独立性，取消了
师范生的公费待遇，师范教育在整个教育体系中的地位下降造成师范学校、师
范生和师范教育经费数量的大幅下降。另一方面，进行所谓的"高师改大"，实
际上升格为师范大学的只有北京高师一所，其他高师均被并入大学。从总体上

---

① 黎澍．马克思恩格斯列宁斯大林论历史科学 [M]．北京：人民出版社，1982：258.
② 范叶飞，马卫平．我国学校体育课程的"钟摆现象"管窥 [J]．体育科学，2017，37
（2）：3 – 15.
③ 李英超．四十年来中国师范教育之演变与分析 [J]．政治季刊，1938，2（2/3）：223 –
310.

看，师范教育整体上出现严重衰落，带来了更严重的师荒现象。1932 年 9 月国民政府开始整顿全国教育，12 月公布《师范学校法》，以法规的形式再次确定了师范学校的独立地位。接着从 1938—1947 年，国民政府教育部先后颁布了《修正师范学校规程》《师范学院规程》《修正师范学院规程》等，形成独立师范院校培养为主，综合大学师范学院参与的师范教育体制，使师范教育快速得到了恢复和发展。1949 年中华人民共和国成立后，我国以苏联师范教育为模式，建立起封闭定向的三级师范教育体系。20 世纪 90 年代伴随着社会的转型和教育体制改革的持续推进，在 1996 年的《国家教育委员会关于师范教育改革和发展的若干意见》和 1999 年的《关于师范学院布局结构调整的几点思考》等文件提出的健全和完善以独立设置的各级各类师范院校为主体，非师范类院校共同参与，培养和培训相沟通的师范教育体系的布局之下，师范教育改革拉开了大幕，封闭独立的三级师范教育体制向开放式二级教师教育体制转变。2001 年我国的"师范教育"正式由"教师教育"替代，标志着我国教师教育体系开始重新进行建构，建立由高水平大学和师范学校共同参与培养，职前职后教育一体化的教师教育开放体系成为教师教育的主要政策目标。21 世纪出台的重大教师教育政策不断强化这一政策目标。比如，2004 年 2 月颁布的《2003—2007 年教育振兴行动计划》，提出了构建开放灵活的教师教育体系的总体目标。2018 年 1 月，中共中央、国务院发布的《关于全面深化新时代教师队伍建设改革的意见》提出，"建立以师范院校为主体、高水平非师范院校参与的中国特色师范教育体系"。除了国家教师教育政策层面的要求以外，在教师教育的实践中，教师教育实践也实现了由封闭培养模式向多元开放模式的转变。从清末专门的教师教育诞生，直到中华人民共和国成立后的 20 世纪 90 年代，教师培养一直主要由专门的师范院校担任（除了 1922 年《壬戌学制》颁布后短短的 10 多年外）。20世纪 90 年代以后，更多不同类型的院校参与进来，教师培养主体呈现多元化特征见表 3 - 1。

表 3 - 1　我国非师范院校设置师范专业的学校数量变化表

时间	2005	2007	2011	2017	2019
数量	207	218	382	383	47%（非师范院校在校师范生比例）

数据来源：

[1] 田晓苗，石连海. 教师培养：从去师范化到新师范教育 [J]. 国家教育行政学院学报，2019（3）：53 - 59.

[2] 靳晓燕. 教师队伍建设取得突出成就 [N]. 光明日报，2017 - 09 - 03.

体育教师教育的开放化现象同样表现非常突出。原本体育教师培养任务主要由单一的体育院校和师范院校的体育系科承担。20 世纪 90 年代后，开办体育教育专业的权利向各类不同性质的高校开放，设置体育教育专业的院校大幅增加。截至 2015 年底，我国普通高校中设置体育教育专业培养体育教师的院校有317 所，其构成性质日益多元化，共来自 9 个类型的院校（见表 3 - 2）。

表 3 - 2   2015 年我国开设体育教育本科专业院校情况表

性质	综合	师范	理工	体育	民族	农林	医药	艺术	政法	合计
数量	145	117	17	16	14	4	2	1	1	317
占比%	45.74	36.91	5.36	5.05	4.42	1.26	0.63	0.315	0.315	100

数据来源：黄汉升，陈作松，王家宏，等．我国体育学类本科专业人才培养研究［J］．体育科学，2016，36（8）：3 - 33．

揆诸史实和教育实践，我们明显看到我国体育教师教育体系呈现出由封闭向开放转变的特征，尽管在这一演变过程中出现了培养模式的钟摆现象，但这只是体育教师教育体系由封闭向开放演变整体趋势的一种特殊表现形式，并不影响向开放体系演变的整体特征（见表 3 - 3）。

表 3 - 3   我国体育教师教育培养模式的演变

时间 （年）	1902—1922	1922—1932	1938—1949	1949—1999	1999 年至今
学制 规程	壬寅、癸卯、壬子·癸丑学制	壬戌学制	师范学院规程	师范学校暂行规程关于高等师范学校的规定	关于师范院校布局结构调整的几点意见
模式	封闭式	开放式	混合式	封闭式	封闭式向开放式转向
培养 机构	师范学堂（校）、体育学堂（校、专修科）	综合大学、师范类院校、体育（师范）学校	综合大学、师范类院校、体育（师范）学校	师范院校、体育院校	师范院校、综合大学、体育、理工、民族、政法、医药、农林等院校

六、政策重点由关注数量转向聚焦质量

（一）政策重点在于扩大教师规模

由于现代学校教育的开办，体育正式成为学校的课程，体育教师作为一种新的职业而诞生。在学校开办数量不断增加的前提下，我国对体育教师的需求量很大，长期以来体育教师教育的政策重点一直放在增加体育教师数量上。在体育教师队伍急需数量扩张的重大压力下，质量问题被暂时搁置。

清末体育师资培养机构不管是官办还是民办，办学历史一般都不长，为及早培养体育教师，一般学制较短，具有速成性质，培养质量总体水平不高。据粗略统计，1906—1912 年间，全国培养出体操教员总计不过数千名，而 1912 年全国学校总数已达 8 万余所①，这样的体操教员数量对于全国 8 万所学校的体育教师需求来说，无异于杯水车薪。

民国时期，全国各体育系科招生规模小，外加社会动荡等各种原因造成的中途流失，每年毕业学生数量很少，远远满足不了当时的需求。著名的南高师体育科 1918 年第二期招生 30 人，毕业时只剩 19 人；著名的中央大学体育系从 1916 年开办到 1946 年 31 年间总共培养的体育教师仅 321 人；北高师体育科从 1917 年开办至 1949 年 33 年间毕业学生 400 多人。②另据 1931 年统计，全国各类学校和体育场共计需要体育教师 1.3 万到 1.5 万人，当年所有的体育教师仅为需求量的 1/4。③ 从 1903 年体育师资教育开办起到 1949 年中华人民共和国成立，近半个世纪全国各体育学校、系科的毕业生累计不过 1 万人，对于学校体育教育的开展是远远不够的。④ 中华人民共和国成立后，我国教育事业迎来了良好的发展时机，学校教育事业发展迅速，学校体育教育需要大量的体育教师。中华人民共和国成立初建立了六大体院，重建和恢复了师范院校体育系科，培养中小学体育教师。由于从 1966—1977 年"文化大革命"十年，国内体育教师培养机构基本没有招生，体育教师队伍出现断层。再加上改革开放后，国家教育事

---

① 国家体委体育文史工作委员会，中国体育史学会．中国近代体育史［M］．北京：北京体育学院出版社，1989：81.

② 成都体育学院体育史研究所．中国近代体育史资料［M］．成都：四川教育出版社，1988：176 – 177.

③ 陈荫生，等．中国近代体育议决案选编［M］．北京：人民体育出版社，1991：87.

④ 中国体育百科全书编辑委员会．中国体育百科全书［M］．北京：人民体育出版社，2001：278.

业快速发展，需要大量的体育教师补充，体育教育专业招生数量又少，形成了极大的供求反差，使我国长期以来中小学体育教师得不到满足。1999 年以后，我国高等教育扩大招生，2002 年我国高等教育进入大众化阶段，当前我国高等教育进入普及化阶段。在这一过程中，体育教育专业的招生量也随之扩大，体育教师的供需矛盾得到缓解，体育教师的质量问题也受到关注。以下数据可以说明体育教师的数量矛盾正逐步得到解决。教育部公布的数据显示，2001 年我国体育教育专业招生人数为 16996 人，2008 年体育教育专业招生人数为 30325 人。① 体育教育专业招生的扩大带来了体育教师规模的不断增大。从 1987—2010 年，全国中学体育教师数量增幅为 88.5%；从 2003—2010 年，全国中小学体育教师数量增幅为 20.4%。另据《中国教育统计年鉴》得知，2003—2010 年的 7 年间，中小学生减少了 12.97%，体育教师反而增加 20.40%，小学生减少了 14.96%，小学体育教师增加了 29.89%，年平均增长速度达到 3.8%（具体见表 3-4、3-5）。可以看出，我国中小学体育教师数量均呈持续上升趋势，体育教师队伍总体规模不断扩大，也从侧面表明了体育教师教育政策的成效有所提升。

表 3-4　我国 2000—2010 年普通中小学体育教师数量增长情况

类别	2000	2003	2010	7 年总发展速度	10 年总发展速度
小学	—	178138	231390	129.89%	—
初中	157096	165003	175962	106.64%	112.01%
高中	41671	56079	73321	130.75%	175.95%
总计	—	399220	480673	120.40%	—

数据来源：胡剑波，汪路琪，任丽萍，等. 我国中小学体育教师队伍建设 10 年追踪调查研究 [J]. 体育成人教育学刊，2013，29（4）：73-76.

表 3-5　我国 2003—2010 年普通中小学体育教师数量（单位：万人）

时间（年）	2003	2004	2005	2006	2007	2008	2009	2010
小学	17.8	17.9	18.1	18.6	19.6	20.5	22.3	23.1
初中	16.5	16.5	16.4	16.3	16.6	16.9	17.3	17.6

---

① 唐东阳，陈浩. 专业体育院校体育教育专业就业面临的挑战与机遇 [J]. 沈阳体育学院学报，2011，30（2）：139-140.

续表

时间（年）	2003	2004	2005	2006	2007	2008	2009	2010
高中	5.60	6.10	6.50	6.90	7.10	7.20	7.20	7.30
总计	39.9	40.5	41.0	41.8	43.3	44.6	46.8	48.0

数据来源：潘建芬，毛振明．全国中小学体育教师数量结构发展概况分析［J］．体育科技文献通报，2013，21（7）：122－127．

　　虽然可以明显看到我国中小学体育教师数量的迅速增长，但体育教师仍然不能完全满足体育教育需要，仍然存在较大缺口。以下几年的体育教师缺口数据情况充分反映了这一事实。根据《中国教育统计年鉴（2007）》数据：2007年我国大中小学体育教师数量共计509187人，其中高校54992人，中职20843人，高中70843人，初中166033人，小学196476人。中小学体育教师总缺额量为294111人，小学缺额243691人，初中缺额16069人，高中不缺，中职缺额为34351人。据《中国教育统计年鉴（2010）》统计，我国2010年共有中小学体育教师480673人，其中义务教育阶段共有体育教师407452人（包括小学体育教师231390人，初中体育教师175962人），高中体育教师73321人。按全国中小学义务教育体育教师基本工作量（小学18课时/周，中学12课时/周）计算，共需体育教师72.9168万人，尚缺32.1716万人。根据2008年《国家学校体育卫生条件试行基本标准》规定，共需小学体育教师436068人，缺口204677人，缺口率88.46%；初中体育教师166212人，超额9750人，超额率5.87%；高中体育教师53618人，超额19703人，超额率36.74%，超编不多；全国中小学体育教师共缺口175225人，缺口率26.72%。[1] 2012年，教育部体卫艺司司长王登峰在清华大学体育部成立百年的研讨会上指出："义务教育阶段教师整体超编100多万，但体育教师缺编30多万，体育教师缺乏的问题非常严峻。"[2] 2012年，国务院办公厅发布《关于进一步加强学校体育工作的若干意见》要求初步配齐体育教师。2016年国务院办公厅出台的《关于强化学校体育促进学生身心健康全面发展的意见》指出，"学校体育仍是整个教育事业相对薄弱的环节，对学校体育重要性认识不足、体育教师短缺"等问题仍然存在。2018年习近平总书记在全国教育大会讲话中指出，要办好人民满意的教育，要树立"健康第一"的教育理念，开齐开足体育课。体育课开设不足不齐的一个重要原因就是体育

［1］ 潘建芬，毛振明．全国中小学体育教师数量结构发展概况分析［J］．体育科技文献通报，2013，21（7）：122－127．
［2］ 裴海深，刘真．教师VS体育教师热门还是冷门？［N］．中国体育报，2013－01－17．

教师数量不足。相比于语文、数学等其他学科教师数量在 20 世纪末数量上就基本饱和的状况，当前体育教师因其学科的特殊性和受重视程度不够仍出现短缺现象，其原因主要有：体育学科在大中小学的困难地位导致对体育教师配备和招聘的不重视；自 2001 年基础教育课程改革体育课时增加使体育教师的需求增大，但受教师总编制限制无法增加体育教师；国家体育教师配备制度执行不力；体育教师培养质量不高；部分体育教育专业毕业生不愿到村镇学校教学；体育教师待遇较低导致体育教师流失较多。①

（二）政策重点转向数量质量并重

中华人民共和国成立后，我国基础教育教师队伍经历了一个长期的数量扩张过程，到了 20 世纪末，我国中小学教师的需求量减小，供应增加，在数量上得到满足，甚至小学和初中教师数量出现过剩现象，同时也存在结构性失衡，质量矛盾突显，提升教师质量被提上日程。由此，进入 21 世纪 20 年来教师教育政策的重点就聚焦到教师教育质量的提高上来，致力于建设高素质专业化创新型教师队伍。虽然体育教师的数量还存在较大缺口，仍需重视教师的数量问题，在整个教师教育聚焦质量的背景下，体育教师教育的质量问题也备受关注。围绕着体育教师质量的提高，主要采取的措施有以下几个方面：

1. 教育政策文本要求提高质量

1993 年国家教委的《关于加强小学骨干教师培养工作的意见》、1998 年教育部的《面向 21 世纪教育振兴行动计划》提出的"跨世纪园丁工程"、1999 年国务院颁布的《关于深化教育改革全面推进素质教育的决定》、2002 年教育部的《关于"十五"期间教师教育改革与发展的意见》和 2006 年出台的《中华人民共和国义务教育法》，都要求大力提高教师队伍整体素质，把提高教师的教育能力和水平作为师资培训的重点，努力培养具有创新精神和实践能力的高素质教师。《教师教育振兴行动计划（2018—2022 年）》对教师质量提出更高目标，"经过 5 年左右的努力，办好一批高水平、有特色的教师教育院校和师范类专业"，实施"卓越教师培养计划"，"为义务教育学校培养更多接受过高质量教师教育的素质全面、业务见长的本科层次教师，为普通高中培养更多专业突出、底蕴深厚的研究生层次教师。"②

---

① 包莹，刘海元．我国体育教师队伍现状及加强建设对策［J］．体育学刊，2009，16（5）：41－44．

② 汪娟．论教师教育政策的全球性、历史性及时代性特征——以《师教育振兴行动计划（2018—2022 年）》为考察中心［J］．课程教学研究，2019（4）：4－9，14．

2. 体育教师培养与培训的联结

中华人民共和国成立后，我国教师的职前培养与在职培训表现出二元分离特征。20 世纪 90 年代末，中小学教师在职教育政策中，扩大了培训机构的范围，增加了思想政治教育、教育理论及新知识、新技能的学习等内容，丰富了培训形式和方法，"突出培训内容的针对性、方法的灵活性和目标的实践性，强调培训的基层化、全员化和全程化"。同时，终身教育思想要求教师教育贯通职前培养与在职培训，通盘考虑教师的专业发展，保证教师教育的连贯性。我国于 1998 年提出实施"跨世纪园丁工程"，对现有中小学教师进行全员培训，实施"现代化远程教育工程"，"构建终身教育学习体系"。2001 年我国正式进入教师教育时代，突破了教师职前培养、入职教育和在职培训的不连贯的障碍。2003 年教育部正式启动全国教师教育网络联盟，教师职前培养、在职培训一体化的思想开始转变为实践行动，教师培训模式从二元分离的单一化向培训模式多元一体化转变。另一方面，随着 21 世纪教师专业化改革和教师自我发展意识的苏醒，改变了传统上自上而下的统一内容、统一要求、统一进度在职教育形式，使人们越发意识到作为教育主体的教师在在职教育中的地位。于是，中小学教师的在职教育被看作是促进专业成长、开启智慧与觉悟、彰显个人生命价值的过程。在教师培训政策中，从关注工作走向关注人生和对人的终极关怀，不仅关注教师职业生涯，强调教师的社会责任和义务，同时还关注教师个体的自我发展需要，在促进教师实现社会价值的同时谱写出自己的智慧、创造和灵性的生命之歌。①

3. 体育教师学历层次上的提高

1999 年《关于师范院校布局结构调整的几点意见》提出压缩中师，增加师专和师院（师大）的师范院校布局结构调整意见。2001 年《关于基础教育改革与发展的决定》要求小学教师达到专科以上学历，中学教师达到本科以上学历，并扩大硕士学历教师的比例。目前我国已经进入高等教育普及化阶段。高等教育的快速发展促使我国教师教育的政策改革，要求不断提升教师教育学历层次。在整个教师群体学历普遍提升的前提下，体育教师教育学历层次也在不断提高。体育教师学历层次的不断提高是体育教师教育高层次化的结果，我国培养体育教师的体育教育专业在本科层次设点不断增加，培养了大批体育教育专业本科生。同时，体育教学方面的研究生培养也在不断扩大。国家也在加大对教育硕

---

① 刘要悟，李崇爱. 改革开放以来我国中小学教师在职教育政策变迁之取向、走势和动因[J]. 当代教师教育，2012，5（3）：22－28.

士、教育博士、学科课程与教学论博士的支持力度，增加学位授予点，扩大招生规模，完善培养方案。我国教育部于 1997 年起，开始试点招生教育硕士，主要招生对象为具有三年以上第一线教学经历且具备大学本科毕业的基础教育的专任教师，2009 年起将招生范围扩大到应届本科毕业生，并以应届生为主。不管是招生具有工作实践经验的一线专任教师还是应届毕业生，在教育硕士的学科教学中都将体育列为方向之一。目前，在我国高等教育正处在由大众化向普及化迈进的过程中，体育教师培养以本科教育为主，全日制硕士和在职硕士比例不断攀升，在全国范围内以本科为主、硕士研究生为辅的基础教育体育教师队伍已经形成，甚至在比较发达地区的城市中具有硕士学位的青年体育教师已经成为体育教师队伍的主体。

4. 体育教师教育的专业化改革

进入 21 世纪，我国加快了教师教育专业化改革进程。围绕体育教师质量的提升，在体育教师教育上进行了专业化和标准化改革。为继续深化高等体育专业教育改革，培养适应 21 世纪中国现代社会发展和素质教育需要的高素质体育专门人才，各体育院校根据国家的教育政策，启动了"高等体育专业教育面向 21 世纪教学内容和课程体系改革计划"。教育部先后于 2003 年和 2008 年分别颁布《全国普通高等学校体育教育专业课程方案》和《普通高等学校体育教育本科专业规范》等加强体育教育专业建设的文件。2001 年教育部颁布《义务教育体育与健康课程标准（实验稿）》，并于 2011 年完成《义务教育体育与健康课程标准》的修订，2012 年教育部公布《教师教育课程标准（试行）》《幼儿园教师专业标准（试行）》《小学教师专业标准（试行）》《中学教师专业标准（试行）》，为体育教师教育确立了标准，为其改革指明了发展方向。2013 年教育部启动的本科专业类教学质量国家标准研制工作，高等学校体育教学指导委员会在其委托下承担并于 2017 年顺利完成并颁发《高等学校体育学类本科专业教学质量国家标准》。2017 年 10 月教育部印发《普通高等学校师范类专业认证实施办法（暂行）》，并开始对体育教师教育机构进行认证，以保障体育教育专业教育的办学质量。上述一系列政策的颁布和实施，完善了体育教育专业人才培养质量保障体系，对提高体育教师教育的培养质量具有重要价值。

七、沿"模仿—借鉴—创新"路线演变

我国有着悠久的历史文化，古代也有着异常丰富的体育现象，却没有发展成为近现代意义体育，更没有体育的概念，"体育"概念亦是近代从日本引进而来。体育、体育教育、体育教师教育政策都具有后发外来的特征，表现在时间

上晚于西方，在空间上由外部传入，而非内部生成。1840 年，鸦片战争打开了中国的大门，伴随西方列强的入侵，西方的近代体育伴随着西学东渐和其他文化一起被传教士、商人、军队带入中国。1862 年，京师同文馆设立后，开始逐渐推行新式教育，各类新式学校出现，体操作为新式教育的内容开始在新式学校中出现。但当时并无系统的学制保障，直至 1894 年中日甲午海战失败后，在民族危机意识和革命热潮的推动下，体操才受到普遍关注，成为各级学堂的教学内容。1904 年，仿照日本学制制定的《奏定学堂章程》颁行，确立了体操在学校中的正统地位，由于体操师资的大量需求，进而推动了近代中国体育师资教育及体育教师教育政策得以正式确立。而在西方，早在 17 世纪后期就产生了培养教师的机构。1694 年，德国哥达创办第一所师范学校；1794 年，法国第一所高等师范学校建立；美国教育家赫尔于 1823 年建立了第一所私立师范学校。19 世纪初期，已经有了体育专业教育和培养体育教师的专门教育，比如，丹麦于 1804 年、瑞典于 1813 年、法国于 1820 年、德国于 1851 年、俄罗斯于 1856年先后开办了军事体操学校、体操学校或体育师范学校，以培养体育教师。[①]1861 年，由迪欧·路易斯（Dio Lewis）在波士顿创办了路易斯体育师范学校，开创了美国的体育专业教育，到 20 世纪初期已经形成相对完备的体育教师教育及教育体制。而中国的第一所培养体育教师的学校——皖江师范学校体育科于1902 才刚刚建立，比丹麦晚了近 100 年。体育教师教育的这种后发外生性在客观上要求我们的体育教师教育政策走上"模仿—借鉴—创新"的演变路线。

在人类社会中模仿现象非常广泛，在学习和吸收性行为中扮演着重要的角色，模仿占有重要地位。由于在此之前我国历史上从来没有专门体育教育和体育教育政策经验可资借鉴，要获得发展，横向上模仿西方先进的体育教师教育经验就成为必然。首先对日本、德国等国的体育教师教育制度进行模仿有其客观性和后发优势，1904 年《奏定学堂章程》的出台正是我国移植和模仿日本体育教育制度的结果，1922 年《壬戌学制》颁布，标志着体育教育专业制度一改早年学步日本的做法，转而效犟美国；中华人民共和国成立之初对原有旧体育教师教育从指导思想、课程设置、教学内容和教学方法等方面进行了全面改造。其后全面向苏联学习，按照苏联教育模式进行改革，在全国范围进行院系调整，建立体育学院，在师范院校开设体育系，设置体育（教育）专业，重设政治课，精简专业课，统一教学计划、教学大纲和教材，重建起独立封闭的体育教师教育模式。这一改革虽然呈现出明显的移植模仿痕迹，但也能结合我国国情，以

---

① 谭华，刘春燕．体育史［M］．北京：高等教育出版社，2017：155.

政府教育行政主管部门为主导，突出国家需要，兼顾学术发展，建立起新的体育教师教育的课程体系和教学方法，也是对体育教师教育的主动探索。1978 年改革开放后，我国体育教师教育由单纯的借鉴苏联模式到广泛学习以美国为主的先进国家教育经验，并在此基础上主动进行改革。2001 年《中小学体育与健康课程标准（实验稿）》颁布，2003 年《普通高中体育与健康课程标准（实验)》颁布，开始了体育课程的全面改革。此后，2011 年《义务教育体育与健康课程标准（修订版)》和 2017 年《普通高中体育与健康课程标准（2017 版)》相继颁布。新体育课程标准虽然是学习欧美的一种表现，但在课程理念与名称、指导思想与目标、课程功能与结构、内容标准、教学实施方式、评价与管理等方面，都有了一定的创新和突破。这次基础教育体育与健康课程改革倒逼体育教师教育改革，对体育教师的专业化提出了新的更高要求。为了适应基础教育的体育课程改革，2003 年，我国教育部颁布了《全国普通高等学校体育教育本科专业课程方案》。为了提高体育教师专业化水平，通过建立《教师教育课程标准（试行)》(2011)、《普通高等学校本科专业类教学质量国家标准》(2017)和《普通高等学校师范类专业认证实施办法（暂行)》(2017) 等教师教育标准，初步构建起体育教师教育专业标准体系。2016 年 11 月，在全国首届体育教师教育发展论坛上，正式成立了我国首家融合高校、中小学、实习基地校、研究机构、教师教育行政管理部门多方力量和资源的"体育教师教育联盟"，提出了体育教师教育改革新思路，创立了融通互动新机制，是对体育教师教育模式的新探索。

综上，在整体上，我国体育教师教育政策的历史脉络表现为：移植和模仿—学习和借鉴—自主和创新。这是一个由被迫自发，到主动自觉，再到有意识创新的过程。21 世纪，我国体育教师教育转型加速，围绕专业化进行的多元化、开放化、一体化和标准化所进行的改革取得了显著成绩，并没有完全脱离对美国等发达国家体育教师教育政策的依附，但更多地表现为一种自觉主动地学习和借鉴，并在此过程中有意识地强调立足本土的政策创新。

八、体育教师教育课程演变的独立性

体育教师教育课程政策作为体育教师教育政策的核心，其演变具有相对独立性。体育教师教育课程政策是指国家或体育教师教育机构对体育教师培养课程结构、模式、类型和设置的规定。我国体育教师教育课程制度除了在民国时期与清末相比发生较大变化外，其他时期在社会环境变化面前仍然呈现出较强继承性和相对独立性。从 1904 年开始的兵式体操课程，到 1932 年随着国民体育

实施方案的颁布，课程内容趋向师范教育专业化，中华人民共和国成立后体育教师教育课程结构趋向完整。课程结构体系总体趋势是课程门类逐渐增加，必修课学时下降，选修课的门数和均学时逐步增加，学科比例在 1960 年之后逐步上升，术科比例则与学科学时相反，限选课程比例下降，任选课程比例上升，形成了以必修课为主，注重主干课程与一般必修课程、学科课程与术科课程、限选课程与任选课程的结构优化、必修课与选修课相结合的课程体系；课程方案着眼于整体优化，课程内容不断丰富与更新，呈现出多样化和综合化特征，增加通识课程和人文课程，专业课的比重下降，打破原有的专业界限，提高了一般必修课程设置的灵活性，加强主干课程建设，突出课程弹性，选修课的学时和门数增加，适应了基础教育改革的要求，满足了当今社会发展对体育专门人才的多元化需求；开设了大量的应用性和前沿性课程，加大了学生课程选择的范围，与基础教育教学内容有机地衔接、配套和完善，有利于学生个性的发展、知识面的拓宽，促进学生素质的全面发展，提高社会适应能力。①

第二节　体育教师教育政策变迁的主要经验

一、坚持国家举办体育教师教育

　　教育是国家和全民共同的事业，教师教育是一项基础性的教育事业，担负着为国家教育系统培养教师的重要使命，是国家开展教育的基础，在与国家联系上，比一般大学更密切，拥有更大的社会责任和更少的自主权，具有显著的公益性特征，对于每一个国家都具有重大意义。教师教育发展的好坏在一定意义上决定着教育的发展程度。基于对教师教育重要性的认识，国家承担发展教师教育的重责是世界各国发展教育的共识。因此，许多国家将教师教育纳入国家教育体系，举办教师教育，办好教师教育，成为众多国家政府的共同选择。国家举办教师教育是由政府代表国家来举办和管理教师教育，承担教育费用并配置教育资源，直接控制和管理教师教育，体现教师教育的国家意志。我国教师教育由国家办学在国家法律法规层面和实践层面都得到了具体落实。1904 年《奏定学务纲要》提出："宜首先急办师范学堂。"1929 年《中华民国教育宗旨

---

①　王建，唐炎．我国职前体育教师教育制度演变历程、特征与启示 [J]．成都体育学院学报，2019，45（4）：98－104.

及实施方针》，认为"师范教育为实施三民主义的国民教育之本源"。1938 年《战时各级教育实施方案纲要》《师范学院规程》《修正师范学院规程》以及《改进师范学院办法》等一系列法律法规连续颁布强调发展师范教育。① 我国体育教师教育在清朝末年正式诞生，1902 年由官方首先在安徽建立起第一所体育教师培养学校——皖江师范学校体育科。据粗略统计，清末共建立体育教师培养学校20 所，官办学校11 所，由国家出资，其余为私人、革命党所办，北洋政府时期，我国共建有体育教师培养学校28 所，其中7 所为国立学校，由国家出资建设；南京国民政府前期，我国共建有体育教师培养学校20 所，其中14 所为国家办学；南京国民政府后期共建有体育教师培养学校36 所，其中34 所为国家办学。中华人民共和国成立后，体育教师培养院校基本上全部为国家办学，首先是创建了我国的六大体院，同时也在各师范院校进行体育教师的培养。改革开放后，师范教育被提到了优先发展的战略地位。从总体上看，自体育教师教育产生以来，我国的体育教师教育学校基本上都为国家出资举办，属于国家办学。目前，我国的教师教育机构包括体育学院、师范院校与其他非师范院校三类，除少数独立学院外，全部属于国家公办教育，由国家举办、国家投资。同时，我国现行的体育教师教育制度，培养机构的审批、变更或终止都要经过国家机关批准；办学经费一般是由国家投资，师范生学费往往实行减免，学生享有助学补贴。课程方案、质量标准由国家政府部门制定，国家举办师范教育，接受政府管理和监督。从中华人民共和国成立到20 世纪80 年代前期，政府一直是学校的主管部门，对师范院校的办学方向、专业、学科设置、人事、招生及毕业分配等都采取直接管理的方式，虽然管得过多过死，学校没有办学自主权，缺乏活力，难以培养高质量的教师，但却充分保障了教师的数量，为中小学校的师资提供作出了重要贡献。随着80 年代以后我国政治经济体制的改革，原有的教育管理体制出现许多不适应新体制的状况，教育体制不断地进行着改革。1985 年以后，师范教育改革侧重宏观管理，不断进行简政放权，学校办学自主权不断扩大，充分调动了其潜力和活力，师范教育的管理逐渐由直接管理向依法宏观管理过渡。1985 年《中共中央关于教育体制改革的决定》提出："把发展师范教育和培训在职教师作为发展教育事业的战略措施。"1986 年《中华人民共和国义务教育法》规定"国家采取措施加强和发展师范教育，加速培养、培训师资"。1993 年《中国教育改革和发展纲要》进一步强调"师范教育是培养中小学教师的工作母机，各级政府要努力增加投入，大力办好师范教

---

① 祁占勇. 中国教师教育政策的价值取向分析［J］. 当代教师教育，2012，5（2）：6 – 12.

育"。同年《中华人民共和国教师法》规定："各级人民政府和有关部门应当办好师范教育。"90 年代中期以来，我国允许并鼓励非师范院校参与教师教育，逐渐从整体上形成了以师范教育为主体的开放式的教师教育模式。21 世纪以来，我国教师教育聚焦教师质量的提升，开展了轰轰烈烈的专业化运动，并取得卓越成效。总体而言，改革开放以来，我国政府办好教师教育的责任已经以法律法规等制度的形式确定下来，教师教育改革不断进行，但始终没有改变国家办学这一根本方向。体育教师教育同样如此，国家办体育教师教育保障了从国家整体的利益出发，实现了体育教师教育的公共性。在这一过程中政府举办、社会积极参与支持的办学体制逐步走向完善。

二、坚持国家主导体育教师教育

我国教师教育的百年经验表明，教师教育是国家的事业，政府是第一责任人。义务教育的公共性决定了师范教育的公共性，教师专业能力和资格的养成要通过公共教育来实现。作为公共教育的教师教育是由国家直接控制和干预的。《中华人民共和国教师法》规定："各级人民政府和有关部门应当办好师范教育，并采取措施，鼓励优秀青年进入各级师范学校学习。"在各个历史阶段，教师教育是整个教育事业，乃至国家发展的基础，相应地教师教育也是国家的事业。我国教师教育的变革发展都是在国家政策指导和支持下进行的，只有国家重视和支持，教师教育才能获得更好更快的发展。①

政府对教师教育的主导，就是指政府在教师教育发展中处于主导性地位，发挥着主要的并且是方向性和引导性的作用。在传统的专制历史文化影响下，我国形成了以官僚制为基础，以政府为主导的教师教育体制。政府主导下教师教育体制以等级权威调控教师教育活动，有着既定的规范和规章的约束，有利于行政效率的提高。由于教师教育的公共性和公益性的特征，政府发挥教师教育管理的主导作用可以保障教育资源公平合理地进行配置和资助，约束市场恶性竞争，实现教师教育稳定有序的发展。我国政府主导教师教育发展体现在三个方面：一是政府在教师教育发展中的地位是主要的；二是政府的主导地位是通过强制性引导和非强制性引导两种方式实现的；三是教师教育的发展方向主要由政府确定。政府在遵循公平与效率辩证统一原则和个体价值与社会价值辩证统一的前提下，主导教师教育发展的方向，扮演着"掌舵者""服务者"的

---

① 管培俊. 我国教师教育改革开放三十年的历程、成就与基本经验 [J]. 中国高教研究，2009（2）：3－11.

角色，发挥着制度安排者、引导者、合作者和管理者的作用。师范教育政策作为国家行使教育权的措施和手段，反映着国家对师范教育事业的掌控、引导和管理，国家对师范教育政策的制定有着根本的指导作用，体现在对师范教育政策"师范性"的坚持与拓展上，其目的是保证师范教育实施机构始终坚守"师范性"的特色，持续地为基础教育培养高素质的人才。从清末师范教育创办以来，国家便作为师范教育政策制定与实施的唯一机构，对师范教育的宗旨、目标、课程的设置、教育实施机构的建设、聘任标准的规划等，都采取自上而下的方式贯彻执行，从源头上把握了社会发展对人才的规格要求，明确了人才发展的师范属性。

对体育教师教育而言，同样如此。我国体育教师教育的百年变革与发展都是在国家重视、支持和政策指导下进行的。我国体育教师教育发展历经清朝政府、国民政府和中华人民共和国三种性质的国家制度，每一政治制度都设立有管理体育教师教育的政府机构体系，颁布了许多不同层面的关于体育教师教育的政策制度，上至国家层面的体育教育法律法规的实施和教育宗旨的确定，下至学校层面体育课程的设置以及教学方法的运用，都有相应的规定。清朝政府1905年在中央设置学部，专门管理全国教育事务，对各省体操专修科的设置进行专门规定。1906年清政府学部确定了"忠君、尊孔、尚公、尚武、尚实"的教育宗旨，就"尚武"而言，特别强调体操科目，重在促进儿童发育，以强壮国民气体；民国初年，民国政府设立教育部作为管理教育的中央机关，对教育进行革故鼎新，以学习欧美最新的教育理论为导向，体育教师教育以美国自然主义体育思想为指导。1914年教育部设置普通教育司（掌管师范学校等事务）、专门教育司和社会教育司三个司，均和各级各类学校体育事项相关，社会教育司专门分管体育的事项。1922年，教育部以美国学制为蓝本制定并颁布了《壬戌学制》。1923年《中小学课程纲要草案》将"体操科"改为"体育科"，对原有体育课程内容进行改革，引领体育师资培养模式向着"美式化"方向发展。在体育教学方法上，《壬戌学制》倡导活泼、快乐的体育教学方法，积极推广"三段教授法"。国民政府制定了众多关于体育教师教育的国家方案，单就1932年的方案就有《设立小学师资训练机关案》《设立初中及县体育场服务人员训练机关案》《设立体育行政人员社会体育指导员及中等以上教员之训练机关案》和《利用假期应设补习体育教员案》等四项，目的在于提高体育教员的专业能力和专业素养。为进一步提高体育教员的素质，1933年1月国民政府教育部公布《暑期体育补习班规程》和《暑期体育补习班入学通则》，对体育教员进行在职培训。1939年3月国民政府在第三次全国教育会议上，通过了《请设法造就高级体育人才，整理在职各级学校体育教师及奖励体育学术之研究案》《社会教育改进案》和《体育改进案》等 125 项议案。1940 年，国民政府召开的第一次全国国民体育会议，通过《战时国民体育实施方案》《修正国民体育法》《拨庚款培训体育师资》等议案。1941 年重庆国民政府在修订的《国民体育法》中增加了体育教师及体育指导员进修和保障的规定。1942 年提出《请开办国民体育学院广造各级体育干部以推进国民体育巩固民族复兴基础案》，1943 年提出《体育教师或体育指导员专业保障及进修办法草案》等各种规范体育师资教育、改善体育师资培养质量的议案不断提出，体育师资的数量和质量都得到了提高。1949 年中华人民共和国成立后，我国政府在体育教师教育中同样发挥着主导作用，教育部是发挥作用的核心。教育部刚一成立就立即着手制定教育规划、召开会议、出台改革方案、选聘外籍专家，针对国民政府的教育进行改造，建设社会主义新教育，从而掀起了模仿苏联教育模式的改革高潮。1952 年以后，在体育教师教育上彻底放弃美国模式，按照苏联的体育教师教育模式，建立了专门的六大体育学院，设置了体育专业。1955 年，我国教育部颁发高等师范学校《体育系暂行教学计划》。1957 年，国家体委按照《关于体育学院 1957 年工作要求》制定体育课程教学大纲，并于 1961 年安排直属体育学院编写教材，这是我国高等体育院校独立编写的第一批教材。1962 年和 1963 年，教育部相继颁布《师范学校体育教材纲要（初稿)》和《体育专业教学计划（草案)》，明确培养体育师资是体育专业的基本任务，在学习苏联的基础上，经过十多年的探索，体育教师教育明确了培养目标、统一了教学标准，对教学秩序稳定、教学质量提高以及师资培养发挥了重要作用。改革开放后，体育教师教育工作得到恢复和加强。1978 年以来，教育部会同原国家体委等相关部门制定了体育教师教育相关制度文件，如 1978 年的《关于加强学校体育卫生工作的通知》、1979 年的《学校体育工作暂行规定》（包括《中小学体育工作暂行规定》和《高等学校体育工作暂行规定》)、1986 年的《关于加强中小学体育师资队伍建设的意见》和《高校体育专业教学计划试点改革方案》，都把体育教师培养列为一项紧迫任务。1995 年我国颁布的《中华人民共和国体育法》也对体育教师进行了相关的规定。从改革开放后，我国的体育教师教育在教育部的领导下不断进行着改革，表现在以下几个方面：一是体育教师培养主体由师范院校和体育院校的单一主体向综合性院校、民族类院校、医药类院校、理工类都参与进来的多元化方向发展；二是体育教育专业培养目标从单一的体育教师向"通才"与"专才"有机结合的复合型人才培养目标转变；三是体育教育专业教学计划（课程方案）持续更新和完善，1980 年、1986 年、1991 年、1997 年、2003 年和 2008 年出台了六套教学计划（课程方案或专业规范），每一套教学计划都在前一套的基础上有所进步，2017 年在《普通高等学校本科专业类教学质量国家标准》中对体育教育本科专业的教学质量标准进行了明确规定；四是课程设置不断朝向科学与规范化的方向改革。

对于政府在体育教师教育中的主导作用可以从多方面进行认证，上述内容仅从体育教师教育的中央管理机构和相应的政策制度方面的简要回顾就能充分体现出国家对体育教师教育发挥的主导作用，无须再从诸如政府的经费投入支持等方面进行认证。正是在政府对体育教师教育的主导作用下，我国的体育教师教育取得了举世瞩目的成就：培养了世界上规模最庞大的体育教师队伍，体育教师的学历层次由清末的中等教育水平到目前的以本科层次为主专科和研究生层次为辅助的高层次教育水平，体育教师的专业化水平和质量越来越高，推动中国体育教育的发展，为体育强国建设进行着人才储备。总而言之，国家对体育教师教育的主导不能不说是我国体育教师教育的一条重要经验。

三、坚持以师范院校培养为主体

我国的教师教育自清末诞生之日起，就确立了师范院校的独立地位。在其后的百年发展过程中，曾多次对师范院校的独立地位表示过怀疑，但在总体上"师范教育应该独立存在"的观点和做法占据上风。早在 1915 年全国教育会联合会第一届年会时，就对师范教育独立地位提出了质疑，但并没有引起大的反响。争论高潮出现于 1921 年前后，1922 年民国政府颁布《学制系统改革令》和《学校系统改革令》，要求独立设置的师范院校与普通大学合并，或改为普通大学。此后师范教育独立地位削弱，结果导致了严重的"师荒"和教师素质急剧下降。1938 年初国民政府颁布《各级教育实施方案》和《师范学院规程》，重新确立了师范教育的独立设置地位，对取消师范教育独立设置的失误进行校正，重新捡回对师范教育的重视，标志着我国师范院校重回教师培养的主阵地，与综合大学教育系共同担负教师培养重任，在一定程度上缓解了教师缺乏的紧张状况。

中华人民共和国成立后，我国重建独立设置的师范教育模式，承担教师培养的重任，一直持续到 20 世纪 90 年代中期，在相对稳定的师范教育体系下，营造了浓厚的师范教育氛围和传统，为中国庞大的基础教育提供了稳定的师资来源，为教育的发展作出了巨大贡献。90 年代中期以后，随着教师教育专业化、终身化、一体化的发展和基础教育对教师要求的提高，独立设置的师范院校在培养教师方面存在着综合素质不高、知识面狭窄等诸多突出的问题。为了解决教师培养培训中存在的现实问题，国家教师教育政策不断进行调整，以建立"以各级各类师范院校为主体、其他非师范院校参与培养培训教师的新的教师教育体制"为政策目标。虽然教师教育体系朝向开放化方向发展，但始终如一地强调师范院校的主体地位，在1996年第五次师范教育工作会议讲话和以后的关于教师教育的政策文件中都多次加以强调。20世纪90年代中期教育部及时叫停师范大学并入综合性大学的做法。2004年的《2003—2007年教育振兴行动计划》提出我国教师教育政策的体制基础是坚持以独立设置的各级各类师范院校为主体、其他高等院校参与的多渠道、多层次、多规格、多形式的教师教育体系。由于在教师教育开放化和师范院校综合化的实践中出现了教师教育被弱化的问题，2007年国家实行教育部直属师范院校师范生免费政策，表明国家对师范教育模式的肯定和加强。2017年教育部明确提出，师范院校在"十三五"期间一律不更名，聚焦教师培养主业，改进教师培养机制、模式和课程，加强教师教育体系建设。至此，不论是教师教育体系的开放程度，还是教师教育大学化进度，都已被定格，开放性教师教育体系不得不因实践需求而暂停。

之所以以师范院校为主体培养教师，是因为在教师教育的中外历史上都有过放弃师范院校主体地位的深刻教训。我国20世纪20年代采用美国开放教师教育模式带来了严重的教师荒现象，美国的教师教育发展曾因彻底放弃了独立建制的师范院校系统，依赖综合大学教育学院，造成合格教师短缺的严重后果。而且我国教育的现实情况也要求保障教师教育的稳定。众所周知，我们拥有世界上超大规模的中小学师资队伍，保障其持续稳定，是教师教育变革不容回避的问题。在保障超大规模师资供应的同时，不断提升现有和未来教师的质量，引领基础教育变革的使命，究竟是依靠教师教育体系做大做强来实现，还是借助外部力量来完成，不同的选择会带来教师教育完全不同的发展方向。为了提高教师教育体系的学术含量，我国推动师范院校为主，综合大学参与教师教育的开放的教师教育体系建设，确实是教师教育的发展方向，但现实表明，综合性大学特别是"985"和"211"等高水平院校对待教师教育兴致不高，只热衷于开展教育学科建设和教育科学研究，对教师培养并无付诸真正行动，而非"985"和"211"院校对于举办教师教育则热情高涨。① 这种状况与吸引高水平参与教师教育以提高教师培养水平的初衷明显不符。因此，开放的教师教育体系能够带来活力，与高等教育体系的合流也会提升教师教育的品质，但要维持

---

① 朱旭东，等. 中国教师培养机构发展研究［M］. 北京：北京师范大学出版社，2016：27.

并不断充实如此庞大的师资队伍，开放性和市场化很难完成这个任务，一个相对独立的、以师范院校为主的教师教育体系就显得非常有必要，"消极的方式是在教师待遇仍然不高、大学毕业生仍然不想当教师、教师资源仍然缺乏的情况下，为了保证维持基础教育所需的师资，必然要保留独立建制的师范院校和定向型封闭式师范教育体系"①，尽管我们坚持师范院校为主的教师教育并非最优选择，但却是现阶段最务实的做法，是具有中国特色的。这一教师教育模式被香港大学教育政策研究中心的李军教授和国际著名的比较教育专家许美德教授称之为富有中国特色的"中国模式"——师范院校模式，成为世界上和以美国为代表的综合大学模式、以日本为代表的教育大学模式相并行的三大教师教育模式之一。他们认为，中国的"师范"从中国传统文化出发，能够恰切地表达教师职业的道德性，是中国有可能贡献于世界教师教育的地方；中国独立建制的师范院校体系是保障教师教育发展的根本，中国以中庸式的政策选项，通过师范院校与综合大学互补的教师教育体系摸索实用的体制模式，避免走向极端，支持和保证了全世界最大的基础教育的师资供给，亦能全面保障师资质量，取得了举世瞩目的辉煌成就，为中国的教育作出了历史性贡献，居功至伟；经过历史洗礼的中国教师教育模式是世界教育发展中的一个重要坐标，具有引领教育改革的特殊意义。近年来，英美两国多次派遣中小学教师和校长前来中国观摩取经，跟中国许多省市建立基础教育合作关系，足以证明跨越 120 余年中国教师教育经验的全球价值，是我国教师教育积累的宝贵经验。②③

体育教师教育作为教师教育的一个组成部分，体育教师的发展状况相对于所谓的语文、数学、英语等学科而言比较滞后，这些学科的教师从全国范围看，虽然呈现一定的地区发展不平衡现象，但已经完全满足中小学校的数量需求，其发展的重点在于提高教师的质量。而体育教师的数量上尚不能满足中小学校体育教育的需求。据潘建芬的研究结果，2017 年全国现有体育教师 618866 人，若按 2008 年《国家学校体育卫生条件试行基本标准》规定的体育教师配备标准计算，全国小学体育教师数量缺口较大，缺 11 万余人，初高中体育教师不缺反有余；根据体育课授课时数所占比例配备体育教师的要求计算，全国共需体育教师 1149132 人，小学体育教师缺口巨大，达 377324 人，中小学体育教师共缺

① 周然毅.中国师范教育的历史、现状和未来［J］.清华大学教育研究，2000（3）：73 - 82.
② 李军.中国探索：独立建制保障教师教育专业性［N］.光明日报，2017 - 06 - 27.
③ 李瑾瑜.我国教师教育体系重构的应然逻辑与实践路向［J］.教师发展研究，2019，3（4）：1 - 17.

555010 人。① 从我国当前体育教师培养状况来看，体育教师的培养以师范院校为主体。截至 2015 年底，我国普通高校中有 446 所设置有 852 个体育本科专业点，其中培养体育教师的院校多达 317 所，综合性大学开设体育教育本科专业的有 145 所，占总数的 45.74%；师范类院校开设该专业的 117 所，占总数的 36.91%，综合类和师范类院校共占总布点总数的 82.65%，在综合类院校当中有相当一部分是 2000 年大学升格运动中由师范院校合并或改名而成，原本就是师范类院校，本来就有体育教育专业；体育类有 16 所，占总数的 5.05%。② 由此可以清楚地看到体育教师的培养以师范院校为绝对主体。开放、竞争性的教师教育体系，有利于提高教师教育质量；以师范院校为主体的相对稳定的师范教育体系，有利于确保教师数量，两者缺一不可，这是教师教育的国际共识。历史和现实都证明，坚持以师范院校为主培养体育教师是我国体育教师教育不可轻易放弃的经验。

四、坚持体育教师教育公费制度

教师教育是现代国家基础教育发展的产物，是公共教育的重要组成部分，基础教育的公共性造就了教师教育的公共性，即国家为了形成全社会共同的价值观念，促进国家和地区政治的稳定、经济的发展和国防的安全，许多国家对义务教育和教师教育的投入、生产和分配通过行政手段控制，实施免费或低于成本的费用提供教育服务。师范教育作为教育事业的"工作母机"，居各级各类教育之首，属公共产品，理应免费供给。学校教育以全国适学人员为对象，为其提供受教育机会，尽可能丰富多样地实现公民的教育福利。从事学校教育的教师职业涉及整个社会公众，具有显著的公共性。教师作为接受国家委托、履行国家公共教育职能的人员，是构建国家主流意识形态和公共精神的主导力量。

我国师范教育作为制度正式存在是从清末 1904 年的《癸卯学制》开始的，师范生一开始就享受免费政策，师范教育免费制度基本贯穿始终。免费教师教育政策曾吸引大量的优秀青年投身于国家的教育事业，促进了基础教育的发展，为我国教育发展奠定了基础，提高了国民素质。清末的师范教育中的高等师范

---

① 潘建芬，胡峰光，韩金明. 新时代我国体育教师队伍结构分析与配置优化策略研究[G]//中国体育科学学会. 第十一届全国体育科学大会论文摘要汇编. 北京：人民体育出版社，2019：3586-3587.

② 黄汉升，陈作松，王家宏，等. 我国体育学类本科专业人才培养研究——《高等学校体育学类本科专业教学质量国家标准》研制与解读[J]. 体育科学，2016，36（8）：3-33.

和中等师范都由国家统一办理，师范生的一切费用不但由国家供给，而且实行奖给师范毕业生科举出身、学衔、官衔的政策，以吸引优秀生源为教育服务，促进了师范教育的初步发展。民国初年亦采用师范公费教育制度，毕业生有服务教育的年限规定。1922 年，民国政府在教育改革中将师范教育和普通教育合并，师范生免费政策随之不复存在，且师范生入学时还必须缴纳一定数额保证金，此做法大大降低了师范教育的吸引力，迫使寒门贫困学子远离师范教育；而富家子弟因难以忍受教师的清苦生活，不愿意报考师范院校，结果是师范生源日渐减少，质量下降，师范教育的地位逐渐降低，严重影响了师范教育的发展。根据《第一次教育年鉴》统计，全国师范学校由 1922 年的 385 所减少到1928 年的 236 所，减少 63%；在校生人数由 43846 人减少到 29470 人，减少49%；经费由 4633919 元减少到 3468072 元，减少 43%。① 鉴于师范教育收费带来的恶果，国民政府不得不在 1933 年 3 月颁发的《师范学校规程》中再次确定师范教育免收学费制度，膳费费用由各省市酌情决定减免份额，以加强师范教育。此后，1938 年国民政府教育部公布的《师范学院规程》和 1941 年教育部确定的师范教育原则都明确规定，实施师范生完全公费待遇，学费、宿费和膳费全部免除。在师范教育免费政策的推动下，到 1946 年师范院校数量达到 902 所，学生数 245609 人，两项指标都达到国民政府师范教育发展的最高水平。中华人民共和国成立后，苏联师范教育模式在我国初建后，师范教育部由国家主办，高师院校在归属上有中央部委和地方省市之分，师范生一概免交学费，还享有膳宿费。师范教育中实施的"提前招生、免费、分配"的优先优惠政策，为教师教育带来了大批品学兼优的高素质生源。直至 1997 年大学招生并轨后才逐步开始收费，免费师范教育实施近 50 年。2007 年我国开始在部属师范大学重新实行师范生免费教育政策，是对历史免费传统的理性回归。2018 年 1 月，我国出台的《关于全面深化新时代教师队伍建设改革的意见》和《教师教育振兴行动计划（2018—2022 年）》，主张改进教育部直属师范大学师范生免费教育政策，将"免费师范生"改称"公费师范生"，同时加大对教师及师范生的拨款力度。在国家层面免（公）费师范教育政策良好效果的带动下，目前我国不少省份也制定了各省的免（公）费政策，免费师范教育政策有全面推行的趋势。当今师范生免费教育实行以来，报名热度一直不减，各地录取的平均成绩明显高出省重点分数线，达到了吸引优秀青年从教，合理配置优质教育资源，促进教育均

---

① 民国教育部. 第一次教育年鉴（丙编第一：学校教育概况）［M］. 上海：开明书店. 1934：311.

衡发展的目的。这对于提高教师队伍的素质，全面持续提升中小学教育质量，促进教育的均衡发展具有积极的意义。[①] 在中国教师教育 120 余年的发展历程中，除 1922—1932 年和 1997—2007 年实行短暂收费外，历届政府均实施免费教师教育，免费教师教育是主体，并发挥着积极的正面效应。今天，我国拥有世界上庞大的基础教育体系，中小学教师的需求量巨大。就现有的师资队伍状况看，经济发达地区及城市教师饱和，而农村和贫困地区仍然存在师资缺乏的问题。对于处于困难地位的体育教师而言，体育教师的数量仍显不足，且工作负担重，工作待遇低于其他学科教师。潘建芬的研究指出，2017 年我国体育教师618866 人，若按 2008 年《国家学校体育卫生条件试行基本标准》规定的体育教师配备标准计算，我国小学体育教师缺少 11 万余人；根据规定的体育课授课时数计算，我国小学体育教师缺口达 377324 人，中小学体育教师共缺 555010人。[②] 同时，我国体育教育专业师范生的招生生源质量相对较低，正如体育教育界公认的，报考体育教育专业的学生往往是那些文化课基础差，考大学无望的学生。他们为了考上大学，抓紧时间突击进行体育培训，然后报考体育，是一种无奈的选择。要提高体育教师培养的质量，就应该从源头上增加体育教育专业的吸引力，吸引品学兼优学生积极报考体育教育专业。体育教师教育实行公费制度无疑是具有积极意义的，不但能够增加体育教师数量的供应，而且能够提高体育教师的培养质量，同时也是对体育教育均衡发展和教师教育公共性的守护。

五、宽松的环境是政策成效的保障

体育教师教育的发展需要有相对宽松的政治、经济和文化环境，体育教师教育历史上凡是具有相对宽松的社会政治文化环境的时期，体育教师教育政策都取得了良好成效。相反，则体育教师教育的发展就会遭遇严重的挫折。120 余年的体育教师教育历史从正反两个方面告诉我们，宽松的环境是体育教师教育政策成效的重要保障。

1927—1937 年，南京国民政府结束了民国成立以来长期军阀割据的局面，实现了国家形式上的统一。政治相对稳定，国家比较安定，经济发展较快，文

---

① 石静. 民国时期免费师范教育的衍变 [J]. 南通大学学报（社会科学版），2015，31（4）：117－122.

② 潘建芬，胡峰光，韩金明. 新时代我国体育教师队伍结构分析与配置优化策略研究 [G] //中国体育科学学会. 第十一届全国体育科学大会论文摘要汇编. 北京：人民体育出版社，2019：3586－3587.

化环境相对宽松，经济发展促使对各类人才需求的增加，培养各类专业人才的教育事业受到广泛重视，组建教育管理机构，对教育进行了一系列的建章立制，加强对全国各级各类学校的管理，教育有了良好的发展和提高；在国民党政府推行的"普及国民教育"运动中，中小学师资的需求激增，师范教育获得足够的重视和发展空间。师范教育重获得独立地位，明确的师范教育宗旨使得师范教育朝着规范化方向发展，一系列师范教育法规制度和措施的实施使师范教育形势向好；社会文化上，五四新文化运动对于民主与科学的崇尚对人们思想上产生越来越大的影响，1934 年开始的"新生活"运动，在一定程度上带来社会生活的新风尚；体育作为国民政府建设"新中国"工作中的重要一环，备受重视。从制定与完善体育制度、建立组织机构、发展学校体育、培养体育师资、开展体育竞赛和创办期刊宣传体育等方面发展全民体育，中国近代体育开始进入较成熟的发展阶段，体育发展面貌焕然一新；同时，还出现了体育思想家、体育理论家、体育教育家、体育活动家、体育行政家等一大批体育家，他们具有独特的人格魅力和深厚的理论素养，促成了民国体育理论和实践的繁荣。总之，这一时期，体育思想、学校体育、社会体育、竞技体育和体育刊物都得到了前所未有的发展。整个社会的发展和相对宽松的环境以及对体育师资人才的旺盛需求成为体育教师教育发展必不可少的外部条件。这一时期中央政府对教育的控制减少，一批体育教育家出任体育系主任或教授。马卫平的研究显示，民国时期的 60 位体育家中有 36 位出任大学体育系主任或教授，在一定程度上形成了体育专家治理体育教育的局面，体育教育拥有较多的自主权。同时，国民政府还聘请郝更生、吴蕴瑞、袁敦礼等著名体育家参与体育制度的起草，吸收留学欧美归国体育人士和国立中央大学体育系科的教师作为教育部体育委员会委员，有效发挥体育家的作用。这在一定程度上形成了国民政府主导。体育专家参政，民间积极参与的上下互动的格局，促成（促进）了体育教师教育的发展。1966—1976 年的"文化大革命"时期，一切以"阶级斗争为纲"，社会发展失衡，全国处于混乱之中。"阶级斗争和路线斗争"成为教育的主题，教育成了"文化大革命"的重灾区。教育制度停止执行，学校停课，教育全面倒退。师范教育同样遭到了极大破坏，师范教育制度被否定、师范院校培养目标被扭曲、师范院校管理体制被破坏、师范院校教学计划被干扰，师范教育成了众矢之的，师范教育陷入了空前的混乱之中。新中国的体育行政系统走向崩溃，体育组织管理系统陷入全面瘫痪，学校体育教学秩序被严重破坏，教师队伍遭受摧残，体育院校停止招生，曾一度停止上体育课。在这样的环境下，体育教师教育无法正常开展，许多体育院系被迫合并、撤销或停招，体育专业停办，体育师资队伍无法正常补给，教学秩序被完全破坏，体育教师培养基本陷入停滞。20 世纪 80 年代以来，在"解放思想、实事求是"路线的指引下，我国政治稳定，经济持续发展，文化日益繁荣，教育备受国家重视，全方位取得了举世瞩目的伟大成就，实现了从站起来到富起来的转变，目前正向富强民主文明和谐美丽的社会主义现代化强国迈进。当前在教育现代化和体育强国的奋斗目标下，在中央高度重视与科学决策下，全国教育界上下共同参与，积极努力，各级各类学校、各教育社团和教育媒体积极参与，一线教育工作者和社会其他各界关注教育的人士倾注了巨大的热情，形成了比较宽松的文化教育环境，教育又获得重要进展。在这样宽松开放的环境下，我国体育教师教育以开放的心态广泛向世界各国学习体育思想和教育理念，体育教育领域产生了"终身教育思想""全面发展体育思想""快乐体育思想""终身体育思想""健康第一""培养能力体育思想""体育教师教育专业化"和"体育教师教育标准化"等多种体育教育思想，呈现出"百花齐放，百家争鸣"的局面，推动了体育教师教育的发展与繁荣。

六、坚持合理吸收与借鉴国外经验

鸦片战争后，传入中国的西方近现代体育被赋予救国强国重任，要实现如此重任，就要破除传统体育系统，确立新的体育教育体系，但我国是不具备这样的历史条件的。在长达两千多年的封建教育中，学校体育受"独尊儒术"与"重文轻武"思想影响，发展空间狭小，除了特定军事训练外，没有形成专门从事学校体育的体育教师，自然也就没有体育教师教育。近代体育和学校教育制度都是西方的舶来品，中国作为一个后发国家向欧美发达国家学习现代化体育体系就此拉开帷幕。教育改革中首先废除科举制度，确立了《癸卯学制》的新学制，健全了新机构、引入了新理念，将中国体育带入了制度化、普及化、实用化的轨道。仿效日本学制制定的《奏定学堂章程》尽管保留了许多封建残余，但却标志着科举时代的结束，新教育时代的开端。

中国古代农耕文明下生成的传统体育在异军突起的欧美近代体育面前黯然失色，为了适应新学制的需要，近代西方体育进入教育系统，成为学校教育不可或缺的一部分。人类的社会实践活动始于模仿，模仿是人类活动的开端。鉴于体育教育及教育制度的后发外生性，并无历史经验可以吸取，我们的目光必然需要转向国外，吸收与借鉴其教育经验则成为必然。我国体育教师教育的形成和发展离不开对国外先进经验的学习，对其先进课程安排进行学习是客观的也是必然的，可以说我国体育教师教育的发展史就是一部向发达国家学习的学习史。

　　清朝末年，我国从西方以及日本移植体育教育制度，形成了带有半殖民地、半封建性质的教育制度雏形，体育教师教育机构从"短期体操专修科"发展到"高等学校体育系"，我国在此后的半个世纪时间内体育教师教育从思想上、制度上、培养机构设置上一直到教学模式上都通过模仿而形成，不仅采用的课程方案、教学大纲、教材等都是对国外体育专业的照搬，推行的体育思想也完全是借用军国民体育思想和自然主义体育思想。在模仿对象上，经历了从日本、德国，再到美国的过程。中华人民共和国成立后，我国的体育教师教育依旧保持着一种依附性发展模式，依然无法摆脱对国外模式的模仿。虽然体育教师教育模式开始摈弃美国模式，但因没有自己的教师教育体系，仍不可避免地转向了社会主义苏联的师范教育模式。从 20 世纪 50 年代初到 80 年代，我国基本上照搬了苏联以培养"专才"为核心的体育教师教育模式，建立独立的师范学院和专业体育学院，设置体育专业，从专业设置、学制、培养目标、课程方案到课程所采用的教学大纲、教材，都是从苏联翻译引进来的。在这一过程中，我国也在努力探索自己的体育教师教育发展道路。[①]　改革开放以来，更广泛地借鉴以美国为主的西方发达国家的体育教师教育的理论与经验，以西方的教师教育一体化、开放化和综合化的发展方向为政策目标，在不断地学习和探索中，初步建立了有一定中国特色的教师教育体系。进入 21 世纪，我国仍然没有建立起相对成熟具有鲜明中国特色的教师教育理论和模式，所制定教师教育课程标准、教师专业标准（幼儿园、小学和中学）、师范专业认证标准和高等学校教学质量标准等一系列制度，同样可以明显地看到学习西方国家的结果，体育教师教育向着西方的标准化方向发展。

　　在体育教师教育 120 年的发展历程中，我国近代的师范教育从诞生之日起，就怀着向西方取经的态度，开放地面向世界，借鉴与参照发达国家的教育理念和经验，缩短了我国自我探索所需要的大量时间，教师教育发展水平迅速得到提高，缩短了与发达国家的距离，甚至在某些方面出现与其并驾齐驱的局面。2007 年 4 月美国《洛杉矶时报》发表的《中美教育体制"朝对方走去"》指出，中国和美国教育体制已经开始朝对方走去，都在学习对方的优势并进行自我调整。近年来，中国的教育赢得了加拿大、法国、德国、日本、英国、美国等先进国家的称赞，英美等国也曾派出其教师到中国上海来学习中国基础经验。这

---

①　黄爱峰. 依附与自主：中国体育教师教育百年省思［J］. 山东体育学院学报，2003，19（4）：6－8.

些无不说明中国的教师教育水平从一个 20 世纪教师教育的跟随者到如今的并行者，并有领先的趋向，这些巨大的进步与我国合理吸收与借鉴国外先进经验是分不开的。

第三节　体育教师教育政策变迁中的主要问题

体育教师教育政策的百年演变既取得了巨大的进步，得到不少宝贵的经验，但其中也存在许多问题和惨痛的教训。不管是经验还是教训，都是体育教师教育改革的重要精神财富。

历史的经验值得汲取，现实的问题更应总结，都需要我们认真对待。

一、体育教师教育政策缺乏理论根基

中国教师教育政策的百年历程向我们表明，其产生于向外学习，1902—1904 年开始效法日本，建立《壬寅学制》《癸卯学制》，随后在 1912—1913 年建立的《壬子·癸丑学制》是日本学制改革的产物，都以日本教育理论为指导基础。1922 年民国政府学制改学美国建立《学校系统改革案》，其理论基础是美国教育理论。1951 年我们对欧美的教育理论进行批判，转而学习苏联的教育理论，将其学制移用至我国。20 世纪 80 年代后，我国的教师教育开始批判苏联，学习对象又一次转向欧美，欧美的教育理论重新占据中国教育阵地。2001 年我国正式以欧美国家所使用的"教师教育"替代了我国长期使用的"师范教育"概念，原有的"师范教育"向"教师教育"的制度性转轨，教师教育向着专业化、大学化、开放化和一体化方向改革，同样是学习以美国为首的欧美教师教育的结果。之所以我国教师教育在不断地转换学习对象，这在根本上是因为我国没有形成中国特色的教育理论和教师教育理论，缺乏理论的支撑。在西方，不同的时代有不同的教师教育理论指导教师培养。在 20 世纪 70 年代，西方发达国家在行为主义科学的理论基础上提出，一个好教师必须是一个技术类型的教师；80 年代他们在认知主义科学的理论基础之上指出，一个好的教师要能够把握学生的课内外教育，能够懂得了解学生的校内生活和校外行为，应当是一个工程师型的教师；90 年代知识经济初见端倪的时代，他们以建构主义作为理论基础，再次提出一个理想的教师应当是一个反思型的教师。① 可见，在不

---

① 陈永明. 百年师范教育之得失［J］. 湖州师范学院学报，2017，39（12）：1-4.

同的时代，西方发达国家的教师教育有不同的理论作为指导，并有相应的理想教师标准。与此相比，我国的教师教育显然缺乏结合中国实际的本土化教师教育理论的理论根基，只有采用产生于西方并意在解决西方教师教育问题的教师教育的理论和经验开展我国教师教育研究，结果造成了对我国基本现实国情、民族传统文化、本土教育资源等的不适应。那么对于新时代中国的教师教育，到底需要我们建立什么样的理论作为基础，来发展我国的教师教育，突出教师的专业性，是我国教师教育面临的一大困惑。教师同属于一个大的专业群体，其专业群体又是以语文、数学、外语、物理、化学和体育等多个单一学科的教师小群体共同构成，不同学科教师的专业性必然存在差异，一般教师专业化理论是难以兼顾这种学科差异的。在现实的教师专业化研究中，各学科专业对如何培养本学科专业教师的专题研究非常薄弱，少数涉猎也仅仅止步于对一般教师专业理论的简单演绎，更没有形成针对具体学科教师专业化的理论体系，因此，建构各学科教师专业化发展的理论体系是指导各学科教师专业化发展的一项紧迫任务。体育学科同样缺乏体育教师教育的理论，虽然一般的教师教育理论和教师专业化理论对体育教师教育具有普遍的指导意义，但其针对体育学科的专业特性不具有具体针对性，努力探索构建体育教师专业化理论，既可以丰富教师专业化理论，又可为体育教师教育专业化提供更为具体的理论指导。

二、体育教师教育政策行政干预过多

中国现代意义上的大学是引进以大学自治、学术独立、思想自由为其核心价值的西方大学的产物，由于特殊的政治背景，中国的教育自产生之日起，就成为"国家建设重要组成部分"，其命运始终与政治紧紧地联系在一起，受到干预。教育是事关全体国民的社会公益性事业，政府需要通过适当的方式发挥主导作用，但并不代表政府可以过多干预教育，将从事教育工作的院校变成政府的附属机构，忽视其独立办学的主体地位。政府的主要职责在于为教育制定政策进行引导、监督和评估，提供经费支持，而非越俎代庖，既管又办。

民国时期，国民政府实行的"党化教育"就是政治严重干预教育的突出典型。"党化教育"是国民党借助于权力的垄断性力量，将"抗战，报效国家，服膺三民主义"作为一个整体，进行广泛宣传和灌输，通过教育将其意志强加给整个社会的过程。目的是通过强制性的内化和外化，使国民就范于党和政府的意志。"党化教育"在中国近现代教育史上具有深远影响，是对教育育人价值的异化。国民党1924年开始实施"党化教育"，意在发动国民，同时加强对学校师生的控制。1927年在形式上统一全国后，在思想上和组织上加强了对大学的控制，全面推行党化教育政策。1928 年，南京国民政府第一次全国教育会议，以"三民主义教育"取代"党化教育"，但党化教育的实质没有变。在全国大中小学实行党化教育，开设"党义课"，配置专职教师，发行党义教材，推行导师制、对大中小学生开展军事训练和军事教育。大学中的"党化教育"体系，实质上是文化专制传统的延续，目的是确立国民党党义在意识形态方面的主导地位，巩固政府对于政权的控制力和影响力。违背了"思想自由、兼容并包"的教育理念，破坏了学术自由和教授治校制度，对高等教育造成了严重的负面影响。鉴于师范作为各级教育之母的重要作用，国民政府加强对师范教育实施"党化教育"以培养能够"坚持三民主义、五权宪法、服膺于国民党统治"的教师，师范教育的指导思想坚持"三民主义教育宗旨"，并针对师范教育的特殊性，全面向师范生灌输传统道德思想和三民主义思想。这一做法当时就遭到了教育知识分子的严厉抨击。虽然"党化教育"能够在抗击外敌时达到统一思想，凝聚人心的作用，但这只是非常时期采用的非常手段，不可能长期实行。综观当时世界各国，只有苏联和中华民国采取这一政策。相比西方欧美国家，一般采用自由、开放的教育政策，赋予学校较多的教育自主权，政府并不干涉，顺应了教育自身发展规律，产生了良好的教育效果。[①] 中华人民共和国成立初期，我国高等教育改革理念上将高等教育作为反映新中国政治经济建设与发展人民民主专政的工具被公开提出。在此思想理念的指导下，我国师范教育在党和政府的高度重视下，实行政治主导下的制度建构和强制落实，师范教育获得了长足发展。但由于政府的干预过多，导致师范教育自身科学性丧失，阻碍了体育教育自身学科专业的发展建设。在体育教师职后继续教育上，不少地方的教育行政部门无视体育教师的差异性和主体性，强力推行举办各种讲座、培训、测评和竞赛，将教师视为接受改造的技术产品，置于同一标尺下进行衡量，实质是一种行政操控。

我国各个时期的体育课程方案基本上都是由国家教育或体育行政主管部门组织，全国各高等体育院校专家讨论后编写，并以政府法规文件的形式下发，要求各高等体育院校执行或参照执行，表现出强烈的"计划性""指令性"和"强制性"，各高等体育院校的自主性不高，调整余地不大，课程方案对必修课程设置及学时分配都作了较为严格的规定，统一性和强制性突出，体育教育学者参与明显不足，表现出强烈的政府主导性。关于课程教材，也采用统一编写，

---

① 闵强. 抗战时期大后方国民政府"党化教育"述评——以国立师范学校为中心 [D].
南京：南京师范大学，2007.

统一下发的形式，一般教师没有参与课程改革和表达意见的机会。比如，2003年的《全国普通高等学校体育教育本科专业课程方案》丰富了课程内容，增加了高等体育院校对课程设置的自主权，但由于理论体系并不成熟、结构体系不完整的新体育理论课程和需要大量经费投入的时尚运动项目作为选修课，占用了过多的课时且流于形式，而一些真正需要系统学习和掌握的专业科目则无课时可用。因此，对高等体育教育的现行课程设置方案改革，必须重视体育教育专家学者的广泛参与，加强前期研究，以提升我国高等体育院校课程改革的科学性和实效性，处理好社会需求与个人需求的关系，进而充分体现专业课程的社会价值和个体价值。① 新时期体育教师专业化改革也主要是来自政府的外部要求，通过制定与实施各种教师专业化和标准化政策的强制手段进行贯彻，并非来自大学和中小学体育教师的内在需求，广大体育教师所拥有的专业话语权在很大程度上是缺失的。衡量教师的专业发展水平与地位的重要标准是教师拥有的话语权的大小。由此可见，体育教师教育的行政干预过多，影响了体育教育专业的学科发展。

三、体育教师教育政策的城市化倾向

我国现代教育制度在构建之初，完全摒弃中国传统教育制度，全面模仿和移植国外代表城市文明和现代工业文明的现代教育制度来构建现代教育体系，忽略了广大乡村社会，导致我国教育的城市化倾向。清末废除科举考试制度后，我国社会从传统社会向现代社会转型，教育领域确立了以学校教育为代表的现代教育，城市化成为教育发展的方向与目标。余家菊指出，由于农村封闭保守的传统文化、待遇差难以维持生活、缺少进修机会、升迁的希望渺茫及"新学"不被乡民接受等原因，师范生不愿意到乡村任教，乡村教师敷衍，离职者众多，造成乡村教育危机。② 20 世纪 30 年代，在民族危难、政局动荡、经济衰败、乡村社会危机、师范教育不能为乡村建设和教育培养有效师资的背景下，一批具有家国情怀的教育家为乡村师范教育运动吹响了号角，对城市化取向的师范教育进行批判，树立了为了乡村、依靠乡村的师范教育理念，并在乡村创建了 300多所乡村师范学校，以实际行动校正师范教育城市化的弊端，培养了大批为乡村服务的乡村教师。民国政府还建立了一系列保障乡村师范教育的制度和措施：针对师范生不愿回乡问题，政府采用乡村定向招生和定向就业制度，扩大农村

---

① 彭建军. 新中国高等体育专业教育制度的形成与变迁 [D]. 武汉：武汉体育学院，2010.

② 余家菊. 乡村教育的危机 [J]. 中华教育界，1920，10 (1)：83 – 86.

生源比例，规定到乡村学校服务年限；针对乡村师范生的贫寒问题，政府采取免费政策，并鼓励乡村师范学校在试验区进行农作物种植，既补贴贫寒师范生的生活支出，又锻炼其艰苦奋斗和自食其力的精神品质。加强乡村教师的本土化培养，注重在乡村环境中熏染师范生服务乡村的志趣和能力，避免城市环境的反向影响；对师范教育课程体系进行乡村化改造，增加农业生产和乡村社会学等课程，增加师范生对乡村教育与社会的了解；培养过程中加强师范生乡村教育实习和乡村社会实践。这一系列上下结合的政策和举措在一定程度上扩大和稳定了乡村教师队伍。

中华人民共和国成立之后，民国乡村教师培养制度经验得到肯定和继承。我国的中师教育大多采用了乡村教师定向培养制度，为乡村社会培养了一大批优秀教师，支撑起了乡村基础教育的天空。而 20 世纪 90 年代末期，基于对师范生培养饱和的估计，我国取消了乡村教师定向培养、定向就业和免费政策，结果导致农民子弟报考师范院校的人数急剧下降，影响了乡村教师队伍的稳定，造成了乡村教师队伍危机的后果，其主要表现在数量短缺和质量偏低两个方面。首先是数量不足。经济发达的东部地区和城市的教师供需基本平衡，局部存在超编现象，中西部经济欠发达的农村教师数量仍然严重不足。国家教育督导团于 2005 年对江西、河南、海南、广西、四川和青海六省份的基础教育的督导检查发现，六省份普遍存在城市教师超编，农村教师缺编的问题。[1] "中国教育在线"网站 2007 年曾报道，农村中小学教师重庆市缺编 1.2 万人，甘肃省缺编 2.9 万人，贵州省缺编人数达 1.64 万，缺编教师基本都来自农村，安徽、湖北等省也不同程度地存在农村教师数量不足的问题。[2] 在农村中小学中，体育、音乐、美术等课程教师缺乏现象十分普遍。其次是质量偏低。中小学学历不合格的教师主要集中在农村。农村中小学教师中有很多是民转公的教师，大部分教师的合格学历是通过函授和自学取得的，有名无实。教师职称结构在一定程度上代表了教师队伍素质的高低。农村中小学教师职称普遍低于城市。2004 年，全国农村小学教师中具备副高级职称的教师只有城市小学教师的 1/3，农村小学教师中具备中级职称的教师比城市低 10.71%。农村初中具有中学一级及以上职

---

① 国家教育督导团. 国家教育督导团对江西等六省（自治区）中小学校长教师管理情况专项督导检查公报［A］. 中华人民共和国教育部网站，2006 - 1 - 27.
② 代群，熊润频. 教育部调研安徽课改［N］. 江淮晨报，2004 - 12 - 13.

称的教师比城市低 23.03%。①② 今天的中国已经是世界第二大经济体，城市化
程度加速发展，2011 年城镇人口占比达到 51.3%③，2015 年达到 56.10%。④ 城
市人口已经超越农村人口，乡村社会也呈现出多元化和多层次化特点。但中国
社会的乡土特征仍然存在，教育依然不能回避"乡土中国"的文化特质。在长
期以来城乡二元结构的影响下，我国政府在教师职前培养、入职教育、教师职
后培训资源配置与利益调整上，立足城市，优先发展城市教师教育，城市化倾
向却越来越严重。21 世纪，在我国教师教育大学化改革中，原有的立足农村、
为了农村的中等师范学校退出教师教育的舞台。由于我国城市居民在工资待遇、
社会福利、卫生医疗、交通通信、子女教育等方面的优势，高师院校、综合性
大学在空间上与城市中小学教师的互动具有便利条件，在教师教育内容上具有
城市化倾向，在职业选择上，无论城市生源的师范生还是农村生源的师范生都
无意到农村任教。在职后教育上，城市学校教师在职业竞争和自身发展愿望等
因素的推动下具有更积极主动的态度，而农村学校教师的职后继续教育动力主
要来自学历补偿和评审职称的需要，且受学校经费限制和许多校长不支持教师
的继续学习。城市化的教师教育政策导致了城乡教师教育资源配置的严重失衡，
乡村教育严重滞后于城市教育。⑤ 在教师教育城市化的背景之下，体育教师教育
同样存在着城市化问题。我国农村学校体育长期掣肘于农村相对落后的经济、
文化与社会的发展，无法摆脱城乡二元差序格局的桎梏。虽然党和国家一向重
视农村学校体育和体育教师，但就其应有的地位与实际受重视程度相比，在制
度文本上的不足依然存在。1990 年原国家教委和体委联合发布实施《学校体育
工作条例》，1995 年原国家教委下发《关于加强农村学校体育工作的几点意
见》，强调农村学校体育工作的意义，将工作的重点转移到农村体育。1997 年下
发《开展农村中小学体育卫生评估工作意见》。这些政策文件表明，20 世纪 90
年代我国对农村学校体育工作的重视和加强，并起到了强力的助推作用。同时，
也暗含着农村学校体育工作的薄弱。进入 21 世纪后，我国分别于 2007 年、2012

---

① 教育部发展规划司. 中国教育统计年鉴（2004）[M]. 北京：人民教育出版社，2005.

② 于伟，李广平，秦玉友，等. 我国农村义务教育教师队伍的结构问题与对策 [J]. 中
国教师，2007，50（7）：12 – 13.

③ 中华人民共和国国家统计局. 从十六大到十八大经济社会发展成就系列报告之二 [R/
OL]. 中华人民共和国国家统计局网站，2012 – 08 – 16.

④ 中华人民共和国国家统计局. 2015 年国民经济和社会发展统计公报 [R/OL]. 中华人
民共和国国家统计局网站，2016 – 02 – 29.

⑤ 曹彦杰. 师范为何下乡：民国时期乡村师范教育的兴起 [D]. 上海：华东师范大学，
2018.

年和 2016 年出台了《关于加强青少年体育增强青少年体质的意见》《关于进一步加强学校体育工作的若干意见》和《关于强化学校体育促进学生身心健康全面发展的意见》三项学校体育的重要文件，从"加强"到"进一步加强"再到"强化"，可见国家对学校体育的重视程度不断增强。其中关于农村学校体育出现的频次分别为 7 处 9 次、3 处 3 次和 1 处 2 次，关于农村体育教师出现的频次分别为 0 处 0 次、1 处 1 次和 1 处 1 次（见表 3 - 6）。21 世纪以来针对农村学校体育的专项政策仅有 2002 年的《教育部关于加强农村学校体育卫生工作的几点意见》。由此可见，国家在对学校体育的程度不断加强的情况下，对于农村学校体育和农村体育教师的重视不足。

表 3 - 6　意见中关于农村学校体育和农村体育教师提及情况

文件名称	农村学校体育频次	农村体育教师频次
《关于加强青少年体育增强青少年体质的意见》	7 处 9 次	0 处 0 次
《关于进一步加强学校体育工作的若干意见》	3 处 3 次	1 处 1 次
《关于强化学校体育促进学生身心健康全面发展的意见》	1 处 2 次	1 处 1 次

在"城市中心导向"的乡村教育①背景下，由于体育教育改革与发展走向的决策者主要为城市精英阶层，体育教育政策不可避免地带有城市价值取向。②在学校体育课程改革中有明显体现。《体育与健康课程标准（2011 年版）》在具体课程目标达成与设定中，诸如掌握新兴运动技能（如攀岩）和利用网络获取相关体育信息知识等脱离了农村学校体育的实际情况，与农村学校体育资源、农村经济社会发展状况存在严重脱节。

在实践上，2001 年开始，我国对农村教育资源进行整合，撤点并校的浪潮风行全国。近年来农村教师流失问题日趋严峻，据教育部统计，2010 年全国农村教师数量有 472.95 万，到 2013 年降为 330.45 万，3 年减少了 142.5 万；据《中国农村教育发展报告（2013—2014）》统计数据比较，初次配置到农村学校

---

① 钱理群，刘铁芳. 乡土中国与乡村教育 [M]. 福州：福建教育出版社，2010.

② 周丽萍，田雨普. 城乡体育统筹视域中的农村学校体育 [J]. 南京体育学院学报（社会科学版），2009，23（2）：62 - 65.

的教师仅为 51.2%，到二次配置的已有 56.9% 的调进了县城。东北师范大学中国农村教育发展研究院发布的《中国农村教育发展报告 2017》同样印证了上述现象，农村教师流失问题日趋严峻。撤点并校结果是大量学生涌入合并学校，原本学校体育资源相对较好的乡镇并点学校因学生数量剧增而带来体育教师数量不足，教学压力增大。农村体育教师不但在数量上远低于城镇，而且质量不高，同时还存在结构不合理、待遇差、教学观念落后、专业水平较低、工作量大等问题①，鉴于此，农村中小学体育教师职业吸引力普遍较低，年龄在 25—40 岁之间具有学历高、职称高的中青年体育教师或不再从事教师工作或流向一二三线城市学校或并脱离教师行业而将身心早投入到其他事业中，流失现象严重。② 导致农村体育教师的绝对数量减少，质量降低，加剧了城乡体育教师队伍结构的不平衡，体育教育专业毕业生不愿到农村任教，导致农村体育教师发展形成恶性循环，农村中小学体育师资队伍依旧面临质与量的双重阻力，造成农村体育教育的衰落。③

21 世纪，我国关于学校体育发展的三项重要政策，2002 年的《教育部关于加强农村学校体育卫生工作的几点意见》、2012 年的《关于进一步加强学校体育工作的若干意见》和 2016 年的《关于强化学校体育促进学生身心健康全面发展的意见》都指出学校体育是整个教育事业相对薄弱的环节，存在体育教师短缺现象，农村学校体育在学校体育中发展滞后，体育教师更为缺乏。关于农村学校体育和农村体育教师的研究成果也证实了这一点。乡村体育教师进行业务水平培训和外出学习的机会较少，对继续教育的认知度低、培训机会稀缺，培训供给与需求错位，培训过程管理和结果评估机制薄弱。④⑤ 城镇中小学体育教师在学历、职称、科研能力、运动员等级、裁判员等级、外语等级和计算机等级等方面明显高于乡村中小学，而且乡村体育教师职称主要以初级为主，缺乏

---

① 吴剑明，揭光泽，石真玉，等. 粤西沿海地区农村学校体育现状与发展对策［J］. 体育学刊，2013，20（2）：65 – 68.

② 张恒波，杜光友，胡燕，等. 乡村振兴战略执行中农村中小学体育教师流失应对［J］. 体育科技，2019，40（2）：53 – 54.

③ 胡庆山，曹际玮. 农村学校体育的生态困境及其治理策略［J］. 北京体育大学学报，2018，41（4）：82 – 86.

④ 燕凌，马克，王亚丽，等. 西南地区乡村小学体育教量培训的困境与破解［J］. 体育教学，2018（7）：38 – 39.

⑤ 余芝芝，周道平，李林，等. 精准扶贫视角下湘西州乡村体育教师继续教育扶持多维度分析［J］. 安徽体育科技，2017，38（4）：60 – 63.

有经验的老教师，数量不足，工作量大，待遇低。①② 从 2008—2017 年，初中镇区体育教师数量多于城区和乡村，高中城区体育教师人数多于镇区，初中和高中乡村体育教师逐年下降；初中城区体育教师配置最高，镇区高中体育教师配置最低，初中和高中乡村体育教师配置在逐年提高。③

我国现有普通中小学校 86.6 万多所，农村学校约占 89%，农村学校体育是农村体育的重要组成部分，其质量事关整个学校体育事业的大局，农村体育教师是大局的关键。体育教师教育政策的城市化带来体育教师对农村学校体育的不适应，使其发展一直举步维艰，不仅制约着学校体育的全面发展，而且影响到基层农村体育的发展，最终影响我国由体育大国向体育强国的跨越。

四、体育教师教育改革动力的外源性

我国教师教育改革动力主要来自外部，这种外源性的动力制约了体育教师教育改革的深度发展。我国教师教育开放格局的形成主要是来自国家高校布局结构调整和建立一流大学的外部要求，而非基础教育对师资质量提升的内在需求和教师培养模式调整的结果。因此，对于开放的教师教育体系中建立教师培养的灵活机制、有效途径、具体模式，给准教师以完整的双专业训练，并吸引优秀人才从教等问题缺乏内部动因，各教师教育院校的教师培养对于满足基础教育需求，提高教师质量的根本问题研究不足。虽然不少综合性大学参与了教师教育，但多以新增专业的方式进行，这实际上是以增量为主的外延型发展模式。综合性大学由于新的教师教育办学理念和模式并没有构建起来，为了规避风险，往往仍采用传统的教师教育办学思路，未能从根本上改变传统的教师教育模式。体育教师教育同样如此。

目前体育教师教育的主要模式以体育知识技能加教育教学知识技能的方式，主要内容集中在体育专业知识学习和体育技能的训练上，教育知识和师范技能的训练并没有占据重要位置。在课程设置上，仍然是以传统的心理学、教育学以及体育学科知识、技能训练为主。虽然随着时代的发展，教育学的课程使用

---

① 常爱铎. 天津市城镇与乡村中小学体育教师队伍建设的比较研究 [D]. 天津：天津师范大学，2010.

② 李思源. "乡村教师支持计划"政策下瓜州县小学体育教师队伍建设研究 [D]. 开封：河南大学，2017.

③ 潘建芬，胡峰光，韩金明. 新时代我国体育教师队伍结构分析与配置优化策略研究 [G] //中国体育科学学会. 第十一届全国体育科学大会论文摘要汇编. 北京：人民体育出版社，2019：3586 - 3857.

新的《基于教师资格考试的教育学》，但明显带有应对教师资格考试的外在功利性。而逐渐增加的一些对学生发展与学习指导方面的课程，仍未放到重要位置。在新的教师教育理念中，教师传授知识的职责越来越少，而激发学生思考的职责则越来越多，以便更好地发掘学生的潜能并引导其发展。新的教师角色要求教师不仅要"育人"，更要"育己"，使自己身正德高，以榜样的力量潜移默化地影响学生，对教师的教育是对学生塑造的前提。清末的《奏定初级师范学堂章程》就曾指出，师范教育最为重要的任务是"变化学生气质，激发学生精神，砥砺学生志操"。正是由于认识的缺失，使得"教师专业发展"在具体实施与推广的过程中被强制化、标准化，进而沦为一种新型的理性工具主义。①

教师教育政策是本体价值和工具价值的结合体，前者是内源性的，后者是外向性的。教师教育政策的目的是对教师受教育权利及相关利益的保护，并对教师教育资源进行合理配置，其本体性价值在于对（准）教师所享有的受教育权益进行保障与维护，促其实现。但我国目前教师教育政策所体现的最大目的在于提高教师职业的吸引力，促进教育事业的发展。而教师自身的创造性与独特性受到了忽视。21世纪的教师教育政策文本中，常见"让教育成为全社会最受尊重的事业""提高教师队伍的整体素质和教育教学能力，促进基础教育改革发展""提高教师专业水平"，少有"保障教师受教育权""促进教师专业发展权的实现"等政策话语，其根本目的是通过提高教师职业的吸引力来促进教育整体的发展，推动社会进步，而不在于保障教师权益，具有明显的外部工具特征。正是在外部功利性的影响下，在教师培养实践中，不管是教师的教，还是师范生的学，都以实用为指导，以获取教师资格证书等各类证书为标准。教师的在职培训以评定职称和晋级为目的，而非自身受教育权的实现和自我发展的需要，功利化色彩鲜明。② 在体育教师的继续教育中同样有着鲜明的表现。有研究表明：北京的中学体育教师的继续教育动力来源中，62.2%的体育教师是源于政策的强制性要求和评定职称晋级的需要等外部刺激，28.4%的体育教师的主要推动力来自提高自身素质，9.4%的体育教师来自实现自身人生价值的需要。③可见体育教师继续教育的动力主要来自外部，外部刺激一旦消失，体育教师的

---

① 吴遵民，傅蕾. 我国30年教师教育政策价值取向的嬗变与反思 [J]. 杭州师范大学学报，2011（4）：93-101.

② 罗红艳. 和谐社会视野下教师教育政策的伦理诉求 [J]. 现代教育管理，2011（1）：54-57.

③ 白文飞，徐玲. 北京市中学体育教师继续教育存在的问题及其改进途径 [J]. 继续教育，2002（6）：36-37.

自我提升就会结束，其后果是体育教师专业水平的提高难以持久，既不能保障体育教师的自我发展，也阻碍着体育教育的发展，使体育教师教育陷入工具化的窠臼。

五、体育教师教育政策缺乏前瞻性

我国教师教育发展经历了百余年的历程，在这一过程中，我国广泛学习与借鉴国外先进政策经验，国家和政府制定了众多的教师教育政策和体育教师教育政策，形成了相对完整的政策体系，教师教育和体育教师教育快速发展。由于总体上我国的政策发展处于跟随西方先进国家的状态，没有真正形成具有中国特色的教师教育理论，我国的教师教育政策和体育教师教育政策缺乏前瞻性。通过对教师教育政策文件的考察，可以看到相当一部分教师教育政策的出台具有应急性，是针对当时的教师教育问题逐步出台的，政策出台之后并无长久的效力，在很短的时间又出台相似的教师教育政策，是对教师教育政策资源的浪费，也降低了政策的权威性。关于中小学教师培训的政策文件就是教师教育政策缺乏前瞻性的典型例子。我国分别于1981年、1983年、1986年短短几年时间内就连续出台了三项重复性很强的《关于加强在职中小学教师培训工作的意见》，表明关于中小学教师在职培训的政策前瞻性明显不足。政策的制定与实施主要出于应对不断出现的新问题，被问题"牵着走"，具有明显的应急性特征。我国学校体育改革在学生体质健康状况持续下降等重大问题的驱使下，不断颁布中考体育加试、冬季长跑、大课间活动等深化教学改革、强化体育课和课外锻炼等政策，对体育教师教育政策也作出对应调整，大都是紧急应对问题的无奈之举。我国2011年出台的《教师教育课程标准》的前瞻性也不足。课程标准的理论依据是半个世纪之前的儿童发展理论，并未能充分吸纳当前国际教师教育的新发展，即儿童发展、教师发展与民主社会发展之间的不可剥离性。在教师教育的课程目标设置中，倘若不能站在国际教师教育理论发展的最前沿，我们所制定出的教师教育政策就很难保障其先进性和前瞻性，也就难以指望将来的教师教育在这样教师教育政策指导下能够引导教师在个体与社会方面都得到充分的发展。① 我国教师教育评估制度的理论也基本上是从国外移植过来的。尽管我国众多的教育学者对国外的教育理论和教师教育评估理论进行艰苦的研究，并试图在比较国外的教师教育评估制度的基础上，结合中国的政治、经济、文化、历史、传统等建立起一个具有中国特色的教师教育评估制度，却始终没有

---

① 李军. 检视教师教育的中国模式［N］. 袁丽，译. 社会科学报，2013－02－07.

获得重大突破，无法摆脱西方教师教育制度的限制，更谈不上超前性。由于教师教育理论的滞后，毋庸置疑会导致教师教育制度及其评估制度的更新速度的落后，无法及时有效反映教师教育的真实效应，影响着教师教育的发展。①

就体育教师教育而言，其学科理论基础应该是体育教育学。体育教育学学科内容体系是建立在体育科学和教育科学相互渗透基础之上，与学校体育学、体育教学论和体育教学法等有着密切的关系。目前出版的体育教育学学科体系模糊，基本理论体系不够成熟，方法论基础薄弱。体育教育学学科体系建设明显滞后，导致体育学科与专业建设工作严重缺失，所培养的人才难以达到培养目标的要求。教师教育改革应该具有适度的超前性，才能够引领基础教育课程的发展，但现实恰好相反，我国教师教育的改革总是落后于基础教育课程的改革。我国体育教育专业课程方案的每一次改革都源于体育教育思想的转化和体育基础教育课程改革实践对体育师资的新要求，是一种被动适应和倒逼的结果。高等体育教育的课程改革不应仅仅从被动应对问题着眼，更应从引领体育教育思想转变和基础教育阶段体育教育的发展方向出发，主动深入研究体育教师教育规律，推动体育教师教育改革，培养高质量的基础教育体育教师，推动我国体育教师教育和体育教育的进一步发展。我国体育教师职后教育也是在改革开放后借鉴英美等国外继续教育基础上开展的，其前瞻性也不突出。

六、体育教师教育改革的实用主义

由于清末特殊的社会背景，中国的师范教育自诞生之日起就有着明确的实用指向。在面临民族危机，国家衰败的危难关头，效法当时先进的西方国家成为迫在眉睫的必然选择。在这一过程中，大力引进和发展西式教育，实现对国人的改造，是完成这一重任的关键之一。于是，作为群学之基的师范教育因之备受关注，甚至被提升到救亡图存的高度，背负着救国重任的师范教育由此兴起，实用主义思想成为师范教育的先天基因。周洪宇曾指出，日本的教育发展着眼于全面与长远，而中国教育则看重眼前，更求实用，而没有放在培养全面发展的高素质人才上。② 这与中国现代教育的引入背景不无关系。

① 林子琪. 我国教师教育评估制度的特点、问题与对策［J］. 评价与管理，2009，7（1）：27–29.
② 周洪宇. 中国教育百年改革的经验教训［C］//北京大学北京论坛办公室. 北京论坛（2010）文明的和谐与共同繁荣——为了我们共同的家园：责任与行动："变革时代的教育改革与教育研究：责任与未来"教育分论坛论文或摘要集. 北京：北京大学出版社，2010：328–341.

　　过度实用主义贯穿着教师教育发展的整个过程。在国民党政治统治下教师教育在"党化"教育方针的规约下，根本上为国民党政府服务，带有明显的工具性价值倾向。中华人民共和国成立初期，我国高等教育改革理念上将高等教育作为反映新中国政治经济建设与发展人民民主专政的工具被公开提出。改革开放后，受"以经济建设为中心"的影响，教育政策在协调教育与经济、政治等外部关系时，过于强调教育在经济上的实用价值，将教师发展量化为技术性知识，导致政策价值取向的功利性和长远利益关系的失衡。进入 21 世纪，教师专业化成为我国教师教育改革的重点。但在这一过程中，教师的专业化被误解为技术化、知识化的量化过程，以强制化、标准化的手段来实现教师专业知识技能的掌握，忘却了激发教师自我成长的发展方向，忽视了教育的育人性，教师培养逐渐陷入技术主义的泥沼。李军教授指出，我国 2011 年的《教师教育课程标准》未能真正从"育人为本"出发，设置教师教育课程有过于注重工具理性主义之嫌，更多的是为了满足市场需求，提高在全球知识经济中的竞争力，突出了实用性，而对人性关怀不足，教育的育人性被弱化了。① 教师教育不仅应强调学生的知识与技能，更要重视学生的素质和道德品质，突出为人师表的"人"的变化和发展。正如《奏定初级师范学堂章程》所指出，师范教育最为重要的任务在于"变化学生气质，激发学生精神，砥砺学生志操"。因此，教师专业情操、专业自主意识、专业发展价值等才是更重要的评价指标。教师作为一门专业，教师的专业对象是有生命的个体，其使命就是用生命来影响生命。过分强调教师的专业化是一个可训练的过程，教师就可能失去主体意识和使命感，其个性特点和人格魅力乃至作为一个教育者应该具有的道德性和思维品质等素质就必将受到削弱，最终导致教师的培养过程异化为一种单纯技术性训练，教师培养过程蜕变为学科工具主义的功利行为。②

　　体育教师教育同教师教育一样，始终表现出实用主义的严重倾向。清末，体育首先是作为一种"舶来品"，最初被国人所接受就是看重其"强国强种"的实际功能。因此，军国民体育得到极大推崇，国人将体育视为培养强国强种、抵御外侮、救亡图存的政治工具，以期通过体育锻炼，加强身体素质，达到对内自保，对外御侮，实现强国的目的。体育在进入中国之初，国人对体育的认知更多地停留在"实用"上，而对其本质的认识就已经发生了偏转。当军国民体育无法立竿见影地实现中国的政治期待时，实用主义指引下的统治者迅速转

①　李军. 检视教师教育的中国模式［N］. 社会科学报，2013 - 02 - 07.

②　吴遵民，傅蕾. 我国 30 年教师教育政策价值取向的嬗变与反思［J］. 杭州师范大学学报，2011（4）：93 - 101.

移目光，寻求新的体育发展道路——自然主义体育。在 1928—1949 年间，自然主义体育思想因迎合了资产阶级宣扬民主、自由，反对封建的政治诉求，迅速得以流行，并成为取代军国民体育思想的主流体育价值观念。在这一时期体育教育实践中，体育课程的设置深刻反映了自然主义体育思想。①中华人民共和国成立后，我国全面向苏联学习，引进苏联的教育理论思想，教师教育确立了"专才"培养目标，成立专业体育学院，在师范院校和体育院校中设置体育专业，为社会主义建设培养专业人才。从中华人民共和国成立到 1976 年，我国体育教育的指导思想核心是"体质论"，突出强调了"增强人民体质"的外在目的。"文革"时期体育教育的军事化，突出为无产阶级政治服务，无视个体发展需求，只求实用。在上述体育教育思想的指导下，体育教师教育把体育教师培养视为完成体育教育任务的工具，体育教师教育中无视人的尊严，忽视了人的主体性。在当今的学校体育教育中过度实用化的体育教学仍然大行其道，目前学校体育为了应对体育中考，体育教师普遍采用功利性的应试教育模式，中考考什么体育项目，体育教师就教什么，体育教师和学生都成了分数的囚徒，体育教育难以实现促进学生全面发展和培养终身体育意识的目的。虽说运动技能是体育教师的生存之本和立命之基，其价值不容忽视。但长期以来，我国体育教师教育中奉行运动技术至上的导向，体育教师培养演变为"运动员式的驯服"过程。体育教师在学校体育教育中高度关注的是学生运动技术是否学会、体质是否达标和成绩是否提高等外在实用目标，而对学生个体体育学习中体验到的是快乐还是痛苦漠不关心，难以激发学生体育学习兴趣和爱好、主体性与创造性。教师教育机构在体育教师职前培养和职后培训中关注的重点是系统的专业知识和专业技能培训，突出实用性的技能操作。这种模式产生出来的体育教师失去了生命的灵动，泯灭了体育教师的主动性、能动性和创造性，俨然是一台台"教书机器"。遑论体育教师的快乐、尊严与幸福。在体育教师职前教育中，体育教育专业的学生以获取教师资格证书等各类具有实用性的证书为目的。在职体育教师的继续教育的根本动力来自评定职称和薪资的提高，而不是自身受教育权的实现和自我发展的需要。总之，"实用"对中国近现代体育和体育教育的发展产生了重大影响，"实用"这一主线贯穿于体育事业的发展之中，在对我国的体育教师教育和体育教育产生重要积极作用的同时，干扰了国人对体育本质的认识，消解了体育的文化内涵，难以在体育教育中实现有形的东西育"体"

---

① 梁四海，李斌. 中国近代体育与政治勾连的思想史考察［J］. 南京体育学院学报，2017，31（2）：24-29.

和无形的东西育"人"的结合。

七、体育教师教育开放化改革形式化

世界教师教育专业化路径主要有专业中心（profession – centered）模式和国家中心（state – centered）模式两种。美国联邦政府不直接管理教师教育，只为教师教育改革确定战略方向，州政府负责教师专业标准制定、教师资格证书考试等，教师教育机构根据教师教育相关标准开展教师培养与培训，在提供高质量的教师培养服务中获得专业地位和信誉，是典型的专业中心（profession – centered）模式。亚洲国家认为，教师教育是一种公共事务，关乎国民的未来与福祉，为教师提供福利性保障是国家的义务，其教师教育标准一般由中央政府制定，教师教育的组织、实施与教师地位的保障主要由国家来负责，是国家中心（state – centered）模式。我国的教师教育始终采取的是国家中心模式，在定向培养模式的专业化路径中，国家组织教师教育的改革与发展、实施教师教育的体系与制度的建设，师范毕业生自动获取任教资格并以分配的形式保障到岗，享受国家福利政策。进入 21 世纪，我国教师教育表现出开放化、一体化和市场化的特征，凡从事教师工作都必须通过考试获得教师资格证书，国家层面的制度与政策保障消失，教师教育机构和师范毕业生得不到有效保障。在定向培养体制向开放体制转轨的过程中，旧的教师教育秩序受到冲击，而新的教师教育秩序尚未建立，呈现出定向与开放两种体制并存的态势，原有的定向培养模式中学科课程加教育类课程的培养方法仍大行其道。① 因此，我国开放的教师教育体系表现在形式上，与发达国家比较成熟的开放的教师教育体系着一定的差距。我国现有的开放格局产生于高等教育管理体制的变革，源于对一流大学的诉求而进行的高校布局结构的调整。这与西方为提高教师地位、追求高质量教师而建立的开放的教师教育体系有着根本的不同。目前我国的教师教育机构依然沿袭传统的教师教育模式，并未建立适合开放背景的教师教育的课程体系、教学模式，师范生的培养从形式到内容均未发生根本性的变化。② 教师教育开放化改革的初衷是为了吸引高水平综合大学参与教师教育，提高教师培养质量。在改革实践中，综合性大学参与教师教育多以新增专业和学校联合两种方法进行，这实际上是以增量为主的外延型发展模式。为了规避风险，往往采用传统的教

---

① 荀渊，曾巧凤．改革开放 40 年教师教育政策变迁的回顾与反思——教师教育专业化两种路径的探索与实践 [J]．教师发展研究，2018，2（4）：10 – 16.
② 胡艳．我国教师教育体系当前形成路径与变革动因 [J]．北京师范大学学报（社会科学版），2009，212（2）：20 – 28.

师教育办学思路，未能从根本上改变传统的教师教育模式，没有达到提高教师培养质量的初衷，反而出现了教师教育被弱化的风险。在全国一流大学建设高校和一流学科建设高校中，除六所教育部直属师范大学外，承担体育教师培养的非师范院校屈指可数，且更多的只是考虑填补学校的学科空白，而非真正重视教师教育。据新东方高校库的数据，开设体育教育专业的高校共有 327 所，其中"211"或"985"或一流大学建设高校共计 24 所，除去师范院校和原本就有体育教育专业合并的院校外，办体育教育专业的高水平大学最多有 15 所，不足总数的 4.6%，没有达到实现吸引高水平大学参与体育教师培养的预期。

第四节　体育教师教育政策变迁的规律寻绎

分析体育教师教育政策与社会政治、经济、文化、人口以及其与教育的关系，探究其自身发展的连续性、系统性、规范性和内在的规定性，寻找政策决策和制定的历史原因和动力机制，从中发现并归纳其演变规律，有利于深化我们对体育教师教育政策的认识，进而更好地为体育教师教育政策的科学决策服务，养成（培养）优质体育教师。我国体育教师教育政策的演变与社会的改变、学校教育、师范教育以及学校体育有密切的联系。体育师资培养政策直接与学校体育的变革相连，背后受社会政治、经济的变革、教育及体育发展的制约。

一、体育教师教育政策演变的外部动力

（一）社会政治变迁与改革

从社会根本政策制度的宏观层面来看，在体育教师教育政策的百年变迁历程中，我国政权的更替引起了社会性质发生了三次根本变化，整体上由封建社会到资本主义社会再到社会主义社会。社会制度根本性质的改变，决定了我国各项社会制度随之发生适应性变化。因此，新生政权为了与旧政权决裂，对其教育体制和政策进行批判和重建，旧有的体育教师教育政策便随着根本政治制度的更替而受到批判和重建。体育教师教育事业不断重复着被打倒，然后重建，再被打倒再建设的循环过程，体现着体育教师教育政策的非连续性特征。

从风雨飘摇的清王朝统治到军阀混战的北洋政府统治，到相对稳定的民国前期，再到抗日战争、解放战争阶段，直至中华人民共和国的成立，我国政权的更替，社会动荡混乱，教育气候不断变换。中国的体育教育在复杂的政治环境面前，不同的政权和政治派别对其怀着不同的政治期待。清末创立师范教育

"中体西用"的教育方针是洋务派和顽固派政治斗争的产物，以达到"师夷制夷"之政治目的，而体育教育则承担着"体育救国"的政治重任。鉴于美国开放式师范教育体制造成的"师荒"现象，国民政府在20世纪30年代恢复了封闭式师范教育体制，并进行不断完善。中华人民共和国成立后，在一定程度上为了表达同旧政权的决裂，保持与社会主义苏联的一致，"以俄为师"建立起新的师范教育体制，而实质上仍为封闭式体制。放弃本国原有的封闭式师范教育体制建设的经验，而全盘学习苏联的师范教育，意在表达一定的政治目的。中华人民共和国成立初期，接二连三的政治运动一次次将师范教育拖入了政治斗争的旋涡。"文革"十年，中国师范教育是最大的重灾区，师范教育形同虚设。"文革"破坏了体育教师教育政策，许多体育院校、系科被迫合并或撤销，体育专业停招四年，即使在"文革"后期，部分体育院系以推荐方式招收工农兵大学生，由于其文化基础普遍偏差，学习时间大多被劳动和政治活动占用，也根本不可能培养出高质量的体育教师，严重限制了体育教师队伍的数量和质量，进一步拉大了同世界各国体育教师教育发展的差距。改革开放以后，中国社会走上了中国特色社会主义政治体制改革的探索之路。经过40余年的探索，我国政治体制改革逐渐形成了梯度发展、渐进改革的模式，对包括教育在内的各项事业的改革与发展产生了积极影响。在"教育要面向现代化，面向世界，面向未来"的教育思想指引下，师范教育开始真正"放眼看世界"，不断学习西方的教师教育经验，"师范教育"走向"教师教育"，由封闭式体制不断走向开放式体制，而师范教育体制开放化的走向主要是我国政府对高校布局结构调整和建立一流大学的要求所推动的。特别是近两年，我国于2018年1月颁布新中国第一份以中共中央名义专门加强教师队伍建设的文件——《中共中央国务院关于全面深化新时代教师队伍建设改革的意见》。同年3月，教育部等五部门专门联合印发了《教师教育振兴行动计划（2018—2022年）》。2019年2月中共中央、国务院印发的《中国教育现代化2035》将教育和教师教育提升到中华民族伟大复兴基础工程的政治战略地位，描绘了新时代教师队伍建设的宏伟蓝图，指明了新时代教师队伍建设的改革方向，确定了深化教师队伍建设改革的系列核心举措，对要求各级党委和政府抓好新时代教师队伍建设工作提出了明确要求。

综上所述，社会政治重大变革是教师教育制度变革的先决条件。任何一项教育政策的出台总是反映着国家的意志和利益，教育决策即政治决策。社会政治的发展变革带来体育教育的发展变革，政府往往通过国家政权来实现对体育教育的领导，保证体育教育维护国家的利益。因此，我国体育教师教育政策作为国家教育政策的组成部分，产生于国家政治的需要，无论军国民思想下的

"体操"师资教育，还是国民政府的"党化教育"，或是新中国成立后模仿苏联教育模式建立起来的体育教师教育政策，政府都在体育教师教育中发挥着强有力的控制作用，体现着强烈的国家意志。其改革无不折射出当时的政治改革与发展对体育教师教育的期望。

（二）社会经济改革与发展

经济是社会各项事业发展的基础，社会经济的发展是影响师范教育制度变革的又一重要因素，促进师范教育发生根本性变革。我国教师教育政策的变迁是经济改革的伴生物，经济的发展推动了师范教育制度的创生与演变。清末民初，封建经济体系在一定程度上被打破，新的资本主义经济生产方式的影响范围逐渐扩大，引起教育的变革，科举制度被废除，我国师范教育伴随着现代教育制度创生而出现。随着资本主义经济的不断发展，生产力水平的提高，对经济人才的需要旺盛，民国的教育宗旨中倡导实利教育，反映出资本主义经济对教育的要求，资产阶级对生产力的追求和对国计民生的关注。师范教育制度在此经济背景下，进行了与经济和教育的适应性改革。

中华人民共和国成立后，在社会主义生产关系确立的推动下，为了培养社会主义建设人才，加快国民经济建设，我国的教育全面向苏联学习，形成了"专才"教育思想。我国对高等院校做大规模的调整，根据"以培养工业建设人才和师资为重点，发展专门学院，整顿和加强综合性大学"的工作方针，在高等学校普遍设置了专业，培养专门人才。体育教师教育同样如此。1952—1954年我国建立起六大体育专业院校，随后各体育学院按照运动项目设系，按专项分班，按运动技术成绩分队，按等级运动员的要求修订教学计划，按项目设置专业成为常态，出现了篮球、足球、排球、体操和田径等专业，强调运动技能，形成了体育专才的教育思想。另外，在当时计划经济体制下，体育教师教育的管理遵循中央集权管理模式，政府在体育教师教育管理上以管控、直接行政干预等权威性政策工具作为管理手段，教师教育事务受到全面管控，体育学院和师范院校的体育系等教师教育机构依赖政府来满足自身的需求，毫无办学的自主权。20世纪80年代的改革开放是新中国历史的伟大转折，经济建设成为国家的工作重心并逐渐融入世界发展的轨道，为中国的社会主义市场经济体制建设和经济腾飞开辟了道路。随着经济的发展，普及九年义务教育成为国家教育发展的重中之重，教师作为直接或间接推动经济发展和义务教育的关键性人才资源，开始在很大程度上受到重视。此时，在教师职前培养上以培养数量供给为主，在职后培训上，以"缺什么，补什么"为原则，重点进行中小学教师的学历补偿，这是对当时我国经济发展需求的适应。20世纪90年代，为了适应我国由计划经济体制向市场经济体制转轨的新形势，《中国教育改革和发展纲要》强调："建设一支具有良好政治业务素质、热爱教育事业、结构合理、相对稳定的教师队伍。""使每个教师都在现有基础上得到进一步提高……使其中一部分逐步成为中小学教育教学专家"，形成了系统完整的教师教育政策，目标在于构建开放高效的教师终身学习体系。① 同时，伴随社会主义经济市场体制的改革和现代教育制度的发展，我国形成了中央和地方两级师范教育管理体制，教师教育权力下放，教师教育政策由倚重强制性的"硬性"政策工具向多元化的软性工具转变，师范院校办学自主权逐渐扩大，办学活力也逐步得到激发。进入 21 世纪，经济全球化程度更加突出，我国 2001 年加入 WTO 后，促使师范教育制度进行了更为深层次的调整与变革。由于经济发展的全球化程度的扩大，社会主义市场经济体制向纵深化方向发展，对多种人才的需求不断增多，带动了师范教育不断进行改革。政府对师范教育管理更加注重以宏观调控的方式为主，把市场调节作为基本手段，各校自主探索师范教育模式，拓展师范教育实施途径，设置师范教育课程等。党的十八大以来，国家再次强调宏观管理和"放管服"等战略理念，提出教师教育治理能力和治理体系现代化，进一步扩大了教师教育办学自主权。

（三）社会文化价值取向的引领

自从清政府的国门被西方列强的坚船利炮打开后，包括教育理论与思想在内的西方文化强势进入我国。我国的师范教育政策在中西方文化的交融中，在彼此牵制与力量消长的过程中，逐渐建立起来并不断发生着演变，其中中国传统的保守文化对师范教育制度的变革产生着阻碍，西方的教育制度理念和教育思想占据主导地位，推动着我国教师教育政策的演变。体育教师教育改革本质上是一种价值创造活动，实质是新的主导价值观确立的过程。100 多年来，我国体育教师教育政策演变就是在社会主流价值更新的推动下进行的一项适应变革活动。社会的主导价值和公共政策价值导向始终在指引体育教师教育政策演变中发挥着引领性的关键作用。

从师范教育伊始，我国的师范教育政策便坚持为教育为国家利益服务。从教育宗旨的制定到教育目标的明确，无不为推动社会发展服务，以满足社会需求为根本指向，有着明显的工具价值取向。清末到民国时期，体育教师教育承载着军国尚武的国家意志和救国强种的社会期待，在"强国强种""体育救国"

---

① 刘要悟，李崇爱. 改革开放以来我国中小学教师在职教育政策变迁之取向、走势和动因［J］. 当代教师教育，2012，5（3）：22 - 28.

和"为抗战服务"思想的指导下，培养目标围绕着为国家服务，为民族服务的特征，工具本位价值取向突出。中华人民共和国成立后，教师教育的主要任务为培养社会主义建设的各类专门人才，教师教育事业被赋予更多的经济功能。改革开放中期之前，我国公共政策以工具本位为主导价值取向，师范教育工作重心受"以经济建设为中心"的影响，坚持效率优先，加快师资人才培养，围绕着社会主义"建设者""接班人"等政策目标展开，以培养各行各业的建设人才。我国教师教育的重要教育政策强调既要坚持社会主义政治方向，又要服务于现代化建设，政治指向和经济指向并重，均以社会发展为旨归，突出体现着"工具本位"逻辑。体育教师教育政策亦强调满足于社会需求和学科发展，对教师人本需求关照不足。从体育教师教育政策文本的演变可以看出，我国体育教师教育政策的价值取向由工具本位向人本位过渡。这样的演变是由社会公共政策价值取向的变化所决定的。20世纪末，面对国际教育新形势，终身教育理念的引入、以人为本的指导思想和转型期社会经济发展对人才的新诉求，带来了我国教育政策价值取向的重要变化。教师本位的价值取向在政策文本中逐渐开始显现。1998年的《面向21世纪教育振兴行动计划》和1999年的《关于深化教育改革，全面推进素质教育的决定》开始提出加大对贫困地区和少数民族地区教师的扶持力度，关心和改善教师的工作条件和生活待遇，这表明我国教师教育政策价值追求向人本位转向。进入21世纪后，我国师范教育政策在终身教育思想、教师专业化理念的驱动下，逐渐开始从国家利益向国家利益与教师利益兼顾的方向转变。2001年，我国正式采用西方"教师教育"概念取代中国传统的"师范教育"概念，将终身教育思想融入教师养成的过程之中。党的十七大报告，确定了"以人为本"的科学发展观为我国新时期各项工作的根本指导思想，我国的公共政策体现着工具本位与"以人为本"相结合的价值取向。教师教育政策越来越多地从保障教师利益、提高教师综合素质出发，"以人为本"理念更多地在文本中得到了彰显。2018年《中共中央国务院关于全面深化新时代教师队伍建设改革的意见》提出，坚持以人民为中心的发展思想，遵循教育规律和教师成长规律，提升教师综合素质、专业化水平和创新能力，促成教师人尽其才。由此可见，目前我国教师教育政策清晰地透射出对教师个人价值的重视。

（四）国际教育发展潮流的影响

我国教师教育的产生本身就是向西方教育学习的结果，自开创以来，一直受到国际潮流的深刻影响。1904年我国以日本为模仿对象，颁布《奏定学堂章程》，模仿日本设计体育教育制度；1922年《壬戌学制》颁布，标志着体育教育专业制度效顰于美国；中华人民共和国成立后全面向苏联学习专才的体育教师教育模式，建立专业体育学院，在师范院校开设体育系，设置体育（教育）专业，重建起独立封闭的体育教师教育模式。1978 年改革开放后，我国教育开启了"面向世界，面向未来，面向现代化"的新局面。我国体育教师教育广泛学习以美国为主的先进国家教育经验，并在此基础上主动进行改革，体育教师教育向着专业化的方向发展。20 世纪末，世界各国政府开始强调知识经济、国际交流合作、质量卓越和"以人为本"等理念，加之新技术革命和全球化压力，世界各国为了提高国际竞争力，纷纷进行教育改革，对教师教育产生深刻的影响。2001 年《中小学体育与健康课程标准（实验稿)》颁布，2003 年《普通高中体育与健康课程标准（实验)》颁布，开始了体育课程的全面改革。此后，2011 年《义务教育体育与健康课程标准（修订版)》和 2017 年《普通高中体育与健康课程标准（2017 版)》相继颁布。新体育课程标准是学习欧美的结果。基础教育体育与健康课程的改革倒逼体育教师教育改革，对体育教师教育的专业化提出了新的更高要求。为了适应基础教育的体育课程改革，2003 年，我国教育部颁布了《全国普通高等学校体育教育本科专业课程方案》。为了提高体育教师专业化水平，通过向欧美各国学习，建立《教师教育课程标准（试行)》（2011）、《幼儿园教师专业标准（试行)》（2012）、《小学教师专业标准（试行)》（2012）、《中学教师专业标准（试行)》（2012）、《普通高等学校本科专业类教学质量国家标准》（2017）和《普通高等学校师范类专业认证实施办法（暂行)》（2017）等教师教育标准，表明我国初步构建起体育教师教育专业标准体系。

由此可见，中国的教师教育改革明显受到国际教师教育的影响，我国教师教育所经历的独立—开放—独立—开放的发展阶段几乎都是"国际化"影响的结果，体育教师教育学习的对象也大体上经历了从日本、美国、苏联再到美国的过程。进入 21 世纪的 20 年，在教师教育改革探索加速的背景下，我国体育教师教育转型加速，围绕专业化进行的多元化、开放化、一体化和标准化所进行的改革取得了显著成绩，并没有完全脱离对美国等发达国家体育教师教育政策的依附。

二、体育教师教育政策演变的内在逻辑

（一）体育基础教育的改革是根本动力

清末新式教育的产生，在各级各类学校中开展体操课，特别是基础教育中体操课的开设，促使体育教师成为一个专门化的全新职业，体育师资的需求成

为当时亟待解决的重要教育问题。由于当时整个教育体制和师范教育体制都是模仿日本建立的，体育师资的培养同样亦不例外地采用了日本的封闭式师范教育体制。20 世纪 20 年代，美国实用主义教育和实用主义体育思想在中国大行其道，我国教育界开始用美国教育理论审视中国教育，并仿照美国教育制度对中国教育进行改革，于 1922 年颁布《壬戌学制》。这次改革在基础教育中确立了与美国相对应的"六三三学制"，缩短了小学教育年限和延长中学教育年限，并将"体操科"正式改为"体育科"，中小学基础体育课一改兵操为主要内容的传统，将球类、田径和游戏作为体育课的主要内容。这一基础教育改革对教师的知识水平要求大大提高，因此，师资培养逐渐转向大学和师范院校共同参与，形成开放式教师培养体制，以提高师资质量。对于体育师资的培养则呈现出多种方式，部分体育专门学校或系科归并于大学的教育学院或师范学院，以大学培养体育师资，修业年限增至五年，美式的主辅修课程模式出现。中小学基础教育体育课程的美式化改革带来了体育师资培养方式的建立。中华人民共和国成立后，基础教育对于师资的需求快速增长，中国师范教育"以俄为师"，建立起封闭式体制。1977 年高考制度的恢复，为我国的发展和腾飞培养了大批人才，具有深远的历史意义和重大现实意义，但同时也使我国基础教育"应试教育"特征日益明显，随着 20 世纪 80 年代以后对"应试教育"批判日趋激烈，"素质教育"逐渐成为基础教育的发展要求和实践行动。素质教育作为中小学教育改革与发展的主旋律，"提高教师实施素质教育的能力和水平为重点"的教师政策出台，以培养适应素质教育的教师，教师培养由偏重数量向偏重质量的方向发展。1996 年 12 月，国家教委体卫艺司颁发的《全日制普通高级中学体育教学大纲（试验）》将"为终身体育奠定基础"的体育教育观念和"促进学生身心健康"等价值诉求纳入其中，这一基础体育教育的价值追求迅速在体育教师教育中得以体现。在重视基础教育教师质量的要求下，1999 年，教育部颁布《面向 21 世纪教育振兴行动计划》和《中小学教师继续教育规定》，"鼓励综合性高等学校和非师范院校参与培养、培训中小学教师的工作"，"提高教师队伍的整体素质，能适应基础教育改革与全面推进素质教育的需求"，显示出了通过继续教育和开放式师范教育体制培养高质量教师的端倪。21 世纪，我国开展的新一轮基础教育课程改革和教师专业化潮流要求广大教师转变教育观念，注重专业发展，实现从学科本位、知识本位向关注每一个学生发展的转变，对教学过程进行革新，引起了教师在职教育政策的调整。2001 年我国第八次体育基础教育课程改革全面铺开，同年《中小学体育与健康课程标准（实验稿）》颁布，2003 年《普通高中体育与健康课程标准（实验）》颁布，开始了中小学体育课程的全面实验和推广工作。2011 年《义务教育体育与健康课程标准（修订版）》颁布，2017 年《普通高中体育与健康课程标准（2017 版）》颁布，标志着基础教育体育与健康课程改革进入新阶段。体育与健康课程改革的教育实践带动了体育教师教育专业化进一步加强，要求中小学体育教师更新教育观念，完善知识结构，改进教学方法，在教学中进行反思学习，提高专业化水平。面对新一轮基础教育体育课程改革的目标和要求，体育教师教育深化了其专业、课程、教学内容与教学方法的改革，创新体育教育人才培养模式，努力培养适应基础教育体育课程改革需要的新型体育师资。由此可见，在整个教育系统中，体育基础教育与体育教师教育的互动中，基础教育始终占据主导，要求师范教育主动适应其师资需求。而体育师资需求的满足，必然带来体育基础教育发展，结果会催生对体育师资新的更高要求，并促进体育师资教育的改革，如此周而复始，成为体育教师教育演进的基本逻辑。体育基础教育的改革和对体育教师的要求引领着师范教育的发展，是体育教师教育改革的根本动力。

（二）师范性与学术性互动是直接动力

基础教育对师资不断变化着的需求在教师教育中的最大体现就是师范性与学术性两者力量的对比变化，二者之争的焦点在于对师范教育专业性的认可与否上，体现在师范教育体制上，就是选择开放体制还是封闭体制培养教师的问题。因此，"师范性"与"学术性"的矛盾运动是师范教育发展的内因，直接推动着师范教育体制的演进。平衡师范性与学术性的关系一直是我国师范教育改革的核心。基础教育的体育师资需求可以分为底线需求、发展性需求、发达性需求三个层次。当体育基础教育处于创立和快速发展时期，教师需求以"量"为主，质量要求相对较低，为"底线需求"状态。由于体育学科在我国基础教育中的弱势地位，长期以来对体育师资的需求以增量为主，最大目标是增加体育师资数量，"师范性"要求必然占据主导地位，体育教师培养模式以封闭式为主，增加数量为体育教师教育政策的当务之急；当"量"的需求逐渐得到满足时，对教师质量的要求必然提升，并呈现出"发展性需求"状态。进入 21 世纪，我国体育教师在数量上的需求得到基本满足，对体育教师的学术性需求更为凸显，进而要求师范教育进行系统改革以提升未来体育教师的学科素养和学术能力；当体育基础教育和体育教师教育都处于高水平时，对体育教师的要求就进入发达性需求状态，对具有先进的体育教育教学理念、高超的体育教育教学能力、高深学术素养的教师的需求就占据主导地位，体育教师教育就在更高层次上将师范性和学术性融为一体。① 教师教育内部师范性与学术性的矛盾运动对教师教育政策变迁产生的影响主要有三个方面：首先，引发体育教师教育办学格局的变化。中国师范教育发展的整个历程中，师范性与学术性力量的对比中，师范性一直占主流，使得师范教育体系得以发展至今。20 世纪 20 年代学术性占据上风，引发了"师中合并"与"高师改大"运动，培养体育师资的体育系、科和体育专科学校则并入大学的教育学院或师范学院。20 世纪 50 年代末 60年代初，"师范院校应并入综合大学"与"高等师范不能取消和合并"的争论引发了体育教师教育办学思想的波动。80 年代以后，主张打破师范大学与综合性大学界限，提升师范教育"学术性"的观点引发师范教育综合化和综合大学参与师范教育的高潮，到 2015 年，开设体育教育本科专业的综合性大学达 145所，占开设这一专业学校总数 317 所的 45.74%。其次，师范性与学术性的关系变化引起体育教师教育办学模式改革。20 世纪 20 年代以后，国民政府取消师范教育的独立设置，实质上就对师范性的否定。21 世纪的前 20 年，我国教师教育试图主要以"学科教育 + 教师专业教育"的教师教育模式改革来平衡师范性与学术性关系，这种教师教育培养模式对体育教师教育模式也产生了重要影响。最后，引发体育教师教育课程设置的改革。学术性与师范性的矛盾运动通过具体的课程设置而落实。为强调"师范性"，20 世纪 20 年代师范课程标准出台，增加教育类课程。体育教师培养的课程设置则由普遍重视兵式体操向文武并重转变，课程安排学科、术科和实习三类，在学科类课程中大幅增加普通基础类、教育类课程和解剖学、生理学、教育心理学等体育基础理论课程。50 年代因教育类课程比重加大，削弱了学术性知识的学习。因此，1960 年我国师范教育改革座谈会开始讨论教育类课程过多影响学术性提高的问题，到 1995 年，教师教育中强"师范"轻"学术"的问题才得以改善。2011 年《教师教育课程标准》出台，确定了教育类课程的课时和学分。近年来，教师教育课程改革的目的在于实现学科素养和教师专业素养的同步提升，达到师范性与学术性的平衡。

（三）体育教育目标价值追求的变化

体育教育目标价值取向的变化是推动体育教师教育政策变迁的又一动力。清末至民国时期的体育教育目标一直表现为救国，为战争服务的特点。中华人民共和国成立后，我国颁布了六部《中小学体育教学大纲》，所体现出的体育基础教育价值表现在两个方面。第一，体育课程目标从关注运动到关注人。1951

---

① 陆道坤，许游. 论"中国特色师范教育体系"的改革与发展——基于"师范性"与"学术性"互动的角度［J］. 大学教育科学，2019，178（6）：9 – 14.

年第一部中小学体育教学大纲全盘学习苏联教学模式，注重体育知识和技能的传授。1961 年第二部大纲突出增强学生体质，强调传授体育知识和技能。1978 年第三部大纲强调体育课程的基础知识、基本能力和基本技术的"三基"目标。1987 年体育教学大纲首次提出"发展学生个性""陶冶情操""促进身心发展"的目标，从关注运动转向关注人的发展。2001 年的体育新课标实验稿和 2011 年的体育新课标修订稿，以及 2003 年高中体育新课标和 2017 年的修订稿都特别关注学生的发展问题。第二，从社会本位转向个人本位。1951 年第一部体育教学大纲目标是培养社会主义社会的建设者和接班人，服务国家意志是唯一目标。1961 年颁布的第二部体育教学大纲教育学生热爱党、热爱祖国、热爱劳动、服从组织、遵守纪律和集体主义等共产主义道德和品质。社会价值仍然占据重要地位，1978 年、1987 年、1992 年先后颁布的体育教学大纲都强调增强学生体质、促进身心发展，使学生在德育、智育、体育、美育几方面得到全面发展，成为祖国社会主义的建设者和保卫者。2001 年和 2003 年基础教育体育新课标实验稿以及 2011 年和 2017 年在实验稿基础上修订的新课标都特别强调以学生发展为中心，突出学生的兴趣和主体需要。① 2018 年习近平总书记在全国教育大会讲话中指出，要培养德智体美劳全面发展的社会主义建设者和接班人，办好人民满意的教育，"要树立健康第一的教育理念，开齐开足体育课，帮助学生在体育锻炼中享受乐趣、增强体质、健全人格、锤炼意志"。由此可见，我国体育基础教育的价值追求的演变过程体现了由社会本位向个人本位的转变方向。与中小学体育教育目标追求的变化相对应，我国体育教师教育政策在处理个人发展与社会发展关系时，强调体育教师教育的社会效益，忽视其中体育教师（准体育教师）的个人利益。从体育教师教育开创之初"师夷长技以制夷""体育救国"的社会发展宏愿，到以满足基础教育普及发展目标对体育师资的需求为己任，再到为社会主义建设服务，无一不是将体育教师教育建构在社会发展需要基础之上，将体育教师视为社会发展的工具，很少顾及其个人价值。

中华人民共和国成立后，我国根据社会发展和体育基础教育的需要对高校中体育教育专业制订了系统性的课程方案，从前文中对课程设置政策的梳理可以清晰地看到体育课程改革在课程体系、必修课程、主干课程、选修课程等方面的变化特征：在课程体系上，课程门类逐渐增多，必修课时减少，选修课时增加，学科课程比例上升，术科课程比例下降，限选课程比例下降，任选课程

---

① 张亭，唐景丽. 新中国基础教育体育课程改革走向的回顾与反思［J］. 武汉体育学院学报，2016，50（10）：96－100.

比例上升；在课程内容上不断丰富，体育师范生选择课程的范围增加，突出了课程的弹性，增加了人文课程所占的比例，降低了专业课的比重。一方面是对基础教育改革的适应，以满足社会发展对体育专门人才的多元化需求的趋势；另一方面有利于体育教师专业学生个性的发展，推动未来体育教师素质的全面发展。这是符合现代教师教育制度既要为教师提供巨大的教育利益激励，也要给予教师充分选择和发展的自由空间的教育理念。

（四）体育学术界及其研究的推动

我国师范教育建立至今，教育学术界对师范教育的学术性、师范性、"学堂必有师""师中合并""高师合并""高师改大""学者非良师"和"高师学院制"等事关师范教育体制的重要问题的争论，引发中国的师范教育政策在百余年间跌宕前行。我国师范教育改革的大讨论，主要是对独立建制师范教育体系的审视，占主导性的观点是师范教育体系要从"封闭"转向"开放"，教师教育专业化、多元化和一体化成为热门话题。1999 年之前一般偏于"保守"地沿用"师范教育"一词，但涉及师范教育改革的政策主张已经与学术界所言说的"教师教育"旨趣逐渐重合并逐步达成共识。国内学者对于借鉴美国教师教育大学化、实施教师教育开放化的改革呼声日益强烈。特别是面临 21 世纪教师教育的历史性挑战和机遇，我国教育部师范司组织教育学者编写了第一本系统论述教师专业化的论著——《教师专业化的理论与实践》，时任教育部副部长袁贵仁和师范司司长马立分别为其撰写的序言中，"教师专业化"一词出现多达 75 次，与教师专业化相关的词汇也多次反复出现，明确宣称为提高我国教师专业化水平和教师质量而努力奋斗。"政策变革有多种起因，而且政府官员就这个问题采取行动也有多种动机。但……学术文献的力量不可否认地极为重要。"① 在新一轮教师教育改革中，关于"教师专业化"的学术文献对教师教育及其制度变革发挥了显著作用。②

体育学术界的力量同样在体育教师教育政策的变革中发挥着重要作用。民国时期从国外归国的、代表着不同的体育思想的体育学者，积极参与国家体育教育决策，协助政府建立近代体育教育制度，开设培养体育师资的体育专门学校。体育学者们还积极从事组建体育学术团体，创办体育专业期刊，出版与发表体育论著，创建体育学科等方面的活动。比如，程登科在德国留学归国后，在中央大学体育系任教授，并编写《战时体育思想补充教材》，不断发表文章，

---

① 〔美〕约翰·W. 金登. 议程、备选方案与公共政策［M］. 丁煌，方兴译. 北京：中国人民大学出版社，2004：68.

② 杨跃."教师教育"的诞生［M］. 桂林：广西师范大学出版社，2011：50.

宣传"体育军事化"思想，系统阐述他的体育军事化理论。1932 年留美体育学者张泳将其博士学位论文交给国民政府教育部，以供咨询与借鉴。在他的建议下，1933 年教育部设置了体育督学，同时各省市也开始设置体育督学。1934年，教育部在编写中小学体育教授细目时，代表民族主义体育思想的程登科和吴徽，自然主义体育思想代表人吴蕴瑞和郝更生等体育学者广泛参与，共同商议制定中小学体育目标。可见，民国时期体育学者或参与体育教育决策，或创办体育教师教育机构，或翻译，或著书，或编写教材，或创办体育刊物，或发表论文，传播了体育教育思想，导引近代中国体育的发展方向，推动着民国时期体育教师教育政策的不断变革。1949 年中华人民共和国成立后的半个世纪，我国体育教师教育政策在政府的主导下，虽然体育学术界直接参与决策比较少见，但体育的学术研究在体育教育思想的确立与传播、体育教育内容与方式的选择和体育教育手段的运用等方面发挥的巨大作用，对体育教师教育政策的演变依然起到了间接作用。进入 21 世纪，特别是近年来，体育教师教育领域引起体育学术界的高度关注，研究热点主要集中在体育教师职前培养、教师入职教育及职后教育、体育教师教育一体化、体育教师教育专业化、体育教师教育标准、国外体育教师专业标准解读、国外体育教师培养经验介绍等诸多方面。毫无疑问，这些关于体育教师教育的研究成果将对国家决策提供参考，最终反映到体育教师教育政策之中。进入 21 世纪，体育学者在体育教师教育政策研究与决策中日益活跃，广泛参与其中。在 2003 年教育部颁布的《全国普通高等学校体育教育专业课程方案》、2008 年的《普通高等学校体育教育本科专业规范》、2011 年的《义务教育体育与健康课程标准》和《教师教育课程标准（试行）》、2012 年的《幼儿园教师专业标准（试行）》《小学教师专业标准（试行）》《中学教师专业标准（试行）》的研制中都有体育专家和教育专家的多次反复科学认证，2017 年颁布的《普通高中体育与健康课程标准（2017 年版）》和启动的师范类专业认证、高等教育体育教育专业本科教学质量评估同样离不开体育学术界专家的身影。显然，体育学界及其研究是体育教师教育政策变革又一重要推动力。

三、体育教师教育政策变迁规律

体育教师教育政策变迁是一个十分复杂的过程。在体育教师教育外部有社会政治、经济、文化、社会主流价值观及国际教育和教师教育潮流等诸多因素，在内部有体育基础教育的变革引起对体育教师需求的变化、师范性与学术性矛盾双方力量的对比、体育基础教育目标价值取向的变化等因素，体育教师教育的主体包括国家、体育教师教育机构、基础教育学校和体育教育专业的学生和在职体育教师等不同层面的不同机构和个体，他们在体育教师教育中虽需求不同，力量大小不同，但上述各种因素与力量相互作用，共同参与其中。在不同的时代每一种因素和力量在体育教师教育政策中发挥的作用又是发生变化的，难以统一界定哪种力量是决定性的或是次要性的，要由特定的情景所决定。但无论如何，体育教师教育政策变迁中一以贯之的一条主线就是培养满足体育基础教育所需要的体育教师。而对于这一总需求，在不同的时代有着不同的体现，对于体育教师的要求可能是以数量需求为主，也可能是以质量需求为主，亦可能是数量需求与质量需求兼而有之；对于需求满足的对象而言，可能以满足国家需求为主，也可能以满足教师个体需求为主，或两者兼而有之。总之，对体育教师需求的变化是体育教师教育政策变迁的不竭动力。

在影响体育教师教育政策变迁的众多内外因素和力量之中，社会发展需要主导着体育教师教育政策的发展方向。为了应对"数千年未有之巨变"，清末教师教育制度在"中体西用"思想的影响下，体育教师教育政策在挽救民族危亡的需求中诞生，满载着"师夷长技以制夷"和"强国强种"的精神寄托，开始了体育教师教育政策的探索式建构。1911 年辛亥革命使资产阶级政权登上了历史的舞台，中国的社会性质由封建社会切换到资本主义社会，社会主要矛盾发生更迭，清末的教师教育制度和体育教师教育政策无法满足社会发展与教育更新对师资人才的新需求，体育教育政策由"日式化"向"美式化"转变。在近40 年民国教育史中，体育教师教育政策几经调整，以满足国家教育建设的需求和社会发展对体育人才的要求。中华人民共和国成立后，根本的社会制度再次发生转变，我国对"旧体育"进行改造，建立起社会主义性质的体育教育制度，20 世纪 80 年代至今我国的体育教师教育为适应国家体育基础教育发展和世界教师教育改革大潮，向开放化、一体化和大学化迈进。为适应社会发展的需要，我国学校体育思想经由日本军国民体育、美国实用主义体育和自然主义体育、苏联"三基"学校体育到终身体育、健康第一思想的变化，使体育教师职前教育理念随之演变。

体育教师"自我实现"需要是体育教师教育改革内部的核心力量，是体育教育政策演变中的关键动力。体育教师参与体育教师教育政策的行动逻辑是通过需要—欲望—动机—目标—社会行动得以呈现。在此过程中，体育教师"自我实现"需要是行动起点，也是动机培养、目标形成的重点，此环节缺失将会导致体育教师接受教育动机缺乏。体育教师在我国体育教师教育政策演变中的力量薄弱，甚至缺失，是造成我国体育教师教育政策"外推型"变迁特征的重要原因之一。①②

　　我国体育教师教育政策在国家社会需求、体育教育思想和体育教师个体需求的相互作用下，不同政策主体力量的消长持续打破体育教师教育政策的均衡状态，维持着体育教师教育政策变迁的动力。为动态满足社会发展和教育自身对体育教师的需求，体育教师教育政策的改革调整范围逐渐增大、程度逐渐加深，形成新的均衡。均衡是暂时的，而社会的发展永不停息就会持续带来对体育教师需求的持续变化，体育教师教育政策中的非均衡性将不断出现，并成为常态。如此一来，体育教师教育政策的调整将一直延续，不断打破其自身的均衡性，产生新的非均衡性，循环往复，周而复始。政策调整周期的长短与政策本身的质量和前瞻性有密切关系。

---

①　刘洪涛，毛丽红，王文莉，等. 我国体育教师教育政策的演变历程及特征研究［J］.
　　吉林体育学院学报，2017，33（2）：8－11.
②　王建，唐炎. 体育教师教育动力机制研究［M］//中国体育科学学会. 第十届全国体育
　　科学大会论文摘要汇编（一）. 北京：人民体育出版社，2015：925－926.

第四章

稽外鉴中：体育教师教育政策的域外考察

借鉴他国的教师建设改革成功经验或吸取失败教训，都相当重要。成功的经验及失败的教训都有其价值，取人之长和避免重蹈覆辙同等重要。对教师建设之国际趋势与潮流的观察很必要。全球化是当前世界各国教育发展之重要趋势，教师教育的发展趋势与改革动向上，亦有其共通之处。美国是当今世界上教育最发达的国家，也是体育教育强国，从美国第一所体育教师教育机构建立至今已经有一个半世纪的历史，是世界上最早建立起专门体育教师教育的国家之一。面对 20 世纪 60 年代以来世界教育改革的浪潮，美国不断对本国教师教育作出了全面调整和改革，美国体育教师教育改革不仅先行于多数其他国家，而且已经形成了较完整与规范的人才培养计划与多样化的培养模式，其改革走在了世界的前列，成为世界各国人才培养模式仿效的样板。日本是亚洲最发达的国家，英国历史学家威尔斯曾说过："在人类全部历史中，从来没有一个民族像日本当年那样阔步前进。"美国政府研究报告指出，日本教育腾飞的主要原因是日本"培养了一支合格的、有献身精神的、受人尊敬的、待遇优厚的职业师资队伍"。从 20 世纪 70 年代初，日本从欧美引进"教师教育"概念替代"师范教育"的称谓，成为东方教育中第一个使用教师教育的国家。20 世纪 80 年代后，"教师教育"成为正式用语，包含了职前教育和在职教育两种概念。日本政府重视教育，尤为重视教师教育，明治时期就有"教师之于学生如形之于影，形不正则无法求影之正"的说法。① 因此，选取美国和日本的体育教师教育作为域外的考察对象，对我国的体育教师教育有着重要的借鉴意义。

---

① 祝怀新．封闭与开放——教师教育政策研究［M］．杭州：浙江教育出版社，2007：57.

第一节　美国体育教师教育政策考察

一、美国教师教育发展概况

1776 年，美国摆脱英国的殖民统治，建立了独立的国家。美国建国前后并没有专职的中小学教师，更无专门的教师培养机构，欧洲移入的居民采用原居地的教育方式，教师一般由神职人员担任。美国 19 世纪初期推行英国的导生制，并在文实中学内开办师范班，文实中学的师范班和导生制成为美国建国早期的教师教育实践活动。19 世纪初，美国掀起了公立学校运动，各州也先后颁布强迫义务教育法，公立学校的创立与发展，从而直接催生了美国教师教育的发展，当时其教师教育直接采用欧洲独立封闭的师范学校模式。1823 年佛蒙特州创办了第一所私立师范学校，美国的教师教育培养体制就此发端。1839 年，马萨诸塞州创办了第一所公立师范学校。从 19 世纪 20 年代开始，美国各州议会纷纷着手组建专门的教育委员会，掀起了建立师范学校运动。到 50 年代，中西部各州建立起州立师范学校。1898 年，全美公立师范学校数达到了 166 所，私立师范学校也增至 155 所，1900 年在校学生达 70000 人。① 大量师范学校的涌现表明，美国由地方政府主导、以培养教师为己任的专门师范教育体系开始形成并初具规模。

19 世纪中叶以后，裴斯塔洛奇和赫尔巴特两位伟大的教育家的教育思想传入美国，并得以推广，使美国师范教育在理论上有了指南，在实践上既培养了具有基本文化水平又具有从事教师职业的专业知识的教师，改变了有知识即可担任教师的状况，美国师范教育从此走向专业教育的道路。19 世纪 70 年代，美国经济快速进步，大量公立师范学校的涌现和公立中学的扩张，师范学校中持有硕士、博士学位教师的增加，为师范学校升格为师范学院奠定了基础。在这样的状况下，各州较好的师范学校逐渐升格为师范学院。1850 年，布朗大学正式成立师范教育部，其他大学也效仿成立师范教育部或教育系。20 世纪初以来，诸如哈佛大学、斯坦福大学等著名大学也纷纷组建教育学院，参与教师教育。到 20 世纪上半叶，多数州立大学都建立了教育学院，颁发本科和研究生学位，

---

① 王英杰．试论美国发展师范教育的历史经验［J］．高等师范教育研究，1990（6）：68－74．

由此，美国综合性大学也开始注重发展教师教育。20 世纪 40 年代绝大多数美国两年制公立师范学校在各州政府的扶持下，完成了向四年制师范学院的过渡，定向培养教师的教师学院开始广泛建立起来。私立师范学校多数因无法与公立学校竞争而关闭。到 20 世纪 60 年代，师范学校已经不复存在了。

"二战"之后，美国专门性质的师范学院通过升格或合并的方式将其改造为面向地方服务的综合性大学，成为普通高等教育机构，把教师教育资源调整和压缩为大学内部专业性的教育学院、教育系或教育学部等机构。综合大学广博的文理基础和深厚的学科学术水平为教师教育的"学术性"与"专业性"的结合提供了保障。许多综合性大学建立了教育研究生院，创建了五年制"教育硕士"计划，招收各学科的本科毕业生，经过一年的教育专业训练，授予教育硕士学位，之后作为一种专业学位的教育博士学位也迅速发展了起来，教师教育以教育研究生院的形式进一步确立了其作为大学专业教育的地位。20 世纪 50 年代中，美国教育认可制度的完善与普遍实施，教师教育取得共识，师范教育课程趋于统一，美国的师范教育走向稳定与成熟。此外，作为对美国战后教育政策变革的回应，1958—1960 年，美国连续召开了三次全国教师教育大会，将教师专业教育视为是由教育专业和任教学科构成的双专业，并开始从"学术性"和"专业性"两方面构建教师专业规范的理论与实践。由此，伴随着教育学自身学术研究的发展，教育研究生院中的教师培养与培训逐步从基于中小学教师教学实践问题的培训，转向以研究为支撑的专业教育。这样，美国"非定向型"的教师教育模式初步定型，教师教育体系日趋成熟，形成了由研究型大学教育学院为指导，州立大学为主体，私立文理学院为辅的完整而灵活开放的教师教育体系。①

自 20 世纪 80 年代中期以来，美国将其经济的衰退归因于教育质量的低下，使国家处于危险之中，而教育质量低下主因是师范教育质量不高。对此，美国进行了深入广泛的讨论，提出了著名的《霍姆斯报告》，加强对师范教育的改革。一方面，加强师范教育的学术性，提高师范教育的层次，卡耐基教育基金会提出取消所有本科层次教师培养，所有教师培养应该进入研究生层次。目前，美国约有 1000 所公、私立综合大学设有教育院系，并提供研究生层次的教师教育课程，其中不乏哈佛、加州洛杉矶分校和哥伦比亚等世界顶级大学，这些名校的教育学院主要提供硕士和博士层次的学位教育，成为美国教育理论与政策

---

① 陈瑶. 美国教师教育改革传统：源流与启示 [J]. 黑龙江高教研究，2011，210（10）：20－23.

研究、教师培养的重镇。另一方面，建立更严格的教师从业标准，提升教师专业化水平，使教师职业真正成为像律师和医生一样的专业。美国提出并发展了教师专业化理论并广泛应用于教师教育实践，被誉为世界教师教育专业化改革的标杆，逐渐成为当前国际主流教师教育发展方向。20世纪90年代，美国将教师教育视为一个政策问题，教师教育成为关注的焦点。为了提高教师教育质量，解决教师培养的实际问题，美国先后出台了"为美国而教""新教师计划""教师驻校项目""新时代教师计划"等教师教育行动计划，以改进新教师培养方案，培养高质量的新教师。总之，整个20世纪美国的教师教育是一个不断追寻教师专业化的过程。在这一过程中，美国教师教育从目标拟定、课程设置、教师教育者等各方面都体现出了专业化的要求，由技术型走向专业型。①

21世纪伊始，美国政府将教师教育作为政策问题予以更多关注。2002年布什政府颁布《不让一个孩子落伍法案》，对教师质量作出明确界定。奥巴马政府颁布《美国复苏与再投资计划》，通过加大财政划拨力度改善教育，推动"力争上游"教育革新，奖励优秀教师等计划，以期建设一支强大的、分布均衡的师资队伍。② 美国公立基础学校的教师中40%的人具有硕士以上的学位，师资学历和专业化水平居世界各国教育之首，而学生的学业成绩却不理想。自2000年每三年一次的国际学生评估项目（Program for International Student Assessment，PISA）实施以来，参与的国家从最初的32个到2018年的79个，美国学生PISA成绩一直表现平平，2018年的结果显示美国学生的成绩表现处于经济合作与发展组织（Organization for Economic Co-operation and Development，OECD）的平均水平③，许多美国人认为他们的教育改革没有成效，正在失去国际竞争力，美国教师联盟（American Federation of Teachers）主席兰迪·温格顿（Randi Weingarten）指出，从《不让一个孩子落伍法案》到"力争上游"计划等的教育改革并没有实现提高美国教育质量的初衷。④ 由此引发了对专业化教师教育的质疑。

美国21世纪教师教育显示出"去专业化"动向。21世纪以来，美国教师在数量上的不足和质量欠佳引发了与教师专业化思想相反的教师教育"去专业

---

① 钟秉林. 教师教育转型研究［M］. 北京：北京师范大学出版社，2009：164-166.

② 席梅红. 美国教师教育激励机制及其对我国的启示［J］. 现代基础教育研究，2015，19：49-55.

③ OECD. PISA 2018 Results（Volume I）：What Students Know and Can Do［R］. Paris：OECD Publishing，2019

④ 胡苗苗. 美国学生PISA成绩依然平平［J］. 比较教育研究，2014，289（2）：109-110.

化"改革浪潮和教育实践,"为美国而教"（Teach For America）和选择性教师教育项目（Alternative Teacher Education Program）（即在非大学专业学院中通过非专业教育来培养教师）是影响最大的两个典型代表。它们改变了"综合大学＋专业学院"模式一统教师教育的局面,它们培养周期短,对教师的实践重视,且培养的教师并不比专门的教师教育机构培养的教师逊色。① 自 1982 年弗吉尼亚州设立第一个替代性教师教育项目后,该教师教育项目迅速增长,到 2003 年,几乎所有州都实施了替代性教师教育。② 2010 年,全美共设置了 600 多个替代性教师教育项目。申请者从 1985—1986 年度的 275 人飙升至顶峰时（2007—2008 年度）的 62000 人,约 20 年时间里增加了 225 倍,获得教师资格的人数约有 50 万人,目前每年新聘任教师的三分之一来自替代性教师教育。在加利福尼亚、新泽西、纽约等州甚至达到 40%。③ 自 2002 年起,美国政府大力推进替代性教师教育,曾任教育部长的佩奇甚至提出:"明天的教师教育模式应建立在今天的替代性教师教育之上。"政府和社会各界的充分肯定使替代性教师教育成为 21 世纪以来美国最有前途的教师教育模式,而以大学专业学院为基础的主流教师教育专业化培养则受到众多的批评。④ 美国教育部 2006 年和 2009 年发布的教师质量报告指出,选择性教师教育项目培养的教师和专门教师教育机构培养的教师在教学质量上无甚差别。甚至有研究指出"为美国而教"（Teach For America）教师培养项目所培养的教师比专门的教师教育机构培养的教师更优秀。⑤ 因此,迎合了美国中小学和家长的需要,选择性教师教育项目受到联邦政府和州政府的肯定,同时对传统大学的教师培养模式产生不信任感,从而使"去专业化"的教师教育开始大行其道。⑥ 亚伯基金会（Abell Foundation）资助

---

① Goldhaber D D, Bewer D J. Does teacher certification matter? High school teacher certification status and student achievement ［J］. Educational Evaluation and Policy Analysis, 2000, 22 （2）: 129 – 145.

② Suez J L. Traditional and Alternative Teacher Training Programmers: a Comparison of Perceptions of Training and Retention of First – year Teachers ［D］. Pensacola, Florida: The University of West Florida, 2005: 16.

③ National Center for Education Information. Alternative Teacher Certification: A State – by – state Analysis 2010 ［C］. Feistritzer C E. Profile of Teachers in the U. S, 2011: 20.

④ U. S. Department of Education, Office of Postsecondary Education, Office of Policy Planning and Innovation. Meeting the Highly Qualified Teachers Challenge: The Secretary's Annual Report on Teacher Quality ［R］. Washington DC, 2002: 9.

⑤ 赵华晔. 教师教育专业化危机与应对 ［J］. 教师教育学报, 2018, 5 （6）: 8 – 16.

⑥ 钟秉林, 宋萑. 专业化与去专业化: 美国教师教育改革悖论——中美教师教育比较研究之一 ［J］. 高等教育研究, 2011, 32 （4）: 56 – 61.

的项目对 50 年的教师教育研究后发现，教育学的学习对学生的成就没有影响。另有研究发现，选择性教师教育项目更吸引男性和少数民族参加，并且所培养的教师比专业化教育培养的教师留职时间更长。①

专业化和"去专业化"教师教育孰优孰劣在美国仍争论不休，尚无定论。"教师专业化"理论和实践题目经过近 200 年的探索逐渐形成的，专业化改革实践亦已成为国际教师教育广泛认同的改革目标，但美国教师依然没有成为像医生、律师一样的专业，职业声望低、队伍不稳定等问题并没有得到根本解决。相反，甚至有人认为教师专业化是导致美国教育质量下滑的根源。"去专业化"教师教育是改革的产物，较符合政府官员和家长的需求，却被教育学者视为"洪水猛兽"。两者的优劣，不仅在理论层面上未能辨明，在实证研究层面也出现了截然不同的证据。若将研究本身可能带有的主观倾向性放置一边，两种截然不同的结果同时成立只有一种可能：专业化的教师教育和"去专业化"教师教育皆非完美，各有其问题，都没有完美解决目前美国的教师教育问题。专业化教师教育本身的问题使其难以成为改革的完美方向。自 21 世纪以来，美国专业化教师教育因过多强调教育专业轻视学科专业、强调理论学习忽视实践体验等问题，受到前所未有的质疑。官员和学者持续对专业化教师教育模式发难，2002 年《佩奇年度报告》既是对替代性教师教育的官方承认和赞扬，也是对专业化教师教育的严厉批评。因为专业化教师教育在占用大量教育资源和时间成本的同时，并没有取得更突出的教育效果。在当前美国教师教育实然格局中，专业化教师教育与"去专业化"两种类型的教师教育模式并存才是美国教师教育改革的实态，满足了社会文化多元化、学生发展个性化和教师需求多样化等对不同类型、规格教师的需求，避免了一支独大带来的全面错误风险。②

二、美国体育教师教育发展过程

（一）早期体育教师教育的萌芽

美国建国前，大批欧洲人因躲避宗教迫害而逃亡到美洲，欧洲的体育运动随之进入美洲。1776 年，美国摆脱英国的殖民控制，成为一个独立的国家，但其早期的体育教育很大程度上受到了德国、瑞典和英国的影响。1800 年以前，美国基本没有专门的体育教师，曾用军队教官、职业拳击手、举重运动员充任。

---

① Johnson D D, Johnson B, Farenga S J, et al. Trivializing teacher education [M]. Maryland：Rowman & Littlefield Puhlishers, Inc, 2005：62.

② 刘小强，蒋喜锋. 我国教师教育专业化改革二十年反思与展望 [J]. 高等教育研究，2016, 37 (9)：45 – 53.

19 世纪初期，体育逐渐成为学校教育课程。1809 年，约赛夫·尼夫（Joseph Neef）在北美的费城创建了一所裴斯塔洛齐学校，成为美国体操活动的先声。1823 年，美国马萨诸塞州北安普顿市的荣德山私立学校（Round Hill School）第一次将体育教育纳入其课程体系。1824 年，哈特福德女子学院（Hartford Female Seminary）开始设置健美操课程，并倡导在公共学校开设常规体育课。① 1850 年，美国成立了全美德式体操联盟，并在 1851 年举办了第一次国民体操节。1855 年，俄亥俄州的辛辛那提市真正将体育课列入了学校系统，体育教育从此在学校生根发芽，拉开了体育教育序幕。这一时期美国的体育课注重于健康与体适能的获得，体育教师多半由医务人员兼任，并无专门的体育教师。

（二）体育教师教育的正式建立

随着体育教育进入学校教育系统，体育教师的缺乏推动了专门培养体育教师的产生。1861 年，美国第一个体育教师教育机构——路易斯体育师范学院（Dio Lewis'Normal Institute for Physical Education）创立，第一期招收 14 人，聘用了 4 名医学专家担任教师，培养周期不足 3 个月。南北战争（1861—1865）以后，体育师资培训逐步正规化，场馆建设、体育专业教育、竞技运动、体育组织均有长足进步，网球、高尔夫球、拳击、游泳、橄榄球、篮球、排球等项目的竞赛也越来越活跃，户外运动逐步取代了体操在学校中的首要地位，各项运动协会相继成立，体育发展取得了很大进步。② 随后，在体育教师需求不断增加的推动下，越来越多的大学和学院开始开设体育教师教育专业。

1866 年，美国体操联盟师范学校和北美特纳邦德学院（North American Turnerbund）同时开设体育教师教育专业课程。1881 年，马萨诸塞州的萨金特学院（Sargent School，原 Radeliffe College）和密歇根州的韦恩州立大学（Wayne State University）开办体育教师教育专业，开始培养体育教师。1886 年，布鲁克林体育师范学院（Brooklyn Normal School for Physical Education）和马萨诸塞州春田市的国际青年基督教联合学院（International Young Men's Christian Association College），后来发展成为美国鼎鼎大名的春田学院（Springfield College），并相继建立了体育教师教育本科专业、硕士点和博士点，承担起培养职前体育教师的工作。1890 年波士顿体操师范学院成立，1892 年成立的奥白林学院两年制体育专业的课程设置比较全面，除身体练习术科外，还有化学、物理学、生理学、解剖学、骨骼肌肉学、动物学、组织学、比较解剖学、心理学、体育卫生学、

---

① Lumpkin A. Physical Education and Sport：A Contemporary Introduction［M］．3rd e-d. St. Louis：Mosby，1994.
② 谭华，刘春燕．体育史［M］．北京：高等教育出版社，2017：191.

急救术、辩论术等学科。① 美国各个学校开设的体育教师教育专业学制差异性很大，最少的两个月，最长的五年。1900 年后，国立院校开始承担体育教师的培养任务，体育教育专业迅速发展。这些学校的基础课程都以生物科学为主干，由医学专家担任教师。20 世纪初，哈佛大学、斯坦福大学、内布拉斯加大学等学校开始开设四年制的体育学士课程。②"一战"后，公立中等教育制度迅速发展，许多州纷纷通过立法要求公立学校开设体育课。1930 年已有 39 个州通过了有关学校体育必修的法律，体育教师的需求大幅增加，到第二次世界大战开始时已是供不应求。第二次世界大战结束后的 1949 年，对学校体育立法的州增加到 41 个。③ 学校对体育需求的增加成为体育专业教育发展的动力。④

1901 年哥伦比亚大学成为第一所具备体育硕士学位授予权的学校。1925 年 8 月纳什维尔研究院的格伦·金特获得美国第一个体育博士学位。到 1930 年美国已有 28 所学校开设了体育研究生课程。据美国大学体育协会报告，到 1927 年，美国大学体育教师有 35% 拥有博士学位，20% 拥有硕士学位，38% 拥有学士学位。体育教师日益增长的需要和最低学士学位的要求，引起私立师范学校要与学院挂钩的热潮，此时，美国还非常重视体育师资培训工作，20 世纪前期许多体育教师都接受过技术培训。⑤ 据美国体育史不完全统计，1900 年有 15 所学校培养体育教师，1902 年有 16 所公、私立院校招收体育专业学员，到 1918 年，美国大约有 1 万名体育教师接受过体育专业培养，开办体育教师教育专业培养体育教师的大学将近 20 所，1920 年美国已有 28 所学校设有体育专业。到 1930 年增加到 93 所。学制由初期的 9 周，增至 2—3 年，再发展到与其他学科专业相同的 4 年。⑥

这一时期，体育主要定位于健康，体育管理与监督都需要医学知识，体育教师培养课程的制定和执行主要是医学专家，开设体育专业的师范学校以私立为主，课程主要按个人教育思想设置，没有普遍适用的课程，也没有培训方案

---

① 谭华，刘春燕. 体育史［M］. 北京：高等教育出版社，2017：155.

② Newman R E et al. Historial overview of physical education teacher education curricula in American Higher Education［D］. U. S. Department of Education，ERIC，1995：1 – 22.

③ Rice E A, et al. A brief history of physical education［M］. New York：Ronald Press Company，1969：285.

④ 王英杰. 美国高等教育的发展与改革［M］. 人民教育出版社，1993：200，8，143.

⑤ 李佐惠. 进步教育运动对美国学校体育发展的影响及对我们的启示［J］. 体育学刊，2009，16（2）：59 – 63.

⑥ Grebner F D，Henderson D E，Keogh B J，et al. Physical Education Teacher Education：Curriculum，Pedagogy，Certification，History Issues，Trends［EB/OL］. Information Analysis Products. Grebner，Florence D.，2013 – 04 – 06.

的模板。美国体育教师教育专业开设的课程主要集中于解剖学、生理学、卫生学、体操、慢性病治疗等医学方面课程。少部分课程也涉及体育教育史、文明史、教育原理、语言与文学等。李维斯师范学院开设解剖学、生理学、卫生学、自由体操等课程。萨金特学院的课程设置除这几门外还包括人体测量学、健美操、急救、身体诊断、脊柱弯曲治疗等，医学色彩深厚。但总体而言，这些课程主要与医学领域相关，主要涉及医学和运动训练两方面，与教学法知识和内容知识相关的课程相对较少。① 由此可以得知，从1861年正式在学校开始培养体育教师到20世纪20年代，课程设置维持基本这种状况。此后，美国体育教师的培养开始走向初步的正规化。

（三）体育教师教育的发展壮大

自1930年开始，在美国38个州出现了强制性公共体育师范学校，这使得培养体育教师的规模进一步扩大。1924—1927年佛罗里达州的专职体育教师从3名增至73名；1900年印第安纳州很少有专职体育教师，1930年专职体育教师增至802名，1932年又增加到1037名；1924—1930年明尼苏达州的专职体育教师从108名增加到301名，兼职体育教师从63名增加到698名；1920—1932年马萨诸塞州的专职体育教师从211名增加到1100名。学校体育教育已经不仅仅关注与健康相关的内容，关注点有所拓展，即希望学生通过学习成长为一个综合素质较高、全面发展的人。为了满足这一时期美国社会对体育教育的现实需要，体育教师自身的素质就必须要得到提升，而大学体育教师教育专业为了培养更加适合现实需要的体育教师，课程设置发生了较大的改变。除了偏向健康类的课程之外，很多运动课程纳入到课程体系之中，比如，个人和双人运动、水上运动、舞蹈、体育理疗等。总体而言，这一时期的课程设置慢慢走向统一，基本上分为文化课程、普通教育类课程、基本科学类课程、健康和体育教育类课程。②

"二战"后，美国对学校体育的重视和高等教育大众化成为体育教育专业迅速发展的强大动力。1949年开设体育专业的学校已达400多所，1955年上升到532所。伴随着1956年总统青年体格健全委员会的成立，1958年《国防体育法》的颁布以及1963年《高等教育设施法》和《卫生专业教育资助法》的颁布，体育教育专业向科学化、学术化方向发展。1965年，授体育类硕士学位的

---

① Snyder R, Scott H. Professional preparation in health, physical education, and recreation [M]. New York：McGraw－Hill, 1954.

② Reeman W H. Physical education in a changing society [M]. Boston, MA：Houghton Mifflin Co., 1977.

院校 205 所、授体育类博士学位的院校 50 所。① 20 世纪六七十年代以后，美国经济出现危机，适龄入学人口减少，体育教师的趋向于供过于求。综合大学的体育院系或师范（教育）院系等体育教育机构虽然开始增设新的非师范专业，出现运动医学、运动管理、运动学、运动科学和运动新闻等新的体育专业，体育教育开始分化成健康、运动、娱乐、舞蹈、体适能等很多小的领域，各自沿着其独特路径不断改革和发展②，但仍以体育师范教育为主。1975 年，授体育类学士学位的院校增至 674 所、授体育类硕士学位的院校增至 262 所、授体育类博士学位的院校增至 62 所。1990 年，全美有 700 多所大学设有体育专业，285 所大学设有硕士课程，85 所大学设有博士课程，以本科及研究生教育为主，每年培养体育教师 1 万余名，总体上供过于求。③ 因此，对体育教师专业素质的要求明显开始走向多元化，即不仅要求体育教师要掌握与医学健康相关的知识，还要掌握大量与动作技能、心理、社会、教育等相关的知识。

（四）体育教师教育专业化发展

美国体育教师专业标准源于 20 世纪 80 年代开始的教育标准化运动。自 1983 年开始，美国先后颁布了《国家处于危险之中》《改革之呼吁》《国家处于准备之中》《明日之教师》《明日之学校》《明日之教育学院》等大型教育研究报告，在美国教育领域引起广泛关注，强化了教师专业化的概念，更加重视对学科知识的掌握，表明美国开始意识到其基础教育与苏联和欧洲的差距，强烈的危机感引发了一场基于标准的教育改革运动，以提升教育质量。由此，美国形成了由教师教育机构认可标准、教师入职执照标准和职后优秀教师资格证书标准三个不同的模块构成的教师教育标准体系，分别由美国全国教师教育认证委员会（NCATE）、美国州际新教师评估与支持联合会（INTASC）和美国国家教师专业教学标准委员会（NBPTS）负责制定。2000 年以来，在绩效本位理论的指导下，NCATE 认可的重心由认可教师教育的目标、课程和专业教师的知识基础转向了通过对学生学习结果来对教师教育机构作出认可判断。虽然 NCATE 标准是非强制性的，但目前 50 个州与之建立了稳定的合作伙伴关系，被几乎所

① 张建华，等. 美国体育专业教育的发展和改革 [J]. 体育与科学，1998（3）：52 - 55.

② Grebner F D, Henderson D E, Keogh B J, et al. Physical Education Teacher Education：Curriculum, Pedagogy Certification, History, Issues, Trends ［EB／OL］. Information Analysis Products. Grebner, Florence D., 2013 - 04 - 06.

③ 李忠梅. 从美国体育院系的发展看我国高等体育院校的改革 [J]. 西安体育学院学报，2004（2）：94 - 97.

有的教师教育机构所接受。① 1989 年，美国总统召开了 50 个州长参加的以提高学校教育质量为主题的教育高峰会议。1991 年，美国发布《美国 2000：教育战略》的教育改革纲领性文件。1993 年，美国国会通过了《2000 年目标：美国教育法》的全国性教育改革法案，明确强调编制各类教育标准。在此过程中，体育教师专业标准的制定被提上日程。1992 年，NASPE 出台的《美国体育教育指南》中就对职前体育教师的能力提出具体要求。1995 年，NASPE 组织专家小组研制并颁布了本科层次的职前体育教师专业标准。2001 年，NASPE 对本科层次的职前体育教师专业标准进行了修订并制定了硕士层次的职前体育教师专业标准。2008 年 NASPE 又颁布了第三版的职前体育教师专业标准。2016 年 SHAPE America 年会上对第四版修订草稿进行了研讨。与职前体育教师专业标准相对，1999 年 NBPTS 开发了在职优秀体育教师专业标准。就体育而言，逐渐从强调学生的纯粹技术学习转向通过体育学习培养学生的竞争、合作、坚强等多种能力。因此，在制定职前体育教师专业标准的过程中，建构主义理论成为理论基础，不仅强调体育教师应该具备体育学科的知识，更强调体育教师应该具备的反思、批判、合作、计划、管理等多方面的能力。② 在这场教育标准化改革浪潮中，美国体育教育改革致力于提升体育教师质量。

三、美国体育教师教育政策

（一）美国体育教师教育的结构体制

美国作为联邦制国家，实行分权制，各州拥有教育自主权，决定了美国没有国家强制性的统一教育政策。为了保证高等教育的质量和水平，美国实行了高等教育的鉴定认可制度，由非官方的鉴定机构对各专业的教育计划及课程内容进行鉴定。体育院系由全国师范教育鉴定理事会负责鉴定，美国健康体育娱乐联合会也定期举行有关专业人员培养会议，就体育事业人才培养教育计划提出建议，以保证各体育院系的质量及其教育计划的相对一致性。

（二）体育教师教育的培养机构

美国体育教师培养机构主要经历了早期的体育培训班、中期的体育师范院校和目前以综合大学教育学院为主的三个发展阶段。1861 年创办的路易斯（Dio Lewis）体育师范学院培养周期仅有 9 周，实质只是一个短期培训班。20 世纪

---

① 周坷，周艳丽，Keating Xiaofen. 美国高级体育教师教育机构认可标准研究［J］. 体育文化导刊，2015（3）：153 – 157.

② 尹志华，汪晓赞，孙铭珠，等. 职前体育教师专业标准的历史与现实图景［J］. 体育与科学，2016，37（6）：7 – 13.

初，美国的师范教育由原来的私立师范学校逐渐扩大到公立师范学院，学制2—3年不等，再发展到4年，学历层次多数为本科的学士教育，少数大学和学院开展了硕士和博士层面教育。在第二次世界大战之前，美国体育教师的培养主要由师范院校完成。美国历史上并没有专门的体育学院，美国体育学院（United States Sports Academy）是目前唯一的一所体育高等院校，承担着本科和研究生两个层次的体育教师培养工作。20世纪60年代以后体育教师教育走向综合大学的体育学院，1990年全美国共有700所大学设有体育学院或体育系，285所大学设有体育硕士点，85所大学设有体育博士点。2015年美国运动学协会（AKA）官网显示，美国设有体育专业的高等院校有879所，目前体育教师教育基本由综合大学的教育院系承担，体育院系均归属于综合性大学的教育院系，共计448所大学开设体育教师教育专业，没有统一的教育计划，各校教学自主，学校之间存在差异，发展不平衡，处于一种多元化的状态。

（三）体育教师教育专业的培养制度

1. 体育教师培养对象的选拔

美国对体育教师培养对象的选拔以文化考试为主，结合高中阶段档案和面试的方式进行，与其他专业录取并无差别，并不进行任何体育类测试。美国没有全国统一的大学入学考试，考生只需选择参加一项社会机构组织的考试即可。通过高中阶段档案考查考生在高中时段的综合表现。大多数大学会对考生进行教育学科、体育类相关知识、学业的规划等方面的内容进行面试，掌握考生对专业的理解及其表述、反应、逻辑等能力。美国高校的录取保障了体育教育专业学生扎实的文化基础和较高的人文综合素养，可以保障后续学习的效果。

2. 对体育教师的学历要求

美国对体育教师的任职条件要求越来越高，申请者必须获得学士以上学位，且要通过一系列的资格认定，获得教师证书。2002年已经有50%左右的中小学体育教师具有了硕士学位，目前许多州要求中小学体育教师要具备硕士学位。美国以本科教育与硕士教育相结合的方式培养体育教师，体育教师培养呈现硕士化为主的趋势。体育教育本科生学制为4年，要求修满120—140个学分。院校通常通过延长1年或2年学习来加强教师教育课程建设，要求修满30—36个学分，以获取硕士学位。博士学位无具体学分规定，但对学位论文要求严格，学制灵活。美国体育教师培养以硕士为主，本科为辅。据杨清琼的调查，美国小学体育教师94.9%具有本科学历，38.2%具有研究生学历；64.4%的专业为体育教育，20.2%的专业为健康教育，其余为其他专业；53.3%具有本科辅修专业。初高中体育教师97.6%具有本科学历，37.1%具有研究生学历；71.6%

的专业是体育教育，20.5%是健康教育，其余为其他专业；54.7%具有本科辅修专业；33个州规定体育教师必须参加体育教育专业的进修以维持其体育教育资格证书。①

3. 体育教师教育的培养目标

美国大学享有较大的自治权，其体育教育专业培养目标并不统一。但在总体上，其主要目标就是培养体育师资，包括幼儿园、小学、中学、大学的体育师资以及残疾人的体育师资。陈栋根据南卡罗来纳大学等9所开设体育教育专业学校的情况，将美国体育教育专业的培养目标概括为：掌握体育教育的基本理论、基础知识和教学基本技能，并能进行有效课堂教学的K-12年级体育教师；能够传授体育锻炼的理念、积极健康的生活方式、基本动作技能；培养课外活动的组织能力与实施能力。美国体育教育专业强调对教学理论与技能的掌握，具有较强的课堂内外的体育教育组织实施能力，突出了对教学技能的掌握。

4. 体育教师教育的课程设置

（1）课程设置的变迁

1894年，密歇根州立师范学校首次尝试把体育教师教育与人文学科结合起来，体育教育项目逐渐融入大学传统课程体系中，体育训练史、文明史、生理学、教学原则与方法、语言、文学等都被纳入课程体系。②20世纪初，在进步主义教育思想的影响下，儿童在教育中的地位以及游戏的价值充分得到重视，教育者开始对体育本身及以医学为主要内容的体育教师教育进行反思，认为体育不仅使人的生理得以发展，还使人的知识和精神获得发展，由此形成了区别于传统体育的"新体育"，"新体育"彰显了体育的教育价值，旨在通过游戏、运动等形式培养合格社会公民。"二战"后，体育教育随着教育的科学化发展方向也向着科学化方向迈进。1948年全国健康教育、体育、休闲职业预备大会申明通识教育的重要性，并制定体育教师培训标准，此时体育师范课程一般包括四个部分：生物科学、生理学、卫生学和必修的技术及理论课程。③ 1963年美国的《高等教育法》颁布，体育以医学、生物学、心理学等学科为依托，加强理论研究，体育成为一门综合科学。体育教师培养追求通识教育，一般由两年的通识教育和两年的专业教育及教学培训组成。在能力本位的教师教育思潮下，1973年美国健康、体育教育、休闲联盟（American Alliance for Health, Physical

---

① 杨清琼. 美国中小学体育教育研究［D］. 北京：北京体育大学，2010.

② Florence D. Grebner Physical Education Teacher Education：Curriculum, Pedagogy, Certification［R］. 百度学术网，1982.

③ 张建华，杨铁黎. 美国体育专业教育的历史沿革［J］. 体育文史，1997（6）：46-48.

Education，Recreation，AAHPER）为提高教师教育课程水平，召开会议界定了教师能力、经验的类型，提出在人类运动（社会与文化的、哲学的、历史的），科学（身体的、生物的、行为的），个体生长发育及活动等方面认定教师的能力，美国体育教师教育课程一般包括教育类课程（约20%）、通识类课程（约33%—50%）、专业课程（约40%）。①。20世纪80年代以后，教育质量提高的焦点转移到教师教育质量上来，对于未来体育教师的要求更加全面，体育教师教育课程由医学为主拓展到基础科学，通识教育及健康、体育专业课程等方面的内容，并向标准化、科学化和融合化方向发展。1995年，国家体育运动与教育协会（National Association for Sports and Physical Education，NASPE）以建构主义学习理论为指导，从专业知识、个人成长与发展、学生差异性等方面制定了职前体育教师专业标准，并分别于2001年和2008年进行两次修订，促成了体育教师教育课程走向标准化，在坚持通识性教育的同时，进一步把体育专业课程与教育类课程相融合，把理论课程与实践课程相融合，注重教学实践环节，以提高学生的学科教学实践能力。

（2）目前课程设置状况

美国体育教师教育没有全国统一的教学大纲和教学计划，教师教育课程因州、因校而异，但体育专业的课程设置要经过高等教育鉴定委员会的鉴定才能认可和立案，这就促使各体育专业的课程设置具有相对的一致性。其课程从内容上看，一般包括三个方面：一是宽广的文理基础知识（约占教学计划的40%）；二是至少1门精深的专业知识（约占教学计划的40%）；三是坚实的教育专业知识和严格的教育实习（约占教学计划的20%），主要有教育基础理论（教育基础、教育导论、教育史、中等教育原理）、教育方法与技能（教育心理学、发展心理学、教育评价与测量、教材教法和视听教育）和教育实践活动（占总学分的11%）。教育实习在美国受到高度重视，教育实习时间长（第4年级的1个学年的15周左右），组织管理严格。要求实习教师在实习期间每周在校工作2天，每天8小时，参与学校活动，每周回大学1次，讨论实习情况并接受大学教师指导，在实习学校指导教师和大学指导教师的配合下，对实习教师进行实习训练和指导。② 从表现形式上看有必修课程与选修课程两种形式。必修课程包括：公共基础课程、教育基础课程、体育专业课程、教育实习。大学一、二年级非常重视公共基础课程，约占整个学位课程总量的1/3，包括自然科学

---

① Florence D. Grebner Physical Education Teacher Education：Curriculum，Pedagogy，Certification［R］. 百度学术网，1982.

② 林顺英. 体育教师教育：国际比较［D］. 福州：福建师范大学，2003.

（物理、化学、数学与统计、生物、生理、解剖、地理、计算机等）、社会科学（政治学、经济学、社会学、法学，行为科学等）和人文科学（阅读与写作、历史、哲学、美学、人类学、心理学、语言学、艺术等）等多类公共基础课程。每一类中的多门课程规定相应的学分，多数情况下学生可自由选择，只要完成一定学分即可。美国的体育院系均设置在综合性大学内，学生学习这部分课程的条件相当便利。这些课程有助于培养学生的科学精神，提高学生的人文素养，开阔学生视野，培养学生综合能力。在公共课中还开设专题性的综合课，体现出"通才"教育思想的特点，方便学生未来的职业流动及提高适应社会的能力。同时也会安排教育学、心理学等教育基础课程和生理学、解剖学、体育学、运动机能学等体育基础课程。大三正式确定专业，此时开设教育专业课，内容包括职业教育、教育学、教学设计、体育教学法、体育教育学、教育史、课程论、教育心理学、教育实习等，共14—20学分，约占学习总量的20%。体育专业课程一般包括体育理论课程、运动技术、健康卫生教育、运动训练、运动创伤防治和专选课程等，也分为必修和选修两类。"专选"由一组专业课构成，旨在使学生发挥某方面的特长，学生可根据个人兴趣与需要自行选择。美国各校课程设置并不统一，美国亚利桑那州立大学等8所大学体育院系设置的体育专业课程如表4-1所示。[1] 专业课程重学科，鼓励学生选副修，以增强职业竞争力。术科课程课时较少但项目安排较广，不局限于传统的竞技运动项目而重视非竞技项目的安排。重视运动技术、技能形成与发展方面的知识学习。由于美国强调教师职业的专业化及教学的科学化，因此，体育教育专业的专业课程十分重视教育学类的课程，教育心理学、教育测量与评价、教学方法等课程都是常见的必修课。重视教育实习，实习时间较长。如申请K-12教师资格证书者，必须分别在中学和小学各实习半学期。

在课程安排顺序上，美国学校先进行通识教育，在高年级时再进行体育教育知识方面的专业教育，理论课比重很大，学术性培训与专业性教育是继时性进行。学校是在学生对体育专业进行两年学习后，当思想的成熟度、对体育专业的感悟、对体育教师职业的思考都处于较高层次时再进行专业选择，其选择更为理性和客观，而且学校要对具有就读体育教育专业资格的申请者进行面试，以筛选出具有体育教育职业潜力的学生，保障体育教育专业生源质量，便于培

---

① 赵澄宇. 美国高等体育专业教育的发展概况 [J]. 北京体育师范学院学报，1991（2）：59-64.

养高质量的体育教师。①

表 4 – 1　体育教师教育专业的专业课程表

必修课开设情况			选修课开设情况		
课程名称	开设校数	平均学分	专选方向	开设校数	平均学分
运动学/生物力学	8	2.7	运动医务监督	7	19
运动生理学	8	2.7	教练	7	16
残障人体育	7	3.0	残障人体育	7	14
运动机能知识	6	2.6	小学体育	7	13
体育测量与评定	6	3.0	中学体育	4	11
体育原理/基础	6	2.0	舞蹈	4	9
急救	5	2.0	健康教育	3	14
中学体育	5	2.6	成人体质	2	16
体育教学法	5	3.0	娱乐/户外教育	2	14
体育课理论	4	2.0	安全教育	1	12
小学体育	4	3.0	体育科学	1	22
体育管理	4	2.5	水上项目	1	12
个人与公共卫生	4	2.0	体育管理	1	12
运动技术课	8	13	普通体育	1	10
体育史	3	3.0	社区体育	1	10
运动心理学	2	2.7			
户外教育/野营	2	3.0			
体育哲学	2	2.5			
体育社会学	2	3.0			
运动生化	1	3.0			
运动损伤	1	2.0			

　　美国体育专业课程设置注重自然学科，以生物力学、运动生理和运动医学等为代表的自然学科课程是体育教育专业的核心课程。这种设置一方面提升了

---

① 陈栋. 中美两国体育教师职前培养比较研究［J］. 南京体育学院学报，2020，19（3）：41 – 47.

体育专业的科学性和实用性，为体育专业学生从事体育科学研究、创造良好的就业机会打下扎实的基础，另一方面体现了理论课程是体育专业课程设置的重点。据 2001 年的统计，美国体育师范专业课程中理论课已占总学分的 83% 。即使是运动技术类课程，也着重强调技能形成和发展的理论知识而不是运动技术的本身，体现了明显的重视理论研究的培养思想。① 美国强调教师职业的专业化和学校教学的专业化，重视体育教师的教育教学能力而非竞技能力，在专业课程中重视理论知识学习，强调体育教学工作的科学性和专业性，因此在专业课程设置上，体育生物科学、体育教育学类课程（学校体育学、体育测量与评价、体育教学论等）是未来课程设置的重点，在术科教学中不强调运动技能的提高，而重视运动技能形成的理论与方法的掌握，突出将来从业者的专项教学与训练能力。②

（四）体育教师教育的标准化制度

1. 体育教师教育标准化的发展过程

1825 年美国就建立起教师资格认证制度，逐步覆盖到包括体育在内的各个学科教师，1837 年，美国的密歇根州已经明确提出受训者应该掌握的体育健康知识。美国体育教师教育有着严格的标准，从职前培养到入职，再到职后继续教育是一个紧密相连的完整过程，其教育质量的保证建立在严格把控教师培训机制和资格认定机制的基础上。"二战"以后，美国的体育教育人才培养趋向专业化，与之相适应的就是体育教师教育的标准化。③ 体育教师教育标准化源于教师教育标准化运动。教师教育标准化运动兴起于 20 世纪 80 年代，美国先后颁布了国家课程标准、教师教育课程标准、教师专业标准、教师教育质量评估标准等。美国健康、身体教育、休闲和舞蹈联盟（AAHPERD）下属的国家运动与体育教育协会（National Association for Sport and Physical Education，NASPE）于 1983 年开始制定美国职前体育教师专业标准，于 1987 年、1989 年和 1992 年分别颁布了三份"体育教师专业认证能力要求"（certification of physical education teachers）④，可被视作体育教师教育标准化的早期探索。20 世纪 90 年代开始，美国率先颁布了国家体育课程标准、职前体育教师专业标准、具有硕士学位的

---

① 汤利军，季浏英 . 英美日体育教师继续教育比较研究［J］. 体育文化导刊，2010（5）：117 – 120.

② 李万虎，曾吴丹 . 美国体育教育专业发展管窥［J］. 石油教育，2014（2）：103 – 106.

③ 刘晓旭，张凯 . 英美两国学校体育师资培养动态研究［J］. 教育理论与实践，2019，39（18）：34 – 36.

④ Zidff S G, Lumpkin A, Guedss C, et al. Naspe Sets the Standard: 35 Years of National Leadership in Sport and Physical Education［J］. Recreation, & Dance, 2009（8）：46 – 48.

高级体育教师专业标准等标准，并不断进行修订；NBPTS 也颁布了具有三年以上工作经验的优秀体育教师专业标准；INTASC 颁布了新体育教师专业标准等。1992 年，由 NASPE 出台的《美国体育教育指南》中对职前体育教师的能力要求可视为职前体育教师专业标准的雏形。1995 年，美国 NASPE 开发的职前体育教师专业标准颁布，并在 2001 年和 2008 年进行了修订，成为评估美国大学体育教师教育人才培养质量的重要依据，虽然评估出于自愿且过程相当烦琐，但很多教学型的大学都希望通过体育教师教育专业标准评估获得权威专业协会的认可，从而吸引更多优秀生源。尹志华、汪晓赞等的研究表明，美国职前体育教师专业标准在教学型大学的应用效果好于研究型大学。众多标准的颁布，使得美国体育教师教育发展进入了"有法可依"的良性轨道。自 21 世纪以来，体育教师教育标准修订一直是美国体育教师教育界的重点，聚焦于体育教师教育课程标准修订，专业标准使用，专业标准评估以及基于技术的标准发展等。目前基于标准的体育教师教育工作重心发生了转移，从原来注重标准制定与修订转移到了开展基于标准的各种评估工作。①

2. 美国体育教师专业标准制定机构

美国有全国教师教育认定委员会（NCATE）、州际新教师评估与支持联合会（INTASC）、国家教师专业教学标准委员会（NBPTS）和优质教师证书委员会（ABCTE）等四大全国性的教师专业标准制定机构，美国全国教师教育认定委员会（National Council for Accreditation of Teacher Education）成立于 1954 年，由 33 个全国性专业教育协会和公共组织构成，获得了美国教育部（USDE）和高等教育认证委员会（CHEA）的资质认证，是最具权威性的非营利性社会公益组织和学术认证机构。1987 年美国州际新教师评估与支持联合会和美国国家教师专业教学标准委员会成立，2001 年成立了美国优质教师证书委员会（见表 4 - 2）。这些机构需要取得美国教育部（USDE）和高等教育认证委员会（CHEA）的认可，他们所制定的标准互为补充并相互配合，为美国教师专业的发展和教师质量的提高作出了很大贡献。体育教师专业的制定是以上四大机构的下属机构负责具体制订。比如，职前体育教师专业标准的开发与修订工作主要由 NCATE 的下属组织 NASPE 主导完成。NBPTS 确定各学科教师专业标准制定的"总体框架"之后，体育学科的协会组织在"总体框架"下就根据体育学科实际情况开始制定体育教师专业标准。

---

① 尹志华，汪晓赞，Phillip Ward，等. 体育教师教育研究的十大热点：基于 2012 年 PETE 大会以来的分析［J］. 北京体育大学学报，2016，39（10）：89 - 100.

表 4 – 2　美国教师标准制定机构基本情况

机构名	成立时间（年）	构成主体	标准对象	标准性质
NCATE	1954	33 个全国性教育专业协会和公共组织	备选教师	职前标准
INTASC	1987	美国各州实习教师、教师培训人员、学校领导、州相关机构人员	新教师	入职标准
NBPTS	1987	一线教师、大学教授、专家、教师教育专家以及该领域的相关专业人员	优秀教师	在职标准（1）
ABCTE	2001	名师、学者、教师教育专家、教育管理专家、校长和教育政策制定者	杰出教师	在职标准（2）

资料来源：张治国. 美国四大全国性教师专业标准的比较及其对我国的借鉴意义［J］. 外国教育研究，2009，36（10）：34 – 38.

3. 美国的体育教师专业标准

美国的体育教师专业标准涵盖了从体育教师的职前教育到职后教育的全过程，体系比较健全而完整。首先是职前体育教师专业标准。由 NCATE 下属的 AAHPERD（Alliance for Health, Physical Education, Recreation and Dance）协会主要负责，由 AAHPERD 下属的 NASPE（National Association for Sport and Physical Education）协会具体制订美国的职前体育教师专业标准（包括本科层次和硕士层次两个级别）。1995 年颁布了第一版《体育师范专业本科和硕士标准》（*Standards for Initial and Advanced Physical Education Teacher Education*），后来于 2001 年和 2008 年进行了两次修订。2008 年版的本科层次的职前体育教师专业标准包括科学与理论知识、基于技能和体适能的能力、计划与实施、教学实施与管理、对学生学习的影响、专业化等六个维度；硕士层次的职前体育教师专业标准包括专业知识、专业实践、专业领导等三个维度。2016 年 SHAPE America 年会上研讨第四版的修订。《体育师范专业本科和硕士标准》与 1995 年制定的美国《学校体育国家标准》（2004 年和 2013 年进行了修订）相互配合，关注预备教师的实际教学能力及自身发展，强调了在工作岗位上教师的行为表现、课程内容以及对学生认真负责的态度是其成为一名优秀体育教师的基本准则，突出体育教师核心价值观、信仰与态度的形成，具有一定的科学性和较强的可操作性，对提高体育教师队伍整体素质发挥着重要作用。① 其次是入职体育教师专业标准。在美国州际新任教师评估与支持联合会颁布的"十项初任教师资格标准"和美国专业教学标准委员会制定的教学专业标准中，对入职和职后体育教师教学能力的要求都非常明确。美国体育教师必须通过这些标准的认证才能实现入职与晋升。美国各院校普遍依据标准设置各自的课程，决定了各高校在体育教师培养的课程设置上具有相对一致性，课程设置重视全面发展的通识教育，课程分类清晰、层级递进，课程小型化，注重因材施教，强调以实践践行理论来培养实践能力，重视自然科学，尤其是生物学和医学，课程内容体现出专业性、综合性的特点。② 最后是在职体育教师专业标准。1987 年，美国成立了国家教师专业教学标准委员会（National Board for Professional Teaching Standards, 简称 NBPTS），成员包括教育工作者、政府官员和企业领导者等，所提出的包括知识、技能、教学等方面的五条核心建议，成为各学科在职优秀教师最基本的标准。1999 年颁布了在职优秀体育教师专业标准，体育教师自身发展状况达到 NBPTS 的专业标准，自愿申请并通过学生成长记录袋评价和评估中心测试后，获得 NBPECT 的荣誉称号，不仅能提高体育教师收入，而且是专业水平的象征。整个认证过程需要 1—3 年时间，通过率约为 50%，认证有效期 10 年，10 年之后需要重新认证。③

（五）体育教师继续教育制度

美国中小学体育教师的继续教育目的在于促成在职体育教师不断学习专业新知识、新技术，了解本专业学科的最新发展趋势。由地方学区负责，实际执行教育与训练的机构主要是大学、学院、地方教育行政组织及教师团体。大学与学院负责提供课程供中小学教师选修，地方教育行政组织提供评估教育方案和在职训练的机会，教师团体通过举办研讨会充实学科的新知识，改进教学方法。同时，美国各州还设有教师在职教育中心，负责办理教师各种在职教育的活动，设在大学中的教师在职教育中心以大学教育学院为中心，对大学学区内的中小学教师提供在职教育活动，在大学外的教师在职教育中心对全州教师提供在职进修机会。体育教师继续教育在体育专业学会的协调下，依托大学和各

① 姜志明，王涛. 美国最新体育教师教育专业标准评析及启示 [J]. 山东体育学院学报，2015，31（3）：110–115.

② 熊媛. 我国不同类型普通高校体育教育专业教师教育类课程研究 [D]. 武汉：华中师范大学，2018.

③ Hkel M, Anderson K J, Elliott S. Assessing accomplished teaching – Advanced – level certification programs [M]. Washington, DC：National Research Council, 2008：119–120.

专业系统的人力与教育资源，各大学、各大型专业单位以及专业团体与专科学会来承办，形成了在国家协调下的多元化主体参与的完整而严密的体系。体育教师继续教育内容主要有专业教育课程、教学方法课程、特殊教育课程、教育行政或辅导人员学位课程、学术性课程。课程设置形式多样，既可选择某一单科，也可系统地进修硕士、博士学位课程。既可在校内办培训班，也可在校外设培训点，或实行远程教学。主要有工学交替的间断性课程、集中时间学习的连续性课程、以提高科研能力为目标的研究性课程、通过现代化通信工具进行的空中课程、巡回课程、暑期学校、个人家庭学习课程、学术报告与研习会等类型，进修时间以修完课程、取得规定学分为准。近年来，美国正在尝试"学校本位教育模式"的体育教师继续教育模式，继续教育的空间转移到教师所在学校或学区。体育教师每五年更换教师资格证时，不仅要对体育教学进行考核，还要查看继续教育记录。薪水与教师继续教育的优劣挂钩，以加薪、免除培训期间的教学任务、提供交通费、为学校急需的体育教师解决培训经费等方式对体育教师的继续教育进行鼓励，并将定期参加培训作为续聘的条件之一。由于这样的体育教师继续教育激励的存在机制，体育教师对继续教育抱有热情。①

四、美国体育教师教育政策的启示

（一）坚持专业化发展为主，鼓励多元化方向

在当前的美国教师教育改革中，专业化教师教育与"去专业化"教师教育等不同模式并存是一种实然状态，各有其优劣，避免了一支独大带来的全面错误风险。我国在 20 世纪 90 年代初引入并接受教师专业化理论，期望通过教师专业化提高教师职业声誉和工作待遇。为实现教师专业化，21 世纪初，我国在理论和实践上均以美国为榜样，全面推动教师教育专业化改革。近 30 年的改革虽显成效，但培养更高质量的专业化教师的预期却并没完全实现，教师的职业声誉和地位并没有真正提高，并没有证据显示教师学历的提高比改革前的教师专业能力更强。这是因为，教师工作的迟效性和教育效果内隐性使得教师专业能力和素质难以及时有效测量和评价，以及教师工作的个性化和确立公认的并能经受检验的工作程序等工作特点使其在本质上不同于医生、律师，教师教育专业化不大可能达到像医生和律师那样的专业目标。由于对专业化教师教育的迷信，教师教育朝专业化一个方向前进是危险的，不仅丧失了探索其他改革路

---

① 汤利军，季浏英. 英美日体育教师继续教育比较研究［J］. 体育文化导刊，2010（5）：117 - 120.

径的可能性，也抛弃了我国传统师范教育的宝贵经验。因此，未来教师教育改革应该打破"专业化"一元方向，破除定式思维，走多元化的教师教育改革道路。① 在教育界对教师教育专业化改革已经进行了深刻反思，而体育教育界则对体育教师教育专业化的方向仍深信不疑，甚至没有表现出一丝质疑，至少在目前的研究文献中尚无发现。对任何理论都会表现出不同的态度，有支持、反对和怀疑才是正常的，对教师专业化理念同样如此。作为教师教育组成部分的体育教师教育，朝着专业化的唯一方向发展会掩盖其他可能的改革路径。因此，体育教师教育改革在坚持专业化为主方向的同时，要鼓励探索其他改革路径，引导多元化的体育教师培养模式，形成多元化的发展方向。

（二）坚持慎重学习美国体育教师专业标准

美国作为全球教师教育标准化运动的始作俑者，对包括体育在内的各个学科都建立了相应的教师专业标准，美国的体育教师专业标准也的确比较成熟，引领了世界各国教师教育的发展。中国自 21 世纪初开启了新一轮的体育与健康课程改革至今已有近 20 年的历史，尚无为体育教师教育提供指导的体育教师教育专业标准，对体育教师的专业知识、课程管理、教学技能、学生评价、个人发展、职业理想等缺乏明确界定，以至于对体育教师的培养方向模糊不清，与其他体育人才培养没有本质的区别，无法体现体育教师培养的专业性。在这一点上是必须向美国学习的。

目前，体育教师专业标准研究已经成为我国体育教育界的焦点，几乎所有研究一致认为我国体育教育应该向美国学习，制定体育教师专业标准。也有尹志华、赵进、董国永等部分学者对我国体育教师专业标准的制定进行了探索性研究，而对体育教师专业标准本身的问题却鲜有反思。但就美国国内而言，在其教师专业标准化运动的推行中引发了一系列问题，始终伴随着众多的批判。美国"解制派"认为，教师教育标准对于提高教师质量是有害无益的，除坚持学科知识外，甚至要求解除教师专业标准。② 美国学者吉鲁批判基于标准本位的技术主义教师发展策略时，指出美国的教师被"一种技术进路的工具"意识形态所统治。③ 美国的标准本位教师教育运动因没有真正抓住教师教育的本质，而

---

① 刘小强，蒋喜锋. 我国教师教育专业化改革二十年反思与展望 [J]. 高等教育研究，2016，37（9）：45 - 53.

② 洪明. 美国教师培养质量保障机制的改革与创新——TEAC 教师教育专业的认证标准和程序探析 [J]. 中国高教研究，2010（1）：37 - 40.

③ 亨利·A. 吉鲁. 教师作为知识分子 [M]. 朱红文，译. 北京：教育科学出版社，2008：149.

受到比标准运动更为壮观的解制主义教育运动的摧毁，根本原因在于其过度关注教师教育标准的技术主义倾向，而忽视了教师教育价值信仰的思考和反思。①对于在美国已经引起争议的体育教师专业标准，不加以全面研究和反思，一味地主张向美国的标准学习，对于中国未来的体育教师专业标准制定是不利的。因此，制定体育教师专业标准必须结合中国的教育传统和文化，在明晰美国体育教师专业标准的优劣和经验教训的基础上，慎重地进行学习和借鉴。

（三）坚持体育教师教育主动适应社会变迁

美国体育教师教育从 19 世纪 60 年代发端，便以主动适应社会变化的姿态快速回应着社会需求。最初体育教师的培养是在私人机构进行的中等教育，19世纪末美国体育师资需求增加，大学主动加入体育师资培养中来，封闭的师范院校体育教师培养随之发生改变，但并没有改变体育师资主要由师范院校培养的整体结构。70 年代，随着美国经济的发展、公立中学的扩张，师范学校师资学位的提升，兴起了师范学校升格为师范学院运动，各州较好的师范学校逐渐升格为师范学院。20 世纪 40 年代绝大多数两年制公立师范学校完成了向四年制师范学院的过渡，私立师范学校则被淘汰，定向培养教师的教师学院开始广泛建立起来。由于"二战"后人们对健康、休闲、娱乐需求的增加，美国体育教育专业的课程中积极开设娱乐运动训练、人类发展与老年学、身体疗法等与社会需求密切相关的课程；美国体育教师教育课程在社会发展进程中，从依赖于医学到自成体系并发展成为有专业标准指导的、建立在多学科基础上的课程体系，课程的变化是适应社会需求的过程。美国体育教师教育课程以开放姿态吸收其他学科精华，从最初依附于医学、20 世纪初进步教育大潮下走近教育学、"二战"后教育科学化思想驱动下依托于生物学、心理学以加强研究深度，美国体育教师教育课程一直站在学术发展的前沿，吸纳相关学科营养以求发展壮大。

随着社会对体育教师要求提高，体育教师教育学历标准和专业标准不断提高，需要进行适时调整。美国许多州要求体育教师达到硕士学位，许多综合性大学建立了教育研究生院，开展五年制"教育硕士"计划，招收体育学科的本科毕业生，经过一年的教育专业训练，授予教育硕士学位，之后作为一种专业学位的教育博士学位也迅速发展起来，体育教师教育以教育研究生院的形式进一步确立了其作为大学专业教育的地位。体育教师专业标准政策也适应特定时代的要求而更新。20 世纪 80 年代教育标准化运动推动了体育教师专业标准的出

---

① 薛晓阳. 教师教育的理想：技术标准亦或道德信仰 [J]. 教师教育研究，2016，28（6）：7 - 18.

台，1995 年 NASPE 标准确立并于 2001 年、2008 年和 2016 年连续进行修订。在构建我国体育教师专业标准之时，必须立足于对当代体育教师教育改革背景的透视和洞悉基础之上，冷静思考，加入动态发展的条目，适应学生体质健康逐年下降而知识量迅速增长、现代教育技术运用等时代发展的要求。①

（四）坚持课程设置通识性与实践性的结合

综观美国体育教师教育的发展，其课程虽然在社会需求与教育改革的变化中不断进行调整，但在发展变化中其课程设置始终坚持着通识性与教学实践性。美国体育教师教育课程突出通识性，以培养学生广泛的知识基础，提高理性能力。在 20 世纪初期，美国体育教师教育课程就试图与大学传统人文课程结合起来，"二战"后，通识课程越发得到重视，涉及领域更加广泛，包括自然科学、人文科学、写作、国际文化研究等多方面知识，以选修课程为主，赋予学生更多选择，学生知识结构趋于多元化，所占比重远高于中国的情况（见表 4 - 3）。20 世纪 70 年代以后，在能力本位的教师教育思想指导下，体育教师教育高度重视学生的教学实践课程，加强教育理论与实习的整合，突出教育实习的地位，以提高体育教师实践教学能力。②美国体育教师教育专业的实习在大四的 1 个学年进行，时间 15 周左右，在实习期间每周在校工作 2 天，每天 8 小时，参与学校活动，并把讨论实习情况反馈给大学指导教师和实习学校指导教师，接受他们的实习教师的训练和指导。

表 4 - 3　中美教师教育课程中通识课程对比

学校名称	占总学时比	占必修课比例	占选修课比例
华中师范大学体育教育专业	26.3%	19.6%	6.7%
上海体育学院体育教育专业	28.6%	26.3%	2.3%
美国春田大学健康体育与娱乐学院	37.5%	8.4%	29.1%

资料来源：陈桂香，冉令华. 美国体育教师教育课程的变迁及启示 [J]. 体育文化导刊，2017（8）：189 - 192，206.

（五）注重充分发挥体育教师专业团体力量

专业自主判断和自主决策权是现代专业的重要标志，教师的专业发展水平

---

① 董国永，毕永兴. 美国职前体育教师专业标准的问题研究及启示 [J]. 成都体育学院学报，2016，42（4）：109 - 114.

② Richardson K P. Physical Education Teacher Education：Creating a Foundation to Increase the Status of Physical Education in Schools [J]. Journal of Physical Education，Recreation and Dance，2011（9）：45.

与地位的重要衡量标准是专业组织的话语权。在美国的体育教师教育政策的形成过程中，体育教师相关的专业团体是推动政府教师教育决策的主要行为主体，日益发挥着重要作用。特别是在高等教育认证和体育教师专业标准的制定、修改、执行与评估等方面的政策主体。美国体育教师专业标准的认证是一种行业行为而非政府行为，美国的全国教师教育认定委员会（NCATE）、州际新教师评估与支持联合会（INTASC）、国家教师专业教学标准委员会（NBPTS）和优质教师证书委员会（ABCTE）等四大全国性的教师专业标准制定机构都是专业性的非营利性学术组织，其自身的社会组织性质决定了其决策都是基于现实情况，受政府影响较小，在制定和修订体育教师专业标准的过程中，秉持发展的原则，广泛征求了高等教育界和基础教育界体育教育人士的意见，其标准具有强烈的"非行政化"和"专业化"的特征。对于在职体育教师和职前体育教师专业标准的开发与修订工作则分别是由 NBPTS 和 NCATE 的下属组织 NASPE 主导完成，突出体现了体育教师专业标准的专业性。我国中央政府在教师教育政策制定上拥有绝对的权威，强调政策自上而下的贯彻，反映的是国家的教育意志；在美国教师教育政策制定的过程中，依托专业组织和专业人员的专业知识已经成为一种惯例。作为我国教师政策主体的体育教师教育机构、体育教师和体育教师专业团体力量单薄，对体育教师教育政策影响力不足，难以体现专业性。因此，我国在体育教师教育相关政策的制定、执行和评估中要重视体育教师专业团体的作用，根据最新研究成果，结合体育教师的特性制定体育教师专业标准，以"专业性"引领体育教师的专业成长。

（六）关注健康是体育教师教育的重要目标

美国体育教师教育一直关心人的健康问题，早在 19 世纪 60 年体育教师教育机构建立之初，进行体育师资培养的教师基本都是维护健康的医学专家，体育课注重学生的健康与体适能的获得。20 世纪 30 年代，体育教师培养的课程设置中关于健康的课程是基本内容。近年来，现代科技的进步速度令人应接不暇，给人们带来极大的便利，在造福人类生活的同时，也对人类的健康造成严重威胁。健康的生活是人类永恒的追求，学校体育与人类健康有着天然联系，培养学校体育教师的体育教师教育越来越将公共健康列为自己的重要目标。美国当前的体育教师教育项目中就有不少与健康相关的项目。南卡罗来纳大学的 Judith Rink 教授和圣地亚哥州立大学的 Thomas MacKenzie 教授等美国一批体育教师教育的著名教授指出，体育教师教育应当关注社会热点，突破体育和教育限制，引领其向着为公共健康服务方向发展，并领导了诸如"综合性学校体育活动计划"（Comprehensive School Physical Activity Program，CSPAP）之类的具体项目，旨在通过学校体育活动，融合家庭、社区、公司和大学为一体，共同在体育教师教育维度为公共健康作出贡献。从职前体育教师培养到职后教师专业发展，都时刻关注公共健康，体育教师教育的发展回应社会关注，才会拥有旺盛的生命力。①

第二节　日本体育教师教育政策考察

一、日本教师教育发展概况

（一）教师教育政策的初创

明治维新初年，日本面临国内骚乱不断，国外西方列强环伺的背景，日本政府为挽救民族危亡，提出了"富国强兵、殖产兴业、文明开化"的国策。兴办教育是文明开化之本。日本积极引进源于欧洲的教师培养思想和制度，开启了本国的师范教育。1872 年颁布了学制并在东京创立第一所专门的师范学校培养小学教师，1875 年设立中学师范科，培养中学教师，很快成为全国师范教育的大本营。此后，在大阪、长崎、仙台、广岛、名古屋和新潟等地涌现出一批师范学校。至 1879 年《教育令》颁布的当年，师范学校已经达到 89 所。1880 年，日本政府颁布《改正教育令》，1881 年，颁布《师范学校教则大纲》和授予小学教师许可证书的规则，整顿师范学校教育课程，结果是两年制课程急剧减少，四年制课程急剧增多。这个时期的师范教育，以学校的创建为核心内容，初步制定了师范教育的相关政策，教师数量是关注重点。到 1876 年末，所有的府县都设置了教师教育机构，多为快速培养教师的短训班，修业年限为 3—6 个月，开设的学科主要有史学、地理学、数学、物理学、化学、博物学、修身学、经济学、生理学、记簿法、文章学、教育论、教学法、摄生法及唱歌、体操等，而体操大多在业余时间里开设。

（二）封闭型教师教育政策的完善

1886 年，日本在文部大臣森有礼的主持下进行国家主义教育体制改革，颁布《师范教育令》，建立了独立且单一的公费师范教育制度，将师范教育机构分为高等师范学校和寻常师范学校（后改名为师范学校）两种类型，分别培养寻

---

① 尹志华，汪晓赞，Phillip Ward，等 . 体育教师教育研究的十大热点：基于 2012 年 PETE 大会以来的分析 ［J］. 北京体育大学学报，2016，39（10）：89 - 100.

常师范学校教师和公立小学教师，师范生按照国家规定学习，实行军事化教育，毕业后到指定教育岗位工作，成为为军国主义教育服务的"示范型"教师，标志着日本的师范学校在学制上独成体系。同年，《寻常师范学校的学科及其程度》规定了寻常师范学校的课程、修业年限与授课时间。1890年，日本政府颁布了《教育救语》和修改后的《师范学校令》，从而拉开了教师教育制度改革的序幕。在这次教师教育制度改革中，文部省颁布了《寻常师范学校的学科及其程度》等九项法令，对师范教育制度进行了改革，义务教育的年限延长至九年，对教师的专业知识水平和素养也有了更高的要求。1894年文部省制定了《高等师范学校规程》和《女子高等师范学校规程》，对以前的学习科目进行了调整，把伦理摆在首位。修业年限延长为四年，前三年集中授课，第四年进行教学实习。1907年，文部省颁布《师范学校规程》（1931年进行了修订），明确了不同类师范学校的招生对象、学制和培养目标。1910年颁布《改正女子高等师范学校规程》（1914年再次修订），对师范教育进行了全面整顿。整顿后的日本教师教育除原有的国家主义教育外，把教育学放在教师教育的中心地位，突出了德育和技能学科的教育，明确了毕业生的服务年限。1932年，文部省成立了国民精神文化研究所，对学校校长及教师进行国民精神研究方面的培训。1943年再次颁布新的《师范教育令》，将师范学校的目标确定为培养国民学校教育员，要求培养小学师资的师范学校升格为师范专科学校，规定师范教育机关的国立性质，实施教科书国定制度。至此，日本形成了封闭式的师范教育体系。

（三）开放型教师教育政策的形成与发展

"二战"后，日本改变了战前中小学教师由高等师范学校和中等师范学校培养，师范生享受公费待遇，毕业后履行担任教师义务的"封闭型"师范教育。在美国教育使节团的建议下，进行了美式化的教育改革，重点改革师范教育制度，停办中等师范学校，将师范学校升格为教育大学或学艺大学，所有经过文部省批准的大学均可开设教师培养课程，毕业生不论专业，只要修满教育法律规定科目的学分，即可申请教师资格证。教师培养基本在综合性大学进行，转变成"开放型"的师范教育制度。20世纪70年代，日本形成了由基础教育学科（普通教育科目和专业课混合）、共同教育学科（相当于专业课）和专修专业科目（与专业相关课程）所组成的教师教育课程体系。1971年，中央教育审议会提出《关于今后学校综合扩充和整顿的基本措施》咨询报告，提出教师素质能力要通过养成、任用、研修、再教育的过程形成，定下教师教育专业化的改革方向。随后教师教育从以下四个方面展开了改革行动：第一，强化教师大学培养制度和奖学制度；第二，创设新构想教育大学和教育研究生院；第三，扩大教员审定制度，使教师任用考试方法多样化；第四，扩充教师研修制度提升教师专业性。1997 年和 1998 年，教员养成审议会相继提出"面向新时期教师培养的改善对策"和"关于教师培养中积极运用硕士课程"的报告等，提出设立新的教员培养目标、转换新的教师培养课程结构、增设并充实教育类专门课程，推进在职教师的硕士、博士课程的学习等改革措施。1998 年以来，随着日本《部分修改教职员许可法》《关于在与教育有关职员研修中推进活用卫星通信》《积极活用硕士课程的师资培养，推进现职教师的再教育》等政策的颁布，教师教育课程减少了学科专业课程，加大了教育专业课程的比重，进一步加强教师教育的专业性。上述教师教育的开放性改革使培养方法和渠道得到扩展，教师的学术水平和质量得到进步和提升。同时，部分取得教师资格证书的毕业生不会去学校任教，出现滥发教师资格证的现象。虽然拥有教师资格证书，但缺乏实际教学技能和对教育事业的奉献精神以及敬业精神。

（四）教师教育政策的新改革

21 世纪以来，人们将日本中小学校广泛存在学生厌学的现象以及"班级崩溃论"和"学校崩溃论"归咎于教师。为此，"提高教师水平"成为日本教育改革的重要目标，日本围绕教师教育实施了多项改革，提高教师教育的层次和水平，成为日本教师教育改革的核心。为了使在职教师能够接受研究生及以上学历水平的教育，日本开始实施新的"研究生院学习休假制度"。2005 年，日本中央教育审议会提议，建立新的专业化研究生院改革制度，并提出题为"在教员养成中增加专门教职研究生院的基本想法"的建议，指出"在扩充和强化本科教育阶段的教师教育的同时，也必须对研究生教育阶段的教师培养以及教师的在职再教育"制度重新进行研究和探讨，以提升教师专业水平。2006 年日本发表《关于今后的教师培养资格许可证制度的形态》的最终审议报告，针对日本教师队伍的现状、问题及社会的期待与要求，提出了今后改革的方向是提高教师质量，使其达到国际更高水准，主要采取提高大学教师培养课程的质量水平、创设"教职大学院"制度、采用教师资格许可证更新制度、将资格证的更新与进修培训联系起来等举措。2006 年，东京大学首先成立了专门的教师职业硕士研究生院，中小学教师获得硕士学位的人数不断增加。日本具有硕士以上学历的教师比例分别是高中 24.5%、初中 2.7%、小学 1.4%、幼儿园 0.2%。[①] 随着日本教师教育职前职后一体化的加强，对文理通识教育的关注，

---

① 许晓旭. 日本教师教育政策研究 ［D］. 沈阳：东北师范大学，2011.

专业化、综合化和国际化成为教师教育的主旋律，未来教师必须全面地掌握适应知识型社会的通识知识及其智能，成为教育领域优秀的理论家、实践家。①

二、日本体育教师教育发展过程

早在 1591 年，日本就出现了日语词汇"奥林匹克运动会"，表明日本早就有了关于古代奥运会的认知。1895—1896 年间，日本记录古代奥运会相关知识的书籍、报纸杂志及体操传习所毕业生所记录的文献现存仍达到 42 册。② 明治维新前后，日本就开始全面学习西方体育体制、价值观及其体操项目。日本鹿屋体育大学的学者田端真弓和山田理惠认为，1864 年渡边昇（1838—1913）的藩校就已经构筑了智育与体育兼顾的大众教育框架。③ 1868 年明治维新以后，日本政府大力推动日本体育协会等组织的建立，在教育改革中积极推进现代体育。1870 年各地建立了小学校，将体操定为学校的必修课，并要求全体学生修习，以强健身心为目的。1872 年颁布《教育基本法》，在法律上确认了体操（时称体术）和兵操在学校的必修课地位，德式体操受到重视。1873 年，日本户山陆军学校设立体操科。在 1878 年 10 月明治政府《今东京府下开设体操传习所发布令》（文部省第五号令）发布的当年，美国人李兰德建立了日本体操传习所，从此揭开了日本体育专业人才培养的历史，到 1886 年并入东京师范学校成为其体操专修科，共为各府县培养 235 名教师，他们致力于体育教育工作，传播了欧美体育思想，促成了日本近代体育的发展。④ 1879 年体格检查方法传入日本，成为学校体育制度之一。明治政府首任文部大臣森有礼 1886 年视察了东京师范学校，提出通过兵式体操的训练和军队式寄宿生活来培养师范生的气质。⑤ 19 世纪 90 年代，形成较完备的学校卫生保健制度。1903 年，日本体操学校成立女子部，开始培养女子体育师资。⑥ 1947 年，日本《教育基本法》《学校教育法》和《教师资格法》颁布，从此确立了以新制大学来培养教师的高等教育制度。到 60 年代，已有近 60 所国立和私立大学提供四年制体育教育专业。

---

① 李协京. 日本教师教育制度的政策及近期改革 [J]. 中国教师，2010，106（3）：55 – 58.

② 和田浩一. 从接待奥林匹克以前日本出版的希腊文献中寻求奥林匹克 [C] //韩国体育史学会. 体育的传统，现代性与全球化. 大田（韩国）：韩国体育史学会，2007：56.

③ 田端真弓，山田理惠，神原浩晃. 大村藩藩士渡边昇和藩校改革的体育史研究 [C] // 中国体育史学会. 亚洲体育文化现状及未来. 大连：中国体育史学会，2009：242.

④ 世界教育史研究会. 世界教育史大系（体育史）[M]. 东京：讲谈社，1981：208.

⑤ 陈永明. 日本教师教育的经验与缺失 [J]. 上海师范大学学报（哲学社会科学版），2013，42（2）：86 – 95.

⑥ 谭华，刘春燕. 体育史 [M]. 北京：高等教育出版社，2017：192.

到 1985 年，日本已有 5 所体育大学和 79 所大学开设了体育专业本科教育，每年为社会培养大约 5500 名体育专业人才。20 世纪 80 年代，日本社会掀起了以重塑大学形象，迎接新世纪的挑战，重振日本经济为目的的新一轮教育改革。在文部省大学审议会《关于大学教育的改革》的指导下，为建设富有个性充满活力的体育院系，日本体育院系掀起了新的改革浪潮，以适应社会对体育运动需要的变化。由此，日本体育专业的办学方向发生分化（见表 4-4）。传统上，保健体育和健康教育专业最为普遍。体育院系设置保健体育、健康教育、社会体育、武道教育四个专业，教育大学设置保健体育专业和特设体育课程（培养中学体育教师），体育大学和综合性大学体育系专业一般设置 3—4 个专业。20 世纪 90 年代以来，日本社会老龄化现象突出，国民文化生活水平不断提高，闲暇时间增加，脑力劳动使身体活动的机会越来越少，影响健康的因素越来越多，日本国民提高自身身体素质和健康水平的需求与日俱增。日本在重大国际体育赛事上的连连失利，中小学体育教育对体育教师要求越来越高，其体育教师教育向高层次化、综合化方向发展。进入 21 世纪，日本设置了以教师培养为特定目的的"教职研究生院"，开设保健体育课程培养硕士层次且具有高度实践能力的专业型体育教师。2010 年日本颁布的《体育立国战略》尤为关注体育教师的数量问题，提出要以"外部指导员"的形式拓宽体育师资的来源。2011 年的《体育基本法》则以法律的形式规定了国家和地方要对"外部指导员"的建设给予支持。

表 4-4 日本 20 世纪 80 年代后体育专业分化情况表

学校	专业
大阪体育大学	学校体育、运动训练、体育科学（运动文化、运动行为、身体运动）社会体育（余暇运动、企业健康）、健康科学（健康管理、运动疗法）
筑波大学	体育学、运动学、健康体力学
日本体育大学	健康学科、武道学科、体育学科（学校体育、运动管理）、社会体育学科（运动和健康、社会教育、室外休闲）
鹿屋体育大学	运动课程（地域体育、企业体育、野外体育）、武道课程
中京体育大学	健康学科、武道学科、运动健康学科、竞技运动学科、运动科学学科
福冈体育大学	保健体育、运动科学（生涯运动、运动训练）

续表

学校	专业
大阪教育大学	保健体育、运动课程
早稻田大学	运动科学

资料来源：李加奎. 日、英、美三国体育教育专业发展的比较研究［J］. 四川体育科学，2002（3）：5－7.

三、日本体育教师教育政策

（一）体育教师教育培养机构及其改革

日本最早的体育教师培养机构是 1878 年创建的日本体操传习所，后改名为体操学校，1903 年成立女子部以培养女子体育教师。"二战"以后，在美国教育使节团的改革建议下，日本内阁成立了教育革新委员会，成为主持日本教育制度全面改革的主要机构。教育革新委员会提出通过人文、艺术教育培养教师的原则，组建包括学艺大学和教育大学在内的新制大学，由高等师范学校和中等师范学校培养的"封闭型"师范教育被改变，原师范学校升格为教育大学或学艺大学，教师培养朝向大学化方向发展。在 1947 年，日本《教育基本法》《学校教育法》和《教师资格法》颁布之后，以新制大学培养教师的教师教育制度基本确立起来。日本的师资培养机构主要包括大学、短期大学和教育大学。大学修业四年以上，获学士学位；短期大学修业两年，获教师合格证书；教育大学一般修业五年以上，获硕士学位。由于 1953 年日本把"体育课"改为"保健体育"，课程内容包含保健和体育两个部分，由体育教师和养护教师（即健康教育教师）承担教学工作。综合大学和体育大学中的体育系、教育大学中的保健体育专业和特设体育课程共同承担中学体育教师培养任务。到 20 世纪 60 年代，已有近 60 所大学提供四年制体育教育专业。据张争鸣的统计，20 世纪 80 年代日本培养体育教师的机构主要有以下类型：有 4 所体育大学，10 所综合大学的体育系，1 所大学教育系中的健康教育学科，2 所大学文理学系中的体育学科，12 所大学教育系设体育专攻科课程和体育教师培养课程，12 所短期体育大学，8 所大学教职研究生院的体育硕士和博士学位课程，12 所综合大学设体育专攻科。① 养护教师（即健康教育教师）则在大学的体育系、护理系、护理系 +

---

① 张争鸣. 日本体育师范教育的现状［J］. 外国教育研究，1987（4）：36－37.

教育系及其他等系科中培养（见表4－5）。①

表4－5 日本培养养护教师的大学

体育系	护理系		护理系＋教育系		其他
	大学	妇幼保健系	特别科	特别护理	家政系 营养系 体育系
北海道教育大学	东京大学	青森高等护理学院	北海道教育大学	弘前大学	宫城学院女子大学
札幌大学	广岛大学	岩手县立卫生学院	山形大学	熊本大学	大阪市立大学
旭川大学	琉球大学	秋田县立卫生护理学校	新潟大学		女子营养大学
茨城大学	高知女子大学	都立公共卫生护理学校	金溪大学		日本体育大学
弘前大学	纯心女子大学	富山县综合卫生学院	神户大学		德岛文理大学
爱知教育大学	杏林大学		冈山大学		四周大学
大阪教育大学	吉备国际大学		熊本大学		西南女学院大学
奈良教育大学			函馆校		吉林大学
冈山大学					

　　体育教师的培养机构改革以提升教师培养重心和培养层次为目标，在重视本科教育的基础上，设置教职研究生院，开设保健体育课程培养硕士层次的体育教师。中央教育审议会于2006年通过《关于今后教师培养·资格证书制度》的咨询报告，建议创设以教师培养为特定目的的"教职研究生院"，重新探讨研究生阶段的教师培养和再教育问题。据此，日本设置"教职研究生院"，其中保

---

① 顾渊彦，窦秀敏，王敬浩．中日两国体育、健康课程及教师教育的比较 ［J］．体育学刊，2003，10（5）：60－62.

健体育课程是新开设的研究生阶段的教师教育课程，以招收取得教师资格证的大学毕业生和在职体育教师为主，学制以两年为主，通过教师教育课程的高层次化来培养具有高度实践能力的专业型体育教师。保健体育课程设置要求加强理论和实践的融合，所有课程都要含有理论和实践两个部分，构建理论和实践高度融合的课程体系，必须要有自己的合作学校，是为了向体育教师研究生提供教学、实习等试验基地。毕业获得教育硕士学位要求至少45个学分（理论最低15学分，实践最低10学分）。为了保证学生的实习时间，学生不需要撰写硕士论文，授予教育硕士学位。同时，要求任课教师要具备高深的理论知识和实践指导经验，必须要在体育教育领域中有突出的教育和研究的业绩、高超的技能和具体的实践指导能力。研究指导教师原则上2/3以上应该是教授，并对教师数量也作了规定。①

（二）体育教师教育专业的培养制度

1. 体育教师培养对象的选拔

传统上，日本高校通过统一的大学入学考试的方式录取选拔体育专业的培养对象，体育专业入学考试科目通常包括国语、地理、历史、公民、数学、理科、外国语等。为了更加灵活地选拔体育专业培养对象，日本对体育专业录取方式进行了重大改革，形成了以一般录取、推荐录取和AO（学生自荐）录取相结合的多元化方式，打破了单一而呆板的考试录取方式，增强了高校录取体育专业学生灵活性。一般录取主要根据体育专业考生在大学入学选拔考试中获得的考试成绩、所报考学校面试与实际能力检测成绩、调查报告以及考生健康诊断结果进行综合评价，决定是否被高校体育专业录取。这是当前日本高校体育专业招收新生的主要录取方式，录取学生数大体上占新生总数的60%。考生必须是具备高中应届毕业生或具有高中学历人员、修完12年学校教育的人员或相应的应届毕业生、符合学校教育法实施规则且具有高中毕业或同等以上学历的人员等条件之一，才能选择此种方式。推荐录取由高中校长进行推荐，以学生高中阶段的情况调查表（主要指高中时各门教育科目成绩的平均值）和校长的推荐信作为主要参考资料，决定是否录取为体育专业学生。近年来，几乎每一所具有体育专业的高校都通过推荐录取的方式招收了新生，其总数占学生入学总数的30%。AO录取是依据学生对体育专业教育的适应程度和其自身的素质进行的，主要是高校体育专业通过对申请者的面试及其自荐书等判断申请者的能

---

① 陈君，董佳佳. 日本体育教师教育改革的新进展及其启示［J］. 首都体育学院学报，2011，23（2）：133-136.

力和素质是否达到录取标准，从而决定是否录取。AO 录取也有不同的表现形式。日本对体育专业学生的三种选拔方式相结合，相对准确、客观、全面、灵活地考查学生的综合素质水平，选拔高素质的生源，为提升体育教师教育的质量，培养优质体育教师打下了良好的基础。[1]

2. 对体育教师的学历要求

日本的教师培养制度非常严格，教师的学历水平在不断提高。据 2006 年的统计，在公立学校录用的教师中，小学有 90%、初中有 86%、高中有 75% 是大学毕业；随着社会的高学历化，以及考取研究生的人数逐年增多，在新录用的教师中，小学有 6%、初中 12%、高中 24% 是研究生毕业。[2] 据日本文部科学省"2016 年度学校教师统计调查结果"显示，各级学校拥有硕士学历的日本教师比例不断增加，其比例分别为公立幼儿园 1.1%、公立小学 4.6%、公立初中 7.5%、公立高中 15.2%、私立高中 18.4%。日本计划到 2020 年中小学拥有硕士学位教师比例达到总数的 40%—45%。[3]

在日本的幼儿园和小学实施班主任制，体育课和各种体育活动都由班主任承担，并无专职体育教师。初中以上学校都要配备专职保健体育教师和养护教师，这两个学科的教师大概相当于我国的体育教师，两类教师相互配合，共同维护在校学生的健康生活和体育教育，对这两类教师质量要求较高，一般必须拥有本科学位，且要获得教师资格证书。虽然目前并没有获取日本这两类教师的具体学历情况，但也可以从上述教师整体学历情况可以推测出作为教师组成部分的养护教师和保健体育教师学历的大概情况。另据著名体育学者曲宗湖 20 世纪 80 年代对日本体育教师队伍的考察反映，当时冈山大学体育学部的一名硕士研究生，经合格证书的考核，被录用在一所初中任教，他感到十分荣幸和满意。[4] 从这个情况来看，可以说明在当时日本拥有硕士学位担任初中体育教师已经不是十分鲜见的事情了。而同时代的中国，初中体育教师不仅数量远远无法满足需求，而且基本上学历都达不到我国所要求的专科水平（相当于日本的短期大学）。

---

① 张磊，邢金明. 日本高校体育专业教育改革的新进展及其启示 [J]. 首都体育学院学报，2013，25（5）：416-419.

② 李天鹰，庞孟栀. 日本教职研究生院制度的创设及启示 [J]. 中小学教师培训，2009 (3)：61-63.

③ 李其龙，陈永明. 教师教育课程的国际比较 [M]. 北京：教育科学出版社，2002：168.

④ 曲宗湖. 日本体育教师队伍的现状 [J]. 中国学校体育，1989 (3)：67-69.

3. 体育教育专业的培养目标

20 世纪 90 年代之前，日本的体育教育专业主要目标是培养中小学体育教师。进入 21 世纪，日本高校体育教育改革以满足社会需求为导向，重新定位体育专业人才培养目标，从培养单一的中小学体育教师转向培养适合企业和社会各个领域发展的综合性体育专业人才转变，体现了培养目标的综合性。日本体育大学明确指出，其办学目标是培养身心健康、明朗快活、能够在工作岗位上发挥机动力的综合型体育人才。大阪体育大学的目标是培养具有丰富教养和广阔见识的实践性、创新性体育人才，为国民健康和体育文化及社会福利的提高作出贡献。鹿屋体育大学的基本目标中指出，"通过体育运动的手段，培养具有丰富创造性和活力的人才，为运动科学领域中学术文化的发展及国民健康的提高作出贡献"。[①]

4. 体育教师教育的课程设置及其改革

（1）早期体操传习所的课程设置

在日本开设体操传习所课程设置时期，培养体育教师的课程设置主要包括两类内容，一是文化课程，二是体操类（一般体操与兵操）的技术课程。文化课则主要包括与体操关联的解剖学、生理学以及汉文学、数学、物理学、化学等科目。体操类课程分为男子体操术、女子体操术、幼儿体操术等，练习内容主要是由美国所创立的新体操：徒手体操和利用哑铃、木环、棍棒等轻器械体操。[②]

（2）目前体育教师培养课程设置状况

日本教师培养严格遵守《教育职员资格法》等相关教育法律，并在各校强制实施，以求保证教师培养的质量规格。在日本的学校教育中和体育健康相关的教师有养护教师和保健体育教师两类。根据日本相关教师教育的法律制度规定，保健体育教师的专业教育课程是以体育技术及相关理论为主，生理学、卫生学和学校保健为辅，养护教师则以护理学、卫生学为主，其他相关基础课程为辅（见表 4 - 6）。两类教师的培养突出了各自学科的特点，相互配合，共同维护学生的健康。保健体育教师在健康教育方面的职责就是教会学生安全、健康地从事体育活动，而养护教师则是保证学生安全、健康地生活和生存。

---

①　张磊，邢金明. 日本高校体育专业教育改革的新进展及其启示［J］. 首都体育学院学报，2013，25（5）：416 - 419.

②　世界教育史研究会. 世界教育史大系（体育史）［M］. 东京：讲谈社，1981：208.

表 4 - 6 日本保健体育教师/养护教师资格专业教育课程设置及学分要求

专业	专业教育的学科	学分	专业	专业教育的学科	学分
养护专业	卫生学与公共卫生	4	保健体育教师	体育实技	5
	护理学（含临床及急救处理）	10		体育原理、体育心理、体育管理、体育社会学、运动学	6
	学校保健与养护概论	4		生理学（含运动生理）	2
	健康咨询的理念与方法	2		卫生学与公共卫生	2
	营养学、解剖学	4		学校保健（小儿保健、精神保健、学校安全、应急处理）	5
	微生物学、免疫学、药理学	2			
	精神保健	2			
合计		28	合计		20

资料来源：窦秀敏. 日本体育健康课程及教师教育对我国的启示［J］. 浙江体育科学，2003，25（4）：37－39.

日本综合性大学体育院系根据社会需求和教育改革要求进行课程设置。在教学内容上，政府只规定本科毕业需要 124 学分，科目和相应学分数由大学自主决定。1996 年，大学不再实行教养教育和专门教育的分类，按照四年一贯的课程体系，依靠所有院系的力量来充实教养教育。筑波大学体育学群以四年制的专业教育为中心，开设了专业类（包括技术理论和技术）、基础理论类、体育类、综合类、外语类、国语和情报处理类等七类课程，培养理论与运动技能兼备的人才。为了加强理论与实际的结合，要求每个学生在学校期间必须有两个专业方向。第一专业方向为运动技术专业，有三类技术群：一是个人项目，包括体操、竞技体操、田径、游泳、舞蹈和野外运动；二是集体项目，包括篮球、排球、足球和橄榄球；三是武道项目，包括柔道、剑道和弓道。学生必须选择其中一类作为自己的技术专业。第二专业方向为学科专业，分为体育学和健康教育学，重点在于掌握体育科学的基础知识。学生必须从体育学和健康教育学所包含的众多学科中挑选一个学科作为第二专业。体育学群的课程结构由基础科目、专业课（包括运动技术专业和学科专业）和毕业论文三部分构成。第一学年修完基础科目，第二学年修完第一专业领域的技能以及指导方法理论，第三学年开始学习第二专业的体育学、健康教育学，第四学年要完成毕业论文。学生修完学位课程和教师资格课程，不仅可以获得学士学位，而且可以取得高中二级、初中一级的保健体育教师和保健普通资格证书。① 体育教师运动技术课程标准设定为 5 学分（1997 年后为 6 学分，总学分比重由 12.5% 略增到15.0%）。从 1997 年日本 6 所大学体育教师培养技术课程设置情况（见表 4 –7），可见课程门类繁多，包括民族传统类、球类、体操舞蹈类、开拓类、保健及余暇类等 5 类共 55 个项目，供学生自由选择，每个学生至少可选择 5 个项目，以满足各类学生和社会体育发展的需求。由表 4 – 7 可见，日本体育教师技术课程设置集传统与现代、国际与本土结合的动态发展趋势。

表 4 – 7　1997 年日本 6 所大学体育技术课程设置与学分

民族传统类		球　　类		体操舞蹈类		拓展类		保健余暇类	
项目	学分	项目	学分	项目	学分	项目	学分	项目	学分
空手道	1	篮球	1	体操	1	筑波马拉松	1	季节盛会运动	1
剑道	1	排球	1	舞蹈	1	水上运动	1	身心调整运动	1
弓道	1	手球	1	竞技体操	1	小汽艇运动	1	余暇体育活动	0.5
柔道	1	软式棒球	1	器械运动	1	海洋运动	1	保健舞蹈	1
武道	1	美式足球	1	艺术体操	1	自行车旅行	1	康复体操	1
相扑	1	羽毛球	1	民俗舞蹈	0.5	障碍射击	1	运动疗法	
格斗	1	软式网球	1	爵士舞蹈	0.5	射击运动	1	高尔夫	1
拳击	1	橄榄球	1	创造舞蹈	1	野外活动	1	保龄球	1
弓术	1	足球	1	民族舞蹈	0.5	越野跑	1	慢跑	1
游泳	1	网球棒球	1	交谊舞	1	野营	1		
田径	1	冰球	1			帆船	1		
		乒乓球	0.5			滑雪	1		
						滑冰	1		

注：1 学分 = 16 课时。

资料来源：林陶. 中日体育教师培养的技术课程标准比较分析 [J] . 体育学刊，2008，15（11）：58 – 62.

其中具有代表性的日本体育大学体育学部体育教育专业的课程设置情况如下：全部课程共计 122 学分（必修 47 学分，选修 75 学分），学部共同课 59 学

---

① 林顺英. 体育教师教育：国际比较——中学体育教师职前培养和职后培训一体化探究[D] . 福州：福建师范大学，2003.

分，包括教养教育课22学分、学科教养课37学分；系共同课29学分，包括专业基础课10学分和专业方向课19学分；体育教育专业课36学分，包括基础课4学分和发展方向课32学分（实习实践占12学分）。[①] 从课程设置与学分比重上看，日本体育大学培养中小学体育教师既非常重视通识教育课程和实践教学，又通过大量选修课程的设置，为学生发展提供更多个性化选择。

（3）日本体育教师培养课程的改革

1997年，在日本教育职员养成审议会发表的《面向新时代的教师培养改善方案》指导下，保健体育审议会作了《为增进和保持终身身心健康——关于今后健康教育的振兴方案》报告，规定了体育教师应该具备的资质和指导能力，指出体育与健康教育的结合，培养学生健康安全的运动习惯和态度是新时期体育教师应担负的重任。由此，日本各体育院系开始对自身的体育教师培养课程进行改革，以开拓毕业生的就业空间和提高学生的实践指导能力。

首先，改革体育专业设置，增加基础教育课程和选修课程的所占比重，基础教育课程中增设基础教育和专业教育相结合的综合教育课程，旨在培养学生的综合能力，给予学生更多的个性发展机会。比如，大阪体育大学的基础教育课程改革前后课程门数分别为21门和28门，理论课学分分别为6学分和18学分；日本大学的体育院系大幅增加了选修课比重（见表4-8）。

表4-8 日本部分大学体育院系必修/选修课程表比重

大学名称	必修	选修	
		选择必修	自由选修
筑波大学体育	32%	54%	14%
鹿屋体育大学	8.8%	84%	7.2%
仙台体育大学	29.8%	44.4%	25.8%
大阪教育大学	32%	51.9%	15.3%
福冈体育大学	43.5%	40.3%	1.62%
日本体育大学	65.7%	34.3%	0%
中京体育大学	50%	50%	0%

资料来源：李加奎. 日、英、美三国体育教育专业发展的比较研究 [J]. 四川体育科学，2002（3）：5-7。

---

① 日本体育大学. 体育学部体育教育领域课程方案 [EB/OL]. 日本体育大学官网，2014-10-20。

其次，引入"样板核心课程"。为了提高学生的实践应用能力，2004 年 3 月，日本教育大学协会提出了包括"教育实践体验"和"教育现场研究"两项主要内容的"样板核心课程"体系，两项内容相互配合，促进了教师实践指导能力的发展。许多开设有体育教师教育课程的大学和院系为凸显体育教师培养课程的"实践主义"，在结合自身发展的基础上逐步引入了"样板核心课程"。兵库教育大学保健体育课程将实地教学贯穿于整个本科阶段，促进了体育教师实践指导能力的发展。①

（三）体育教师教育的标准化制度

1. 体育教师教育标准化的发展过程

日本在近代体育教育发展的早期就有了体育教师标准的雏形。1886 年日本唯一独立培养体育教师的机构——体操传习所被合并成为东京师范学校的体操专修科，其规模大为缩小，体育教师培养几近中断。为填补体育教师培养的缺失，日本开始实行体育教师的检定制度。1894 年日本颁布《普通师范学校、普通中学校、高等女学校教师证检定》，该制度规定，体操传习所原毕业生教授普通体操，陆军教导团毕业生教授兵式体操，特别对与陆军有关系者担任兵式体操教师实行免试检定，检定授予教师资格证制得以实行。根据 1900 年的《教师执照令》和《教师检定有关规程》的规定，对普通体操和兵式体操教师分别进行检定，对满足条件的军队士官和私立日本体育会体操学校本科优等毕业生实行免试检定。② 1901 年实行《改正教师检定有关规程》。上述体育教师检定制度的实施和兵式体操的引进，促使体育教师队伍中军人的比例大幅增长。"二战"后，日本对战前的军国主义教育进行了批判和反省，如何改革教师培养制度，提高教师资质成为教育改革的核心。1947 年和 1949 年相继颁布《教育基本法》和《教育职员资格法》，并接受美国教育使节团关于中小学教师在大学培养和教师资格开放化的基本方针。对教师职业的专业性进行了充分讨论，特别指出体育教师作为教育者应该具备以下特征：善良、认真、热情、健康、人品好、亲切公平、富有幽默感；专业知识精深，专业水平高，充分了解学生并能在课内外给予学生帮助；教养好，自由有度与宽严并济。日本文部科学省于 1987 年首次正式在"教师培养审议会报告"——《教师专业标准能力提升方案》中提出"教师专业标准"，确立了教师从事教育事业的基本理念。面向 21 世纪变化更为

---

① 陈君，董佳佳. 日本体育教师教育改革的新进展及其启示［J］. 首都体育学院学报，2011，23（2）：133 – 136.

② 世界教育史研究会. 世界教育史大系（体育史）［M］. 东京：讲谈社，1981：209.

激烈的时代，日本教育职员养成审议会于 1997 年在《新时期教员养成的改善方案》中提出了新的教师专业标准，在广度和深度上都有所发展，将此前教师专业标准的理念进行了具体化，标准的操作性增强，形成了一个较全面、系统的教师专业标准体系。同年，日本保健体育审议会答审的《为增进和保持终身身心健康关于今后健康教育的振兴方案》中规定了体育教师的资质和指导能力，指出当代健康教育是关系全民素质的新课题，把心理健康和道德健康已放在重要位置，在尊重生命和加深健康知识的同时，自我健康意识和健康行为的形成是中心议题。在体育教育领域，体育与健康教育的结合，培养学生健康安全的运动习惯和态度是新时期体育教师应担负的重任。2005 年，日本文部科学省根据"民众对教师印象调查"结果，再次对教师专业标准进行了修订，提出了教师应具备对教育工作强烈的热爱、优秀的思想道德修养和过硬的专业技术能力三项核心要求。2006 年在原有教师专业标准的基础上，中央教育审议会决定在教师培养方案及教师职业资格考试中增设教职实践学习的内容，以增强教师教学的实践能力，形成了"教师实践专业标准"，教职实践演习可以对将要从事教师工作者的实际能力作出量化预测，并决定于从 2010 年开始正式实施。① 2012 中央教育审议会从教师的职业责任感、作为专业人员的专业知识和技能、综合人文力等方面对教师专业标准提出了更高的要求。

2. 体育教师专业标准

（1）中小学教师资格证书种类和资格标准

根据《教育职员资格法》规定中小学教师职业资格证书的种类和资格标准如表 4－9 所示。

表 4－9　日本中小学教师资格种类与学分要求标准

学校类别	类别	资格标准	取得的最低学分			合计
			学科相关科目（必）	教职相关科目（必）	学科或教职相关科目（选）	
小学	A	硕士	8	41	34	83
	B	学士	8	41	10	59
	C	准学士	4	31	2	37

---

① 刘艳艳，孙翠香，张蓉. 日本教师专业标准历史变迁分析及启示［J］. 教育理论与实践，2013，33（21）：17－19.

学校类别	类别	资格标准	取得的最低学分			合计
			学科相关科目（必）	教职相关科目（必）	学科或教职相关科目（选）	
初中	A	硕士	20	31	32	83
	B	学士	20	31	8	59
	C	准学士	10	21	4	35
高中	A	硕士	20	23	40	83
	B	学士	20	23	16	59

注：A：专修资格；B：1种资格证书；C：2种资格证书。

（2）体育教师资格标准

《教育职员资格法》根据中小学教师职业资格的规定，对体育教师资格标准进行设定（见表4－10）。日本体育教师培养接受法律的规定，以较强的限制力在各教师培养机关实施，并严格遵守《教育职员资格法》，对全部教师施行专业教育，即由一般教养、专业教养、教职教养三部分所组成的专业性准备教育，并以法律手段设定取得教师资格的学科课程科目（学科专业科目）和教职课程科目（教育专业科目），规定体育学科专业科目和教职专业科目及学分分配比率，形成体育教师资格标准，从根本上保证了人才质量。从表4－10可以看到教职和学科两类科目的设定，凸显了体育教师教育"双专业"的性质和标准。同时又可看到教职科目的法定学分约占学科科目的50％，教职教育的比重远远超出学科教育，意味着日本无论是经济腾飞的产业化时代，还是进入富裕社会的信息化时代，教师资质适应社会的需要始终具有重要意义，特别是当代为适应国际化社会的发展，认识教职教育的意义，追求教师的教育方法、教育技术、指导能力等专业水平的提高仍是教育改革首先应考虑的重要战略。

表 4 - 10　日本初中体育教师 B 类资格的课程要求

学科专门科目	学分	合计	教职专门科目	学分	合计
术科	5	20	学科教育法、道德教育、特别活动	6	31
体育原理、体育心理、体育管理、体育社会学、运动学、运动方法学	6		教育本质目标、教育社会制度、管理事项、学生身心发展及学习过程、教育方法技术、情报器材及教材、教职意义	14	
生理学、运动生理学	2				
卫生学、公共卫生学	2		学生指导、教育咨询、就职指导	4	
学校保健、小儿保健、精神保健、学校安全、救急处理	5		教育实习、教育演习	7	

资料来源：林陶.日本体育教师专业标准诠释［J］.体育学刊，2009，16（3）：63 - 67.

（四）体育教师继续教育制度

日本的近现代教师教育始于明治维新时期，在"二战"后，经过 1949 年的《教育公务员特例法》和 1958 年的《关于改善教师培养制度的方针政策》等教师教育的法律和制度，日本的教师继续教育走上了法制化、制度化的轨道，继续教育成为教师的法定义务。20 世纪 70 年代以来日本师范教育走上教师教育道路，教员的养成、任用、研修三阶段连贯起来，成为一个提高教师素质的连续性过程。1971 年日本中央教育审议会明确了教师教育的终身教育指导思想，强调教师的"素质与能力应该通过培养、录用、进修、再教育的过程逐渐形成"。由此可见，日本对教师继续教育的重视，屡次从国家层面加以强调。进入 20 世纪 80 年代，日本继续加强对教师继续教育的重视。1986 年日本临时教育审议会提出了充实教师培养方案、完善教师资格证、建立新任教师入职培训制度等一系列改革举措。据此，文部省于 1988 年公布了《初任者研修法》，修订了《教育职员免许法（教师资格法）》和《教育公务员特例法》，并于 1989 年开始实施《新任教师入职培训制度》，随之在全国范围内在职教师继续教育广泛开展起来。2000 年以后，在职教师继续教育的重要性格外突显，随着《教职研究生院制度》（2008年正式设置教职研究生院）、《教师资格证更新制度》及《在职教师脱产进修制度》等新的教师教育制度的实行，教师继续教育制度变得更加细致和规范，从小学到大学、从新任教师到资深教师（研修对象包括：初任教师，5年、10年、20年、30年教龄教师）、从个人到团体、从普通教师到管理层等不同的教师个体和群体，毫无例外地涵盖在继续教育之中，形成了比较完善的教师继续教育体系，为教师教职生涯全程提供与教学经验和专业发展阶段相适应的研修，保障了教师在职研修的连续性。[1] 日本在职教师研修活动类型多种多样，按不同标准，可分成多种类型。日本的在职教师进修按照法律约束性可分为三类：义务进修（行政进修，既是最普遍又是最核心内容，具有权威性和主导性）、承认进修（免除职务义务的进修，多为脱产带薪）、勤务时间外进修（无法律约束性的进修）。按照教师个人意愿可分为两类：个人自发参加的自主进修和国家或地方计划实施的行政进修；根据研修场所，可分为校内研修和校外研修两大类；根据研修内容可分为基本研修、专业研修和课题研修三种。根据研修的性质可分为不脱产研修、脱产研修、自主研修和命令研修。另外，日本还为在职教师的学历教育开辟了专门通道，将兵库教育大学、上越教育大学和鸣门教育大学等教育大学作为在职教师学历教育的专门途径，在目的、内容、形态上都强化教师教育的性质，其研究生院将招生指标的2/3留给在职教师，其他教育大学研究生院将招生计划的1/3留给在职教师，为在职教师创设了适合教学专业的特殊学历教育途径。并于1983年为修完硕士课程的教师创设专有的"专修许可证"，该学历教育专门化制度对调动在职教师研修的积极性、学历层次和综合素质的提高起到了重要保障作用。[2]

就体育教师的继续教育而言，日本在整个教师继续教育制度的框架指导下，在20世纪80年代就建立了完备的体育教师继续教育体系，并通过立法予以保障体育教师继续教育的权利和义务的实现。日本体育教师继续教育主要由文部省、都道府县及市町村教育委员会、教育研究中心、民间教育团体、师资培养机关以及中小学校等机构负责。体育教师继续教育的主要类型有为体育教师提高学历的校外研修、倡导本校体育教师团队合作精神的校内研修、提高体育教师自身知识和能力的自我研修、课题研修、不脱

① 郜枫. 日本在职教师继续教育制度述评 [J]. 大学教育, 2018 (3): 179 - 181.
② 金福美. 日本实施教师继续教育的七大特点 [J]. 中小学教师培训, 1999, (5): 63.

产研修、脱产研修、自主研修等多种形式。文部省从 1979 年成立"教育研究小组"，并以国库专项性经费的形式给予经费支持，奖励课题研究小组和自主研修的体育教师，为新任体育教师提供更多的研修支持。① 1990 年日本制定《终身学习振兴法》并成立了终身学习审议会，终身教育成为日本的一项基本国策。教师教育向终身教育方向发展，各行政及教育机关开始制定改善教师在职研修的内容和方法，开始采取多样化的研修方式来提高教师的实际指导能力，促进体育教师终身教育的发展。1999 年日本教育职员养成审议会又进一步提出"大学与地方教育委员会"的合作计划，将合作范围进一步扩大到培养、录用和研修等方面，使教师教育范围从单一的"职前培养"扩充到综合的"职前教育""试用期培养"和"在职研修"，该合作计划的制订使教师教育的纵向研究更多地关注在职研修问题，体育教师的在职研修也进行了多方面改革。首先，日本文部科学省于 2001 年专门成立了独立行政法人教师研修中心，下设学校体育指导者中央讲习会，每年举行三次讲习会，主要进行体育授课研修，与骨干体育教师的信息交流等活动。其次，对新任体育教师的就职培训提出新要求，即必须参加每周 2 天或每年 60 天的就职培训，从指导教师处得到指导。还要参加每周 1 天或每年 30 天的讲座、论坛及各种实践培训课程，必须包括校外其他机构的教育中心举办的研讨会。最后，深入开展"体育课例研究"，创造各种机会和有效的方法来改变和丰富课堂实践、提升教学质量、改善学习环境、通过体育教师集体进行计划、教学和反思，促进体育教师实际指导能力的发展。② 日本 2008 年正式实行教职研究生院制度并建立了教职研究生院，开设培养专业研究生学位的体育保健相关课程，主要招收拥有教师资格证书的本科毕业生和在职中小学体育教师，通过两年的学习修满 45 学分，无须撰写硕士论文即可授予教育硕士学位。既丰富了体育教师在职培训的形式，又提高了体育教师的学历层次。

日本的教师继续教育存在的主要问题有以下三个方面：日本的教师在职进修以集体参加讲座的形式占 80% 以上，网络进修平台构建和新模式的探索滞后，进修形态单一，未能与时俱进；具有法律约束性的行政进修是最主要的方式，自主进修和校内进修等通常有名无实。细化和强化的新任、5

---

① 汤利军，季浏英. 英美日体育教师继续教育比较研究 [J]. 体育文化导刊，2010 (5)：117 – 120.

② 陈君，董佳佳. 日本体育教师教育改革的新进展及其启示 [J]. 首都体育学院学报，2011，23 (2)：133 – 136.

年、10 年、20 年时教师必须参加全国统一进修，虽为世界在职教育制度开创了先河，但让教师疲于应付，影响了教师的主观能动性；日本的教师在职进修在行政主导的层层管理之下，出现了一定的内容重复、时间延长、课题增多等现象，导致教师身心负担增加，进修效率低下。①

四、日本体育教师教育改革的启示

（一）选拔适合体育教师培养对象

没有优质的生源是难以培养出优秀的教师的。麦肯锡在研究世界最好的学校体系后表明：他们的教师至少都是从专业排名前 1/3 的毕业生中选拔出来的，其中芬兰是前 10%，新加坡和香港是前 30%。② 因此，在当今对体育教师质量要求越来越高的时代，要培养出优秀的体育教师必须要通过恰当的方式选拔高质量的体育教师培养对象，才可能为培养优秀的体育教师提供基础。日本在体育教师培养对象的选拔上，改变传统通过统一大学入学考试的选拔方式，采取一般录取、推荐录取和 AO 录取相结合的方式，增强了高校录取体育专业学生的灵活性，相对准确、客观、全面、灵活地考查学生的综合素质水平，选拔高素质的生源，为培养优秀的体育教师打下了良好的基础，体育教师培养成效显著。我国当前以文化考试和体育考试相结合的方式决定体育教育专业学生的录取。文化考试是全国统一进行，试卷有国家命题和省命题两种形式，目前除江苏、浙江、北京、上海、天津 5 个省市外，其余 26 个省市均采用全国统一命题试卷。体育考试有三种形式：身体素质模式、"身体素质 + 专项技术"模式、"身体素质 + 辅项技术 + 专项技术"模式（见表 4 – 11）。体育教育专业的录取在文化和体育成绩都通过的前提下，有按文化成绩择优录取、按体育成绩择优录取、按文化考试与体育考试折算后综合分数择优录取三种形式。中国的体育教育专业培养对象的选拔方式自然有其文化素质和身体素质相结合的优点，但众所周知，多年以来体育教育专业招收的学生往往是在以文化成绩高考无望的情况下，为了达到进入大学的目的才选择报考体育教育专业，因此体育教育专业的学生的文化素质明显在整体上低于其他专业的学生。在这种情况下，要培养出理论素养高，专业技术强的体育教师是比较困难的。日本的体育教师培养对象的选拔方式是值得我国借鉴的，我们要结合中国实际

---

① 邰枫. 日本在职教师继续教育制度述评 [J]. 大学教育, 2018 (3)：179 – 181.

② 麦肯锡全球报告——学校体系为什么成功 [J]. 校长, 2013 (28).

探索出更加灵活高效的选拔方式，选拔出既热爱体育又乐教适教具备善教潜质的优秀生源加以培养。

表 4 – 11　中国各省份的体育高考形式

体育高考形式	采用的省份
身体素质	山西、广西、新疆、福建、湖北、河北、青海、陕西、安徽、吉林、宁夏、贵州
身体素质 + 专项技术	河南、北京、辽宁、甘肃、四川、江西、上海、广东、山东、天津、重庆、海南、西藏、内蒙古、江苏、黑龙江、云南
身体素质 + 专项技术 + 辅项技术	湖南

（二）促进体育教师教育层次上移

教师专业化的迅猛发展以及社会对体育教师职业要求的提高需要体育教师教育重心的上移。体育教师是一项专门职业，通过设置教职研究生院培养专门的体育教师，从体育教师职业的角度打通本科体育教师教育与研究生层次体育教师教育的隔离，不仅可以促进体育教师专业化的发展，培养出高度专业化的体育教师，同时还为体育教师的进一步发展开辟道路。我国目前的体育教师多属本科或专科层次，专业型研究生层次的体育教师教育力量薄弱，不能很好适应社会的快速发展变化。我国应该向日本学习，逐步上移体育教师教育重心，加大本科层次的体育教师教育，扩大研究生层次的专业型体育教师教育，以提高体育教师的实际指导能力和社会适应能力。当前，我国高等教育已经步入普及化阶段，中小学校的体育教师学历基本全部达标，并且出现了少量的硕士层次教师。随着我国经济和教育的发展，对体育教师的学历要求会进一步提高，将中小学教师学历层次提升到硕士层次是中小学体育教育发展的需要，同时当前的经济发展形势和高等教育发展水平也为此准备了较好的物质基础和可能的教育条件，至少将我国体育教师教育的层次上移至研究生层次是将来的发展方向。

（三）保障体育教师实践能力提升

20世纪90年代以来，日本体育教师教育的培养课程主要有基础教育课程（普通教育课程）、专业课程（学科课程和术科课程）、教育学科课程和教育实践。强调文、理、工科课程的渗透融合，内容上涵盖自然科学、社会科学、技术科学等领域，并注意优化组合，发展新学科课程和综合性课程，以求让学生形成合理的、广博的知识结构。近年来，日本体育教师教育以"实践性"为方向，更加重视在实践中提升体育教师的实际指导能力。为了改变学院式教师培养存在理论学习空洞、实践教学能力弱的缺陷，日本在体育教师教育课程改革中采取了三项措施：第一，强调师范特色的教育类课程，该类课程占比高，开设范围广、门类多，涉及教育理论与方法、教育原理与技术、教育史等方面。尝试设置"样板核心课程"，以提高学生实践指导能力和综合能力，拓宽了学生的就业渠道。第二，面向学校实践，定期举行大学、教委、中小学之间的协议会，强化体育教师教育机构与中小学校的联系，创造机会让志愿当教师的学生经常能到学校现场进行教学体验。第三，在课程设置上增大了教育实习的内容，加强体育教育专业的教育实习，强调学生在教学实践中学会教学，丰富教育实习的形式，实行参观实习、现场实习和责任实习等多种形式的实习，既有集中又有分散。比如，日本体育大学本科体育教师培养中实习实践占到12学分，要获得硕士学位须获得总共45学分，其中10个学分为实践内容。

（四）构筑体育教师终身教育体系

教学水平无极限，教师教育无终点。现代教师培养体系无论多么完善，终究是个终结性的体系，会受到时间限制，而教师在职继续教育则是无限性的，是教师不断进步和发展的动力之源，是教师职业走向专业化的重要保障。对于每位教师而言，要不断提高教育教学水平就必须不断接受继续教育。尤其是对于以动作技能为特征的体育课程，体育教师的身体状况以及体能状况必然随着年龄的增长不断下降，单凭运动水平维持高效的体育教学是无法适应新时期体育课程与教学发展要求的。日本在体育教师继续教育方面通过法制化的途径保障体育教师继续教育的权利和义务，完善体育教师在职研修体系，构建体育教师的终身教育体系等做法效果良好，是值得我国借鉴的。完善体育教师的在职研修，将终身教育发展体系纳入体育教师教育改革规划是日本20世纪90年代以来体育教师教育的重大改革举措。社会发展速度的加快，对体育教师要求的提高，使单纯的体育教师职前培养无法满足时代发展的要求，构筑体育教师职前教育与在职培训相结合的终身教育体系，促进学校体育教师教育向社会终身体育教师教育发展成为必然。日本根据体育教师进入教育行业的不同年限，将在职研修分为新任教师，5年、10年、20年及30年教师分别进行在职研修，覆盖面广，内容全面且针对性强，形成完善的连续性在职教师培训模式和支持系统。同时，在在职研修中开展"体育课例研究"，通过教师合作计划课程、相互参与和观察课堂以及日常讨论和沟通的方式促进了教师实践指导能力以及综合能力的提高。日本通过对体育教师在职研修的制度设计与职前教育相配合，形成了比较完善的体育教师终身教育体系，并且把终身教育上升到法律层面进行保障，在提高体育教师素质和专业化水平的效果上优于我国体育教师的在职教育，可以作为我国体育教师在职研修的一项全新尝试。我国目前虽然已经认识到构筑终身体育教师教育发展体系的重要性，却更多地停留在教师教育理念层面，并未变成实际行动。我国应借鉴日本构筑终身体育教师教育发展体系的做法，加强体育教师的终身教育立法工作，成立终身体育教师教育的专门机构，促进体育教师在职研修的有效开展。①

（五）增强体育教师健康教育能力

日本中小学校学生的健康由养护教师和保健体育教师共同维护，保健体育教师和养护教师虽然侧重有所不同，但他们的培养课程设置中都有与健康教育相关的课程。培养出的两类教师都具备较强的健康教育能力，共同维护学生的健康。保健体育教师在健康教育方面的职责是教会学生安全、健康地从事体育活动，而养护教师则是保证学生安全、健康地生活和生存。当前我国青少年的体质健康状况在现代社会各种影响健康因素的作用下，日益成为我国一个重大的社会问题。我国与邻国日本相比，在青少年体质的诸多指标上落后于日本，这一点无疑和日本在保健体育教师和养护教师培养上围绕健康教育所采取的政策和措施不无关系。我国在21世纪之初就开展了基础教育体育课程改革，将传统的体育课改成体育与健康，强调对学生健康的重视。而我国的体育教师培养中，关于健康教育的内容并不多，也没有得到足够的重视，因而体育教师的健康教育能力相对不高。我国青少年学生的体质健康水平一直难以令人满意，尽管原因是多元的，但体育教师的健康教育能力和教学效果不好也一定是原因之一。2016年中共中央、国务院印发《"健康中国2030"规划纲要》，对健康中国建设作出科学规划，对于作为健康中国建设基础工程的体育教师教育也提出"将健康教育纳入体育教师职前教育和职

---

① 陈君，董佳佳．日本体育教师教育改革的新进展及其启示［J］．首都体育学院学报，2011，23（2）：133 - 136.

后培训内容"的要求。我们也知道体育教育与健康教育有着天然的亲缘关系，因此，在我国体育教师培养中应增加健康教育课程，这样才有利于培养复合型的体育教育人才，拓展体育教育专业的就业出路。同时，通过提升体育教师在体育教学中的健康教育能力，促进学生更健康地进行体育的学习与锻炼，更有效地实现学生身心健康的协调发展。

第五章

未来拓思：中国体育教师教育政策改革走向

第一节 中国体育教师教育面临的机遇与挑战

当今世界处于经济全球化、多极化迅猛发展的大变局之中，各国积极进行教育改革，全面提升教师专业素质和国家教育实力已经成为人才竞争和综合国力竞争的首选战略，以求通过提升教育质量在国际竞争中占据先机。如何培养国际化人才，助力我国在全球治理中发挥关键作用，实现中华民族的伟大复兴，是我国教育必须承担的光荣使命。党的十九大以后，我国进入到中国特色社会主义现代化强国建设的新时代，中华民族迎来了从站起来、富起来到强起来的伟大飞跃。在 2018 年全国教育工作会议上，习近平总书记指出："坚持把优先发展教育事业作为推动党和国家各项事业发展的重要先手棋。"2018 年，我国颁布《关于全面深化新时代教师队伍建设改革的意见》，强调深入推进教师管理体制机制改革，创造培养新时代新型教师的优良环境，形成优秀人才争相从教、教师人尽其才的良好局面。"实施教师教育振兴行动计划，建立以师范院校为主体、高水平非师范院校参与的中国特色师范教育体系，推进地方政府、高等学校、中小学'三位一体'协同育人。"同年 2 月，《教师教育振兴行动计划（2018—2022 年）》提出："加强教师教育体系建设。加大对师范院校的支持力度，不断优化教师教育布局结构，基本形成以国家教师教育基地为引领、师范院校为主体、高水平综合大学参与、教师发展机构为纽带、优质中小学为实践基地的开放、协同、联动的现代教师教育体系。"2019 年 2 月，《中国教育现代化 2035》颁发，指出"建设教育强国是实现中华民族伟大复兴中国梦的基础工程"，并提出具有统揽性的国家教师教育发展规划。2020 年全国教育工作会议再次强调，要坚定不移地落实教育优先发展的战略，加强教师队伍建设。我国的教师教育就是在"新时代"国际、国内的双重背景下，上述重要教育会议召开，发布了关于教师教育发展的纲领性文件，为教师教育提供了千载难逢的机遇。

然而，在教师教育开放化的改革实践中，面对新征程、新使命，教师队伍建设还不能完全适应新的形势。现实中，我国对教师教育的支持力度不够，教师教育在高等教育中的地位出现弱化，其体系结构有待完善，水平亟待提高。在新时代，教师教育面对社会和教育改革的挑战，如何解决新时代人民日益增长的美好生活需要和教育不平衡不充分发展之间的矛盾，如何填补提高教师质量的要求与提高教师质量的能力之间的差距，如何提高教师待遇、增强教师职业吸引力、解决教师结构性问题，如何紧扣社会主要矛盾变化的时代坐标，培养越来越多有理想信念、有道德情操、有扎实学识、有仁爱之心的好教师等，都是难以解决却必须要解决的问题，教师教育面临着重大挑战。总之，在新的历史时期，教师教育承载着国家意图和国际竞争多重深意，被抬升到历史上从未有过的政治高度。与之相对，现实中的教师教育却面临一系列的困难，因培养的教师质量难以令人满意而饱受批评。可以说教师教育在备受关注的同时却又遭受质疑，承载期望却又缺乏支持，既面临重大时代机遇又遭遇严峻挑战。

2016年我国颁布实施《"健康中国2030"规划纲要》，党的十九大报告将"健康中国"建设提升到国家战略高度，对体育在健康促进方面的作用提出了新的更高要求。当前，我国学校教育已经覆盖全体适龄青少年，学校体育承担着全社会新生代的健康重任，将健康教育内容纳入体育教师教育，加强体医融合，建立运动处方库，实施运动风险评估，体育教师对此责无旁贷，体育教师也会因此而备受重视。2019年9月我国颁布的《体育强国建设纲要》提出，到2035年青少年身体素质要有显著提升，健康状况要有明显改善。充分发挥体育的教育功能，通过体育培养德、智、体、美、劳全面发展的人才，对体育教师提出了新期待。2020年全国教育工作会议强调，加强德、智、体、美、劳五育并举中的短板弱项、推动教体融合，给学校教育中体育教育这一薄弱环节带来重大发展机会。我国上述战略的实施都离不开高质量体育教师，体育教师教育得到高度重视，成为体育教师教育发展的重要机遇。

然而，体育教师在现实中的处境却是残酷的。在学校体育方面，2016年《关于强化学校体育促进学生身心健康全面发展的意见》指出，学校体育仍是整个教育事业中的薄弱环节，社会各界对其重要性认识不足、体育课和课外活动不能保证、体育教师短缺等问题。体育教师在学校不同学科教师群体中处于"被忽视"的困难地位，使其专业发展问题缺少关注和重视。另外，由于我国体育教师专业发展晚于其他学科，体育教师专业化水平与语数外教师差距较大，并且缺乏自我发展动力，与现代教育对体育教师的高标准、高学历和高水平的"三高"要求差距较大。这些问题已经制约了体育教育质量，导致学校体育功能难以充分发挥。在国家关于社会发展战略的顶层设计方面，面对健康中国和体育强国战略对体育教师提出的新要求，面对人民对美好生活的向往、对卓越教育的需求、对身心健康的追求，向体育教师提出的新期待，当前的体育教师难以满足这样的新要求。在体育教师改革本身，存在诸如体育教师教育一体化改革的运作逻辑与实践存在裂痕，专业化创新型体育教师队伍建设所需要的全方位协同推进规划机制和跨部门统筹协调机制尚没有形成，体育教师教育多元主体间的目标差异和操作实践偏差依然存在，体育教师教育资源配置模式还不合理等众多需要解决的问题。在上述实然状况与应然判断还没有得到有效弥合的情况下，如何对体育教师教育进行改革，培养适应新时代要求的新型体育教师，是体育教师教育面临的新挑战。

第二节　中国体育教师教育政策的未来走向

一、建构中国的教师教育发展理论

"理论指导实践，思想引领未来。"恩格斯指出："一个民族要想站在科学的最高峰，就一刻也不能没有理论思维。"教师教育理论研究不仅可以促进教师教育改革观念的更新，而且能够为改革实践提供科学依据和行动准则，支持和引领教师教育发展。以美国为代表的欧美国家教师教育理论成果丰硕，诸如教师专业发展理论、教师专业发展阶段与职业生涯周期理论、教师知识与学习理论、教师专业标准理念等教师教育理论不断出现，正是由于这些理论的引领，其教师教育成为众多国家学习的标杆。

反观我国，虽然现代意义的教师教育发展至今已经120余年，但由于缺乏本土化研究，具有实践指导价值的理论成果乏善可陈。在教师教育历史上，我们不得不跟着日本、美国、苏联跑，学习他们在师范教育中的理论和模式。改革开放以来，我们仍旧学习借鉴欧美发达国家教师教育的经验，努力推进教师教育大学化、专业化、标准化和一体化。进入新时代，我国确立了建设教育强国的宏伟目标，追随他国的教育理论和发展模式已经不能实现教育强国目标。叶澜教授指出："近代以来，中国社会在与发达国家相比中的诸多落后，销蚀了我们不少人的民族自信心和自爱心。"为此，中国教育理论界应"从增强中国教育研究的原创性做起"，"为中国的教育理论与教育事业能屹立于世界民族之林而多作努力"，因为"一个偌大的中国，一个拥有最多教育人口的中国，一个进入了21世纪的中国，不能没有原创的教育理论。"① 这就意味着我国教师教育必须实现从模仿跟随国外经验到创新形塑中国话语的历史转变，以中国教育经验为基础，以现有理论和西方理论为分析工具，以构建本土化政策理论为旨归，构建以"中国元素"为核心的政策理论体系。由国外异质社会文化场景中生成的教育理论和模式本身并非为解决我国的教育问题而生，必然不能满足本土的教育发展需求。因而，要对教师教育进行全面总结和系统反思，从而形成具有中国特色、国际视野、科学系统的先进教师教育理论，以指导教师教育改革实践。② 在我国教师教育中，对于定向型、开放型、混合型三种类型的教师教育制度，究竟哪种培养类型更适合，在理论上还没有阐述清楚；当代理想教师的类型是技术型、专家型，还是反思型？是谋生的普通职业还是与时俱进的教学专业，抑或是"学高为师，身正为范"的理想性事业？对于这样一个涉及"培养什么样的教师"的根本问题也没有从理论上进行合理定位，怎能在行动上自觉践行？总之，诸如此类的教师教育问题，都应当有其理论基础做支撑。

体育教师教育除了要接受教师教育理论的指导以外，也需要建构具有自身学科特性的教师教育理论，以指导体育教师教育实践。体育教师教育理论是在长期的体育教师教育实践活动的过程中，总结、归纳、抽象、概括出来的对体育教师教育的理性认识，是由一系列的体育教师教育概念、命题及原则依据一定的推理形式构筑的关于教育问题的系统性理论结构，体现出体育教师教育实践活动现象背后的规律。

体育教师教育理论构建的路径可以从以下几个方面进行：第一，重塑体育教师专业化基点，构建和完善体育教育学学科体系，体育课程改革主要解决的是"学会教学"的问题，"学会教学"是当前体育教师专业化的致力点。体育教育学类课程是体育教师获得教学技能并实现其专业发展中"不可替代性"的理论基础。体育教师的专业性在于"体育教育"，其支撑课程应该为体育教育学类课程。体育教育学科体系的构建与完善是体育教师专业化的理论前提，而且这种理论支撑和指导应贯穿于体育教师专业发展的不同阶段。体育教育学的构建至少应包括三个面③：一是从哲学原理层面探讨体育教育与人的身心发展的关系、体育教育与社会发展的关系，从理论上厘清体育教育专业培养目标定位，

---

①　叶澜. 世纪初中国教育理论发展的断想 [J]. 华东师范大学学报（教育科学版），2001，19（1）：1-6.

②　黄正平. 论我国教师教育理论的缺失与建构 [J]. 南京社会科学，2017（5）：134-139.

③　王健. 体育专业课程的发展及改革 [M]. 武汉：华中师范大学出版社，2003：155.

阐述体育教育的目的、任务、内容及原则方法。二是探讨体育教育内容的选择、组织实施和评价问题，即体育课程的编制问题。三是体育教育方法与体育学习方法的统一问题，以及各自的特殊性问题。第二，实现体育教师继续教育由"扩容"向"升级"的模式转型。我国传统的体育教师的继续教育主要着眼于体育教师知识和技能的"扩容"，而非强调新理论和思想观念的学习和反思。这种继续教育的指导思想在体育教师作为体育教学大纲的"执行者"的背景下是有效的，但是，新的体育课程改革对体育教师的要求不再是一个简单的知识、技能及方法的"扩容"问题，而是要求体育教师思想观念和整体知识能力结构的更新和优化。因而体育教师继续教育也就应该致力于体育教师教学教育思想和观念以及教学知识技能的全面提高。在这两种继续教育模式中前者是"技术性"的，后者则是"思想性"和"系统性"的，因此需要强调三点：一是体育教师继续教育应该以教育教学思想和观念的更新为主，重视现代体育教育基本理论的学习与掌握，发挥培训者的理论特长与优势，以知识、教学技能、教学手段等技术性因素为辅；二是体育教师继续教育必须贯穿于体育教师专业发展的全过程；三是关注体育教师的个性化需求。①

二、重塑并提升中国体育教师教育自信

自信不仅是个人的优良品质，也是一个民族最宝贵的思想资源和精神气质，一个民族缺乏自信，就会丧失民族的特色，失去民族的未来。中华民族历史上曾经有过辉煌的文明成就，形成过强烈的民族自信心。然而，近代中国一个多世纪的民族危机，使整个民族的自信心备受打击。中华人民共和国的成立为全体中国人民赢回了尊严和独立，改革开放40多年所取得令世界称为奇迹的伟大成就，新时代中国正走向实现民族伟大复兴的新征程，再次证明了中华民族非凡的品质、智慧和勇气，重新激起中华民族的自信心。中国历史上拥有先进的教育文化，从汉代开始就有正式接受留学生的记录，朝鲜和日本将我们的教育制度引入国内，我国的教育文化也曾在世界上产生了重要影响。而中国教育现代化是典型的后发外生型，几乎完全以从外部引入与本土完全异质的现代性因素的方式开启的。一个多世纪以来，我们借鉴西方教育，忽视我国曾经独特而辉煌的悠久教育历史，这在一定程度上会阻碍中国教育的发展。

新时代的中国正在阔步走向世界舞台的中央，教师教育置身于这一大的时

---

① 黄爱峰，吴昊，顾渊彦. 新课改下的体育教师教育问题透视［J］. 北京体育大学学报，2005，28（2）：222－224.

代背景和历史时刻，只有拥有教育自信，我们才能在设计、推进和评价教育改革行动时，既能够充分地吸收历史上教育文化的优秀遗产和经验，也能够批判性地学习国外一切先进的教育观念、政策和做法。因此，激活教育自信是摆脱西方教育束缚，形成主体重建思维观念，构建中国特色的教育理论，开创中国教育新模式，尽快走出一条具有中国特色的教育现代化之路的前提。2016 年，习近平总书记在考察北京市八一学校时就曾经提出，"我们的教育改革要坚持文化自信，好经验要坚持，不足的要补齐"，为教育自信的建立和提升提供了坚实的思想基础和强大的精神动力。事实上，我国现代教育及教师教育所取得的伟大成就也足以激发我们的教育信心。香港大学前副校长程介明和香港大学教育政策研究中心常务副总监李军认为，中国现代教育已经建成世界上最大的教育体系，有其自身优势。中国基础教育的健康发展，教师教研的专业特征，课程改革的持续动力，国家力量的集中投入和社会力量的积极参与等是国际社会普遍认为的教育优势，欧美对此有着强烈的好奇心和想要学习的欲望。哈罗德·史蒂文森早在 20 世纪 80 年代就认为日本、中国大陆和台湾地区的教育值得北美学习。如今中国学生在国际教育成就评价（IEA）和学习能力国际评价项目（PISA）中取得的成就证明了充满儒家传统精神的课堂教学的质量，间接证明了中国教师教育的价值。特别是英国政府多次派教师赴上海学习基础教育经验，充分说明我国基础教育已经具备很大优势。世界银行、联合国教科文组织等国际组织认为，中国教师教育虽从学习他国起步，但其发展植根于中国人文宗旨、中庸之道、多元开放和知行合一的社会传统文化土壤，平稳地解决了 20 世纪 90 年代讨论的师范大学是否应该摘掉"师范"帽子及师范大学师范专业与非师范专业的矛盾、专业设置与经济利益的冲突等问题，完全避免了美国等西方发达国家因师范教育大学化而造成的教师数量短缺和教师教育质量不高的问题，创造了许多世界奇迹，为发展中国家树立了典范，亦欲将中国教育经验推向世界。这说明中国教师教育模式有能力"挑战西方教师教育模式的长期垄断"，也能够建立中国教育政策话语体系。正是基于中国教师教育发展经验，2014 年联合国全球教育机会均等监测报告中提出迎接教育现代化挑战和学习危机最根本的方法是依靠教师建设。①

新时代我国正阔步走向中华民族伟大复兴的新征程，我国确立了健康中国建设、教育现代化、体育强国建设、教师教育振兴等一系列的国家战略，教师

---

① 中国高教研究编辑部. 聚焦 2035 中国教育现代化［J］. 中国高教研究，2018（2）：18–21.

教育则是实现这些伟大战略的先导性基础工程，我们的教师教育再不能停留于西方教育跟跑者的角色，必须在走向更加规范、科学、理性的同时，应更加注重扎根本土文化，增强理论自觉和文化自信，建设具有中国特色世界领先水平的教师教育。因此，应当自觉树立和提升我国的教育自信，扎根中国教育实践，汲取人类教育智慧，投身到伟大的教师教育变革和创新实践中，打造出具有中国特色、中国风格、中国气象的教师教育话语体系，进而深度参与全球教育治理，为世界文明作出新贡献。①

三、突显体育教师教育政策的中国特色

在建设有中国特色的社会主义的道路上，我们的宏伟目标是建设一个有中国特色的现代化教育强国，其特色存在于历史文化与教育现实问题之中。我国五千年的优秀传统文化是我们的立国之本，教育现实问题是我们的立教之基。我们正在思考、酝酿和着手的教育改革必须建立在两者之上，以中国化为根本指向。我国传统文化中的教师观最突出德性修养，强调教师要"为人师表""以德为本、德字为先"，对教师的德行要求有着圣人般的极高标准，教师需"志慕远大""行正度大"，传统儒家的"仁义礼智信"是教师的基本素养。在重德性修养的前提下，教师要注重"身教"，同时还提倡把教师职业追求建立在育人的快乐和奉献上。在形象方面，教师要持重、庄严，要有"教师的样子"；这在师范教育初创时期的《南洋公学章程》《奏定初级师范学堂章程》和《修正师范学校规程》等教师教育政策中有着充分体现。三项政策共24条，其中有14条是对教师德性和身教的要求，可用"高大平实"进行概括。"高"出现2次，即高尚的志趣和良善高明之性情；"大"出现5次，即志慕远大，行正度大，通忠孝大义，爱人道而尚大公，明现今之大势；"平"出现2次，即平和的个性和心态，性近和平，无偏见计较，无争吵猜忌，真诚谦逊；"实"出现6次，即品性敦实，性厚才精，做事重实际，讲实益，讲解学理醒豁确实，讲授内容实用，实事求是。其中，"贵庄重而戒轻佻"和"以身作则"则体现对教师形象和身教的要求。在西方文化中，对教师职业道德只作底线要求，更强调教师的专业标准、开放的心态、良好的沟通技巧。由此可见，我国早期的教师教育政策注重吸收中国教育文化的精髓，若单从对传统教育文化的继承上看，是值得学习的。② 世界比较教育学会会长、香港教育学院院长许美德指出，以儒家文化为主

---

① 蔡华健，曹慧英. 新中国成立70年我国教师教育政策的演变、特点与启示［J］. 河北师范大学学报（教育科学版），2019，21（4）：37 - 45.

② 吴传刚. 我国现行中小学教师专业标准改进研究［D］. 沈阳：哈尔滨师范大学，2019.

体的师范教育是中国的特色和优势。她对中国教师教育越来越多地借鉴美国综合大学模式表示担心，称中国教师教育应该结合自身的文化底蕴和师范教育传统，重点突出教师教育教书育人、为人师表的特色和优势。① 历史和实践证明，放弃自身文化传统盲目追赶西方大学，是一条代价不菲的崎岖弯路。全球化浪潮使世界各国的教师教育陷入西方模式，我国的教师教育同样如此。新时代，我国开启了教育强国建设的新征程，而追随西方模式是不可能真正建立起教育强国的。英国学者大卫·菲利普斯根据200多年来英国对德国教育政策借鉴的案例研究，总结和设计出教育政策借鉴的四步模型，即跨国吸引、决策、实施、内化与本土化。中国教师教育经过120余年的艰难探索后应该走到本土化的阶段了，建设教育强国只能经受一个非常艰难的重回中国模式。萨德勒（Sadler）曾警告说："不能随意地漫步在世界教育制度之林，就像小孩逛花园一样，从一堆灌木中摘一朵花，再从另一堆中采一些叶子，然后指望将这些采集的东西移植到家里的土壤中便会拥有一棵有生命的植物。"② 吸收不是盲从，不能丧失自我。我们在放眼世界之后，更要立足当下。将国外理论与中国本土实际结合起来，审视借鉴的适用性和对自我思想的反思，立足中国的教育问题，努力创生出具有中国文化特质的教师教育，让本土成果走向世界并与外界平等对话，如《礼记·中庸篇》所言："万物并育而不相害、道并行而不相悖。"这是个极富挑战的艰难过程，只有发扬本土的优良传统和汲取多元性的经验，才能最终做到广纳百川与和而不同、特立独行且充满生机。③

体育教师教育同样不可能在简单的复制模仿中切实解决中国的体育教师教育问题。我国自清末体育教师教育制度建立至今一直以横向借鉴为主，少有纵向继承。当前，我国体育教师教育积极倡导的专业化和标准化依然是学习西方的做法。教育是一个文化性极强的事业，认真研究、清理和保持中国体育文化、教育文化的特性是体育教师教育中国特色的前提。不同的文化对于体育的理解是不同的。体育在中国传统的儒家伦理与政治哲学中被称为"技末之学"，中国传颂的英雄足智多谋，计算与谋略是其最重要特征，仰慕英雄的实质是对谋略的崇尚，而中国张飞式的"武夫"有勇无谋，难堪大任，必须接受文人的领导。西方的英雄不过分信仰谋略而崇尚武力，以武力解决问题，显示出硬汉形象。在中国，对于以"武"为外部特征的体育教师而言，要取得社会的尊重必须注

---

① 郝文武，任凤芹，郭祥超. 强化中国师范教育的特色和优势——访谈加拿大和美国著名教育学人纪实 [J]. 当代教师教育，2017，10（1）：29-33.

② 王承绪. 比较教育学史 [M]. 北京：人民教育出版社，1999：66.

③ 李军，许美德. 构建大学的中国模式3.0 [N]. 社会科学报，2013-04-18.

重自身文化素养，单凭运动技能，而没有儒雅气质和智慧，往往被普通大众视为"四肢发达，头脑简单"，而非真正的专业人员。① 在西方，教师的教学是"引水"灌溉，要教给学生某些方面的知识或技能，教师可以将其引用过来，让学生自己去领悟和掌握，教师只起引导作用。体育作为一种教育，体育教师的专业性是指教师作为教育专家，应该具备教育的共同性和普遍性，包括了解学生特点、掌握教育规律和方法等。对体育教师而言，同样强调的是教师应具备的普适性、一般性的教育特征，而非体育专家的高超体育专项技能。在中国，教师的教学行为是将知识与能力储备传授给学生，必须有充足的储备，否则就必须去补充。在体育教育中，中国体育教师的专业性特指体育技能而非教育技能，即某项或多项体育特长，这在体育教师招聘中起到关键作用。中国的体育教师培养，在体育技能上强调专项化，体育教育专业的课程设置中，学生的体育技能备受重视，为顺应未来的体育教学工作中向学生传授体育技能做准备，而非引导学生参与并享受体育。② 对教师文化和体育教师认识的差异性告诉我们，体育教师教育不能盲目引进外国成果，更不能轻易与国际接轨，否则易形成崇洋媚外的历史虚无主义。我们需要承认发达国家体育教师教育经验的先进性和体育教师教育中的普遍规律，对其进行学习和借鉴，更重要的是要保持自身优势和特色，以中国化为指向，形成中国特色的体育教师教育，解决我国的体育教师教育问题，并为世界体育教师教育提供新的模式，作出中国的贡献。这也是当前新时代赋予中国体育的伟大使命。

四、以体育教师教育专业化为主体方向

　　教师专业化运动最早肇始于 17 世纪末，经过 18 世纪和 19 世纪的发展，在 20 世纪中期以后，世界经济、文化、科技等领域的迅速发展，终身学习理论的深入人心等一系列世界性变化对教师教育提出了新的挑战。如何建构适应时代变化，符合教育自身规律的专业标准，如何提高教师的专业水平等问题就成了世界各国普遍关注的焦点，推动教师专业化发展成为世界教师教育的主旋律。在教师专业化运动中，美国的教师专业化和教师教育专业化走在世界前列，引领了教师教育的世界潮流。在当前全球性教育改革浪潮中，世界各国均将推动教师专业化运动作为提高教师质量的关键，教师专业化也成为各国教师教育改革的共同目标，以期培养出具有专业水准的教师。教师专业化运动也得到我国

---

① 黄爱峰. 体育教师教育的专业化研究 [D]. 南京：南京师范大学，2005.
② 武伟东，夏成前. 中澳体育教师教育文化体制对比分析 [J]. 南京体育学院学报，2014，28 (5)：84 – 90，111.

的认可，于 20 世纪 90 年代开始正式得以启动，并对教师专业地位的认可逐渐落实到国家制度层面，将教师教育专业化作为培养高质量教师的根本路径。目前教师专业化正在成为我国教师教育改革领域的现实运动，以培养集"学科专家"和"教育专家"为一体的专业化教师。在我国教师专业化改革运动的推动下，我国教师职业的专业化水平得到了一定程度的提高。

但不容置疑的是，教师专业化是一个西方概念，与我国社会背景和国情的适用性是值得理性审视的。而事实上，自教师专业化理论的产生起，无论是在理论研究，还是在实践中推行都持续遭遇到了争议和困难。劳恩（Lawn）曾经指出，专业性是"教学历史上最具争议性的关键术语"。20 世纪 60 年代开始，特质模式的专业化在现实、方法论和价值等层面都受到质疑，专业性和专业化的内涵发生转向。① 当前的美国教师教育改革中，"去专业化"的教师教育成为一支几乎可以和专业化教师教育相抗衡的重要力量，美国教师教育改革的多元化方向为其教师教育发展带来勃勃生机。我国在朝向教师专业化方向迈进的过程中，也曾出现了教师专业的目的困境、知识困境、权力困境、制度困境和伦理困境等诸多困难。教师专业化之所以出现上述诸多困难，是因为我国在教师专业化的过程中，没有充分考虑教师职业的专业性与成熟的医生职业专业相比所体现出的独特性和我国所不具备的专业化传统。② 虽然在不同国家教师教育专业化改革过程中，出现了包括去专业教师教育等不同发展方向和种种困难，但并没有改变教师教育专业化发展的主流方向。对于教师专业这样一项长期而复杂的系统工程，我们应该坚持以理性的态度对待，不能将其理想化，而应正视其存在的问题和面临的困难，结合我国教师教育实际，在整体上既坚持教师教育专业化发展方向，而又不排除其他可能的改革方向。同样，关于教师教育专业化改革的反思和改革过程中面临的困境，打破了体育教师教育改革对体育教师专业化的迷信，在体育教师教育改革中体育专业化应该是主要发展方向，但并非唯一方向。因此，在体育教师教育改革中，在坚持体育教师专业化的同时，可以鼓励探索其他改革路径，引导多元化的体育教师培养模式。

五、体育教师教育向高层次化方向发展

麦肯锡公司对世界上 25 个教育发达国家的研究表明，其教师养成首先完成

---

① 乔雪峰，黎万红. 问责制度下教师专业性——"去专业化"与"再专业化"间的主要争论［J］. 中国人民大学教育学刊，2012（3）：57－66.

② 金忠明. 教师教育的历史、理论与实践［M］. 上海：上海教育出版社，2008：252－257.

四年本科教育，再进行两年教育硕士学位研修，才能胜任教师。从前文对美日两国的体育教师教育政策的考察中，可以看到两国对体育教师的要求较高。从体育教师学历上看，美国在 20 世纪 50 年代基本实现了体育教师培养本科化，2002 年有一半的中小学体育教师拥有硕士学位，并呈现硕士化为主的趋势。从体育教师标准上看，美国开发了职前、入职和在职相连贯的体育教师专业标准。日本教育计划在 2020 年中小学教师中 45% 左右达到硕士研究生层次，早在 20 世纪 80 年代，日本初中体育教师拥有硕士学位已经不新鲜了，日本还通过设置教职研究生院培养专门的体育教师，打通了本科体育教师教育与研究生层次体育教师教育的屏障，培养出高度专业化的体育教师。由此可见，发达国家体育教师已经实现了高标准、高学历和高水平的"三高"要求。我国颁布的体育（与健康）课程标准主要借鉴了欧美等发达国家的体育课程模式，并于 2011 年和 2017 年分别颁布了《义务教育体育与健康课程标准（修订版）》和《普通高中体育与健康课程标准（2017 版）》，标志着我国基础教育体育与健康课程改革进入新阶段，对体育教师的专业化水平提出了新的更高要求，体育教师教育要适应基础教育体育课程改革的需要，培养新型高层次的体育师资。而我国目前的体育教师多属本科或专科层次，研究生层次的体育教师教育力量薄弱，不能很好适应基础教育体育课程改革对体育教师的要求。当前我国高等教育正由大众化向普及化转型，2018 年初，中共中央、国务院颁布《关于全面深化新时代教师队伍建设改革的意见》，明确提出要"严格教师准入，提高入职标准"。2018 年 3 月《教师教育振兴行动计划（2018—2022 年）》提出的教师培养层次提升行动，鼓励有关高校扩大教育硕士招生规模，适当增加教育博士专业学位授权点，为体育教师教育向高层次方向发展提供了可能。因此，我国在体育教师教育上，要适应新时代对体育教师的高要求和高标准，健全研究生层次的专业型体育教师教育，逐渐扩大招生规模，使体育教师教育向更高层次发展。我国体育教师教育高层次化可尝试采用三种路径：一是在师范院校内部通过一定的选拔，将四年制本科层次体育教育专业提升至"4 + 2"的研究生层次；二是依托高水平的综合大学进行师范教育体系的外部重建，实施基于体育本科毕业生的研究生层次的体育教师教育；三是针对在职优秀体育教师进行研究生学历教育。

第三节　中国体育教师教育政策调整思路

一、坚持开放性长远目标下的混合培养模式

目前，世界范围的教师教育培养模式主要有封闭型、开放型和混合型三种模式，多数欧美国家教师教育模式的演变路径呈现出由封闭型向开放型演变的特征，前文对美日两国体育教师教育政策的考察发现，两国早已实现了体育教师培养的开放化。当前世界各国教师教育基本制度的演变都经历了从封闭到开放的过程，开放的教师教育已是世界教师教育发展的主流。我国从清末建立起封闭的体育教师教育制度后，其演变的总体趋势是向着开放化方向发展，这一演变过程中与美日两国直线演变不同的是我国出现了反复的钟摆现象，目前我国的教师教育体系已经呈现出开放化的特征。国内外的历史经验表明，国家采用何种教师教育类型主要是由教师队伍建设的现实状况决定的，当教师队伍建设的主要矛盾为数量不足时，往往采取封闭型教师培养体系；当质量问题成为教师队伍建设的主要矛盾时，开放型教师教育体系则能发挥更明显的作用。两种类型的教师教育制度各有其优劣，封闭型教师教育制度的优势突出表现在能够保障教师数量的供给，开放型教师教育制度的优点集各类大学的优势，充分发挥各种类型高校的作用，培养高质量的体育教师，实现教师培养的主动性、多样性和适用性，满足社会对不同类型教师的需要。在美国教师培养的多元开放格局中，教育学院只是综合性大学的一个院系，教师培养不可能成为综合性大学的办学重点。莱文报告显示，一所专门培养教育硕士的院校每年仅培养 200 名教师，而一所研究型大学每年也只培养 300 多名教师，这必然导致教师供给出现缺口。①目前我国教师培养在整体上已经满足国家基础教育对教师数量上的需求，可以朝向开放化的教师教育模式迈进。而当前我国教师教育也呈现出开放化的局面，但这一局面的形成主要是来自国家高校布局结构调整和建立一流大学的外部要求，而且参与教师培养的综合性大学并没有建立起新教师教育办学理念和模式，仍采用传统的教师培养模式，只是教师培养的空间发生转变，这种形式上的开放和西方国家的开放型教育模式存在着本质不同。从我国当前

---

① 钟秉林. 观念创新是高师院校发展和教师教育改革的重要先导 [J]. 高等教育研究，2010（5）：1 – 5.

教育实践来看，教师的社会地位和经济待遇还不高，教师职业仍缺乏足够的吸引力；尽管教师在总量上得以满足，但由于教育发展水平存在的区域不平衡和城乡差异，教师结构性短缺依然存在，困难学科教师短缺突出，农村合格教师数量不足的问题尚未完全解决。当前，我国的城镇学校教师队伍建设面临的主要任务是教师专业素质的整体提高，而农村的主要任务则是增加合格教师的数量。特别是体育教育仍然是整个教育事业中薄弱的环节，体育教师（特别是西部和农村）质量不高，短缺问题依然严重，不能满足基础学校体育教育需要。我国教师教育模式改革只有立足于城乡教师教育不平衡和诸如体育这样困难学科教师质量不高的现状，坚持发挥政府在教师教育中的科学引导和质量监督作用，才能得以解决。美国的州政府往往通过采用教师教育学费免除与工作义务挂钩的政策来吸引优秀青年到高需学校任教。我国政府也推行西部教师教育硕士培养计划等举措来提升西部教师的质量。鉴于以上所述，我国当前的教师需求状况决定我国还不适合完全采用开放型的教师培养模式，以师范院校为主体、综合性大学积极参与的混合型教师教育模式是更恰当的选择。随着人民对于优质教育的需求更加渴望，基础教育对教师的质量要求越来越高，教师培养的重点转移到提高质量上来，对教师的专业化水平要求也越来越高。在未来，我国的教师教育将走向开放模式。

二、建构一体贯通的体育教师终身学习体系

教师专业发展理论认为，教师应该是接受终身教育，践行终身学习的榜样。作为一个持续发展的专业群体，必然要经历一个由职前培养、入职教育到职后教育这样一个集连续性、动态性与终身性于一体的漫长成长过程。教师教育就需要针对教师专业发展各阶段存在的现实问题与实际需求进行分析，作出整体性规划和设计，即教师教育一体化，通过将教师的职前教育、入职教育和职后教育统整为一个连续不断、相互支持的教育培养体系，合理利用教师教育资源，培养高素质专业化的教师成为当前世界教师教育的基本经验和主流发展方向，也是我国教师教育发展的重要目标。

我们的邻国日本构筑了体育教师职前教育与在职培训相结合的终身教育体系，并将终身教育上升到法律层面，取得了显著成效。我国目前已经认识到构筑终身体育教师教育发展体系的重要性，也正在逐渐加强体育教师教育中职前教育、入职教育和职后教育的一体化研究和建设。早在 20 世纪末，我国"教师职前培养、职后培训相沟通""教师培养培训一体化"等政策话语开始出现，并推动体育教师教育一体化体系的探索。鉴于在体育教师教育一体化建设过程中

出现的问题，体育教师教育一体化终身学习体系的建设路径可从以下几个方面进行：第一，强化终身教育理念，消除"终结式"教师培养意识，强化体育教师教育一体化认识。第二，建构一体化的目标体系。体育教师教育一体化目标体系的建构应遵循体育教师专业发展规律，根据职前培养、入职教育和职后教育各阶段的侧重设置各阶段目标，各目标连贯统一形成体系。总目标应该是培养符合新时代发展和体育教育要求的高素质专业化体育教师。分目标根据教师职前、入职和职后各阶段的特点进行确定，各分目标相互支持并以达成总目标为目的。第三，设置前后相互衔接的课程内容。遵照体育教师教育一体化建设要求对职前和职后课程进行统整设计，根据不同阶段体育教师的发展重点与实际需求设置前后衔接，既各具特色又相互支持的课程内容，为目标的实现提供连续一贯的课程支持。① 第四，加强体育教师教育一体化建设中的薄弱环节。我国体育教师教育的重心一直放在终结性的职前培养上，职前教育资源配置上远远优于在职继续教育。而事实上，职前教育培养的只是体育教师的"毛坯"，而优秀体育教师年龄多集中在 36—45 岁，教龄集中在 11—25 年。入职教育和在职教育一直是薄弱环节，而体育教师漫长的成长过程决定了在职教师教育的重要性，这就决定了在体育教师教育一体化过程中，需要加强入职教育和在职教育。② 第五，创设相互协同管理体制。体育教师教育涉及教育行政部门、体育教师教育机构、中小学校等多元主体，只有建立起"目标一致、机能协调、有机结合"的管理体制，形成相互配合协同、合作共赢的共同体，才能保障体育教师教育一体化的顺利进行。2016 年 11 月，在东北师范大学体育学院策划组织的全国首届"体育教师教育发展论坛"上，正式成立了全国首家融合高校、中小学、实习基地校、研究机构、教师教育行政管理部门多方力量和资源的"体育教师教育联盟"，提出了体育教师教育改革新思路，创立了新的一体化融通互动机制，为培养高素质专业化的体育教师创立了新模式。

总之，体育教师教育是一项长期的系统工作，必须以终身教育理念和教师专业发展理论为指导，以培养符合新时代要求的高素质专业化体育教师为宗旨，借鉴国际体育教师教育经验，扎根中国大地，结合中国体育教师教育需求，在纵向上将体育教师职前教育、入职教育和职后教育进行有效统整和有机衔接，在横向上打通体育教师教育机构、教育行政部门、教研机构和中小学校的联结，

---

① 陈时见，李培彤．教师教育一体化的时代内涵与实现路径［J］．教师教育研究，2020，32（2）：1-6.

② 周登嵩．我国优秀体育教师成长规律的阶段与促进因素的研究［J］．体育科学，1994，14（6）：10-15.

形成各有侧重但又互为整体的连续性体育教师教育终身学习体系。

三、建立中国的体育教师教育专业标准

教师教育专业标准是教师教育专业化的产物，它对消解教师专业发展实践中教师教育发展混乱起着非常重要的导向作用。美国的教师专业化发展运动确立了标准化的发展方向，建立了一系列相对成熟的教师专业标准，成为教师教育改革的重要动向。联合国教科文组织将教师专业标准的制定作为优先发展事项。日本、英国、加拿大、爱尔兰、澳大利亚等发达国家以及亚洲的菲律宾、泰国、越南等发展中国家都制定了教师专业标准。其中，美国、加拿大和爱尔兰等还建立了专门针对体育学科的教师专业标准，在这三国当中美国的体育教师专业标准体系既包括职前也包括职后等不同的标准，共同形成了较完善的体系，走在了世界前列。

2012 年，我国制定了现行的中小学教师专业标准，虽然至今已经试行了八年，但尚无研制针对不同学科教师的教师专业标准，不同学科教育的研究者正在积极探讨各自学科的教师专业标准。对于体育学科而言，中国自 21 世纪初开启了新一轮的体育与健康课程改革至今已有近 20 年的历史，同样没有建立起为体育教师教育提供指导的体育教师教育专业标准。尹志华、赵进、董国永等体育教育的研究者正积极研究体育教师专业标准，并一致认为我国在体育教师教育逐渐迈向开放化的过程中，应该向美国学习，制定中国的体育教师专业标准，为中国体育教师教育提供明确的培养标准。但在我们看到美国体育教师专业标准先进性的同时，也应该认识到美国的体育专业标准也并非完美无瑕，对其标准存在的问题进行全面深刻的反思。事实上就美国国内而言，其教师专业标准化运动始终伴随着众多的批判。比如，美国"解制派"认为教师专业标准除坚持学科知识外，对提高教师质量并无益处，甚至要求解除教师专业标准。因此，如果对于在美国本身已经引起争议的体育教师专业标准，不加以全面研究和反思，一味地主张向美国的标准学习，对于中国未来的体育教师专业标准建设是不利的。

中国具有悠久的教育传统，有与西方不同的教师观，有对体育教师专业性的不同理解，其中也不乏对当今教师教育具有借鉴意义的先进思想和经验。在新时代，中国体育教师教育也存在着中国独有的一些问题。因此，中国体育教师专业标准的设计和制定应体现时代精神，大胆开拓，以"中学为体，西学为用"作为指导原则，虽然"中学为体，西学为用"是清末洋务派提出的文化移植原则，实质是以中国封建伦理思想和经史学问作为根本，以西方科学技术作

为工具，维护封建专制统治。这是中国清末的有识之士面对西方列强侵略，以改变我国内外交困局面又无意根本改革的折中思想。但是若撇开其阶级性、政治性与保守性，视之为一种对待外来文化的态度，无疑是正确的。就体育教师教育而言，我们一方面要在充分认识美国等国家体育教师专业标准的优劣和经验教训的基础上，有选择地学习和引进，目的是为我所用，而绝非是全盘否定自身。另一方面要充分考虑中国丰厚的教育文化、教师文化和体育文化，深入挖掘自身教育优势，以中国体育教师教育实践为基础，融入中国元素，才可能建立起体现中国独特的思想认识、方式方法，具有内生性的世界一流的体育教师专业标准。

四、汇聚体育教师教育发展的强大合力

在体育教师教育的改革中，科学地进行决策需要多方主体参与，构建理论的研究者、制定蓝图的决策者、执行政策的实践者构成了改革的关键主体，共同推动着体育教师教育的改革与发展。体育教育专家是研究者，其任务是探究体育教师教育政策运行的规律，为决策和实践提供理论指引；政府部门是决策者，其任务是制定体育教师教育的发展规划和改革方案；体育教师教育机构和体育教师等是实践者，其任务是执行政策。教师教育政策依托专业人员的专业知识正在成为一种惯例，但专业人员却没有成为教师教育政策制定的主要主体。体育教育专家掌握着精通体育教育理论和规律，具有丰富的体育教育经验，把握体育教育改革与发展的走向。在体育教育政策决策中，充分发挥专家的作用，可避免体育教育改革走弯路甚至失败。我国教师教育政策变革是国家意志主导下的"强制性制度变迁"，中央政府在教师教育政策制定上拥有绝对的权威，主要根据党和国家的大政方针和教育事业的现实需求来制定，是党和国家教育意图在教师教育中自上而下的具体落实，是体育教育改革的外部动力，也是最主要的动力。教师教育机构和教师既是教师教育改革的推动者也是承受者，要促进教育改革的深化，必须不断强化教师教育机构和教师的主体地位，调动其广泛参与改革的自觉性和积极性。而在我国的教师教育政策实施中，教师往往被要求在各方面跟上改革的步伐而成为被动角色，无视其自身的价值、认同感和个人愿景。教育政策往往因缺乏教师的认同而难以推进①，制约了教师教育改革的深度发展和持久性。在"教师专业标准（试行）"颁布实施5年后，赵进的调

---

① 吴文胜. 教师发展与政治文化研究——基于教师政策演变的分析 [M]. 杭州：浙江大学出版社，2013：145－188.

查仍显示有一半以上的教师没有听说过，可见教师在教师专业标准等政策参与度之低。① 当前我国将推进教师队伍建设与教师教育治理能力现代化提上了教师教育改革的议程，这就要求政府、教师教育机构、中小学校、教师及教师专业组织、社会与公民等多元主体共同参与、协作处理教师教育公共事务，各方既要各司其职，又要协同合作，形成教师教育发展的合力，以实现最大效应。而在我国现实的体育教师教育政策中，体育教师教育改革主要是政府主体以外在力量进行推动，体育教育专家在决策过程中发挥了一定的作用，而作为体育教师教育的内源性力量的广大体育教师没有参与政策决策的机会，无形中产生了对政策的抗拒，影响政策执行效果。

　　另外，在体育教师教育改革中，我国将数量化评估、程式化操作、声望化提高作为教师教育的工作重点，而且体育教师的专业化水平、物质待遇、教学环境、学科地位、继续教育等一系列问题正逐渐得到改善，可是却并没有真正提高体育教师的质量。根本原因在于，教育水平的提高和教师专业的发展最终要靠体育教师主体意识的觉醒，要通过体育教师自身身份认同，发挥其主观能动性，而我们体育教师教育改革中所采取的措施更多的是靠外部力量干预，而不是从本体思想意识观念的层面进行思考，虽然外部措施也会产生作用，但只能治标而不能治本。体育教师教育改革必须在改革思路上进行创新，改变只是将体育教师作为规训式执行者身份的做法，采取适宜的措施激发体育教师发自内心的理想追求、高度的责任感和事业心，促成不断生成自身发展的"内生能量"。②

　　总之，体育教师教育改革是一项复杂的系统工程，具有多元的参与主体，不可能单独依靠政府部门这一外源性动力推动体育教师教育的持续发展，必须充分发挥包括体育教育专家、体育教师教育机构和一线体育教师等多元主体的作用，尤其要激发内源性力量，使内外部力量形成合力，共同推动体育教师教育的发展。

五、在互动中培养体育教师的实践品性

　　"实践"作为体育教师教育的核心价值取向，加强体育教师教育的实践品性，切实提高未来体育教师的教学实践能力，是我国体育教师培养的重要目标。

---

① 赵进. 我国体育教师职前职后教育的问题与出路［J］. 体育学刊，2016，23（5）：105－109.
② 李阳，赵刚. 论我国体育教师身份认同的迷失与重构［J］. 北京体育大学学报，2019，42（9）：117－126，147.

尽管我国体育教师教育已经开始注重强化实践性教育，在这一环节作出了诸如延长教育实习时间、丰富教育实践形式、注重校本培训、现场学习等有益尝试，但因品质不高，体育师范生的实践能力在总体上并没有得到有效加强。在我国体育教师教育系统中，体育教师职前教育在大学进行，以"专业知识＋专业技能＋教材教法"为主线，培养路径以"教室课程"学习＋"运动项目"训练为主体，职后教育以院校培训为主，与中小学体育教育实践存在严重的隔离，是长期存在的沉疴宿疾，导致培养的教师实践能力不高。在体育教师培养过程中，《学校体育学》《体育教学论》和《体育教学设计》等与体育师范生教学行为关系密切的教育理论课程脱离中小学体育教育实践，且以填鸭式的课堂教学为基本授课形式，忽视在体育实践情景中对具体问题的分析与解决。比如，运动人体科学类课程以抽象的理论知识为主，缺乏"体育"特征，难以与青少年身体成长发育之间产生具体联系。《学校体育学》关于体育教学方法的讲授程序，基本上都是先介绍教学方法的概念，然后指出在具体运用中的要求。对于缺乏体育教学直接经验的体育师范生而言，不可能在这样的讲解中掌握体育教学方法的要点和技巧，更难以在毫无主体体验情境下发展运用体育教学方法的能力，因此即使能够熟练背诵相关体育教学方法知识要点，却仍出现不知如何运用的现象。在技术课程上，受"唯技术主义"取向的影响，师生都以体育运动技能为重，运动技能的教与学成为体育教师培养的重点，对学生的评价也以运动技术技能水平为标准，追求运动技术的规范与熟练被奉为圭臬，却不重视如何合理地设计和组织运动技术教学。体育教师在教学实践中既要根据学生的知识、反应与行为状态的线索，有关教学计划和教育模式的知识，以及既定教学计划与教学实态之间的落差来把握调控教学流程，又要在不断变化的教学过程中，对教学现场随时发生的事件快速进行整体性把握，并与后续行为进行巧妙的衔接。因此，体育教学是具有突出的"现场性""发现性"和"临床性"特征的复杂实践活动，任何无视体育教学情境复杂性、教育对象多样性及主体性实践（体育教学观察、体验、尝试和反思）的体育教师教育是难以提升体育教师教育实践能力的。这就要求在体育教师培养过程中，引导体育师范生进行建构式的专业学习，将体育教育知识转化为"个人知识"，提高理论素养，同时又要为师范生提供丰富的实践时空和有效的实践指导，将其置身于形式多样的体育教育教学实践中进行临床式操练，使其真切体会到教学的复杂性和教学智慧的重要性，为其成为充满教育智慧的专业体育教师打下基础。

鉴于此，高效的体育教师教育应该是大学教育与基层学校教育的相互配合和互利共赢。我们要提高体育教师培养的实践性，关键在于破除长期以来高校体育教育培养与中小学体育教育之间的隔离，推进体育教师教育与基层学校间的互动合作，建立稳定的大学与中小学的合作伙伴关系，努力将教师教育服务融入教学实践中去。对于体育教师教育者而言，要针对体育教育实践的现实问题研究对策、创新理论，并将这些对策、理论放置于实践中进行检验、修正；对于体育师范生而言，消除体育师范生只是作为基础体育教育的局外人和消极旁观者的身份，使其走进中小学体育教学现场，在真实的基础体育教育生活中以亲身体验完成体育教师教育课程学习。通过这个互动过程成为促使未来体育教师与在职体育教师发展的共同渠道，实现体育教师教育与基础学校教师之间的共生式发展，才可能真正实现我国体育教师教育的新突破。①

六、提升体育教师教育政策的前瞻性

鉴于我国现代教师教育制度的后发外生性，在教师教育政策上始终呈现出跟随西方教师教育制度的特征，遑论超前性。体育教师教育更是没有超越教师教育的发展，我国的体育教师教育政策着眼于解决眼前问题，忙于应对体育基础教育课程改革实践对体育师资的新要求，被动适应特征明显。在我国实施建设体育强国和健康中国伟大战略的新形势下，体育教师教育政策理应体现体育教师教育规律，把握体育教师教育发展方向，对体育教师教育进行科学预测和规划。体育教师教育政策不仅要引导体育教师教育，培养适应体育基础教育需要的体育教师，而且要从引领基础教育阶段体育教育的发展方向出发，推动我国体育教师教育和体育教育的进一步发展，为体育教育现代化服务。

面对全球化的教师教育改革，要想时刻保持教师教育政策的活力，就必须将教师教育政策建设放置于全球教师教育发展背景下，提升创新意识，明确结构特征，增加前瞻性考量，预测体育教师教育未来的变化及发展规律，提前为体育教师教育提供规划，指导现实工作，但是基于新时代体育教师教育预测研究还非常有限，对于体育教师教育事业未来走向的趋势分析滞后，难以为体育教师教育政策提供建设性意见和指导。这就要求加强体育教师教育的前瞻性研究，以信息化为手段，以体育教师需求数量和类型为突破口，依托"大数据"技术，对体育教师教育发展趋势和体育教师培养路径作出正确的前瞻性预判。以卓有成效的前瞻性研究成果作为体育教师教育政策决策的依据，增强政策的前瞻性，保证政策的科学性和稳定性，更好地培养一支符合新时代发展要求的

---

① 窦坤，龙宝新. 论当代我国教师教育改革的动力、主题与走向［J］. 教育理论与实践，2010，30（3）：39－42.

高素质专业化创新型体育教师队伍。

七、全面加强乡村体育教师队伍建设

为了解决我国城乡发展长期存在"不平衡不充分"的矛盾，2015 年习近平总书记指出，要把工业和农业、城市和乡村进行整体统筹谋划，实施战略，促进城乡共同发展，建设社会主义现代化强国。《乡村教师支持计划（2015—2020）》指出，"发展乡村教育，教师是关键，必须把乡村教师队伍建设摆在优先发展的战略地位"，培养更多更好适应当下乡村社会需求和乡村振兴使命的乡村教师队伍。2018 年我国颁发的《国家乡村振兴战略规划（2018—2022 年）》和《教师教育振兴行动计划（2018—2022）》强调，"优先发展农村教育事业"，为边远、贫困、民族地区教育精准扶贫提供师资保障，实行"乡村教师素质提高行动"。学校体育发展是实现"体育强国"的重要构成部分，而农村体育教育的发展关乎我国学校体育的均衡发展。乡村体育教师作为乡村教师群体的一部分，是发展乡村体育教育事业关键群体，肩负着乡村体育事业发展的重任。不仅关系到农村体育教育事业的发展，更关系到我国走向体育强国的步伐。因此，乡村体育教师教育问题理应得到国家教育政策的重视和支持，而事实上，我国体育教师教育政策却出现了如前所述的较严重的城市化倾向。这种倾向与我国当前正在实施的"城乡发展一体化"和教育现代化大战略是相背离的。2007 年又重启部属师范大学免费师范生政策（2018 年改为公费师范生政策），随后不少省份又陆续出台了省级免费（公费）师范生计划、卓越乡村教师计划和乡村教师支持计划等一系列乡村教师保障措施，同时也为乡村体育教师教育提供了政策保障。这些农村教师教育制度是一种政府主导的强制性制度，实效性很低，所培养的体育教师广泛存在"下不去、留不住、教不好"的情形。原因主要有三个方面：一是农村落后于城市，待遇低，发展前景差；二是单独依靠政府强制性的教育政策，使政策执行打了折扣；三是乡村体育教师培养措施没有培养出了解乡村社会、教育，甘愿为乡村体育教育服务的体育教师。因此，要为乡村社会输送"下得去、留得住、教得好"的真正愿意服务乡村体育教育和乡村振兴的乡村体育教师，必须从以下四点着手。

第一，提高乡村教师待遇，为乡村体育教师创造更多的发展机会。第二，借鉴民国政府乡村师范教育经验。20 世纪 30 年代的民国乡村师范教育以自下而上的诱致性制度变迁带动强制性变迁实现了乡村教师教育制度的需求与供给的动态平衡，打破了我国教育制度政府主导的强制性变迁方式，推动了乡村师范教育的发展，为我国教育制度变迁方式提供了一种新的思路。据此，当前我国

农村教师教育制度变迁应该走强制性制度变迁和诱致性制度变迁相结合的道路，充分发挥各自的优越性，共同促进我国农村教师教育制度的发展和完善。① 第三，改革教师教育措施，通过增加乡村社会学、乡村教育学等课程，安排到乡村学校实习等方式，让师范生了解乡村，热爱乡村，增强对乡村儿童的感情以及精准教育扶贫的责任感，坚定其为乡村教育服务的信念。第四，通过加强乡村体育教师的教育培训促进其专业发展，为乡村体育教师的晋升提供多方支持，加大对乡村体育教师的奖励力度，建立健全乡村教师荣誉制度等一系列制度，创造让体育教师在乡村学校"教得好"的新机制。②

总之，在当前振兴乡村战略的新时代背景下，我们必须重视乡村体育教师群体的发展，将其作为重要的时代课题，加强对乡村体育教师教育的研究，提供更多的发展思路，采取多种措施保障乡村体育教师教育的发展，唯此，我国乡村体育教育和体育事业的发展才能走向更好的未来。③

八、不断完善体育教师教育课程制度

在对我国体育教师教育课程方案的回顾、对美日两国体育教师教育政策考察以及新时代背景下我国对体育教师的要求变化进行分析的基础上，发现我国体育教师教育课程制度上仍然存在着不少制约体育教师教育质量提高的问题，应该结合社会对体育教师的现实诉求进行以下改革。第一，体育教育专业课程方案要体现学生个体兴趣与爱好，逐步增强指导性，扩大其弹性。这就要求课程设置中提高选修课的比重，同时使课程小型化和课题化，以便于培养学生的实践能力。第二，加强人文素养课程建设，突出育人能力。人文素养培养包括教师职业认同、教师美德、教师使命三个层次，促成学生形成自我发展意识，增加职业的责任感和使命感。第三，理论课程与运动技术课程并重。鉴于美国体育教师教育中强调以生物力学、运动生理和运动医学等为代表的自然学科和以学校体育学、体育测量与评价、体育教学论等为代表的体育教育学类课程，重视技能形成和发展的理论知识而不注重运动技术的情况。我国有学者提出，中国体育教师教育中应增加理论课程而减少术科课程门类和课时数量，这与当

---

① 邹奇，苏刚. 民国师范教育制度中国化探索及当代启示 [J]. 社会科学战线，2017（2）：279 - 282.

② 张恒波，杜光友，胡燕，等. 乡村振兴战略执行中农村中小学体育教师流失应对 [J]. 体育科技，2019，40（2）：53 - 54.

③ 赵娇艳. 振兴乡村战略背景下乡村体育教师发展现状研究 [J]. 青少年体育，2019，80（12）：119 - 120，106.

前体育教育专业学生术科能力普遍下降和体育教师招聘中注重运动技能的现实相矛盾，而且和我国"学高为师"的传统教师观及体育教师专业性认识相冲突。第四，进一步优化教师教育类课程，突出体育教学教法课程的地位。2018年教育部发布的《普通高等学校本科专业类教学质量国家标准》中将体育教育专业目标定位于体育教师，在体育教育专业的质量标准中要求学生掌握现代教育教学理论与方法，具备较强的体育教育教学能力，能胜任学校体育工作。将体育教师教育类知识和课程作为专业核心知识和核心课程，并放在首位，更加突出体育教育专业的专业性。这就要求体育教师教育的课程设置要进一步优化和加强教师教育类课程，提升体育师范生的教育教学知识和能力。第五，拓展健康教育相关课程。新时代人民对美好的健康生活的追求，要求体育教师教育拓展健康教育相关课程，增强健康教育能力，承担起健康教育的重任。历史上，1934年国民政府教育部公布的《国民体育实施方案》中已经存在健康教育内容。现今，我国的新课程改革中，各学科一再强调"健康第一"的指导思想，基础教育体育与健康课程更是增加了健康教育的内容。我国分别于2016年和2018年颁布的《"健康中国2030"规划纲要》和《关于全面深化新时代教师队伍建设改革的意见》都强调，教师是学生健康成长的指导者，加强健康教育，将健康教育纳入国民教育体系，把健康教育作为所有教育阶段的重要内容，建立学校健康教育推进机制。并特别要求将健康教育纳入体育教师的职前和职后教育当中。王健教授在2019年第十一届全国体育科学大会上倡导体育教师向体育健康教师转换。美日两国在体育教师教育中同样注重健康教育的内容也为我国提供了域外经验。除了上述现实对体育教师在健康教育方面的要求外，从学理上看，学生身心健康协调发展是整个教育的核心任务，体育教育又与健康教育有着学科基础和天然的联系，体育教师承担健康教育任务顺理成章。因此，在体育教师教育中将运动保健、健康体能、运动安全、运动与营养、运动与体重控制、运动伤害与急救等健康教育相关课程融入体育教师教育课程体系，为新型体育教育专业发展提供支撑，提升健康促进能力，才能培养出能够适应"健康中国"建设的新型体育教师。[①] 第六，增加民族传统体育项目。在中华民族最接近民族复兴的新时代背景下，我国体育教育仍然以西方现代体育为绝对主流，这与我们的时代极不相称。我国学校体育课程一直以田径类、体操类和球类等内容为主，即便是在少数民族地区的学校中，民族体育的发展也依然处

---

① 李曙刚，陈庆合，赵华恩，等．"健康中国"战略背景下新型体育教师的培养［J］．体育学刊，2019，26（3）：96－100.

于绝对劣势地位。这就要求我国在体育教师教育中，加强优秀传统体育文化教育，增加民族传统体育项目，培养体育教师对民族体育文化的自觉自信意识，以便能够在未来的学校体育教学中进行创造性的转化，将体育教学与民族传统体育文化相结合，让民族传统体育文化得以继承、传播与发扬，保证民族体育在学校体育中的适当地位。